全国经济专业技术资格考试用书

零基础过经济师
人力资源管理专业知识与实务（中级）

环球网校经济师考试研究院 组编

图书在版编目(CIP)数据

零基础过经济师.人力资源管理专业知识与实务：中级/环球网校经济师考试研究院组编.—上海：立信会计出版社,2020.7(2022.7重印)

全国经济专业技术资格考试用书

ISBN 978-7-5429-6558-5

Ⅰ.①零… Ⅱ.①环… Ⅲ.①人力资源管理-资格考试-自学参考资料 Ⅳ.①F

中国版本图书馆 CIP 数据核字(2020)第 131726 号

策划编辑　　孙　勇
责任编辑　　孙　勇

零基础过经济师　人力资源管理专业知识与实务(中级)

Lingjichu guo Jingjishi Renli Ziyuan Guanli Zhuanye Zhishi yu Shiwu

出版发行	立信会计出版社			
地　　址	上海市中山西路 2230 号	邮政编码	200235	
电　　话	(021)64411389	传　　真	(021)64411325	
网　　址	www.lixinahp.com	电子邮箱	lixinaph2019@126.com	
网上书店	http://lixin.jd.com		http://lxkjcbs.tmall.com	
经　　销	各地新华书店			
印　　刷	三河市中晟雅豪印务有限公司			
开　　本	787 毫米×1092 毫米　　1/16			
印　　张	25.5			
字　　数	686 千字			
版　　次	2020 年 7 月第 1 版			
印　　次	2022 年 7 月第 3 次			
书　　号	ISBN 978-7-5429-6558-5/F			
定　　价	74.00 元			

如有印订差错，请与本社联系调换

编者寄语

环球网校经济师考试研究院自成立以来，专注于经济师考试辅导课程、图书的研发，陪伴数以万计的考生通过了经济师考试。在与考生沟通的过程中，我们发现不少考生有这样的疑惑："经济师考试的专业课有哪些特点？我没有什么基础，可以通过考试吗？考试难不难？"对于这些问题，我们的回答是："人之为学有难易乎？学之，则难者亦易矣；不学，则易者亦难矣。"一支笔、一本书、一杯茶，您就可以和我们一起奋战在经济师考试之路上！

在中级经济师考试中，"人力资源管理专业知识与实务"（中级）科目专业性非常强，内容多，考查范围广，需要准确记忆大量专业术语，对于第一次备考经济师的考生来说，难度较大。因此，本书采用举例、注释、图形等较为形象的方法对知识点进行剖析，并有针对性地讲解易错易混考点；分析历年真题、模拟题等各类习题的解题思路，帮助考生掌握做题方法，准确把握考试要点，高效备考复习！

朱熹曾说："读书有三到，谓心到，眼到，口到。"在备考经济师的过程中，也希望您能把心思放到学习上，找到适合自己的学习方法。顺利通过中级经济师考试指日可待！

最后，感谢一路陪伴着环球网校的莘莘学子，希望您翻开本书，不仅能学到经济师相关知识，还可以感受到我们倾注于本书中的心血。由于时间仓促，疏漏在所难免，希望广大读者给予批评指正。

编者

本书亮点介绍

第一篇 历年命题规律总结及2022年备考指导

本篇旨在分析历年考试特点、命题规律为考生指引备考经济师的方向。只有方向明确了，才能避免南辕北辙。

第二篇 考点精讲及同步练习

◆ **考点详尽，讲解透彻** 本书结合考试大纲对精华考点逐一讲解，并辅之以经典例题，方便考生明确考点，同时掌握考点的考查方式。

◆ **文字变色，重点突出** 本书对于正文中以文字叙述的非常关键的考点采用字体变蓝色的方式突出标记，方便考生在较长的文字中抓取关键词句，从而进行有针对性的记忆。

◆ **图表结合，便于记忆** 大量的文字内容不便于考生记忆，所以本辅导书尽量将笔墨较多的文字以图形或者表格的形式体现出来，内容上更加清晰，有助于分类记忆。

◆ **授之以鱼并授之以渔** 本辅导书除了告诉考生重要的考点外，还将很多考点通过【考点小贴士】告知考生应如何巧妙记忆，考生可参考这种方式根据自身情况对所学知识点进行总结，以一定的方法来巧记、速记。

◆ **易错易混，辨析明确** 由于应试的考点较多，极易混淆，本书每章都提炼了【本章易错易混考点】，详细讲解，并配以相应的题目予以区分。

◆ **经典真题，回顾总结** 在"人力资源管理专业知识与实务"（中级）科目的考试中，历年真题所涉及的有关考点重复率较高，因此本书在每一章都配备了【历年经典真题回顾】，通过这些题目，考生可以明确历年考试中的出题点、命题规律。

◆ **同步练习，强化考点** 考生对每一章考点掌握如何，需要考生亲自做题来检验和强化，故本书也给考生配备了【本章同步练习】，对于这些题目需要"做会"，就是除了做对之外，还能够举一反三，争取能够以不变应万变。

第三篇 2022年模拟试卷及参考答案与解析

经过各章的学习后，考生还应要进行综合训练，以应对考试。本书按照考试的题型、题量给考生配备了一套高质量的模拟试题，并给出详细的解析。这套试题总结过去、预测未来，可以检验考生整个科目考点的掌握情况，同时也对2022年的考试试题做出一定的预测。请考生尽最大努力掌握每道题目的考点及相关考点以应对变形题目。

目 录

第一篇 历年命题规律总结及2022年备考指导

一、教材结构介绍及核心学习内容章节分布/3

二、本年度教材变化/4

三、"人力资源管理专业知识与实务"(中级)科目考试命题规律和趋势/4

四、学习要领及解题技巧/7

第二篇 考点精讲及同步练习

第一部分 组织行为学/13

考情分析/13

知识脉络/13

学习提示/13

第一章 组织激励/14

本章考情分析/14

本章考点概览/14

本章考点详解/14

本章易错易混考点/27

历年经典真题回顾/29

本章同步练习/32

本章同步练习参考答案及解析/35

第二章 领导行为/37

本章考情分析/37

本章考点概览/37

本章考点详解/37

本章易错易混考点/51

历年经典真题回顾/53

本章同步练习/55

本章同步练习参考答案及解析/58

第三章 组织设计与组织文化/60

本章考情分析/60

本章考点概览/60

本章考点详解/60

本章易错易混考点/72

历年经典真题回顾/73

本章同步练习/78

本章同步练习参考答案及解析/81

第二部分 人力资源管理/83

考情分析/83

知识脉络/83

学习提示/84

第四章 战略性人力资源管理/85

本章考情分析/85

本章考点概览/85

本章考点详解/85

本章易错易混考点/96

历年经典真题回顾/98

本章同步练习/98

本章同步练习参考答案及解析/101

第五章 人力资源规划/103

本章考情分析/103

本章考点概览/103

本章考点详解/103

本章易错易混考点/112

历年经典真题回顾/113

· 1 ·

本章同步练习/114

本章同步练习参考答案及解析/116

第六章　人员甄选/118

本章考情分析/118

本章考点概览/118

本章考点详解/118

本章易错易混考点/129

历年经典真题回顾/130

本章同步练习/132

本章同步练习参考答案及解析/135

第七章　绩效管理/137

本章考情分析/137

本章考点概览/137

本章考点详解/137

本章易错易混考点/151

历年经典真题回顾/152

本章同步练习/157

本章同步练习参考答案及解析/159

第八章　薪酬管理/161

本章考情分析/161

本章考点概览/161

本章考点详解/161

本章易错易混考点/175

历年经典真题回顾/176

本章同步练习/179

本章同步练习参考答案及解析/181

第九章　培训与开发/183

本章考情分析/183

本章考点概览/183

本章考点详解/183

本章易错易混考点/189

历年经典真题回顾/190

本章同步练习/191

本章同步练习参考答案及解析/192

第十章　劳动关系/194

本章考情分析/194

本章考点概览/194

本章考点详解/194

本章易错易混考点/203

历年经典真题回顾/203

本章同步练习/204

本章同步练习参考答案及解析/205

第三部分　人力资源管理经济分析/207

考情分析/207

知识脉络/207

学习提示/207

第十一章　劳动力市场理论/208

本章考情分析/208

本章考点概览/208

本章考点详解/208

本章易错易混考点/224

历年经典真题回顾/225

本章同步练习/229

本章同步练习参考答案及解析/232

第十二章　工资与就业理论/235

本章考情分析/235

本章考点概览/235

本章考点详解/235

本章易错易混考点/244

历年经典真题回顾/244

本章同步练习/247

本章同步练习参考答案及解析/248

第十三章　人力资本投资理论/250

本章考情分析/250

本章考点概览/250

本章考点详解/250

本章易错易混考点/258

历年经典真题回顾/258

本章同步练习/261

本章同步练习参考答案及解析/263

第四部分 人力资源与社会保险政策/265

考情分析/265

知识脉络/265

学习提示/266

第十四章 劳动合同管理与特殊用工/267

本章考情分析/267

本章考点概览/267

本章考点详解/267

本章易错易混考点/281

历年经典真题回顾/282

本章同步练习/285

本章同步练习参考答案及解析/287

第十五章 社会保险法律/289

本章考情分析/289

本章考点概览/289

本章考点详解/289

本章易错易混考点/292

历年经典真题回顾/292

本章同步练习/293

本章同步练习参考答案及解析/293

第十六章 社会保险体系/294

本章考情分析/294

本章考点概览/294

本章考点详解/294

本章易错易混考点/306

历年经典真题回顾/306

本章同步练习/310

本章同步练习参考答案及解析/312

第十七章 劳动争议调解仲裁/314

本章考情分析/314

本章考点概览/314

本章考点详解/314

本章易错易混考点/322

历年经典真题回顾/323

本章同步练习/324

本章同步练习参考答案及解析/325

第十八章 法律责任与行政执法/327

本章考情分析/327

本章考点概览/327

本章考点详解/327

本章易错易混考点/332

历年经典真题回顾/333

本章同步练习/333

本章同步练习参考答案及解析/334

第十九章 人力资源开发政策/335

本章考情分析/335

本章考点概览/335

本章考点详解/335

本章易错易混考点/370

历年经典真题回顾/370

本章同步练习/371

本章同步练习参考答案及解析/373

第三篇 2022年模拟试卷及参考答案与解析

2022年人力资源管理专业知识与实务(中级)模拟试卷/377

2022年人力资源管理专业知识与实务(中级)模拟试卷参考答案与解析/390

第一篇
历年命题规律总结及2022年备考指导

"工欲善其事，必先利其器"，不打无准备之仗，才能立于不败之地。

第一篇　历年命题规律总结及2022年备考指导

当你拿起这本书,是不是已经准备报考经济师考试了呢?那你应该知道,想要通过经济师考试,需要学习两个科目。这两个科目分别为公共课"经济基础知识"和专业课"专业知识与实务"。我们现在学习的"人力资源管理专业知识与实务"就是专业课的科目之一。人力资源管理专业是经济师考试里一个比较热门的专业,同时也是一个有一定难度特点的专业。人力资源管理是针对组织中的"人"这一项资源所进行的"选用育留"的相关工作,专业性较强,灵活度较高,对专业性知识的理解和运用要求较高。这需要考生深入全面掌握考试大纲和学好教材的基础知识,通过大量的习题演练来熟悉命题规律,在强化理解知识点内容的基础上记忆和应用。整体来说,考试题目考查范围较广,但是深度有限,只要踏踏实实掌握好基础内容,结合题目练习,拿下经济师考试妥妥滴!

中级经济师从2018年起实行机考,考试按专业分4个批次考核,每个批次3小时,总共考查两个科目,即"经济基础知识"和"专业知识与实务"。每一科目的考试时间为1.5小时,两门连考。

中级经济师考试科目及对应时间表（以官方通知为准）

批次	考试时间		科目	专业
1	11月12日上午	08：30—10：00	经济基础知识（中级）	包括工商管理、农业经济、财政税收、金融、保险、人力资源管理、旅游经济、运输经济、建筑与房地产经济、知识产权等10个专业
1	11月12日上午	10：40—12：10	专业知识与实务（中级）	
2	11月12日下午	14：00—15：30	经济基础知识（中级）	
2	11月12日下午	16：10—17：40	专业知识与实务（中级）	
3	11月13日上午	08：30—10：00	经济基础知识（中级）	
3	11月13日上午	10：40—12：10	专业知识与实务（中级）	
4	11月13日下午	14：00—15：30	经济基础知识（中级）	
4	11月13日下午	16：10—17：40	专业知识与实务（中级）	

一、教材结构介绍及核心学习内容章节分布

2022年的考试大纲共四大部分,具体分为19章。

第一部分（含第一至第三章）主要讲述组织行为学的内容,为学习人力资源管理专业性内容奠定基础,包括组织激励、领导行为、组织设计与组织文化。

第二部分（含第四至第十章）主要讲述人力资源管理的战略理念和核心专业性内容,包括战略性人力资源管理、人力资源规划、人员甄选、绩效管理、薪酬管理、培训与开发、劳动关系。

第三部分（含第十一至第十三章）主要讲述人力资源管理经济分析的相关内容,包括劳动力市场理论、工资与就业理论、人力资本投资理论。

第四部分（含第十四至第十九章）主要讲述劳动与社会保险政策,阐述和人力资源管理工作有关的法律规定,包括劳动合同管理与特殊用工、社会保险法律、社会保险体系、劳动争议调解仲裁、法律责任与行政执法、人力资源开发政策。

上述四部分的内容可归纳为如下所示的教材结构。

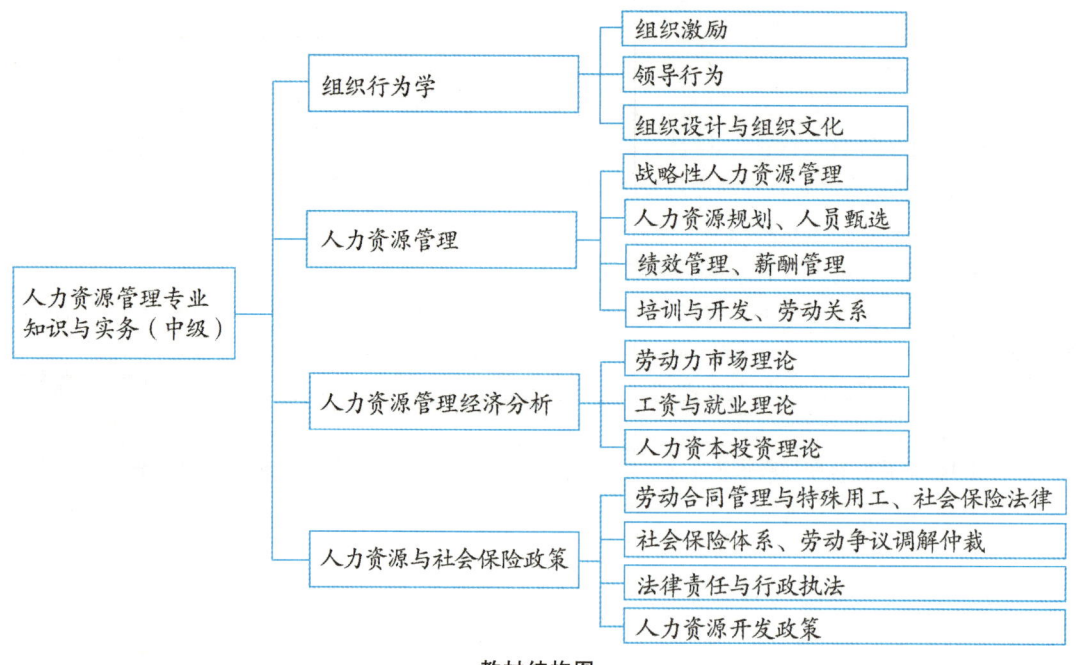

教材结构图

二、本年度教材变化

从总体上来看，2022年教材变动不大，主要是对个别章节的内容做了调整，具体的变化见篇二的具体内容。

三、"人力资源管理专业知识与实务"（中级）科目考试命题规律和趋势

（一）"人力资源管理专业知识与实务"（中级）科目考试命题规律分析

根据历年的人力资源管理专业的考试情况，各章的分值和题型有一定的规律，最近三年考试情况如下表所示。

部分	章	近三年平均分值	2021年分值	主要题型	复习难度	重要程度
第一部分 组织行为学	1. 组织激励	8.0	6	单选、多选、案例	★★	★★★
	2. 领导行为	12.3	17		★★	★★★
	3. 组织设计与组织文化	5.7	5		★★	★★★
第二部分 人力资源管理	4. 战略性人力资源管理	6.0	7	单选、多选、案例	★★★	★★★
	5. 人力资源规划	9.0	13		★★	★★★
	6. 人员甄选	9.3	6		★★	★★★
	7. 绩效管理	7.7	9		★★★	★★★
	8. 薪酬管理	8.0	6		★★★	★★★
	9. 培训与开发	8.3	11	单选、多选	★	★★
	10. 劳动关系	3.3	5		★★★	★★★

第一篇 历年命题规律总结及2022年备考指导

续表

部分	章	近三年平均分值	2021年分值	主要题型	复习难度	重要程度
第三部分 劳动力市场	11. 劳动力市场理论	8.0	5	单选、多选、案例	★★★	★★★
	12. 工资与就业理论	5.3	6		★★	★★★
	13. 人力资本投资理论	12.0	6		★★	★★★
第四部分 人力资源与社会保险政策	14. 劳动合同管理与特殊用工	6.7	10		★	★
	15. 社会保险法律	3.0	4	单选、多选	★★★	★★★
	16. 社会保险体系	5.3	8	单选、多选、案例	★★	★★★
	17. 劳动争议调解仲裁	5.0	3		★★★	★★
	18. 法律责任与行政执法	2.0	3	单选、多选	★	★
	19. 人力资源开发政策	5.3	4	—	★★★	★★★

(二)"人力资源管理专业知识与实务"(中级)科目考试出题趋势分析

1. 围绕教材、全面考查的出题趋势

经济师考试的特点在于面广点多,侧重对教材中相关知识点的全面考查。从历年真题来看,19章的内容基本全部覆盖,题目中考查的基本都是教材的原文,较少会有超出教材的内容。

2. 注重细节性和综合性的出题趋势

虽然经济师考试的范围为教材原文,但是这几年考试中增加了对已经考过知识点更为细化的考查,或者一道题考查多个考点。这种出题形式在单项选择题和多项选择题中有增加的趋势,案例分析题各小题中跨章节的考点也会出现。复习中要注意理解,熟悉考点细节。

第一组:

[2019年真题·单选题] 关于工资差别的说法,错误的是(　　)。

A. 人们不仅关心工资水平,也关心公司差别
B. 工资差别具有重新配置人力资源的功能
C. 工资差别的形成,原因之一在于劳动者的素质和技能并不完全相同
D. 政府应努力消除不同企业的同类劳动者之间存在的工资差别

【答案】D

[2019年真题·多选题] 补偿性工资差别是由于不同的职业在(　　)方面存在差异造成的。

A. 劳动强度　　　　　　　　B. 从业者需要具备的从业能力
C. 劳动条件　　　　　　　　D. 令人愉快程度
E. 从业者需承担的责任

【答案】ACDE

【分析】以上两道题都考查工资差别,历年只会考查简单的概念,2019年的考试中涉及工资差别各类型细节内容的考查。

第二组:

[2019年真题·多选题] 关于经营者年薪制的说法,正确的有(　　)。

A. 年薪制确定了经营者的最低业绩目标,当经营者未完成最低计划指标时会受到惩罚
B. 年薪制确定了经营者的封顶奖金,当计划指标超额完成时经营者会有更多奖励
C. 在年薪制结构中加大风险收入的比例,有利于在责任、风险和收入对等的基础上加大激励力度

· 5 ·

D. 企业可以根据经营者在一个年度或任期内的经营管理业绩，确定与其贡献相当的薪酬水平及薪酬支付方式

E. 年薪制是一种高风险的薪酬制度，体现约束和激励相互制衡的机制

【答案】CDE

【分析】年薪制这个知识点在历年的考查中并未涉及，2019年对年薪制进行了更细的考查。

[2018年真题·多选题] 关于销售人员薪酬的说法，正确的有（　　）。

A. 销售人员的薪酬应主要以行为为导向

B. 纯佣金制因将销售人员的薪酬收入与其工作业绩直接挂钩而使薪酬管理成本较低

C. 产品具有较高技术含量的企业会对销售人员采用高佣金加低基本薪酬的薪酬制度

D. 纯佣金制会导致销售人员的薪酬缺乏稳定性

E. 纯佣金制不利于培养销售人员对企业的归属感

【答案】BDE

【分析】以上两道题都是考查销售人员薪酬，2015年的这道题目只考查"低基本薪酬加高佣金"的内容。2018年的这道题各选项涉及销售人员薪酬的内容细节。

3. 注重考查教材中新增知识点的趋势

[2019年多选题·第四章] 人力资源管理在整个战略管理过程中扮演重要角色，这体现在（　　）。

A. 人力资源管理有助于改善员工的技能

B. 人力资源管理能够通过参与组织内部的优劣势分析帮助组织制订战略规划

C. 人力资源管理能够突破和引领企业的战略

D. 人力资源管理能够对战略执行产生重要影响

E. 人力资源管理有助于企业通过人来实现企业目标

【答案】ABDE

【解析】人力资源管理是组织战略获取竞争优势的首要资源，对组织战略产生积极、重要的作用，人力资源管理在改善员工技能以及组织盈利起至关重要的作用，通过对组织内外部优劣势的分析确定组织方向，制订组织战略，A、B两项正确。人力资源管理可以帮助组织战略实现，赢得竞争优势，C项错误。D、E两项是人力资源在战略执行和实现企业目标中的作用。

[2019年多选题·第五章] 人力资源需求预测的方法包括（　　）。

A. 德尔菲法　　　　　　　　B. 人员替换分析法

C. 趋势预测法　　　　　　　D. 经验判断法

E. 比率分析法

【答案】ACDE

【解析】人力资源需求预测的方法包括经验判断法、德尔菲法、比率分析法、趋势预测法和回归分析法。

[2019年单选题·第十四章] 如甲以公司未为其缴纳社会保险为由解除劳动合同，下列判断中，正确的是（　　）。

A. 如需支付经济补偿，则经济补偿按甲在公司的工作年限，每满1年支付1个月工资的标准支付

B. 甲只能采取书面形式通知公司

C. 甲需提前30天通知公司

D. 公司无需支付经济补偿

【答案】A

【解析】因单位未依法为甲缴纳社会保险，需要对甲进行补偿，经济补偿按甲在公司的工作年限，

每满1年支付1个月工资的标准支付,A项正确,D项错误。甲可以口头通知,也可书面通知,无需提前通知,B、C两项错误。

[2018年单选题·第四章] 采取创新战略的企业不适合采用的人力资源管理方式是（　　）。
A. 招募富有创新精神和敢于承担风险的员工
B. 设计精细的职位等级结构,并进行细致的职位分析
C. 重视评价员工取得的创新结果
D. 为创新成功者提供高水平的薪酬回报
【答案】B
【解析】细致的职位分析和创新战略不相关,B项符合题意。

[2018年多选题·第五章] 关于人力资源需求预测方法的说法,正确的有（　　）。
A. 经验判断法是一种定性的主观判断法
B. 回归分析法是一种定量的预测方法
C. 德尔菲法要求专家们一起开会集体进行需求预测
D. 定量的需求预测方法准确性往往比较高
E. 定性的需求预测方法过于主观,不适合使用
【答案】ABD
【解析】定性预测法包括经验判断法和德尔菲法。定量预测方法包括趋势预测法、比率分析法和回归分析法,其预测更精确。A、B、D三项正确。使用德尔菲法时,研究小组中的人彼此之间并不见面,也不进行沟通,C项错误。E项说法绝对,错误。

[2018年案例分析题·第六章] 一些测试得分较高的人被录用后,实际工作绩效却不如一些分数低的人,这说明该公司甄选测试的（　　）比较低。
A. 内部一致性效度　　B. 预测效度　　　C. 同质性效度　　　D. 分半效度
【答案】B
【解析】根据"一些测试得分较高的人被录用后,实际工作绩效却不如一些分数低的人"得出"员工被雇用之前的测试分数与其被雇用之后的实际工作绩效之间不存在实证性联系",这符合预测效度的说法,B项正确。

4. 计算题考查较为稳定

中级经济师人力资源管理教材中基本上都是文字内容,涉及的计算内容很少。历年的计算题考查主要集中在第十一章中劳动力参与率、劳动力供给弹性、劳动力需求弹性的计算,部分涉及第十二章的失业率计算的内容。基本上每年在1—2道单项选择题中出现。计算题虽然分值不高,但搞定这四个内容的四个公式就可以拿分,还是值得学习、掌握的。

四、学习要领及解题技巧

由于从2018年起考试均改为机考,以下技巧均参考了历年真题情况。中级经济师人力资源管理考试的题型目均为客观题,不涉及需要大篇幅陈述、书写的内容,但是中级经济师人力资源管理科目涉及的理论和方法较多,容易混淆。比如,第二章领导行为中包括8个理论的考点和5个涉及类型的考点,复习时需要在注重对考点内容理解的基础上区分出每个理论的关键词。例如,关于领导者生命周期理论,只需记住关键词"人是有生命的,是从出生到成熟的过程",就可以得出员工成熟度。决策风格四种类型,只需记住关键词"复杂的任务需要分析",就可以得出分析型的决策者具有较高的模糊耐受性以及很强的任务及技术取向。由此可以看出,适当的解题技巧会有助于提高答题的准确率和效率。不同类型的题目有相应的解题技巧,以下根据题型进行具体介绍。

（一）单项选择题

通常单项选择题的绝大部分题目难度不大。其相应解题技巧如下：

（1）若有把握确定正确答案，可以直接选择。

（2）若无把握确定正确答案，可以用排除法，即将在教材上没见过的、不合常理的、备选项说法相同的选项等全部排除。

（3）若遇到确实不会做的题目，可以联想工作生活中的经验、相关知识有逻辑地加以判断和选择。

（4）若以上办法均不奏效，则可以任意猜测一个选项。

[2019年真题·单选题] 在组织结构的内容体系中，职权结构指的是（　　）。

A. 组织内的管理层次构成

B. 组织内的管理部门构成

C. 组织各管理层次和部门在权利和责任方面的分工与相互关系

D. 实现组织目标所需的各项业务工作及其比例和关系

【答案】C

【分析】本题考查组织结构的内容。职权结构是指各管理层次、部门在权利和责任方面的分工和相互关系。如果这道题不会做，可以根据"权"这个字和C项中的"权利"匹配得出答案。

（二）多项选择题

通常多项选择题难度较大，考查的面较广，涉及知识点较多、较细。

可以采用排除法、比较法等对备选答案进行比较、分析、判断。

[2019年真题·多选题] 在其他条件相同的情况下，使高等教育投资的价值变得越高的情形包括（　　）。

A. 上大学的心理成本越低

B. 大学毕业生比高中毕业生的工资性报酬高出越多

C. 上大学期间的劳动力市场工资水平越高

D. 上大学的学费越低

E. 大学毕业后工作的年限越长

【答案】ABDE

【分析】本题考查高等教育投资决策的基本模型。如果这道题不会做，可以联系现实情况选择。上大学的成本越低，学费越低，则上大学的人相对就会越多。所以A、D两项正确。大学毕业生与高中毕业生之间的工资性报酬差距越大，上大学人越多，B项正确。上大学期间的劳动力市场工资水平越高，就意味着上大学越不划算，C项错误。投资后的收入增量流越长，从而上大学的可能性更大，E项正确。

（三）案例分析题

从历年考试来看，案例分析题通常有一定的难度，而且出题很灵活，主要的出题形式集中于两种类型：

第一种类型：只考查知识点。此类题目不需要看案例内容即可直接判断出答案。

第二种类型：考查对案例内容的理解。此类题目需要在阅读完题目后，带着问题和关键词看案例内容，确定答案的范围，再根据选项进行判断选择。

案例分析题的答题技巧如下：

先看案例分析题的题目，通过对题目考查内容的判断，来确定是否需要看案例内容；如果是只考查知识点的，则只需要根据知识点内容进行选择；如果是考查对案例的理解，则需要带着问题看案例内容再进行判断选择。

[2018年真题·案例分析题] 小罗是国内重点大学计算机专业毕业的研究生。找工作过程中他发

现,与几年前报考研究生时相比,由于整体经济下滑、计算机专业学生过剩,工作不如当年好找,工资水平也达不到当年的预期。

由于小罗学习成绩优异,在校期间开发的一套校园交友软件被某公司收购,他很快通过了一家知名网络公司的专业笔试、面试和心理测试,作为软件编程人员开始在这家公司实习。实习三个月后,小罗顺利得到了这份工作。公司给他这类的软件编程人员的工资比市场水平高出20%,办公环境和各项福利待遇也很好。小罗对这份工作比较满意。

1. 小罗大学毕业后的求职经历表明,劳动者在劳动力市场上的议价能力在相当大程度上取决于( )。
A. 某种类型劳动力在劳动力市场上的供求状况
B. 劳动者是否加入工会
C. 劳动者本人的技术、能力和经验
D. 某种类型劳动者的市场工资水平

【分析】判断此题需要带着"小罗大学毕业后的求职经历"这个问题来看案例。根据案例:小罗找工作过程中他发现,与几年前报考研究生时相比,由于整体经济下滑、计算机专业学生过剩,A项正确。由于小罗学习成绩优异,在校期间开发的一套校园交友软件被某公司收购,他很快通过了一家知名网络公司的专业笔试、面试和心理测试,作为软件编程人员开始在这家公司实习,C项正确。

2. 关于小罗毕业后就职的这家网络公司的工资水平,正确的是( )。
A. 这种高工资有利于降低优秀员工的离职率
B. 这种高工资会使企业的人工成本过高,从而无法与对手展开有效竞争
C. 这种高工资更容易让员工产生公平感
D. 企业支付这种高工资的一个基本假设是高工资往往能带来高生产率

【分析】先看题目,判断此题需要看案例。需要带着"小罗毕业后就职的这家网络公司的工资水平"这个问题来看案例内容。根据案例:公司给他这类的软件编程人员的工资比市场水平高出20%,某些企业提供的高于市场均衡水平的工资称为效率工资。企业支付这种高工资的一个基本假设是高工资往往能带来高生产率。D项正确。高工资带来高生产率的假设支持理由有以下三点:第一,高工资能够帮助组织吸引到更为优秀的、生产率更高的员工;第二,高工资有利于降低员工的离职率,同时强化他们的实际生产率(A项正确);第三,高工资更容易让人产生公平感(C项正确)。

3. 这家网络公司之所以利用笔试、面试、能力测试和实习等手段来对小罗进行考察,是因为劳动力市场具有( )特征。
A. 交易对象难以衡量性 B. 多样性
C. 交易连续性   D. 不确定性

【分析】先看题目,判断此题是只考查知识点的题目,不需要看案例内容。根据劳动力市场的特征之一——交易对象难以衡量性,则人力资源部门利用面试、笔试、心理测验等多种甄选手段以及利用试用期来最后决定是否最终雇用某位求职者。A项正确。

通过以上的内容,大家应该对中级经济师人力资源管理这一科目的考试情况有了基本的了解,2018年机考的考试形式对我们学习的细致程度有了进一步要求,我们现在需要做的就是开始正式的学习旅程,扬帆起航,相信一定可以顺利到达彼岸。预祝大家顺利通过2022年的经济师考试。

第二篇
考点精讲及同步练习

乘风破浪，让我们一起畅游知识的海洋!

"不积跬步无以至千里，不积小流难以成江海"，任何成功都是点滴的坚持。

第一部分 组织行为学

考情分析

年份	单项选择题		多项选择题		案例分析题		合计分值	平均分值
	题量	分值	题量	分值	题量	分值		
2014—2021	83	83	32	64	36	72	219	27.4

【提示】此处案例分析题的题量以小题个数计算,后文同。

知识脉络

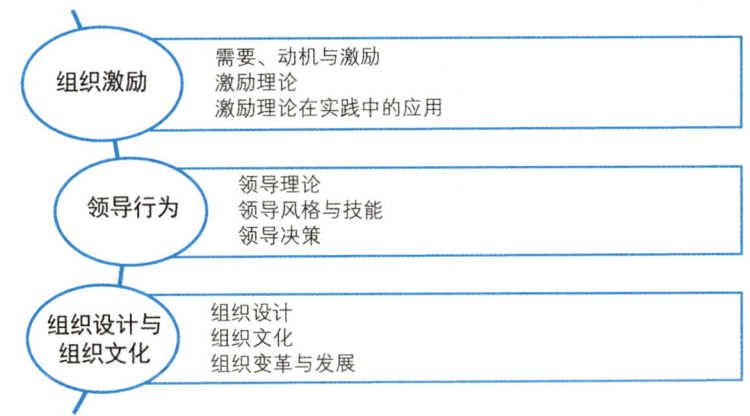

学习提示

本部分内容主要涉及激励、领导和组织设计的基本理论,近5年考试中在单项选择题、多项选择题和案例分析题方面都有涉及,一般试卷中的第一道案例题会出自本部分内容。理论内容多、大部分是文字性内容、同一种说法在不同内容中有所涉及,这些特点会在一开始的学习中让人觉得内容多而且容易混淆,不知如何下手,觉得太枯燥,没有兴趣继续学习,甚至质疑学"管人"为何要从这么多理论开始。实际上"管人"的前提是要"了解人""了解管理",所以本部分是人力资源管理学习的基础,文字性内容多也不可怕,可参考"学习层次三步走":

第一步是"进行理解"。理解理论的内容,针对重难点,书中一般均配有微课二维码,可以扫二维码结合听课进行。

第二步是"理解不了就记住关键词"。可以结合考点讲解过程中"考点小贴士"进行。

第三步是"记不住的就熟读多读"。俗话说"书读百遍其义自见",通过读出声音来加深对文字的理解。

学习中按照这三步走,相信你可以做好学习"管人"的准备。

第一章 组织激励

本章考情分析

年份	单项选择题	多项选择题	案例分析题	合计
2021年	4题4分	1题2分	—	6分
2020年	2题2分	1题2分	—	4分
2019年	5题5分	—	4题8分	13分
2018年	4题4分	1题2分	—	6分
2017年	2题2分	1题2分	—	4分

本章考点概览

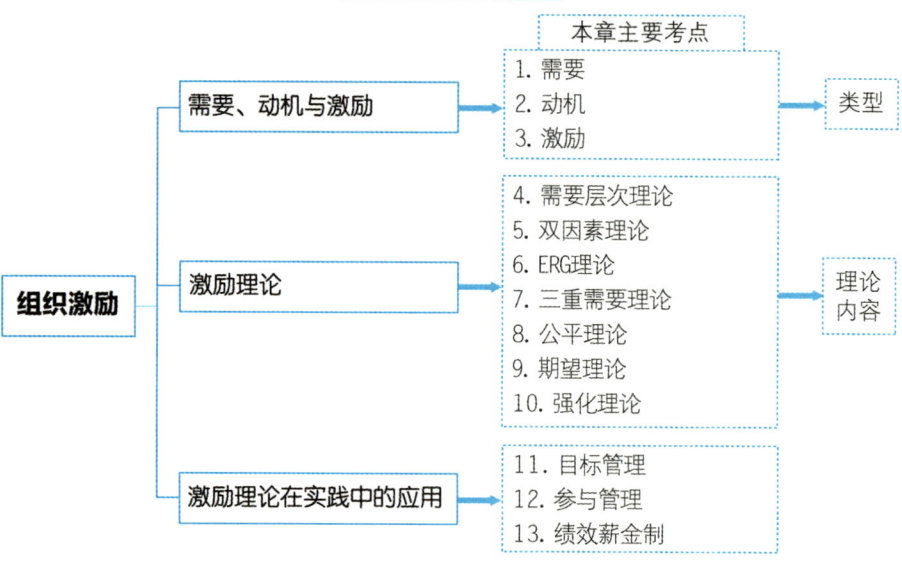

本章考点详解

【考点一】需要

需要是指当**缺乏或期待**某种结果而产生的**心理状态**。

需要**未被满足会驱动人采取行动**来满足自己的需要。

【考点二】动机

一、动机的概念

动机是指人们从事某种活动、为某一目标付出努力的意愿，这种意愿取决于目标能否以及在多大程度上能够满足人的需要。

二、动机的三要素

（1）决定人行为的**方向**，即选择做什么行为。
（2）**努力**的水平，即行为的实施程度。
（3）**坚持**的水平，即遇到阻碍时付出多大努力坚持自己的行为。

【考点小贴士】动机的三要素可简记为"方力坚"。

三、动机的类型

动机的类型如表1-1所示。

表1-1 动机的类型

类型	内源性动机（也称内在动机）	外源性动机（也称外在动机）
内涵	（1）人做出某种行为是因为行为本身 （2）因为这种行为可以带来成就感，或者个体认为这种行为是有价值的	（1）人做出某种行为是为了行为结果 （2）因为这种行为可以获得物质或社会报酬，或为了避免惩罚 （3）员工更看重工作所带来的报偿
举例	寻求挑战性的工作，获得为工作和组织多做贡献的机会以及充分实现个人潜力的机会	工资、奖金、表扬、社会地位等

【考点小贴士】历年考题比较注重考查内源性动机和外源性动机的区分，此考点要引起重视。

经典例题

[2015年真题·单选题] 关于动机的说法，错误的是（   ）。
A. 动机是指人们从事某种活动，为某一目标付出努力的意愿
B. 努力水平越高，表明个人的动机越强
C. 动机可以分为内源性动机和外源性动机
D. 内源性动机强的员工更为看重工资和奖金
[答案] D
[解析] A项是动机的概念，正确。努力是动机的要素之一，B项正确。动机有内源性动机和外源性动机两个分类，C项正确。D项混淆了内源性动机和外源性动机，外源性动机员工更看重工作所带来的报偿，诸如工资、奖金、表扬、社会地位等。

[例题·单选题] 下列关于动机的说法，正确的是（   ）。
A. 有两个要素，即努力的水平和坚持的水平
B. 有两个要素，即内在动机和外在动机
C. 有三个要素，即内在动机、外在动机和努力水平
D. 有三个要素，即决定人行为的方向、努力的水平和坚持的水平
[答案] D
[解析] 动机有三要素，内在动机和外在动机是动机的分类，A、B、C三项错误。
[解题思路] 注意区分动机三要素和动机两分类的内容。

【考点三】激励

一、激励的概念

激励是指通过满足员工的需要而使其努力工作，从而实现组织目标的过程。

二、激励的类型

(1) 从激励内容的角度划分，激励可分为物质激励和精神激励。
(2) 从激励作用的角度划分，激励可分为正向激励和负向激励。
(3) 从激励对象的角度划分，激励可分为他人激励和自我激励。

经典例题

[2018年真题·单选题] 通过满足员工的需要而使其努力工作，从而帮助组织实现目标的过程是（　　）。

A. 控制　　　　　　B. 组织　　　　　　C. 激励　　　　　　D. 强化

[答案] C

[解析] 本题考查激励的概念。激励是指通过满足员工的需要而使其努力工作，从而实现组织目标的过程。

【考点四】需要层次理论（马斯洛提出）

一、理论内容

需要层次理论的内容如图 1-1 所示。

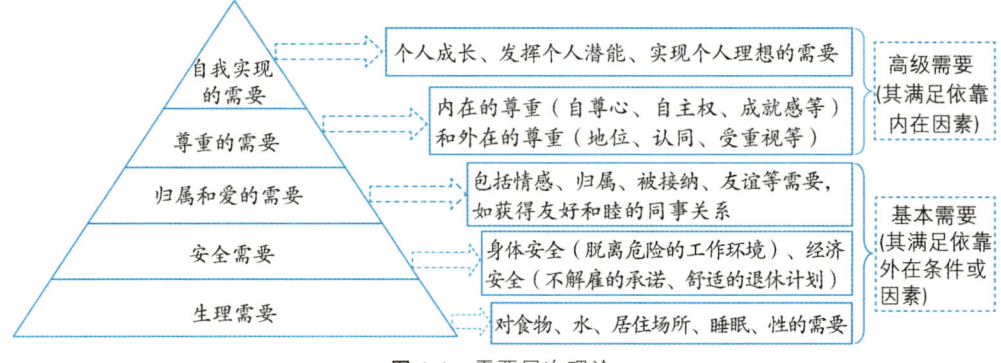

图 1-1　需要层次理论

二、主要观点

(1) 需要层次理论认为人**均有**这五种需要，只是在**不同的时期**表现出来的各种需要的**强烈程度不同**而已。

(2) **未满足的需要**是行为的**主要的激励源**，**已获得基本满足**的需要不再**具有激励作用**。

(3) 五种需要层级（由下及上）**越来越高，当低层次的需要被合理地满足后，个体才会追求高层次的需要**。

三、在管理上的应用

(1) 管理者需要考虑员工不同层次的需要，并为每一层次的需要设计相应的激励措施。
(2) 管理者需要考虑每个员工的特殊需要。
(3) **组织用于满足低层次需要的投入效益是递减的**。

四、评价（该理论的局限性）

(1) 实际情况表明该理论不是十分可靠和准确，五种层次的需求并非严格呈阶梯关系。

(2) 该理论较为呆板，不完全适用于复杂多变的实际环境。

【考点五】双因素理论（赫兹伯格提出）

一、理论内容

双因素理论提出了激励因素和保健因素两类因素，如表 1-2 所示。

表 1-2 双因素理论

因素	具体包括	具备	缺失
激励因素	成就感、别人的认可、工作本身、责任和晋升等因素	员工满意	员工没有满意
保健因素	组织政策、监督方式、人际关系、工作环境和工资等因素	员工没有不满	员工不满

【考点小贴士】中国有一句古话：没有钱万万不行，但钱不是万能的。工资是钱，没有钱万万不行，从这个角度来记忆"工资等保健因素"的缺失导致"员工不满"；钱不是万能的，所以只有具备了激励因素，员工才可以"满意"。

二、双因素理论与马斯洛的需要层次理论的联系与区别

双因素理论与马斯洛的需要层次理论的联系与区别如表 1-3 所示。

表 1-3 双因素理论与马斯洛的需要层次理论的联系与区别

理论	双因素理论	需要层次理论
联系	保健因素	相当于低级需要
	激励因素	相当于高级需要
区别	针对满足这些需要的目标或诱因	针对人类的需求和动机

三、在管理上的应用

(1) 管理者在理念上需注意，让员工满意和防止员工不满是两回事。

(2) 管理者在实践中需注意，先关注工资、工作环境等保健因素，使员工不致产生不满情绪，在这个前提的基础上，更要重视通过激励因素去激发员工的工作热情。

【举例】工作中开展工作丰富化，即让员工参与更多的工作规划，自我监督工作进度，以此来达到调动员工积极性的目的。

经典例题

[例题·单选题] 下列关于双因素理论的说法，错误的是（　　）。
A. 激励因素具备导致员工满意
B. 激励因素缺失导致员工不满
C. 让员工满意和防止员工不满是两回事
D. 员工参与更多的工作规划体现了双因素的理念
[答案] B
[解析] 保健因素缺失导致员工不满，激励因素缺失导致员工没有满意，B 项错误。

【考点六】ERG 理论（奥尔德佛提出）

一、理论内容

奥尔德佛对马斯洛的需求层次理论进行了修订，提出了 ERG 理论，如表 1-4 所示。

表 1-4　ERG 理论的内容

三需要	含义	与需要层次理论的关系
生存需要	个体的生理需要和物质需要或个体维持生存的物质条件	＝全部生理需要＋部分安全需要
关系需要	个体维持重要人际关系的需要	＝部分安全需要＋全部归属和爱的需要＋部分尊重需要
成长需要	个体追求自我发展的内在欲望	＝部分尊重的需要＋全部自我实现需要

【考点小贴士】ERG 是三个英文字母的简写，即 Existence（生存需要）、Relation（关系需要）、Growth（成长需要）。也可以将 ERG 理论与即将学到的三重需要理论进行区分。

二、独特之处

（1）ERG 理论认为各种需要可以同时具有激励作用。

（2）ERG 理论提出"挫折—退化"观点，即高层次需要不能得到满足，对满足低层次需要的欲望就会加强。

【提示】ERG 理论和需要层次理论不同。需要层次理论认为当低层次的需要被合理地满足后，个体才会追求高层次的需要。

三、评价

（1）ERG 理论更加灵活变通，认为人们可以同时追求各层次的需要，或在某些限制下，各种需要之间可以转化。

（2）ERG 理论的变通性有助于说明文化、环境背景差异下个体需要的差异。

经典例题

[2014 年真题·单选题] 根据 ERG 理论，下列说法错误的是（　　）。

A. 各种需要可以同时具有激励作用

B. 如果较高层次的需要得不到满足的话，较低层次的需要就会增强

C. 高层次需要满足的前提是低层次需要的满足

D. ERG 理论认为人有生存需要、关系需要和成长需要

[答案] C

[解析] 马斯洛的需要层次理论认为，只有低一层次的需要得到相当程度的满足之后，个体才会追求高一层次的需要，C 项不属于ERG 理论的观点。

[2020 年真题·多选题] ERG 理论认为，人的核心需要有（　　）。

A. 成就需要　　　　　　　　　B. 生存需要

C. 权力需要　　　　　　　　　D. 关系需要

E. 成长需要

[答案] BDE

[解析] ERG 理论研究的内容包括生存、成长和关系三种需要。

【考点七】三重需要理论（麦克里兰提出）

一、理论内容

三重需要理论的内容如图 1-2 所示。

| 概念:个体追求优越感的驱动力,或者参照某种标准去追求成就感、寻求成功的欲望
特点:
(1)选择适度风险
(2)有较强的责任感
(3)希望能够得到及时反馈 | 概念:促使别人顺从自己意志的欲望
特点:
(1)权力需要高的人喜欢支配、影响别人,喜欢对人"发号施令",十分重视争取地位和影响力
(2)一个人在组织中的地位越高,其权力需要也越强,越希望得到更高的职位 | 概念:寻求与别人建立友善且亲近的人际关系的欲望
特点:
(1)往往重视被接受和喜欢
(2)在组织中容易与他人形成良好的人际关系,易被别人影响,因而在组织中充当被管理者的角色
(3)但在管理上过分强调良好关系的维持通常会干扰正常的工作秩序 |

图 1-2 三重需要理论

二、注意问题

三重需要理论中应注意的问题如表 1-5 所示。

表 1-5 三重需要理论中应注意的问题

需要	注意问题
成就需要	(1) 成就需要与工作绩效之间有很强的相关性 (2) 成就需要高的人通常只关心自己的工作业绩,而不关心如何影响他人使其做出优秀的业绩,他们自己可以干得很出色,但不一定也能使别人干得出色 (3) 他们可以是好职员、好的业务员,但不一定是好经理
权力需要	杰出的管理人员往往都有较强的权力欲望
亲和需要	出色的经理的亲和需要相对较弱

三、在管理上的应用

实施激励时,需要考虑员工这三种需要的强烈程度。

经典例题

[2021 年真题·单选题] 关于三重需要理论的说法,正确的是(　　)。
A. 亲和需要高的人不易受别人影响　　B. 成就需要高的人不喜欢及时反馈
C. 权力需要高的人喜欢竞争　　D. 成就需要高的人喜欢高度冒险的工作
[答案] C
[解析] 亲和需要高的人在组织中容易与他人形成良好的人际关系,易被别人影响,A 项错误。成就需要高的人希望能够得到及时的反馈,B 项错误。成就需要高的人选择适度的风险,D 项错误。

[2013 年真题·多选题] 关于亲和需要的说法,正确的有(　　)。
A. 亲和需要是 ERG 理论强调的三种核心需要之一
B. 亲和需要的一个重要目标是建立良好的人际关系
C. 亲和需要强的人在组织中更易受他人影响
D. 亲和需要的一个重要特点是不在乎别人的感受
E. 对于出色的管理者而言,亲和需要太强未必是件好事
[答案] BCE
[解析] 亲和需要属于三重需要理论中涉及的内容,而不是 ERG 理论中涉及的内容,A 项错误。亲和需要强的人往往重视被别人接受和喜欢,由此可知在乎别人的感受,D 项错误。

[例题·案例分析题] 小张毕业后进入了一家广告公司，凭着过硬的专业素质和不懈的努力很快成为公司的业务骨干，并被提拔为部门经理。但让公司领导略感意外的是，小张升为主管后虽然仍然工作勤恳，但他所管理的部门的整体业绩反而较先前有所下降。通过私下询问，员工们普遍反映小张对下属缺乏适当的管理和激励，他似乎并不关心下属的工作绩效问题。

1. 从小张的表现可以看出，他具有较高的（　　）。

A. 亲和需要　　B. 安全需要　　C. 权力需要　　D. 成就需要

[答案] D

[解析] 成就需要高的人通常只关心自己的工作业绩，而不关心如何影响他人使其做出优秀的业绩，他们自己可以干得很出色，但不一定能使别人干得出色。根据案例，员工们普遍反映小张对下属缺乏适当的管理和激励，他似乎并不关心下属的工作绩效问题，可得出答案为D。

2. 具有小张这种较高需要的人，通常有以下特点中的（　　）。

A. 责任感较弱
B. 希望别人顺从自己的意志
C. 喜欢得到及时的反馈情况
D. 经常选择做有适度风险的工作

[答案] CD

[解析] 根据上一题可知小张成就需要高。成就需要高的人具有下列特点：①选择适度风险；②有较强的责任感；③喜欢能够得到及时的反馈。B项表述的是权力需要高的人的特点。

3. 根据麦克里兰提出的需要理论，亲和需要高的人常常（　　）。

A. 不易受他人影响
B. 在组织中充当管理者的角色
C. 看重能否被他人接受
D. 喜欢能体现其地位的场合

[答案] C

[解析] 亲和需要强的人往往重视被别人接受和喜欢，C项正确。这样的人在组织中容易与他人形成良好的人际关系，易被人影响，因而往往在组织中充当被管理者的角色，A、B两项错误。D项表述的是权力需要高的人的特点。

【考点八】公平理论（亚当斯提出）

一、理论观点

员工倾向于将自己的产出与投入的比率与他人（成为对照者）的产出与投入的比率相比较，来进行公平判断。

（1）投入：员工所受的教育、资历、工作经验、忠诚和承诺、时间和努力、创造力、工作绩效。

（2）产出：直接的工资和奖金、额外福利、工作安全。

（3）员工比较的是其对投入、产出的自我知觉，而非投入、产出的客观测量结果。

（4）不公平包括薪酬不足，即认为自己的产出/投入比过低，还包括报酬过度，即认为自己的产出/投入比过高。

【考点小贴士】上述的"投入"可以理解为"员工的付出"，"产出"可以理解为"员工的获得"。

二、员工通常会进行比较的角度

（1）纵向比较（组织内自我比较＋组织外自我比较）。

适合人群：薪资水准、教育水平比较低的员工。

（2）横向比较（组织内他人比较＋组织外他人比较）。

适合人群：薪资水准、教育水平比较高、视野较为开阔，依据的信息比较全面的员工。

三、恢复公平的方法

（1）改变自己的投入或产出。

【举例】感到报酬不足的员工降低自己工作努力程度或要求加薪。

（2）改变对照者的投入或产出。

【举例】感到报酬不足的员工向上级汇报对照者工作不够努力，让上级迫使对照者提高努力程度或降低对照者的薪酬。

（3）改变对投入或产出的知觉。

【举例】感到报酬过高的员工可以认为自己的工作量更大，工作难度更高，工作更快；感到报酬不足的员工认为对照者比原先想象得要好一些。

（4）改变参照对象。

【举例】认为原先的对照者过于特殊，而去重新选择一个自己认为合适的对照者。

（5）辞职。

这是较常见的感到报酬不足的员工选择的解决方案。

四、在管理上的应用

（1）根据员工对工作和组织的投入给予报酬，并确保不同的员工的投入/产出比大致相同，以保持员工的公平感。

（2）应经常注意了解员工的公平感，对于有不公平感的员工应予以及时的引导或调整报酬。

【考点小贴士】公平理论的内容可以简化为口诀：公平看比率看纵横，不行就4改1辞。

经典例题

[2019年真题·多选题] 按照组织激励的公平理论，感到不公平的员工用来恢复平衡的方式有（　　）。

A. 改变自己的投入　　B. 增加自己的产出

C. 改变参照对象　　D. 改变对产出的知觉

E. 辞职

[答案] ACDE

[解析] 公平理论中员工恢复公平的方法包括改变自己的投入或产出、改变对照者的投入和产出、改变对投入或产出的知觉、改变参照对象及辞职。

[2019年真题·多选题] 按照组织激励的公平理论，感到不公平的员工用来恢复平衡的方式有（　　）。

A. 改变自己的投入　B. 增加自己的产出　C. 改变参照对象　D. 改变对产出的知觉

E. 辞职

[答案] ACDE

[解析] 公平理论中，感到不公平的员工恢复平衡的方法包括改变自己的投入或产出、改变对照者的投入和产出、改变对投入或产出的知觉、改变参照对象及辞职。因此，B项错误。

[例题·多选题] 公平理论认为（　　）。

A. 员工倾向于将自己的产出与投入与他人的产出与投入相比较

B. 薪资水准、教育水平比较低的员工经常会做纵向比较

C. 注意保持员工的公平感

D. 员工比较的是投入、产出的客观测量结果

E. 薪酬不足的员工常采用辞职来恢复公平

[答案] BCE

[解析] 员工倾向于将自己的产出与投入的比率与他人（成为对照者）的产出与投入的比率相比较，来进行公平判断，注意"比率"这个词，A项错误。员工比较的是其对投入、产出的自我知觉，而非投入、产出的客观测量结果，D项错误。

[解题思路] 此类题目属于综合型题目，考生需要综合理解理论内容，注意谨慎作答，不确定的选项或者有疑问的选项不要选，以此来保证分数。

【考点九】期望理论（弗罗姆提出）

弗罗姆认为，人们之所以采取某种行动，如努力工作，是因为他觉得这种行为可以在一定概率上达到某种结果，并且这种结果可以带来他认为重要的报酬。

一、理论观点

动机是三种因素的产物，即：**动机＝效价×期望×工具性**。

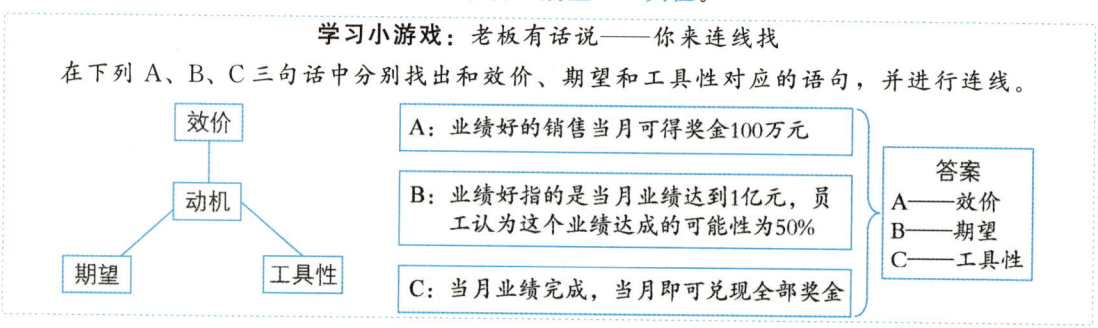

（1）效价：<u>一个人需要多少报酬</u>，即个体对所获报酬的偏好强度，是对个体得到报酬<u>的愿望的数量</u>表示。

【举例】如果一名员工强烈希望得到升职，这种升职需要就对他有高效价。

（2）期望：个人对<u>努力产生成功绩效的概率</u>估计，即员工对工作<u>努力能够完成任务的信念</u>强度。

【举例】员工觉得自己努力工作获得晋升的可能性为60%。

（3）工具性：个人<u>对绩效与获得报酬之间关系</u>的估计，即员工对<u>一旦完成任务就可以获得报酬</u>的信念。

【举例】如果报酬是以绩效数据为基础的，工具性的估计值就会高；报酬决策是模糊的，工具性的估计值就会低。

二、理论特色

期望理论强调情景性，认为没有一个单一原则可用来解释每一个人的动机。只有员工重视奖赏，知道达标的可能性和知道怎样做才能达到目标时，以及达到目的和获得奖赏之间有明确清楚的联系，员工才会有高的动机，愿意付出努力。

三、在管理上的应用

期望理论认为产生最强动机的组合是（三高），即高的正效价、高期望和高工具性。

【举例】利润翻倍，奖金翻倍→利润翻倍可能性极小，努力无法达到→激励性较小
利润提高20%，发奖金100元→虽易实现，但报酬太少不值得努力→不足以激励

【考点小贴士】根据历年考题，期望理论比较注重考查效价、期望和工具性的区分，此考点要引起重视。期望理论可简记为：效价期望工具要相乘要三高。

经典例题

[2019 年真题·单选题] 根据弗罗姆的期望理论，决定动机的三种因素不包括（　　）。
A. 情景　　　　　　　　　　B. 工具性
C. 效价　　　　　　　　　　D. 期望
[答案] A
[解析] 期望理论的三要素包括效价、期望、工具性。

[2014 年真题·单选题] 根据（　　），人们之所以努力工作，是因为他觉得这种行为可以在一定程度上达到某种结果，并且这种结果可以带来他认为重要的报酬。
A. 强化理论　　　　　　　　B. 公平理论
C. 期望理论　　　　　　　　D. 需要理论
[答案] C
[解析] 期望理论认为，人之所以采取某种行动，努力工作，是因为他觉得这种行为可以在一定概率上达到某种结果，并且这种结果可以带来他认为重要的报酬。

[2013 年真题·单选题] 根据期望理论，能够影响动机的因素是（　　）。
A. 情境　　　B. 能力　　　C. 工具性　　　D. 人际关系
[答案] C
[解析] 期望理论中，影响动机的因素有效价、期望、工具性。

【考点十】强化理论

强化理论认为行为的结果对行为本身有强化作用，是行为的主要驱动因素，却不是行为的唯一控制因素。这是一种行为主义观点。

强化理论注重行为和结果，并不考虑人的内在心态，所以强化理论并不是地道的动机激励理论。在有些情况下，行为结果丧失其行为强化力，例如，虽然某员工工作很努力，绩效很出色，但却受到同事的嫉妒、疏远、排挤，这时他反而会降低努力水平。

经典例题

[例题·单选题] 以下关于强化理论观点说法错误的是（　　）。
A. 行为的结果对行为本身有强化作用
B. 强化理论不是地道的动机激励理论
C. 工作努力绩效出色的员工，即使受到同事的嫉妒和排挤，也不会降低其努力水平
D. 强化理论是一种行为主义观点
[答案] C
[解析] 在有些情况下，行为结果丧失其行为强化力，例如，虽然某员工工作很努力，绩效很出色，但却受到同事的嫉妒、疏远、排挤，这时他反而会降低努力水平，C 项错误。

【考点十一】目标管理

一、基本核心

目标管理强调通过群体共同参与制定具体的、可行的而且能够客观衡量的目标。

二、实施过程

目标管理的实施可以自上而下设定目标，也可以自下而上进行。

三、目标管理四要素

目标管理四要素如表 1-6 所示。

表1-6 目标管理四要素

要素	具体阐述
目标具体化	要求明确、具体地描述预期的结果 ［举例］本月生产目标是"将次品率控制在1%以下"
参与决策	要求涉及目标的所有群体共同制定目标，而不是上级单方面制定
限期完成	规定目标完成的时间期限，以及每一阶段任务完成的期限
绩效反馈	(1) 不断给予员工关于目标实现程度或接近目标程度的反馈，使其了解和掌握进度，及时地进行自我督促和行为矫正，最终达到目标 (2) 这种反馈不仅针对基层的员工，也针对各级主管人员

【考点小贴士】目标管理可简记为目标双向，具体参与限期需反馈。

四、效果评价

目标管理是相当流行的管理技术。目标管理实施的效果有时候并不符合管理者的期望，不过，很多问题往往不在于目标管理本身，而在于其他因素。

经典例题

[2012年真题·单选题] 关于目标管理的说法，正确的是（　　）。
A. 目标管理强调应通过群体共同参与的方式，制定具体、可行且能客观衡量的目标
B. 实施目标管理时，必须自下而上地设定目标
C. 完整的目标管理包括目标具体化和参与决策两个要素
D. 目标管理的实施效果总能符合管理者的期望
[答案] A
[解析] A项是目标管理的概念，正确。目标管理的实施可以自上而下设定目标，也可以自下而上进行，B项错误。目标管理包括四要素，C项错误。D项过于绝对，错误。

【考点十二】参与管理

一、概念

参与管理就是让下属人员实际分享上级的决策权。

二、优点

参与管理不但可以发挥员工的专长，提高员工的兴趣，而且可以促进沟通，利于决策执行。这也是促进团队建设的重要手段之一，尤其受到年轻一代和高学历员工的重视。

三、参与形式

员工可以通过共同设定目标、集体解决问题、直接参与工作决策、参与咨询委员会、参加政策制定小组、参与新员工甄选等形式参与管理。

四、管理者将权力与员工分享的理由

(1) 工作十分复杂时，员工参与决策，可以让了解更多情况的人有所贡献。
(2) 工作任务相互依赖程度高，倾听意见，彼此协商，双方都能致力推行。
(3) 可以使参与者对做出的决定有认同感，有利于决策的执行。
(4) 可以提供工作的内在奖赏，使工作有趣、有意义。

五、推行参与管理必须符合的条件

参与管理不是放之任何组织、任何工作群体而皆准的法则。推行参与管理应符合的条件包括：
(1) 在行动前，要有充裕的时间来进行参与。

(2) 员工参与决策的问题必须与其自身<u>利益</u>相关。

(3) 员工必须具有参与的<u>能力</u>，如智力、知识技术、沟通技巧等。

(4) 参与<u>不</u>应使员工和管理者的地位和权力受到<u>威胁</u>。

(5) 组织<u>文化</u>必须<u>支持</u>员工参与。

(6) 考虑<u>员工</u>对参与的<u>需要</u>。

【考点小贴士】参与管理的理由和条件可简记为参与理由要"复杂依赖"，有认同、得奖赏；参与条件需时间、利益、能力文化，还得需要"不威胁"。

六、质量监督小组

(1) 质量监督小组是<u>一种常见的参与管理的模式</u>。

(2) 质量监督小组通常由8—10位员工及一名督导员组成，小组成员定期集会，比如通常每周一次，占用工作时间讨论质量难题，分析原因提出解决方案并进行监督实施。对于小组提出的建议，管理层有最后决定权。

(3) 作为小组成员的前提条件是必须具备分析和解决质量问题的能力，还要擅长与他人沟通并宣传各种策略。

七、参与管理的具体应用

(1) 参与管理符合双因素理论的主张，即提高工作本身的激励作用，给与员工成长、承担责任和参与决策的机会。

(2) 从ERG理论看，参与管理有助于满足员工对责任、成就感、认同感、成长以及自尊的需要。

(3) 美国参与管理发展相对缓慢一些，原因是各级管理人员反对与经理人分享权力，在观念上与许多美国人的权威性格和阶层意识相冲突。

经典例题

[2013年真题·案例分析题] 小张和小王是美国名校计算机专业研究生，毕业后两人回国创业，在北京成立了一家小型互联网公司。起初，公司一共不到20人。与很多公司一样，小张和小王实行了"领导决策，员工执行"的管理方式。公司近几年发展很快，规模也扩大到1 000多人，但不久就陷入了瓶颈：一方面，作为互联网公司，技术创新是核心，仅靠小张和小王很难保持公司长期的创新活力；另一方面，公司员工的工作积极性也成了问题。

小张和小王开始反思："公司有这么多员工，为什么技术创新总是跟不上呢？"很快，他们想到可能是管理方式出了问题。于是，小张和小王借鉴了谷歌公司的管理方式，用扁平的组织结构取代了传统金字塔形的组织结构，淡化了领导与员工之间的职位等级观念，建立起一种民主的工作氛围。此外，小张和小王鼓励员工积极表达自己的想法，并采纳了员工很多好的想法。改变管理方式后，公司冲破了发展的瓶颈，迅速发展壮大。

1. 小张和小王借鉴的是（　　）的领导风格。

A. 目标管理　　　　　　　　B. 参与管理

C. 授权管理　　　　　　　　D. 团队管理

[答案] B

[解析] 参与管理就是让下属人员实际分享上级的决策权。根据案例，小张和小王鼓励员工积极表达自己的想法，并采纳了员工很多好的想法。这体现的是参与管理的领导风格。

2. 基于小张和小王借鉴的这种领导风格，该公司可考虑采用的管理措施还有（　　）。
A. 让员工参与新员工的甄选　　B. 采用"基本年薪＋年底分红"的薪金模式
C. 不向员工提供绩效反馈　　　D. 建立质量监督小组
[答案] AD
[解析] 根据上一题可知小张和小王借鉴的是参与管理的领导风格，所以这道题考查的是参与管理的形式。参与管理的参与形式包括：共同设定目标、集体解决问题、直接参与工作决策、参与咨询委员会、参与政策制定小组、参与新员工甄选等。参与管理常见的模式是质量监督小组。故答案为 A、D 两项。

3. 小张和小王借鉴的这种领导风格的有效性取决于（　　）。
A. 领导者的个人魅力　　　　　　B. 组织文化的支持
C. 员工的能力，如智力、知识技术等　　D. 是否规定目标完成的时间期限
[答案] BC
[解题思路] 根据题干，可以得知题目考查的是推行参与管理必须符合的条件。参照［考点十二］可知答案为 B、C 两项。本题应注意，符合教材考点的内容才可选择，故本题 A、D 两项不选，遵循谨慎原则。

4. 与小张和小王借鉴的这种领导风格相关的激励理论包括（　　）。
A. 双因素理论　　　　　　　B. ERG 理论
C. 期望理论　　　　　　　　D. 强化理论
[答案] AB
[解析] 根据题干，可以得知题目考查的是参与管理的具体应用。参与管理符合双因素理论的主张，同时 ERG 理论也有助于满足员工成长等方面的需求。故答案为 A、B 两项。

【考点十三】绩效薪金制

一、绩效薪金制概述

绩效薪金制概述如表 1-7 所示。

表 1-7　绩效薪金制概述

项目	具体内容
概念	绩效薪金制是指绩效与报酬相结合的激励措施。这同期望理论联系比较密切
采用方式	计件工资（收入和产量挂钩）、工作奖金、利润分成、按利分红（薪酬和效益联系在一起，可以是现金，也可以是股权） 【提示】按利分红在西方主要针对各级主管
绩效种类	可以是个人绩效、部门绩效和组织绩效
实施基础	公平、量化的绩效评估体系，以便于绩效薪金制的开展
优点	员工会为了获得高薪金而自发地工作，这可以减少管理者的工作量

二、斯坎伦计划

（1）概念。

斯坎伦计划由约瑟夫·斯坎伦提出。它融合了参与管理和绩效薪金制两种概念，被称作"劳资合作、节约劳动支出、集体奖励"的管理制度。

（2）斯坎伦计划主张：①组织应结合为一体；②员工是有能力而且愿意贡献出他们的想法和建议的；③效率提高后所增加的获利，应与员工共同分享。

（3）斯坎伦计划的两要素：①设置一个委员会；②制订一套分享成本降低所带来利益的计算方法。

（4）实施斯坎伦计划成败与否的关键在于劳资双方是否能够彼此相互信赖，以及整个组织中所有员工是否对这一制度具有强烈的认同感。

经典例题

[2013年真题·单选题] 绩效薪金制通过将报酬与绩效挂钩强化了对员工的激励，这种做法与（　　）的原理最为吻合。

A. 领导—成员交换理论　　　　　B. 双因素理论
C. 期望理论　　　　　　　　　　D. ERG理论
[答案] C
[解析] 绩效薪金制同期望理论关系比较密切。期望理论认为，如果要使激励作用达到最大化，就应该让员工相信绩效和报酬之间存在紧密的联系，而绩效薪金制就可以使员工的报酬与其绩效直接挂钩。

[例题·单选题] 关于斯坎伦计划表述错误的是（　　）。
A. 斯坎伦计划融合了参与管理和绩效薪金制两种概念
B. 主张效率提高后所增加的获利，应与员工共同分享
C. 实施该计划成功与否的关键在于劳资双方是否能够彼此相互信赖，以及整个组织中所有员工是否对这一制度报以强烈的认同感
D. 只需要设置一个委员会这一个要素
[答案] D
[解析] 斯坎伦计划的两要素包括：①设置一个委员会；②制订一套分享成本降低所带来利益的计算方法。D项错误。

[例题·多选题] 关于绩效薪金制表述错误的有（　　）。
A. 绩效薪金制是指将绩效与报酬相结合的激励措施
B. 按利分红在西方主要针对基层一线工人
C. 绩效只包括个人绩效
D. 以公平、量化的绩效评估体系为基础
E. 可以增加管理者的工作量
[答案] BCE
[解析] A项是绩效薪金制的概念。按利分红在西方主要针对各级主管，B项错误。绩效可以是个人绩效、部门绩效和组织绩效，C项错误。绩效薪金制的实施基础是公平、量化的绩效评估体系。绩效薪金制可以减少管理者的工作量，E项错误。

本章易错易混考点

【易错易混考点一】 动机的两类型（如表1-8所示）

表1-8　动机的两类型

名称	内源性动机（也称为内在动机）	外源性动机（也称为外在动机）
区别	（1）人做某种行为是因为行为本身 （2）因为这种行为可以带来成就感，或者个体认为这种行为是有价值的	（1）人做某种行为是为了行为结果 （2）因为这种行为可以获得物质或社会报酬，或为了避免惩罚

【考点小贴士】常见的外源性动机（也称为外在动机）有工资、奖金、表扬、社会地位等。这些可简记为"名利"，名利都是浮云，都是外源性动机。通过排除法可得出内源性动机。

[2013年真题·单选题] 外源性动机强的员工看重的是（　　）。

A. 工作的挑战性
B. 工作带来的社会地位
C. 工作带来的成就感
D. 对组织的贡献

[答案] B

[解题思路] 根据[考点小贴士]中记忆的"名利"可得出答案。通过行为本身、成就感、行为有价值可以看出是内源性动机，也可以此来理解内源性动机的举例；通过行为结果、获得报酬、避免惩罚、报偿可以看出是外源性动机，也可以此来理解外源性动机的举例。

【易错易混考点二】双因素理论（如表1-9所示）

表1-9　双因素理论

因素	具备	缺失
激励因素	员工满意	员工没有满意
保健因素	员工没有不满	员工不满

[例题·单选题] 根据双因素理论，员工感到满意的主要原因是（　　）。

A. 激励因素缺乏　　　　　　B. 保健因素缺乏
C. 激励因素充足　　　　　　D. 保健因素充足

[答案] C

[解题思路] 根据[考点小贴士]中的"没有钱万万不行，但钱不是万能的"。工资是钱，没有钱万万不行，"工资等保健因素"的缺失导致"员工不满"；钱不是万能的，所以只具备了激励因素，员工才可以"满意"。答案为C项。

【易错易混考点三】期望理论中的三个名词概念（如表1-10所示）

表1-10　期望理论中的三个名词概念

概念	含义	具体阐述
效价	一个人需要多少报酬	个体对所获报酬的偏好强度，是对个体得到报酬的愿望的数量表示
期望	个人对努力产生成功绩效的概率估计	员工对工作努力能够完成任务的信念强度
工具性	个人对绩效与获得报酬之间关系的估计	员工对一旦完成任务就可以获得报酬的信念

[2012年真题·单选题] 根据弗罗姆的期望理论，员工对一旦完成任务就可以获得报酬的信念称为（　　）。

A. 效价　　　　　　　　　　B. 期望
C. 工具性　　　　　　　　　D. 动机

[答案] C

[解题思路] 可根据效价（报酬）、期望（任务）、工具性（报酬和任务）得出答案。

【易错易混考点四】参与管理的理由和条件（如表1-11所示）

表1-11 参与管理的理由和条件

理由	条件
（1）工作十分复杂时，员工参与决策，可以让了解更多情况的人有所贡献 （2）工作任务相互依赖程度高，倾听意见，彼此协商，双方都能致力推行 （3）可以使参与者对做出的决定有认同感，有利于决策执行 （4）可以提供工作的内在奖赏，使工作有趣、有意义	（1）在行动前，要有充裕的时间来进行参与 （2）员工参与决策的问题必须与其自身利益相关 （3）员工必须具有参与的能力，如智力、知识技术、沟通技巧等 （4）参与不应使员工和管理者的地位和权力受到威胁 （5）组织文化必须支持员工参与 （6）考虑员工对参与的需要

[例题·多选题] 管理者将权力与员工分享的理由不包括（　　）。
A. 考虑员工对参与的需要　　　B. 工作复杂
C. 参与使员工有认同感　　　　D. 在行动前，要有充裕的时间来进行参与
E. 工作任务相互依赖程度高
[答案] AD
[解析] A、D两项属于推行参与管理必须符合的条件，而不是管理者将权力与员工分享的理由。参与管理不是放之任何组织、任何工作群体而皆准的法则，需要符合的条件包括：①在行动前，要有充裕的时间来进行参与。②员工参与的问题必须与其自身利益相关。③员工必须具有参与的能力，如智力、知识技术、沟通技巧等。④参与不应使员工和管理者的地位和权力受到威胁。⑤组织文化必须支持员工参与。此外，还考虑员工对参与的需要。

历年经典真题回顾

一、单项选择题（每题1分，每题备选项中，只有1个最符合题意）

1. 关于有效推行参与管理的说法，错误的是（　　）。[2021年真题]
   A. 组织文化必须支持员工参与　　　B. 员工可以不具备参与的能力
   C. 员工应有充裕的时间参与　　　　D. 员工参与的问题必须与其自身利益相关
   [答案] B
   [解析] 若要有效推行参与管理就必须符合以下几个方面的条件：①在行动前，员工要有充裕的时间进行参与；②员工参与的问题必须与其自身利益相关；③员工必须具有参与的能力，如智力、知识技术、沟通技巧等；④参与不应使员工和管理者的地位和权力受到威胁；⑤组织文化必须支持员工参与；⑥员工的参与需要。

2. 美国心理学家麦克里兰提出的三重需要理论认为，人的需要不包括（　　）。[2018年真题]
   A. 权力需要　　B. 生存需要　　C. 亲和需要　　D. 成就需要
   [答案] B
   [解析] 注意ERG理论和三重需要理论的区分。B项属于ERG理论的内容。

3. 绩效薪金制通常采用的方式不包括（　　）。[2018年真题]
   A. 随机奖励　　B. 工作奖金　　C. 计件工资　　D. 按利分红
   [答案] A
   [解析] 绩效薪金制采取的方式包括计件工资、工作奖金、利润分成、按利分红。

4. 动机是人们从事某种活动，为某一目标付出的意愿，这种意愿取决于目标是否能够（　　）。[2017年真题]
   A. 改进人的绩效　　　　　　　　B. 满足人的需要

    C. 激励人的行为　　　　　　　D. 符合人的兴趣
　　[答案] B
　　[解析] 本题考查动机的概念。动机是指人们从事某种活动、为某一目标付出努力的意愿。这种意愿取决于目标能否以及在多大程度上满足人的需要。

5. 马斯洛把人的需要划分为五种类型，不在其中的是（　　）。[2017年真题]
    A. 安全需要　　　　　　　　　B. 归属和爱的需要
    C. 生理需要　　　　　　　　　D. 权力需要
　　[答案] D
　　[解析] 根据马斯洛需要层次理论，人具有五种主要的需要，按照从低到高的顺序分别为：生理需要、安全需要、归属和爱的需要、尊重的需要、自我实现的需要。D项属于三重需要理论的内容。

6. "如果较高层次的需要不能得到满足的话，对低层次需要的欲望就会加强"，这一说法所代表的观点属于（　　）。[2016年真题]
    A. 马斯洛的需要层次理论　　　B. 赫兹伯格的双因素论
    C. 奥尔德佛的"挫折—退化"观点　D. 麦克利兰的三重需要理论
　　[答案] C
　　[解析] 奥尔德佛提出了ERG理论，他认为人有三种核心需要：生存需要、关系需要、成长需要。各种需要可以同时具有激励作用，他提出了"挫折—退化"观点，即高层次需要不能得到满足，对满足低层次需要的欲望就会加强。

二、多项选择题（每题2分，每题备选项中，有2个或2个以上符合题意，至少有1个错项。错选，本题不得分；少选，所选的每个选项得0.5分）

1. 在需要层次理论中，与ERG理论中的关系需要相对应的有（　　）。[2021年真题]
    A. 部分"生理需要"　　　　　　B. 部分"安全需要"
    C. 全部"安全需要"　　　　　　D. 部分"尊重的需要"
    E. 全部"归属和爱的需要"
　　[答案] BDE
　　[解析] 生存需要与马斯洛需要层次理论中全部"生理需要"和部分"安全需要"相对应；关系需要与马斯洛需要层次理论中部分"安全需要"、全部"归属和爱的需要"和部分"尊重的需要"相对应；成长需要与马斯洛需要层次理论中部分"尊重的需要"和全部"自我实现的需要"相对应。

2. 目标管理的要素包括（　　）。[2018年真题]
    A. 技能薪酬　　　　　　　　　B. 不限期完成
    C. 参与决策　　　　　　　　　D. 绩效反馈
    E. 目标具体化
　　[答案] CDE
　　[解析] 根据目标管理四要素的记忆口诀"具体参与限期需反馈"，C、D、E三项正确。

三、案例分析题（每题2分。由单选和多选组成。错选，本题不得分；少选，所选的每个正确选项得0.5分）

（一）

　　某公司为一家通信企业，经过多年发展，拥有了庞大的固定电话、宽带客户资源，完善的基础网络设施和底蕴深厚的企业文化。该企业员工对福利待遇比较满意，离职率很低。

孙先生从基层员工做起，已经在该公司连续工作了近十年时间，对公司情况十分了解。今年年初，孙先生被提拔为市场部经理。市场部下设家庭客户部、个人客户部、政企客户部等，员工近百人。孙先生上任后，发现下属部门之间存在一些问题，比如同一项目预算可能有两个部门在做，最后用哪个部门的预算没有详细规定；更为严重的是部分员工消极怠工，未能全身心地投入工作，经常擅自离岗。

为了提高部门业绩与员工的工作积极性，孙先生采取了一系列措施。一是为了强化员工的工作动机设立了新的关键绩效指标，完成指标的员工将获得多方面的奖励。二是实施了部门目标管理工作，推行一段时间后，部门的业绩稍有提高。三是在奖金方面，设置了新的绩效薪金制规则，除了原有的工作奖金等，年度部门业绩前三的员工还得到了更优的奖励。[2019年真题]

1. 孙先生设立关键绩效指标，并对完成指标的员工提供多方面奖励，在其实施的下列奖励中，属于外源性动机激发的是（　　）。

A. 提供具有挑战性的工作机会　　　B. 提高工资
C. 发放奖金　　　　　　　　　　　D. 晋升职务

[答案] BCD

[解析] 具有外源性动机的人做出某种行为是为了行为结果，可以获得物质或者社会报酬，更看重工作带来的补偿，包括工资、奖金、晋升等。A项属于内源性动机的激发方式。

2. 孙先生在部门中实施了目标管理，目标管理的要素包括（　　）。

A. 团队管理　　B. 限期完成　　C. 目标具体化　　D. 过程评价

[答案] BC

[解析] 目标管理的四要素包括目标具体化、参与决策、限期完成及绩效反馈。

3. 孙先生在市场部实施的绩效薪金制的优点是（　　）。

A. 减少管理者的工作量　　　　　　B. 减少员工间的竞争
C. 增加了管理者的监督　　　　　　D. 提高员工工作积极性

[答案] AD

[解析] 绩效薪金制的优点是员工会为了获得高薪金而自发地工作，这可以减少管理者的工作量。

（二）

A公司董事长每年年底都会与员工谈话，目的是了解员工过去一年的工作状况、对公司的态度以及未来的打算。在今年的谈话中，员工小李说："自己很喜欢公司的工作环境，跟大部分同事的关系也很好。但是自己工作非常努力，也不被领导认可，升职希望渺茫；而同办公室的小王工作没有自己努力，却总被领导夸奖，上个月还涨了工资，这让自己深受打击，工作动力没有以前那么大了，甚至萌生了辞职念头。"董事长询问小李原因。小李认为，这是由于公司为员工设置的工作目标不合理造成的。领导给小王设置的工作目标比自己的容易达到，所以即使自己非常努力，领导也不认可；然而，工作目标是领导设定的，自己没有发言权。董事长听后，表示公司在今后管理工作中会考虑小李的意见。[2015年真题]

1. 根据马斯洛的需要层次理论，小李在工作中没有得到满足的需要是（　　）。

A. 生理需要　　B. 安全需要　　C. 尊重的需要　　D. 自我实现的需要

[答案] CD

[解析] 根据案例，小李自己工作非常努力，也不被领导认可，升职希望渺茫。需要层次理论中，尊重的需要包括：内在尊重（自尊心、自主权、成就感等）、外在尊重（地位、认同、受重视等）。自我实现的需要包括个人成长、发挥个人潜能、实现个人理想的需要。结合案例内容，小李在工作中没有得到满足的需要是尊重的需要和自我实现的需要。

2. 根据双因素理论，让小李感到不满的主要因素是（　　）。
   A. 工作目标设定的政策　　　　B. 晋升
   C. 别人的认可　　　　　　　　D. 人际关系
   [答案] A
   [解析] 根据案例，小李认为目前这种情况是公司为员工设置的工作目标不合理造成的。领导给小王设置的工作目标比自己的容易达到，所以即使自己非常努力，领导也不认可。双因素理论中，导致小李不满的属于保健因素中的工作目标设定的政策。

3. 小李在感到不公平时所采用的恢复平衡的方式是（　　）。
   A. 改变自己的投入或产出　　　B. 改变对投入或产出的知觉
   C. 改变参照对象　　　　　　　D. 寻求社会兼职
   [答案] A
   [解析] 根据案例，小李感到报酬不足深受打击，工作动力没有以前那么大了，即降低自己工作的努力程度或要求加薪。这种恢复平衡的方式属于改变自己的投入或产出。

4. 小李所反映的不公平问题，表明目标管理中的（　　）要素出现了问题。
   A. 目标具体化　　B. 参与决策　　C. 限期完成　　D. 绩效反馈
   [答案] B
   [解析] 目标管理四要素中，参与决策要求涉及目标的所有群体共同制定目标，并共同规定如何衡量目标的实现程度，而不是由上级单方面地指定下级的工作目标。根据案例，小李反映工作目标是领导设定的，自己没有发言权，故答案为 B 项。

本章同步练习

一、单项选择题（每题 1 分，每题备选项中，只有 1 个最符合题意）

1. 缺乏或期待某种结果而产生的心理状态指的是（　　）。
   A. 需要　　　　B. 动机　　　　C. 激励　　　　D. 管理

2. 人选择做出什么行为属于动机要素中的（　　）。
   A. 能力　　　　B. 坚持　　　　C. 努力　　　　D. 方向

3. 关于内源性动机和外源性动机说法错误的是（　　）。
   A. 内源性动机认为人做某种行为是因为行为本身
   B. 行为可以带来成就感属于内源性动机
   C. 内源性动机强的员工更看重工作所带来的报偿
   D. 为了避免惩罚而完成某种行为属于外源性动机

4. 与马斯洛的需要层次理论不符的陈述是（　　）。
   A. 不解雇的承诺、舒适的退休计划属于安全需要
   B. 自尊心和成就感属于尊重需要
   C. 个人成长属于自我实现需要
   D. 生理需要是人类的高级需要

5. 传统观点总把金钱看成最好的激励手段，但在很多企业中，增加同样的奖金并没有起到同等的激励作用，这说明（　　）。
   A. 组织可以忽略员工的低层次需要
   B. 组织用来满足员工低层次需要的投入是效益递减的
   C. 组织应当为员工提供较低的福利待遇

D. 组织必须考虑所有员工的自我实现需要
6. 根据马斯洛的需要层次理论，不属于自我实现需要的是（　　）。
　　A. 身体安全　　　　　　　　B. 实现个人理想
　　C. 发挥个人潜能　　　　　　D. 个人成长
7. 根据 ERG 理论，下列说法正确的是（　　）。
　　A. 各种需要不可以同时具有激励作用
　　B. 在某些限制下，人们的各种需要之间可以转化
　　C. 高层次需要不能得到满足，对满足低层次需要的欲望就会减弱
　　D. 权力需要是指个体维持重要人际关系的需要
8. 在 ERG 理论中，个体追求自我发展的内在欲望指的是（　　）。
　　A. 心理需要　　B. 生存需要　　C. 关系需要　　D. 成长需要
9. 根据三重需要理论，十分重视争取地位和影响力的人是（　　）较高。
　　A. 亲和需要　　B. 安全需要　　C. 权力需要　　D. 成就需要
10. 公平理论认为，员工会将自己的产出与投入的比率与别人的产出与投入的比率进行比较。这里的"投入"是指（　　）。
　　A. 奖金　　　　B. 员工的资历　　C. 福利　　　　D. 工作安全
11. 根据弗罗姆的期望理论，员工对绩效与获得报酬之间关系的估计称为（　　）。
　　A. 效价　　　　B. 期望　　　　C. 工具性　　　D. 动机
12. 不考虑人的内在心态，而是注重行为及其结果的理论是（　　）。
　　A. 目标设置理论　　　　　　B. 强化理论
　　C. 能力与机遇理论　　　　　D. 认知评价理论
13. 关于目标管理的说法，正确的是（　　）。
　　A. 要求明确、具体地描述预期的结果指的是参与决策
　　B. 限期完成指的是规定目标完成的时间期限，以及每一阶段任务完成的期限
　　C. 完整的目标管理包括限期完成、绩效反馈和参与决策三个要素
　　D. 目标管理中的目标必须由上级制定
14. 不断给予员工关于目标实现程度或接近目标程度的反馈，使其了解和掌握进度，及时地自我督促和矫正，最好达到目标，这属于目标管理的（　　）要素。
　　A. 参与决策　　　　　　　　B. 限期完成
　　C. 绩效反馈　　　　　　　　D. 目标具体化
15. （　　）是一种常见的参与管理模式。
　　A. 参与发言　　　　　　　　B. 质量监督小组
　　C. 共同设定目标　　　　　　D. 针对目标提出合理化建议

二、多项选择题（每题 2 分，每题备选项中，有 2 个或 2 个以上符合题意，至少有 1 个错项。错选，本题不得分；少选，所选的每个选项得 0.5 分）
1. 从激励作用角度可以将激励分为（　　）。
　　A. 正向激励　　　　　　　　B. 自我激励
　　C. 他人激励　　　　　　　　D. 物质激励
　　E. 负向激励
2. 关于马斯洛的需要层次理论的说法，错误的有（　　）。
　　A. 未被满足的需要是行为的主要激励源

B. 获得基本满足的需要具有强的激励作用
C. 基本需要主要靠内部条件满足，高级需要主要靠外在条件满足
D. 管理者在进行激励时，需要考虑每个员工的特殊需要以及占主导地位的需要层次
E. 组织用于满足员工的低层次需要的投入效益是递减的

3. 关于参与决策的说法，正确的有（   ）。
A. 参与决策可以发挥员工的专长，提高他们对工作的兴趣
B. 管理者应考虑到员工有参与的需要
C. 当工作十分复杂的时候，参与决策并不适合
D. 参与决策为员工提供了工作的内在奖赏
E. 员工参与决策的问题，无须是员工自己熟悉的领域

三、案例分析题（每题2分。由单选和多选组成。错选，本题不得分；少选，所选的每个正确选项得0.5分）

（一）

刘华最近发现部门内下属士气不高，他开始留意员工的表现。小李是特别看重工作成就感的，对于能带来挑战的任务很有激情地接受。小马平时工作中一心想着往工资高的岗位跳。小张则是注重个体维持人际关系，希望可以和同事打成一片，工作上不是很上心。其他人也有怨言，他们觉得自己在部门内没有得到公平的对待。

1. 根据案例内容，可以看到（   ）。
A. 小李工作是出于内源性动机
B. 小马工作是出于内源性动机
C. 小李工作是出于外源性动机
D. 小马工作是出于外源性动机

（二）

张明是一家著名高科技企业的人力资源总监，企业成立时他就负责人力资源工作，公司的主要领导对他很信任，有关人事方面的事情都是他说了算。他的激励方法就是支付高额奖金。经过十几年的努力，这家公司发展成为一家大型的企业。公司的业务也由以前的软件开发延伸到下游的测评、咨询和规划等方面。但不知什么缘故，最近新业务部门的员工，如销售部门和咨询部门的员工对张明的意见很大，他们认为张明制订的激励措施没有考虑到他们的工作性质，他们加班不需要待在办公室，按照在办公室加班时间来发奖金不公平。此外，他们向总经理反映说张明不懂人力资源的管理。这让张明很恼火，他认为用高额奖金激励员工没有什么不对。多劳多得不正是我们所提倡的吗？

1. 用马斯洛的需求层次理论解释张明的做法，正确的是（   ）。
A. 张明没有充分考虑到员工的自我实现的需要
B. 用高额奖金满足员工生理需要的投入收益是递增的
C. 奖金一定能够满足员工的高级需要
D. 不同部门员工的需要应该一致

2. 如果张明按照双因素理论的观点来摆脱面临的困境，他应该（   ）。
A. 用更加严格的制度管理员工
B. 给员工减发奖金
C. 让员工感到自己的工作有成就感
D. 让员工在工作中承担更多的责任

3. 上述情境中，员工的不满来自（   ）。
A. 张明用单一的方式对待每一个员工
B. 张明没有考虑到咨询等部门的特点
C. 计发奖金的方式不公平
D. 认为张明用人唯亲

4. 要让员工觉得公平，张明今后应该（　　）。
   A. 多和员工沟通，了解不同员工的不同需求
   B. 对不同部门的员工的业绩衡量采取不同的标准
   C. 加强自己的领导权威
   D. 考虑不同部门工作性质的差异，制定与员工贡献相匹配的奖励方案

（三）

B 公司管理方式为：强调通过群体共同参与制定具体的、可行的而且能够客观衡量的目标。在实施这项决定之后，公司整体生产力就大有提高，创造的价值合计达 5 000 万美元。C 公司则采用将绩效与报酬相结合的方式，最大限度地激发员工积极性。

1. B 公司采取的管理方式可以称为（　　）。
   A. 参与管理　　　B. 目标管理　　　C. 人性化管理　　　D. 优化管理
2. 关于 C 公司管理方式，说法正确的是（　　）。
   A. 这种方式在西方可以利用股权对员工实行按利分红
   B. C 公司可以采用计件工资的方式
   C. 同期望理论关系密切
   D. 绩效可以是个人绩效、部门绩效和组织绩效

本章同步练习参考答案及解析

一、单项选择题

1. [答案] A
   [解析] 需要是指当缺乏或期待某种结果而产生的心理状态。

2. [答案] D
   [解析] 动机的三要素包括：①决定人的行为的方向，即选择做出什么样的行为；②努力的水平，即行为的努力程度；③坚持的水平，即遇到阻碍时付出多大努力坚持自己的行为。

3. [答案] C
   [解析] 外源性动机强的员工更看重工作所带来的报偿，C 项错误。

4. [答案] D
   [解析] 马斯洛需要层次理论中的前三个层级为基本需要，后两个层级为高级需要。生理需要属于基本需要。

5. [答案] B
   [解析] 组织用来满足员工低层次需要的投入是效益递减的，所以增加同样奖金并没有起到同等激励作用。

6. [答案] A
   [解析] 自我实现需要包括个人成长、发挥个人潜能、实现个人理想的需要。A 项属于安全需要。

7. [答案] B
   [解析] ERG 理论认为各种需要可以同时产生激励作用，A 项错误。ERG 理论更加灵活变通，人们可以同时追求各层次需要，或在某些限制下，在各种需要之间可以转化，B 项正确。高层次需要不能得到满足，对满足低层次需要的欲望就会增强，C 项错误。权力需要不属于 ERG 理论的内容，D 项错误。

8. [答案] D
   [解析] 根据 ERG 理论，成长需要是指个体追求自我发展的内在欲望；关系需要是指个体维持重要人际关系的需要；生存需要是指个体的生理需要和物质需要，或个体维持生存的物质条件。

9. [答案] C
   [解析] 权力需要强的人喜欢支配、影响别人，喜欢对人"发号施令"，十分重视争取地位和影响力。

10. [答案] B
    [解析] 公平理论中的投入是指员工所受的教育、资历、工作经验、忠诚和承诺、

时间和努力、创造力、工作绩效。

11. [答案] C
    [解析] 根据期望理论，工具性指员工对一旦完成任务就可以获得报酬的信念。

12. [答案] B
    [解析] 强化理论的特点是并不考虑人的内在心态，而注重行为和结果。

13. [答案] B
    [解析] 要求明确、具体地描述预期的结果指的是目标具体化，A项错误。目标管理包括限期完成、参与决策、目标具体化、绩效反馈四个要素，C项错误。目标管理中的"目标"是群体共同参与制定的，D项错误。

14. [答案] C
    [解析] 绩效反馈是指不断给予员工关于目标实现程度或接近目标程度的反馈，使其了解和掌握进度，及时地进行自我督促和行为矫正，最终达到目标。

15. [答案] B
    [解析] 质量监督小组是一种常见的参与管理模式。

二、多项选择题

1. [答案] AE
   [解析] 从激励内容的角度划分，激励分为物质激励和精神激励；从激励作用的角度划分，激励分为正向激励和负向激励；从激励对象的角度划分，激励分为他人激励和自我激励。

2. [答案] BC
   [解析] 未满足的需要是行为的主要的激励源，已获得基本满足的需要不再具有激励作用，B项错误。基本需要的满足主要靠外在条件或因素，高级需要的满足主要靠内在因素，C项错误。

3. [答案] ABD
   [解题思路] 当工作十分复杂时，员工参与决策，可以让了解更多情况的人有所贡献，C项错误。员工参与决策的问题必须与其自身利益相关，E项错误。

三、案例分析题

（一）

1. [答案] AD
   [解析] 小李是特别看重工作成就感的，即小李工作是出于内源性动机。小马平时工作中一心想着往工资高的岗位跳，即小马工作是出于外源性动机。

（二）

1. [答案] A
   [解析] 自我实现需要包括个人成长、发挥个人潜能、实现个人理想的需要。

2. [答案] CD
   [解析] 激励因素包括成就感、别人的认可、工作本身、责任和晋升等因素。具备这些因素可以令员工满意。

3. [答案] ABC
   [解析] 通过案例可以看出，张明用人唯亲是没有谈到的，其他三个都可以在案例中找到。

4. [答案] ABD
   [解析] 结合公平理论在管理上的应用，根据员工对工作和组织的投入来给予报酬，并确保不同的员工的投入/产出比大致是相同的，以保持员工的公平感，应经常注意了解员工的公平感。A、B、D三项符合题意。

（三）

1. [答案] B
   [解析] 目标管理的基本核心是强调通过群体共同参与制订具体的、可行的而且能够客观衡量的目标。

2. [答案] BCD
   [解析] C公司的管理方式为绩效薪金制。绩效薪金制采用的方式有计件工资（收入和产量挂钩）、工作奖金、利润分成、按利分红（薪酬和效益联系在一起）等。其中，按利分红在西方主要针对各级主管，可以是现金，也可以是股权。

第二章 领导行为

本章考情分析

年份	单项选择题	多项选择题	案例分析题	合计
2021 年	3 题 3 分	—	—	3 分
2020 年	7 题 7 分	3 题 6 分	—	13 分
2019 年	5 题 5 分	1 题 2 分	—	7 分
2018 年	3 题 3 分	1 题 2 分	4 题 8 分	13 分
2017 年	2 题 2 分	1 题 2 分	—	4 分

本章考点概览

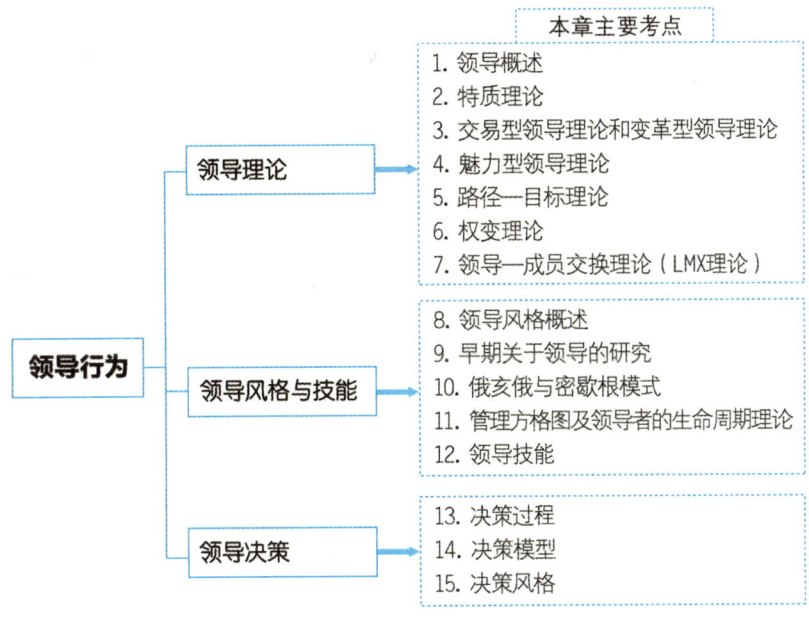

本章考点详解

【考点一】领导概述

一、领导的概念

领导是指一种影响群体、影响他人以达成组织目标的能力。

二、领导的特点

（1）领导必须有影响力，因为领导的基本角色是影响他人自愿追求确定的目标。领导的影响力主要来源于组织的正式任命，也可以来源于其他方面，如具有与工作相关的专门技能或才能，以此成为影响力的来源。

（2）领导必须有指导和激励的能力，帮助个体或群体确认目标，并激励他们在达到一定目标的过程中起重要作用。

【考点小贴士】本考点简单了解，为学习领导的其他理论奠定基础。

【考点二】特质理论

一、传统的特质理论的观点

（1）领导者具有某些固有的特质，并且这些特质是与生俱来的。
（2）只有先天具备某些特质的人才可能成为领导。

【考点小贴士】特质理论可根据"特质是先天，才可当领导"来记忆。

二、关于卓越领导者的特质的两种观点

关于卓越领导者的特质的两种观点如表 2-1 所示。

表 2-1　关于卓越领导者的特质的两种观点

代表人物	吉伯	斯道格迪尔	
观点	（1）身强力壮 （2）聪明但不过分聪明 （3）外向有支配欲 （4）有良好的调适能力 （5）自信	（1）对所完成的工作具有责任感 （2）在追求目标的过程中充满热情并能够持之以恒 （3）解决问题时勇于冒险并富有创新精神 （4）勇于实践 （5）自信 （6）能很好地处理人际紧张并能够忍受挫折等	扩大了 特质的范围

【考点小贴士】本考点备考中注意吉伯和斯道格迪尔观点的区分。关于卓越领导者的特质的两种观点可以通过"自信共用，除勇于实践吉伯字更少"来记忆。

三、特质理论的不足

（1）忽视了下属的需要。
（2）没有指明各种特质之间的相对重要性。
（3）忽视了情境因素。
（4）没有区分原因和结果。

经典例题

[2012年真题·单选题]认为领导者具有某些固有特质且这些特质是与生俱来的观点出自（　　）。

A. 交易型和改变型领导理论　　B. 特质理论
C. 魅力型领导理论　　D. 路径—目标理论

[答案] B

[解析] 特质理论认为领导者具有某些固有的特质，并且这些特质是与生俱来的；只有先天具备某些特质的人才可能成为领导。

[解题思路] 根据[考点小贴士]中的"特质是先天，才可当领导"可得出答案。

[2011年真题·单选题]根据吉伯的观点，领导的重要特质不包含（　　）。

A. 良好的调适能力　　B. 自信
C. 勇于实践　　D. 外向

[答案] C

[解析] 吉伯认为卓越领导者的特质包含身强力壮、聪明但不过分聪明、外向、有支配欲、有良好的调适能力、自信。C项属于斯道格迪尔的观点。

[解题思路] 根据[考点小贴士]中记忆的"自信共用,除勇于实践吉伯字更少"可得出答案。

【考点三】交易型领导理论和变革型领导理论（伯恩斯提出）

伯恩斯提出交易型领导理论和变革型领导理论。

一、交易型领导理论

多数情况下，交易型领导者依靠消极型差错管理，所以交易型领导是一种相对平庸的管理。
交易型领导理论的内容如表2-2所示。

表2-2　交易型领导理论

观点	特征和方法
(1) 强调任务的明晰度、工作的标准和产出 (2) 关注任务的完成以及员工的顺从 (3) 依靠组织的奖惩制度来影响员工的绩效	(1) 一致性的奖励：承诺为努力提供奖励，为高绩效提供奖励，赏识成就 (2) 差错管理（积极型）：观察和寻找对于标准的背离，采取修正行动 (3) 差错管理（消极型）：仅在标准没有满足时进行干涉 (4) 放任：放弃责任，避免做出决策

二、变革型领导理论

变革型领导可以创造组织在革新和变化中的超额绩效。伯恩斯认为通过补充、选拔、晋升、培训和发展培养出的变革型领导，会使组织有效地运转并健康地成长。
变革型领导理论的内容如表2-3所示。

表2-3　变革型领导理论

观点	特征和方法
(1) 通过更高的理想与组织价值观来激励追随者们 (2) 为组织制定明确的愿景，通过领导风格来影响员工和团队的绩效	(1) 魅力：提供任务愿景，潜移默化的自豪感，获得尊敬和信任 (2) 激励：持续的高期望，鼓励努力，用简单的手段表达重要的意图 (3) 智慧型刺激：提升智慧，理性和谨慎地解决问题 (4) 个性化关怀：给予个人关注，个性化地对待每名员工的培训和建议

【考点小贴士】考试注重交易型领导和变革型领导观点的区分，可以通过"工作是交易，变革型领导更好"来记忆。

经典例题

[例题·单选题] 关注任务的完成以及员工的顺从，更多依靠奖励和惩罚来影响员工的绩效，这是（　　）领导的主要特点。
A. 交易型　　　B. 变革型　　　C. 魅力型　　　D. 特质型
[答案] A
[解题思路] 根据[考点小贴士]中的"工作是交易"可得出答案。

[例题·单选题] 伯恩斯把领导分为两种类型，这两种类型是（　　）。
A. 交易型和合作型　　　　　　　B. 交易型和变革型
C. 合作型和指导型　　　　　　　D. 变革型和指导型
[答案] B
[解析] 伯恩斯把领导分为交易型领导和变革型领导。

【考点四】魅力型领导理论（罗伯特·豪斯提出）

魅力型领导理论是由**罗伯特·豪斯**在伯恩斯变革型领导理论的基础上提出的。

一、魅力型领导者的概念

魅力型领导者是指具有自信并且信任下属，对下属有高度的期望，**有理想化的愿景，使用个性化风格**的领导者。

【提示】变革型领导强调理想与组织价值观来激励追随者们，为组织制定**明确的愿景**，通过**领导风格**来影响员工和团队的绩效。

二、魅力型领导理论的观点

（1）魅力型领导的追随者**认同**他们的领导者及其任务，表现出对领导者的高度**忠诚和信心**，**效法**其价值观和行为，并且从自身与领导者的关系中**获得自尊**。

（2）魅力型领导者将**促使**追随者产生出**高于期望**的**绩效**以及强烈**归属感**。

（3）当**追随者**显示出**更高水平的自我意识和自我管理**时，魅力型领导者的效果会得到进一步强化。

（4）魅力本身是一个**归因**现象，会**随着情境发生变化**。能够形成**魅力归因的领导特质**包括自信、印象管理技能、社会敏感性和共情。**提升魅力型领导的情境**既包括面临剧烈变革的组织环境，也包括组织中对现状非常不满的追随者的激增。

（5）对魅力型领导研究除了研究领导者自身特质，还必须考虑领导者所处的情境，以及工作任务的性质。

（6）魅力型领导者并**不一定是一个正面的英雄**，也有**非道德特征**。魅力型领导者的道德特征和非道德特征如表 2-4 所示。

表 2-4 魅力型领导者的道德特征和非道德特征

道德特征（好的特征）	非道德特征（不好的特征）
（1）使用权力为他人服务	（1）为个人利益使用权力
（2）使追随者的需要和志向与愿景相结合	（2）提升自己的个人愿景
（3）从危机中思考和学习	（3）指责或批评相反的观点
（4）激励下属独立思考	（4）要求自己的决定被无条件接受
（5）双向沟通	（5）单向沟通
（6）培训、发展并且支持下属，与他人分享	（6）对追随者的需要感觉迟钝
（7）用内在道德标准行事	（7）遵循外在道德标准

经典例题

[2019年真题·单选题] 根据美国心理学家罗伯特·豪斯的观点，不属于魅力型领导特征的是（　　）。

A. 高大英俊　　　　　　　　B. 共情
C. 自信　　　　　　　　　　D. 印象管理技能

[答案] A

[解析] 魅力型领导的特质包括自信、印象管理、社会敏感性和共情。

【考点五】路径—目标理论（罗伯特·豪斯提出）

一、主要观点

（1）领导者的主要任务是**帮助下属达到**他们的**目标**，并**提供必要指导和支持**以确保下属的目标与群体或组织的目标相互配合。

（2）领导者的行为如果想要**被下属接受**，就必须能够**为员工提供满足感**。这种满足感既有关于现在的,也有关于未来的。

(3) 领导的激励作用在于:①使绩效的实现与员工需要的满足相结合;②为实现有效的工作绩效提供必需的辅导、指导、支持和奖励。

二、领导行为(4种)

假定领导者具有变通性,能够根据不同的情况表现出以下不同的领导行为。

(1) 指导式:让员工明确别人对他的期望、成功绩效的标准和工作程序。
(2) 支持型:努力建立舒适的工作环境,亲切友善,关心下属的要求。
(3) 参与式:主动征求并采纳下属的意见。
(4) 成就取向式:设定挑战性目标,鼓励下属实现最佳水平。

【考点小贴士】通过以下例子记忆四种领导行为,如图2-1所示。

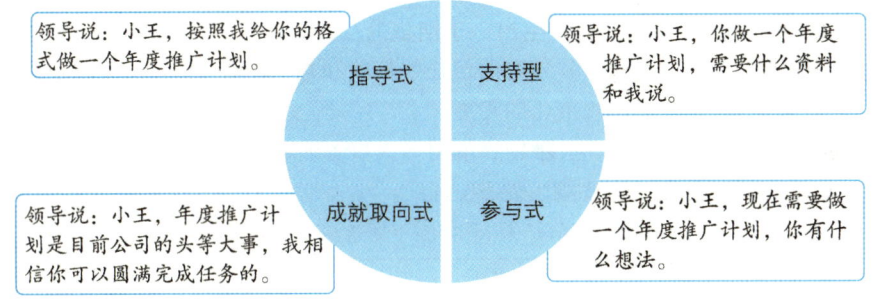

图2-1 四种领导行为

三、权变因素

路径—目标理论提出了两个权变因素作为领导的领导行为与结果之间的中间变量。
(1) 下属控制之外的环境因素:工作结构、正式权力系统、工作团队等。
(2) 下属的个人特征:经验、能力、内—外控等。

四、不同的领导行为适合不同的环境因素和个人特征

(1) 下属的工作是结构化的,则支持型的领导可以带来高的绩效和满意度。
(2) 对于能力强或经验丰富的下属,指导式的领导可能被视为多余的。
(3) 内控型下属对参与型领导更为满意,而外控型下属对指导式领导更为满意。

【考点小贴士】上述内容可归纳为:工作任务明确,提供支持即可;员工都会做,领导指导多余;员工自己有主意,领导需参与;员工自己没主意,领导需指导。

五、理论逻辑

如果领导者能够补偿员工的个人特征方面或工作环境方面的不足,则会提高员工的工作绩效和满意度。如果工作结构明确、任务清楚,员工有能力和经验处理工作,则不必浪费时间进行指导,否则会被视为多余。

经典例题

[2021年真题·多选题] 关于路径—目标理论的说法,正确的有(   )。
A. 路径—目标理论认为不同的领导行为适合于不同的环境因素和个人特征
B. 路径—目标理论假定领导不具有变通性
C. 路径—目标理论认为参与式领导会主动征求并采纳下属的意见
D. 路径—目标理论认为指导式领导常常很关心下属的要求
E. 路径—目标理论是豪斯提出来的

[答案] ACE
[解析] 路径—目标理论假定领导具有变通性，B 项错误；支持式领导常常很关心下属的要求，指导式领导让员工明确别人对他的期望、成功绩效的标准和工作程序，D 项错误。

【考点六】权变理论（费德勒提出）

一、观点

费德勒认为，团体绩效的高低取决于领导者与情景因素间是否搭配。

二、领导方式

(1) 工作取向：领导者主要关心工作。
(2) 关系取向：领导者乐于和同事形成良好的人际关系。

三、情景维度

(1) 领导与下属的关系：下属对领导者的信任、信赖和尊重的程度。
(2) 工作结构：工作程序化、规范化的程度。
(3) 职权：领导者在甄选、培训、激励、解聘等人事方面有多大的影响力和权力。

不同领导风格在不同情景下的效能如表 2-5 所示。

表 2-5　不同领导风格在不同情景下的效能

情景类型		一	二	三	四	五	六	七	八
情景维度	上下级关系	好	好	好	好	坏	坏	坏	坏
	工作结构	高	高	低	低	高	高	低	低
	职权	大	小	大	小	大	小	大	小
领导风格	关系取向	低			高		一般		低
	工作取向	高			低		一般		高

【考点小贴士】此考点难度较大，如果在理解中遇到困难，可以参考以下内容进行熟悉。情景维度可简单记忆为"关工权"。关系取向高的有两类情况：第一类是关系好就可以，其他是低和小（如表 2-5 中第"四"列）；第二类是关系坏，其他两个必须同时是高和大（如表 2-5 中第"五"列）。工作取向高有两类情况：第一类关系好是前提，其他两个至少有一个是高或者大（如表 2-5 中第"一至三"列）；第二类是三个情景维度都是负向的，即坏低小（如表 2-5 中第"八"列）。

> 经典例题

[2020 年真题·单选题] 根据权变理论，如果一个领导人对他最不喜欢的工作伙伴也用肯定性的形容词去描述，说明他属于（　　）。
A. 关系取向型
B. 权威取向型
C. 社会取向型
D. 工作取向型
[答案] A
[解析] 权变理论的领导方式包括：①工作取向。领导者主要关心生产。②关系取向。乐于和同

事形成良好的人际关系。如果一个领导人对他最不喜欢的工作伙伴也用肯定性的形容词去描述，说明他乐于和同事形成良好的人际关系，属于关系取向型，A项正确。

[2017年真题·多选题] 依据领导权变理论的观点，能使工作取向型的绩效高的情景有（　　）。
A. 上下级关系坏、工作结构低、领导者职权小
B. 上下级关系好、工作结构高、领导者职权大
C. 上下级关系坏、工作结构高、领导者职权大
D. 上下级关系好、工作结构低、领导者职权大
E. 上下级关系好、工作结构低、领导者职权小
[答案] ABD
[解题思路] 先审题得出，该题考查工作取向的情景，根据[考点小贴士]可得出选符合"一、二、三、八"列的，则答案为 A、B、D 三项。

【考点七】领导—成员交换理论（LMX理论）

乔治·格雷恩及其同事提出领导—成员交换理论。该理论的观点包括：

（1）团体中领导者与下属在确立关系和角色的早期，就把下属分为"圈里人"和"圈外人"。

（2）对于同一个领导者而言，属于"圈里人"的下属与领导打交道时，比"圈外人"困难少，能够感觉到领导者对他们的关心。

（3）领导者倾向于对"圈里人"比"圈外人"投入更多的时间、感情，很少采用正式的领导权威。

（4）"圈里人"比"圈外人"拥有更高的工作责任感，对于其所在部门贡献更多，评估的绩效更高。

（5）领导和下属的交换过程是一个互惠的过程，领导者为了达成绩效目标和更持久的变化，应该着手改变下属的自我概念，同时，下属通过他们的反应也在改变领导者的自我图式。

（6）领导者和下属两者都作为个体，通过团体进行反馈。

【考点小贴士】可简记为"交换的前提是区分，圈里人更好"。

经典例题

[2011年真题·案例分析题] 为了提高党政基层机构的执政能力，某市市委为200多名后备干部举办了一次培训。在培训班上，从事领导科学研究的李教授为学员们做了专场报告，系统地介绍了领导行为理论，这些理论既包括传统的特质理论，也包括现代备受欢迎的魅力型领导理论、路径—目标理论以及领导—成员交换理论。李教授的讲座让学员们受益匪浅，很多人表示要把这些知识应用到自己的管理实践中。

1. 路径—目标理论的提出者是（　　）。
A. 罗伯特·豪斯 B. 伯恩斯 C. 麦克格雷斯 D. 布莱克
[答案] A
[解析] 路径—目标理论由罗伯特·豪斯提出。

2. 在路径—目标理论中，领导行为与结果之间的中间变量有（　　）。
A. 下属的经验 B. 领导的成就
C. 下属的能力 D. 领导者的个性
[答案] AC
[解析] 路径—目标理论给出了两个权变因素作为领导的领导行为与结果之间的中间变量：①下属控制范围之外的环境因素，如工作结构、正式权力系统、工作团队等；②下属的个人特征，如能力、经验、内外控等。A、C两项属于下属的个人特征。

3. 关于领导—成员交换理论的说法,正确的是(   )。
A. 领导—成员交换理论强调领导公平对待每一个成员
B. 领导—成员交换理论认为领导与下属的交换是一个互惠过程
C. 领导—成员交换理论认为领导不能改变下属的自我概念
D. 领导—成员交换理论反对领导把下属分为"圈里人"和"圈外人"
[答案] B
[解析] 领导—成员交换理论认为,领导将下属区分为"圈里人"和"圈外人",A、D两项错误。领导应善于改变下属的自我概念,C项错误。领导和下属的交换过程是一个互惠的过程,B项正确。

【考点八】领导风格概述

一、领导风格

领导风格是指领导者在实际领导中表现出的习惯化行为特点。其既可能是正性的,也可能是负性的。

二、道格拉斯·麦克格雷格的经典理论

道格拉斯·麦克格雷格的经典理论如表2-6所示。

表2-6 道格拉斯·麦克格雷格的经典理论

理论	X理论	Y理论
对比	传统权威的管理风格	启发式的、人性化的管理风格
	管理者中心	员工中心
	独裁	民主
	生产中心	员工中心
	产出	关怀
	任务驱动	人际关系
	督导	支持
	指导	参与

【考点小贴士】上述X理论和Y理论的内容可简记为Y理论更注重人,更有人情味。

经典例题

[2020年真题·多选题] 按照组织行为学中的领导风格理论,以员工为中心的领导风格强调(   )。
A. 督导   B. 支持   C. 民主   D. 参与
E. 产出
[答案] BCD
[解题思路] A、E两项属于以管理者为中心的领导风格。

【考点九】早期关于领导的研究

一、勒温的民主与专制模式

(1) 勒温从20世纪30年代开始,进行了一系列有关领导行为的研究。最初的研究目的是研究儿童攻击性行为的模式,"副产品"是对组织行为的观察。他成立爱好者俱乐部,让孩子们从事生产性工作,每个俱乐部有三种领导类型:独裁、民主、放任。

(2) 研究发现,从属于独裁型领导者的儿童的行为倾向要么富有攻击性,要么缺乏感情;从属于放任型领导者的儿童产生的攻击性表现最多;从属于民主型领导者的儿童的攻击行为处于

中间水平。

(3) 这些实验是最早试图用科学的方法探索领导者风格对组织影响的研究。

二、斯道格迪尔的研究

(1) 研究发现，一个个体不可能只因为拥有特定的特质就能够成为领导者，这个特质必须与领导者行使职能的情境相关。

(2) 领导不是一个被动的状态，而是产生于领导者和其他群体成员的工作关系中的互动。人格和情境都是决定领导的因素。

(3) 这一研究标志着一种新的强调领导行为和领导情境的领导研究理论的诞生。

【考点十】俄亥俄与密歇根模式

一、俄亥俄模式

（一）领导行为的两个维度（关心人、工作管理）

(1) 关心人：领导者注重人际关系，尊重和关心下属的建议和情感，更愿意建立相互信任的工作关系。高度人际取向的领导者帮助下属解决个人问题，友善而平易近人，公平对待每一个下属，关心下属的生活、健康、地位和满意度。

(2) 工作管理：领导者为了达成目标而在规定或确定自己与下属的角色时所从事的行为活动。高度工作取向的领导者关注员工的工作，要求维持一定的绩效水平，并强调工作的最后期限。

（二）结论

"双高"的领导更能促使高绩效和高工作满意度。

二、密歇根模式

（一）领导行为的两个维度（员工取向、生产取向）

(1) 员工取向：关注人际关系，主动了解并积极满足员工需要。

(2) 生产取向：强调工作技术和任务进度，关心工作目标的达成。

（二）结论

密歇根模式支持员工取向的领导作风。

三、俄亥俄模式和密歇根模式的比较

俄亥俄模式和密歇根模式在维度的数量和性质上极为相似。这两种模式理论虽然在以生产工作为取向维度的结论上看法相悖，但因其相似性极强，所以极具对比、研究的价值。

【考点小贴士】考试注重俄亥俄模式和密歇根模式观点的区分，密歇根模式的说法可简记为"生员"，并且可以通过"密歇根'生员'更对称"来记忆。这里的"对称"指的是"员工取向"和"生产取向"都是4个字。

经典例题

[2021年真题·单选题] 领导研究中的俄亥俄模式将领导行为聚集在（　　）。

A. 民主和关怀
B. 指导和支持
C. 人际关系和参与
D. 关心人和工作管理

[答案] D

[解析] 俄亥俄模式认为与领导行为有关的因素有：关心人和工作管理。

45

【考点十一】管理方格图及领导者的生命周期理论

一、管理方格图

美国管理心理学家布莱克和默顿提出了管理方格理论。该理论把领导风格画成一个二维坐标方格，如图2-2所示。

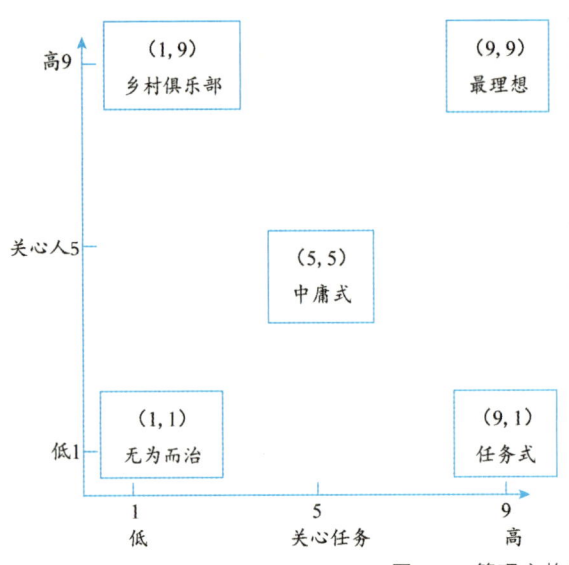

图2-2 管理方格图

【考点小贴士】备考中注意管理方格图的横纵坐标和各具体坐标对应的内容。管理方格图可以通过"人站立为纵坐标，俱乐部会使人放松（更关注人）"来记忆。

经典例题

[2021年真题·单选题] 根据管理方格理论，坐标（5,5）属于（　　）。
A. "乡村俱乐部"领导风格　　　B. "无为而治"领导风格
C. "中庸式"领导风格　　　　　D. "任务式"领导风格
[答案] C
[解析] 位于坐标（5,5）属于"中庸式"领导风格，对人极端关注的位于坐标（1,9），属于"乡村俱乐部"领导风格，对任务极端关注的位于坐标（9,1），属于"任务式"领导风格。

[2019年真题·单选题] 根据美国心理学家布莱克和默顿的管理方格理论，在关心人和关心任务的坐标上都很高的领导风格是（　　）。
A. "乡村俱乐部"的领导风格　　　B. 最理想的领导风格
C. "中庸式"领导风格　　　　　　D. "无为而治"的领导风格
[答案] B
[解析] 关心人和关心任务都很高的坐标是（9,9），属于最理想型的领导风格。

二、领导者的生命周期理论（保罗·赫塞和布兰查德提出）

（一）影响领导风格的重要因素——下属成熟度

领导者的生命周期理论是由美国管理心理学家保罗·赫塞和布兰查德提出的。他们认为，影响领导风格的一个重要因素是下属成熟度。成熟度是指个体对自己的行为负责任的<u>能力与意愿</u>。下属成熟度包括工作成熟度和心理成熟度。

（1）工作成熟度——一个人的知识和技能水平。工作成熟度越高，执行任务的能力越强，越不需要他人的指挥。反之，则需要对其工作进行指导。

（2）心理成熟度——从事工作的意愿或动机。心理成熟度越高，自觉性越高，越不需要外力推动。反之，则要规定员工的工作任务和角色职责。

（二）根据工作取向与关系取向结合得出的四种领导风格

（1）指导式：高工作—低关系。

领导规定工作任务、角色职责，指示员工做什么，如何做。

（2）推销式：高工作—高关系。

领导不仅表现出指导行为，而且富于支持行为。

（3）参与式：低工作—高关系。

领导与下属共同决策，领导提供便利条件和沟通。

（4）授权式：低工作—低关系。

领导提供较少的指导或支持，让下级自主决定。

【考点小贴士】通过例子记忆四种领导风格，如图2-3所示。

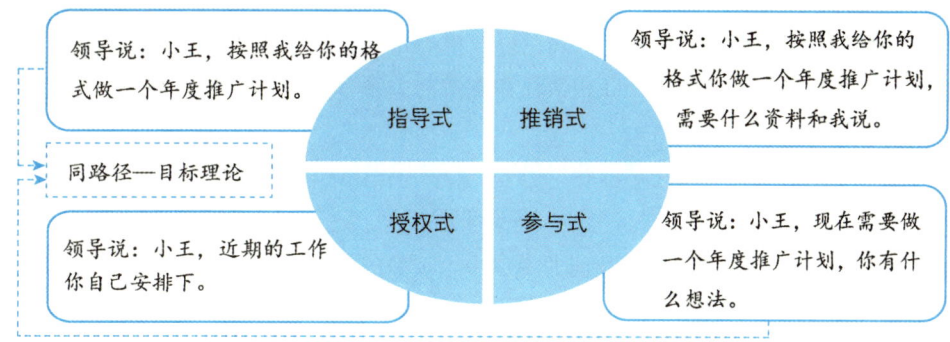

图 2-3　四种领导风格

（三）不同之处

生命周期理论与其他权变理论的不同之处在于，它强调了被领导者的重要性，指出对于不同成熟度的员工，应采取不同的领导方式。

经典例题

[2019年真题·单选题] 领导者的生命周期理论将工作取向和关系取向两个维度相结合，高工作—高关系的领导风格是（　　）。

A. 指导式　　　B. 参与式　　　C. 授权式　　　D. 推销式

[答案] D

[解析] 根据工作取向与关系取向结合得出的4种领导风格：①指导式：高工作—低关系；②推销式：高工作—高关系；③参与式：低工作—高关系；④授权式：低工作—低关系。

[2014年真题·单选题] 根据保罗·赫塞的领导者生命周期理论，员工的知识技能水平决定（　　）。

A. 心理成熟度　　B. 能力成熟度　　C. 技能成熟度　　D. 工作成熟度

[答案] D

[解析] 领导者生命周期理论中，工作成熟度指一个人的知识和技能水平。

【考点十二】领导技能

一、领导者的三种技能

成功的领导依赖于合适的行为、技能和行动。领导者的技能类型如图2-4所示。

观点、思想	概念技能	概念：按照模型、框架和广泛联系进行思考的能力，如制定长期计划 特点：越高的管理职位，概念技能的作用越重要
人	人际技能	概念：有效的与他人共事和建立团队合作的能力 特点：组织中任何层次的领导者都不能逃避有效人际技能的要求
事	技术技能	概念：一个人对于某种类型的程序或技术所掌握的知识和能力，如会计人员、工程师、文字处理人员和工具制造者所学习到的技能 特点：当员工升职并拥有领导责任后，他们的技术技能就会显得相对不重要了。作为经理，他们更加依靠的是下属的技术技能

图 2-4 领导者技能类型

【注意】不同层次的管理者需要的技能的相对比例是不同的，管理层级越高，工作中技术技能所占的比例越小，而概念技能所占的比例越大。

【考点小贴士】领导技能可简记为"做事做人有思想"。

二、领导者技能发展的途径

(1) 基于领导能力的培养，通过学习和已经获得的知识为基础的方法来得到提高。

(2) 辅导，即讲师和领导者建立互相信任和尊重的关系，讲师可以帮助领导者明确事业范围和期望。

(3) 培训、工作设计、行为管理等其他组织行为技能也可以用来发展领导者技能。

经典例题

[2021年真题·单选题] 关于领导的技能的说法中，正确的是（　　）。
A. 管理职位越高，对概念技能的要求越低　　B. 人际技能是指在人际关系中操纵他人的能力
C. 技术技能也是领导技能的一种　　D. 概念技能主要涉及的是"人"
[答案] C
[解析] 在越高的管理职位上，概念技能的作用也就越重要，A 项错误。人际技能是有效地与他人共事和建立团队合作的能力，并不是操纵他人，B 项错误。概念技能处理的是观点、思想，而人际技能关心的是人，D 项错误。

【考点十三】决策过程

决策过程是一个动态的过程，决策的每个阶段之间都是有明确界限的。

一、西蒙的决策过程（3 阶段）

(1) 智力活动：对环境进行搜索，确定决策的情境。

(2) 设计活动：探索、发展和分析可能发生的行为系列。

(3) 选择活动：在上一步可能的行为系列中选择一个行为。

二、明茨伯格的决策过程（3 阶段）

(1) 确认阶段：认知到问题或机会的产生，进行诊断。

(2) 发展阶段：个体搜寻现有的标准程序或者解决方案，或者设计全新的、量身定做的解决方案的过程。

(3) 选择阶段：确定最终的方案。

【考点小贴士】领导技能可简记为"X（西蒙）—Z（智力），明确；先设计再发展；选择为共同的第三阶段"。前述中分号的划分表示三个阶段。

两种决策过程的各阶段如图 2-5 所示。

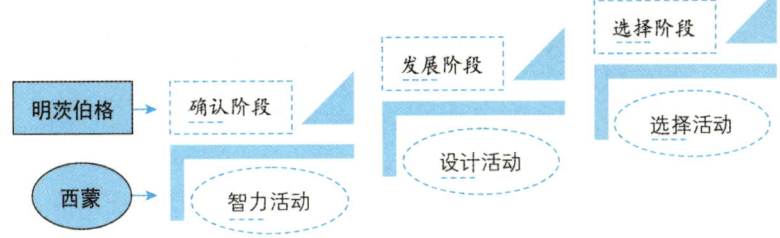

图 2-5 两种决策过程的各阶段

【考点十四】决策模型（3 模型）

一、经济理性模型

（1）决策者在任何方面都是完全理性，决策者是完美的。大型公司依靠强大数据可以采用这种模型进行决策。

（2）经济理性模型决策者的特征。

1）从目标意义上分析，决策完全理性。

2）存在完整和一致的偏好系统，使决策者在不同备选方案中进行选择。

3）决策者可以知道所有备选方案。

4）对计算复杂性无限制，可以通过计算选择出最佳备选方案。

5）对于概率的计算不存在任何困难。

二、有限理性模型（西蒙提出的，更加接近现实）

（1）选择备选方案时，决策者试图使自己满意或寻找令人满意的结果。满意的标准可以是足够的利润、市场份额、合适的价格等。

（2）决策者所认知的世界是真实世界的简化模型。

（3）采用的是满意原则而非最大化原则，决策者在进行选择的时候不必知道所有的可能方案。

（4）可以用相对简单的经验启发式原则，或商业窍门，以及一些习惯来进行决策，不需要很高的思维和计算的能力。

【注意】有限理性模型同经济理性模型的关系：

（1）联系。

有限理性模型同经济理性模型都是理性和最大化的，但是前者的理性受到了限制，决策者以满意为决策的终点，因为他们没有能力做到最大化。

（2）差异。

二者的差异体现在程度上，而非质的差异。

三、社会模型（来自心理学，与理性模型相对的另一端）

（1）弗洛伊德认为人类的行为主要由无意识的需求驱动，人类没有办法进行有效的理性决策。

（2）美国管理心理学家所罗门·阿什的一致性实验表明，人们会迫于团体压力，做出非理性的选择。

（3）有一部分决策者认为人们有坚持错误决策的倾向，他们称为投入的增加。产生这种现象的原因主要有四个：

1）项目的特点。例如，投资回报的延期，以及临时问题的处理，都有可能使决策者坚持或者增加错误的行为。

2）心理决定因素。一旦管理者做出了错误的决策，他就可能存在信息加工错误（使用了有偏差的因素或者采取了比信息所证实的应当采用的行为更加激进的措施）。同时由于决策者置身其中，负面信息被忽略，自身防御机制启动。

3）社会压力。对于决策者来说，存在着同伴压力，以及需要维护自己的面子，所以继续维持或增加错误行为。

4）组织决定因素。不仅项目和任务的特点可以导致决策者固执己见，组织中沟通体系的失效，政治体系的破坏以及拒绝变革都会造成同样的结果。

经典例题

[2018年真题·单选题] 关于决策模型的说法，正确的是（　　）。
A. 社会模型认为人类可以在无意识的需求驱动下进行有效的理性决策
B. 社会模型将人们存在的坚持错误决策的倾向称为投入的减少
C. 有限理性模型认为决策者追求的是满意而非最大化
D. 经济理性模型认为决策者无法知道所有备选方案
[答案] C
[解析] 社会模型中，弗洛伊德认为人类行为主要是由无意识的需求来驱动，人类没有办法进行有效的理性决策，A项错误；有一部分决策者认为人们有坚持错误决策的倾向，他们称为投入的增加，B项错误。有限理性模型采用的是满意原则而非最大化原则，决策者在进行选择的时候不必知道所有的可能方案，C项正确。经济理性模型的决策者可以知道所有备选方案，D项错误。

【考点十五】决策风格

一、决策风格的两个维度

（1）价值取向：决策者关心的是**任务和技术本身**，还是**人和社会**的因素。

（2）模糊耐受性：测量到的决策者需要的结构和**控制的程度**（低模糊耐受性），以及是否有能力在**不确定**的环境中工作（高模糊耐受性）。

二、四种决策风格

上述两个维度的高低组合，可形成四种不同的决策风格，如表2-7所示。

表2-7　四种决策风格

决策风格	具体内容
指导型	（1）决策者具有较低的模糊耐受性水平，倾向于关注任务和技术本身 （2）表现：独裁的领导风格 （3）特征：解决问题的时候一般是有效的、合乎逻辑的、程序化的和系统的。这样的决策者喜欢关注事实，迅速完成工作；同时也是行动取向的，关注近期效果；喜欢使用权力，喜欢有控制感 【考点小贴士】关注"任务""具体""指导"
分析型	（1）决策者具有较高的模糊耐受性及很强的任务和技术取向 （2）表现：倾向使用独裁的领导风格 （3）特征：喜欢对情境进行分析，倾向于过度分析事物。他们比指导型决策者评估更多的信息和备选方案，使用更多的时间进行决策，对新的、不确定的情境的反应比较好 【考点小贴士】"复杂"的"任务"需要"分析"
概念型	（1）决策者具有较高的模糊耐受性，倾向于对人和社会的关注 （2）特征：在解决问题的时候视角宽阔，喜欢考虑不同的选择以及将来的可能性。他们为了收集尽可能多的信息而与尽可能多的人进行讨论，然后根据直觉进行决策。同时他们喜欢冒险，擅长使用创新的方法解决问题。有时候他们在进行决策时会陷入空想和犹豫不决之中 【考点小贴士】"概念""抽象"

续表

决策风格	具体内容
行为型	（1）决策者具有较低的模糊耐受性，倾向于对人和社会的关注 （2）特征：可以与他人进行很好的合作，喜欢公开交换意见的环境，乐意接受建议并提供支持和帮助，更喜欢口头而非书面的信息；倾向于避免冲突，力争使每个人感到快乐；不喜欢困难的决策，尤其是当决策结果可能会给他人带来不快的时候 【考点小贴士】"行为"是"人"做，还得"具体"

经典例题

[2019年真题·单选题] 决策风格常常被分为指导型、分析型、概念型、行为型，其中具有分析型决策风格的决策者的特征是（　　）。
A. 较低的模糊耐受性水平、倾向于关注人
B. 较高的模糊耐受性水平、倾向于关注人
C. 较高的模糊耐受性水平、倾向于关注任务
D. 较低的模糊耐受性水平、倾向于关注任务
[答案] C
[解析] 分析型的决策者倾向于使用独裁的领导风格，喜欢对情境进行分析，具有较高的模糊耐受性水平，倾向于任务和技术。

本章易错易混考点

【易错易混考点一】 交易型领导、变革型领导和魅力型领导的对比（如表2-8所示）

表2-8　交易型领导、变革型领导和魅力型领导的对比

领导	交易型领导	变革型领导	魅力型领导
特点	（1）强调任务的明晰度、工作的标准和产出 （2）关注任务的完成以及员工的顺从 （3）依靠组织的奖惩制度来影响员工的绩效	（1）强调理想与组织价值观 （2）为组织制订明确的愿景，通过领导风格来影响员工和团队的绩效	具有自信并且信任下属，对下属有高度的期望，有理想化的愿景，使用有个性化风格的领导者

[2013年真题·单选题] 魅力型领导者的特征不包括（　　）。
A. 自信并且信任员工　　　　B. 有理想化的愿景
C. 承诺为努力提供奖励　　　D. 对下属有高度的期望
[答案] C
[解题思路] 本道题虽然在题干中问的是"魅力型领导者的特征"，实际上通过选项发现可以通过魅力型领导者的概念进行作答。C项属于交易型领导的特征。

[2012年真题·多选题] 关于交易型和变革型领导的说法，正确的有（　　）。
A. 交易型领导强调任务的明晰度、工作的标准和产出
B. 交易型领导很关注任务的完成及员工的顺从
C. 变革型领导更多依靠组织的奖励和惩罚来影响员工的绩效
D. 变革型领导能为组织制定明确的愿景
E. 变革型领导更多地通过自己的领导风格来影响员工和团队的绩效
[答案] ABDE
[解题思路] 根据[考点小贴士] 中的"工作是交易，变革型领导更好"，C项错误，交易型领导

更多依靠组织的奖励和惩罚来影响员工的绩效。

【易错易混考点二】俄亥俄模式与密歇根模式的对比（如表2-9所示）

表2-9 俄亥俄模式与密歇根模式的对比

俄亥俄模式（不对称）	密歇根模式（"生员"对称）
（1）领导行为的两个维度：关心人、工作管理 （2）"双高"的领导更好	（1）领导行为的两个维度：员工取向；生产取向 （2）该模式支持员工取向的领导作风

[例题·多选题] 俄亥俄模式的观点包括（　　）。

A. 员工取向：关注人际关系，主动了解并积极满足员工需要
B. 生产取向：强调工作技术和任务进度，关心工作目标的达成
C. 支持员工取向领导作风
D. 工作管理：领导者为了达成目标而在规定或确定自己与下属的角色时所从事的行为活动
E. 关心人：领导者注重人际关系，尊重和关心下属的建议和情感，更愿意建立相互信任的工作关系

[答案] DE

[解题思路] 根据[考点小贴士]，密歇根模式的说法可简记为"生员"，并且可以通过"密歇根'生员'更对称"来记忆，并和俄亥俄模式相区分。D、E两项符合题意。

【易错易混考点三】两大决策过程（如表2-10所示）

表2-10 两大决策过程

代表人物	西蒙	明茨伯格
决策过程	（1）智力活动 （2）设计活动 （3）选择活动	（1）确认阶段 （2）发展阶段 （3）选择阶段

[2014年真题·多选题] 明茨伯格及其同事所提出的决策过程包括（　　）。

A. 发展阶段　　B. 确认阶段　　C. 整合阶段　　D. 选择阶段
E. 设计阶段

[答案] ABD

[解题思路] 根据[考点小贴士]中"X（西蒙）—Z（智力），明确；先设计再发展；选择为共同的第三阶段"，可知西蒙的决策过程第一阶段为智力阶段，第二阶段为设计阶段，而明茨伯格的决策过程第一阶段为确认阶段，第二阶段为发展阶段，选择阶段是两者的第三阶段。

【易错易混考点四】经济理性模型和有限理性模型的对比（如表2-11所示）

表2-11 经济理性模型和有限理性模型的对比

模型	经济理性模型（绝对）	有限理性模型（非绝对）
观点	（1）从目标意义上分析，决策完全理性 （2）存在完整和一致的偏好系统，使决策者在不同备选方案中进行选择 （3）决策者可以知道所有备选方案 （4）对计算复杂性无限制，可以通过计算选择出最佳备选方案 （5）对于概率的计算不存在任何困难	（1）选择备选方案时，决策者试图使自己满意或寻找令人满意的结果。满意的标准可以是足够的利润、市场份额、合适的价格等 （2）决策者所认知的世界是真实世界的简化模型 （3）采用的是满意原则而非最大化原则，决策者在进行选择的时候不必知道所有的可能方案 （4）可以用相对简单的经验启发式原则，或商业窍门，以及一些习惯来进行决策，不需要很高的思维和计算的能力

[例题·单选题] 关于有限理性模型的说法，错误的是（　　）。

A. 在选择备选方案时，决策者试图使自己满意

B. 决策者所认知的世界是真实世界的简化模型
C. 有限理性模型中的理性受到了一定的限制
D. 有限理性模型与经济理性模型存在质的差异

[答案] D

[解析] 有限理性模型和经济理性模型的差异体现在程度上，而非质的差异，D项错误。

【易错易混考点五】四种决策风格(如表2-12所示)

表2-12 四种决策风格

决策风格	决策者的特点
指导型	决策者具有较低的模糊耐受性水平，倾向于关注任务和技术本身
分析型	决策者具有较高的模糊耐受性及很强的任务和技术取向
概念型	决策者具有较高的模糊耐受性，倾向于对人和社会的关注
行为型	决策者具有较低的模糊耐受性，倾向于对人和社会的关注

[例题·单选题] 决策者具有较低的模糊耐受性，倾向于对人和社会的关注，属于（　　）。
A. 指导型　　B. 分析型　　C. 概念型　　D. 行为型

[答案] D

[解题思路] 根据[考点小贴士]中的"行为"是"人"做，还得"具体"，可得出答案为D项。

历年经典真题回顾

一、单项选择题（每题1分，每题备选项中，只有1个最符合题意）

1. 费德勒提出的权变理论中，其情境因素不包括（　　）。[2021年真题]
   A. 领导与下属的关系　　B. 工作结构
   C. 职权　　D. 工作环境

   [答案] D

   [解析] 权变理论的情境维度包括领导与下属的关系、工作结构、职权。

2. 关于领导—成员交换理论的说法，错误的是（　　）。[2021年真题]
   A. 领导—成员交换是一个互惠的过程
   B. "圈里人"通常比"圈外人"更具有工作责任感
   C. 领导对"圈里人"采用正式领导权威
   D. 领导把下属分成"圈里人"和"圈外人"

   [答案] C

   [解析] 领导对"圈里人"采用非正式领导权威，C项错误。

3. 在西蒙的决策过程理论中，探索、研究和分析时能发生的行为系列属于（　　）。[2020年真题]
   A. 设计活动阶段　　B. 制定活动阶段
   C. 智力活动阶段　　D. 选择活动阶段

   [答案] A

   [解析] 西蒙的决策过程包括：①智力活动。最初的过程，包括对环境进行搜索，确定决策的情境。②设计活动。包括探索、发展和分析可能发生的行为系列。③选择活动。在第②步中选择一个行为。

4. 与豪斯的路径—目标理论不相符合的是（　　）。[2017年真题]
   A. 领导者能够根据不同情况表现出不同的领导行为
   B. 不同的领导行为适用于不同的环境因素和个人特征

C. 对于能力强的下属，指导式领导可以带来更高的业绩和满意度

D. 领导者的主要任务是帮助下属达成目标并提供必要的支持和领导

[答案] C

[解析] 对于能力强或经验丰富的下属，指导式的领导可能被视为多余的，故C项错误。

5. 西蒙的有限理性模型认为，决策者在决策时依据的是（　　）原则。[2017年真题]

A. 最大化　　B. 经济　　C. 满意　　D. 简化

[答案] C

[解析] 根据西蒙的有限理性模型，决策者在决策时采用的是满意原则而非最大化原则。

6. 小张发现，他的领导在做决策时收集尽可能多的信息，与尽可能多的人进行讨论，而且擅长使用创新的方法解决问题。这种决策风格属于（　　）。[2016年真题]

A. 概念型　　　　　　　B. 指导型

C. 分析型　　　　　　　D. 行为型

[答案] A

[解析] 概念型决策风格的决策者具有较高的模糊耐受性，并且倾向对人和社会的关注。在解决问题的时候视角宽阔，喜欢考虑不同的选择以及将来的可能性。他们为了收集尽可能多的信息而与尽可能多的人进行讨论，然后根据直觉进行决策。同时他们喜欢冒险，擅长使用创新的方法解决问题。不过，有时候他们在进行决策时会陷入空想和犹豫不决。

二、多项选择题（每题2分，每题备选项中，有2个或2个以上符合题意，至少有1个错项。错选，本题不得分；少选，所选的每个选项得0.5分）

1. 在密歇根模式中，用来描述领导行为的维度包括（　　）。[2021年真题]

A. 技能管理　　　　　　B. 关心人

C. 员工取向　　　　　　D. 工作管理

E. 生产取向

[答案] CE

[解析] 在密歇根模式中，用来描述领导行为的维度是员工取向和生产取向。

2. 在决策过程中存在投入增加现象，也即人们坚持错误决策的倾向，下列可能导致投入增加现象的因素包括（　　）。[2016年真题]

A. 投资回报延期

B. 管理者不存在信息加工错误，比如忽略了负面信息

C. 决策者想要维护自己的面子

D. 组织的沟通体系失效

E. 决策者拒绝变革

[答案] ACDE

[解析] 根据社会模型，产生投入增加的原因之一是心理决定因素，即一旦管理者做出了错误的决策，他就可能存在信息加工错误。同时由于决策者置身其中，负面信息被忽略，自身防御机制启动。B项错误。

3. 交易型领导的特征包括（　　）。[2015年真题]

A. 放任　　B. 激励　　C. 差错管理　　D. 奖励

E. 魅力

[答案] ACD

[解析] B、E两项为变革型领导的特征。

三、案例分析题（每题2分。由单选和多选组成。错选，本题不得分；少选，所选的每个正确选项得0.5分）

小张是某工程设计公司从资深工程师团队中选拔上来的一位主管。他原来是公司的技术骨干，在业务上总能拔得头筹。但是转到管理岗位后他感觉压力很大，抱怨下属不支持自己的工作，工作满意度明显降低。而很多下属员工也抱怨小张不通人情。此外，小张采用的仍然是十五年前制定的管理流程，并没有随着市场和时间的变化而进行调整，管理的风格与公司现在的业务不符。公司领导决定与小张深入分析和解决这些问题，同时聘请专业讲师来提升他的领导技能。[2014年真题]

1. 关于领导技能的说法，错误的是（　　）。
   A. 领导者可以依靠下属的技术技能
   B. 组织中任何层次的领导者都必须达到有效人际技能的要求
   C. 不同层次的领导者需要的技能的相对比例是不同的
   D. 领导层级越高，需要的技术技能越高
   [答案] D
   [解析] 当员工升职并拥有领导责任后，他们的技术技能就会显得相对不重要了。作为经理，他们更加依靠的是下属的技术技能。组织中任何层次的领导者都不能逃避有效人际技能的要求，这是领导行为的重要组成部分之一。不同层次的领导者需要的技能的相对比例是不同的，管理层级越高，工作中技术技能所占的比例越小，而概念技能所占的比例越大。

2. 小张提高领导技能的途径可以包括（　　）。
   A. 通过批评下属来提高领导能力
   B. 专业讲师对小张提供辅导
   C. 专业讲师帮助小张明确事业范围和期望
   D. 运用培训、工作设计、行为管理等其他组织行为技术发展领导技能
   [答案] BCD
   [解析] 领导者技能发展的途径包括：①基于领导能力的培养，通过学习和已经获得的知识为基础的方法来得到提高。②辅导，即讲师和领导者建立互相信任和尊重的关系，讲师可以帮助领导者明确事业范围和期望。③培训、工作设计、行为管理等其他组织行为技能也可以用来发展领导技能。

3. 领导者的成功取决于他的（　　）。
   A. 合适的行为　　　　　　　　　B. 技能
   C. 行动　　　　　　　　　　　　D. 背景
   [答案] ABC
   [解析] 领导者的成功取决于他的合适的行为、技能和行动。

本章同步练习

一、单项选择题（每题1分，每题备选项中，只有1个最符合题意）

1. 提升魅力型领导的情境包括（　　）。
   A. 面临剧烈变革的组织环境　　　B. 对现状非常满意的追随者
   C. 共情　　　　　　　　　　　　D. 差错管理

2. 根据目标—路径理论，如果下属的工作是结构化的，可以带来高绩效和高满意度的领导是（　　）。
   A. 指导式领导　　　　　　　　　B. 支持型领导
   C. 参与式领导　　　　　　　　　D. 成就导向式领导

3. 下列不属于路径—目标理论观点的是（　　）。
   A. 领导者的行为如果想要被下属接受，就必须能够为员工提供关于现在的，以及关于未来的满足感
   B. 领导的激励作用在于使绩效的实现与员工需要的满足相结合
   C. 为实现有效的工作绩效提供必需的辅导、指导、支持和奖励
   D. 要求自己的决定被无条件接受
4. 根据豪斯的路径—目标理论，设定挑战性目标、鼓励下属实现自己的最佳水平的领导行为属于（　　）。
   A. 指导式领导　　　　　　　　B. 成就取向式领导
   C. 合作式领导　　　　　　　　D. 支持型领导
5. 关于领导—成员交换理论的说法，正确的是（　　）。
   A. 领导者在与下属确立关系的早期，就已经分出了"圈里人"和"圈外人"
   B. 领导者对于"圈里人"会投入更多的时间、感情以及更多的正式领导权威
   C. 在工作中，"圈外人"要比"圈里人"绩效更高
   D. 领导—成员交换的过程仅对领导有利
6. 道格拉斯·麦克格雷格的Y理论强调（　　）。
   A. 员工中心　　　　　　　　　B. 管理者中心
   C. 决策中的指导　　　　　　　D. 管理中的任务驱动
7. 管理方格图的二维坐标方格中，其横坐标为（　　）。
   A. 关心人　　B. 关心任务　　C. 中庸式　　D. 任务式
8. 根据管理方格理论，"乡村俱乐部"领导风格的特点是（　　）。
   A. 管理者既不关心任务，也不关心人　　B. 管理者既关心任务，也关心人
   C. 管理者极端关注人　　　　　　　　　D. 管理者极端关注任务
9. 会计人员、工程师、文字处理人员和工具制造者所学习到的技能属于（　　）技能。
   A. 学习　　B. 人际　　C. 技术　　D. 概念
10. 领导者具有的处理观点、思想的技能是（　　）。
    A. 学习技能　　B. 人际技能　　C. 技术技能　　D. 概念技能

二、**多项选择题**（每题2分，每题备选项中，有2个或2个以上符合题意，至少有1个错项。错选，本题不得分；少选，所选的每个选项得0.5分）

1. 下列说法正确的有（　　）。
   A. 领导的影响力主要来源于组织的正式任命
   B. 领导只需要具备影响力，因为领导的基本角色是影响他人自愿追求确定的目标
   C. 领导需要帮助个体或群体确认目标，并激励他们在达到一定目标的过程中起重要作用
   D. 领导是指一种影响群体、影响他人以达成组织目标的能力
   E. 具有工作相关的专门技能或才能，可以成为影响力的来源
2. 关于斯道格迪尔的观点，说法正确的有（　　）。
   A. 领导特质必须与领导者行使职能的情境相关
   B. 领导是一个被动的状态
   C. 标志着一种新的强调领导行为和领导情境的领导研究理论的诞生
   D. 独裁型领导的行为倾向于要么富有攻击性，要么缺乏感情
   E. 强调完全以员工为中心

3. 下列属于变革型领导观点的有（　　）。
   A. 鼓励努力，用简单的手段表达重要的意图，强调通过理想和组织价值观来激励追随者
   B. 领导依靠的是消极型差错管理，即仅在标准没有满足时进行干涉
   C. 提供任务愿景，潜移默化自豪感，获得尊敬和信任
   D. 提升智慧，理性和谨慎地解决问题
   E. 给予个人关怀，个性化地对待每名员工的培训和建议
4. 根据路径—目标理论，权变因素包括（　　）。
   A. 工作团队
   B. 下属的个人特征，例如能力
   C. 工作结构
   D. 下属控制之外的环境因素，如员工参与
   E. 正式权力系统
5. 领导者的技能包括（　　）。
   A. 技术技能
   B. 人际技能
   C. 概念技能
   D. 工作技能
   E. 激励技能
6. 关于领导者技能的说法，错误的有（　　）。
   A. 技术技能是指一个人对于某种类型的程序或技术所掌握的知识和能力
   B. 人际技能是指有效地与他人共事和建立团队合作的能力
   C. 概念技能是指按照模型、框架和广泛联系进行思考的能力
   D. 管理层级越高，工作中技术技能所占的比例越大，而人际技能所占的比例越小
   E. 组织中任何层次的领导者都不能逃避概念技能的要求
7. 关于有限理性模型内容的说法，正确的有（　　）。
   A. 决策者可以知道所有的可能方案
   B. 决策者可以通过计算选出最佳方案
   C. 决策者的目标是找到令人满意的结果
   D. 存在完整和一致的偏好系统，使决策者在备选方案中进行选择
   E. 决策者认知的是真实世界的简化模型
8. 领导者生命周期理论认为下属的成熟度包括（　　）。
   A. 情绪成熟度
   B. 年龄成熟度
   C. 工作成熟度
   D. 职业成熟度
   E. 心理成熟度

三、案例分析题（每题2分。由单选和多选组成。错选，本题不得分；少选，所选的每个正确选项得0.5分）

天宏公司新上任的财务总监，对于管理工作很有自己的想法。他认为领导既要关心工作情况也要关心下属。对于个别员工，仍需规定其工作任务和角色职责，指示其做什么，如何做。因为他坚信，实现潜力是很多员工工作努力非常重要的动力，这一点非常值得领导重视和思考。

1. 根据管理方格图，天宏公司新上任的财务总监属于（　　）领导风格。
   A. 最理想　　B. 无为而治　　C. 中庸式　　D. 乡村俱乐部
2. 根据领导者的生命周期理论，对于个别员工，仍需规定其工作任务和角色职责，这是出于对影响领导风格因素中（　　）的考虑。
   A. 技能成熟度
   B. 工作成熟度
   C. 心理成熟度
   D. 员工知识和技能水平

3. 根据领导者的生命周期理论，（　　）领导风格指的是领导规定工作任务、角色职责，指示员工做什么，如何做。
   A. 指导式　　　　　　　　　　B. 推销式
   C. 参与式　　　　　　　　　　D. 成就取向式
4. 实现个人潜力属于（　　）动机。
   A. 内源性动机　　　　　　　　B. 外源性动机
   C. 外在动机　　　　　　　　　D. 内在动机

本章同步练习参考答案及解析

一、单项选择题

1. [答案] A
   [解析] 提升魅力型领导的情境既包括面临剧烈变革的组织环境，也包括对现状非常不满的追随者。

2. [答案] B
   [解析] 下属的工作是结构化的，则支持型的领导可以带来高的绩效和满意度。

3. [答案] D
   [解析] D项属于魅力型领导的非道德特征。剩余三项属于路径—目标理论的观点。

4. [答案] B
   [解析] 根据路径—目标理论，成就取向式领导会设定挑战性目标、鼓励下属实现自己的最佳水平。

5. [答案] A
   [解析] 领导者把下属分为"圈里人"和"圈外人"，领导者对于"圈里人"会投入更多的时间、感情以及更多的非正式领导权威，B项错误。在工作中，"圈里人"要比"圈外人"绩效更高，C项错误。领导—成员交换的过程是一个互惠的过程，D项错误。

6. [答案] A
   [解析] B、C、D三项属于X理论的观点。

7. [答案] B
   [解析] 根据管理方格理论，领导风格可画成一个二维坐标方格，横坐标关心任务，纵坐标关心人。

8. [答案] C
   [解析] 根据管理方格理论，管理者极端关注人，即位于坐标（1，9），领导风格为"乡村俱乐部"。

9. [答案] C
   [解析] 领导者具备的技能中，技术技能是指一个人对于某种类型的程序或技术所掌握的知识和能力。如会计人员、工程师、文字处理人员和工具制造者所学习到的技能。

10. [答案] D
    [解析] 领导者具备的技能中，概念技能是指按照模型、框架和广泛联系进行思考的能力。概念技能处理的是观点、思想。

二、多项选择题

1. [答案] ACDE
   [解析] 领导的特点包括：领导必须有影响力，因为领导的基本角色是影响他人自愿追求确定的目标；领导必须有指导和激励的能力，帮助个体或群体确认目标，并激励他们达到一定目标的过程中起重要作用。B项太绝对，错误。

2. [答案] AC
   [解析] 斯道格迪尔的研究发现：①一个个体不可能只因为拥有特定的特质就能够成为领导者，这个特质必须与领导者行使职能的情境相关；②领导不是一个被动的状态，而是产生于领导者和其他群体成员的工作关系中的互动。这一研究标志着一种新的强调领导行为和领导情境的领导研究理论的诞生。A、C两项正确。

3. [答案] ACDE
   [解析] B项是交易型领导的观点。

4. [答案] ABCE
   [解析] 路径—目标理论中的权变因素包

括：①下属控制之外的环境因素，如工作结构、正式权力系统、工作团队等；②下属的个人特征，如经验、能力、内—外控等。

5. [答案] ABC
   [解析] 领导者的三种技能包括：①技术技能；②人际技能；③概念技能。

6. [答案] DE
   [解析] 管理层级越高，工作中技术技能所占的比例越小，而概念技能所占的比例越大，D项错误。组织中任何层次的领导者都不能逃避有效人际技能的要求，这是领导行为的重要组成部分之一，E项错误。

7. [答案] CE
   [解析] 有限理性模型的观点包括：①选择备选方案时决策者试图使自己满意或寻找令人满意的结果；②决策者所认知的世界是真实世界的简化模型；③采用的是满意原则而非最大化原则，决策者在进行选择时不必知道所有的可能方案；④可以用相对简单的经验启发式原则，或商业窍门，以及一些习惯来进行决策。A、B、D三项属于经济理性模型的内容。

8. [答案] CE
   [解析] 根据领导者生命周期理论，下属的成熟度包括工作成熟度与心理成熟度。

三、案例分析题

1. [答案] A
   [解析] 根据管理方格理论，管理者既关心任务，也关心人，即位于坐标（9，9），是最理想的领导风格。

2. [答案] C
   [解析] 下属成熟度是指个体对自己的行为负责任的能力与意愿，包括工作成熟度和心理成熟度。其中，心理成熟度是指从事工作的意愿或动机。心理成熟度越高，自觉性越高，越不需要外力推动。反之，则要规定员工的工作任务和角色职责。因此，对于个别员工，仍需规定其工作任务和角色职责，这是出于对影响领导风格因素中心理成熟度的考虑。

3. [答案] A
   [解析] 在领导者的生命周期理论的四种领导风格中，指导式领导风格指的是领导规定工作任务、角色职责，指示员工做什么，如何做。

4. [答案] AD
   [解析] 寻求挑战性工作，获得为工作和组织多做贡献的机会以及充分实现个人潜力的机会，均属于内源性动机。

第三章 组织设计与组织文化

本章考情分析

年份	单项选择题	多项选择题	案例分析题	合计
2021年	4题4分	—	—	4分
2020年	4题4分	1题2分	—	6分
2019年	3题3分	2题4分	—	7分
2018年	4题4分	1题2分	—	6分
2017年	2题2分	1题2分	4题8分	12分

本章考点概览

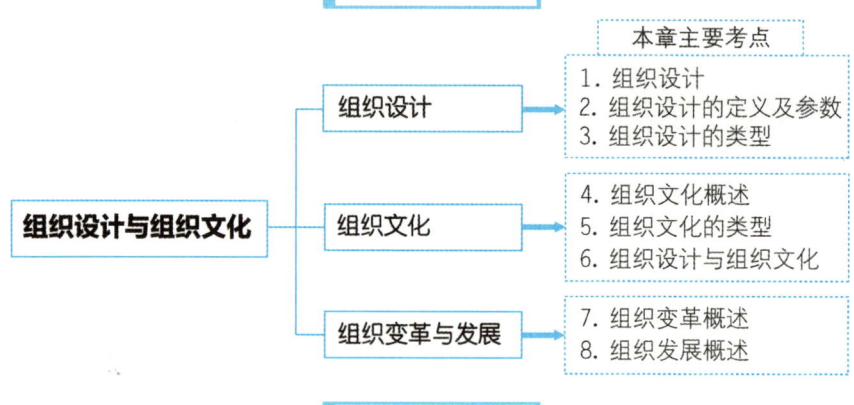

本章考点详解

【考点一】组织设计

一、组织设计的概念

组织设计是对企业的组织结构及其运行方式所进行的设计。

二、组织设计的基本内容

（1）组织结构设计。

组织结构设计包括两种情况：①新建企业进行全新设计；②现有企业进行组织结构的变革。

（2）保证组织正常运行的各项管理制度和方法设计。

三、组织设计的分类

从形式上划分，组织设计的分类如图3-1所示。

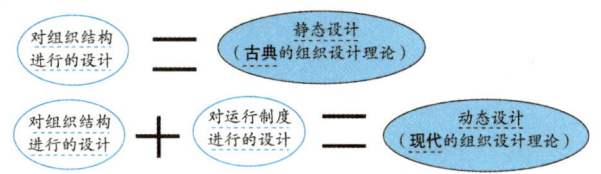

图 3-1 组织设计的分类

【考点小贴士】组织设计的分类可简记为"静的简单是古典,动的复杂是现代"。

四、组织设计的程序（8步走）

(1) 确定组织设计的基本方针和原则。
(2) 进行职能分析和职能设计。它是组织设计过程中的<u>首要工作</u>。
(3) 设计组织结构的框架。它是组织设计的<u>主体工作</u>。
(4) 联系方式的设计。它是保证整个组织结构协调一致、有效运作的<u>关键</u>。
(5) 管理规范的设计。它是组织结构的细化、合法化和规范化,可以起到<u>巩固和稳定组织结构</u>的作用。
(6) 人员配备和培训体系的设计。
(7) 各类运行制度的设计。其目的是<u>确保组织结构的正常运行</u>。
(8) 反馈和修正。

经典例题

[2021年真题·单选题] 关于古典组织设计理论的说法,正确的是( )。
A. 它同时关注组织结构设计和运行制度设计两方面的研究
B. 它只关注组织结构设计方面的研究
C. 它是动态的
D. 它只关注运行制度设计方面的研究
[答案] B
[解析] 古典的组织设计理论是静态的,只关注组织结构设计方面的研究。现代的组织设计理论是动态的,同时关注组织结构设计和运行制度设计两个方面的研究。

[2019年真题·单选题] 在组织结构的内容体系中,职能结构指的是( )。
A. 各管理部门的构成
B. 各管理层次的构成
C. 各管理层次、部门在权利和责任方面的分工和相互关系
D. 完成企业目标所需要的各项业务工作及其比例和关系
[答案] D
[解析] 组织结构主要内容包括:①职能结构:完成企业目标所需的各项业务工作及其比例、关系;②层次结构(纵向结构):各管理层次的构成;③部门结构(横向结构):各管理部门的构成;④职权结构:各管理层次、部门在权利和责任方面的分工和相互关系。

【考点二】组织设计的定义及参数

一、组织结构的概念

企业的组织结构,也称<u>权责结构</u>,是指为实现企业目标,企业全体员工进行分工协作,在职务范围、责任、权力方面所形成的结构体系。组织结构以组织图或组织树的形式出现。

组织结构三方面的含义如下:
(1) <u>本质</u>:企业员工的分工协作关系。
(2) <u>目的</u>:为了实现组织的目标。

(3) 内涵：企业员工在职、权、责三方面的结构体系。

二、组织结构的主要内容

(1) 职能结构：完成企业目标所需的各项业务工作及其比例和关系。
(2) 层次结构（纵向结构）：各管理层次的构成。
(3) 部门结构（横向结构）：各管理部门的构成。
(4) 职权结构：各管理层次、部门在权利和责任方面的分工和相互关系。

【考点小贴士】组织结构主要内容的四个结构可简记为"横纵权能"。一看到"层次"就可以联想起第一章需要层次理论的图形，即可得出"纵向"。

三、组织结构的三个要素

(1) 复杂性：任务分工的层次、细致程度。
(2) 规范性：使用规则和标准处理方式以规范工作行为的程度。
(3) 集权度：决策权的集中程度。

【考点小贴士】组织结构的三个要素可简记为"杂规权"。

四、组织结构设计的主要参数

（一）组织结构的特征因素

通过特征因素可以描述一个组织结构的各方面特征的标志或参数，具体如表3-1所示。

表3-1 组织结构的特征因素

特征因素	具体内容	
管理层次和管理幅度	管理层次，也称组织层次，是指从组织最高一级管理组织到最低一级管理组织的各个组织等级。每一个组织等级就是一个管理层次。它表明组织结构的纵向复杂程度	
	管理幅度，也称管理跨度，是指一名领导者直接领导的下级人员的数量。它的大小反映上级领导者直接控制和协调的业务活动量的多少	
	二者关系	(1) 二者呈负相关的数量关系 (2) 二者相互制约，其中管理幅度起主导作用。管理幅度决定管理层次，管理层次的多少取决于管理幅度的大小。同时，管理层次对管理幅度也有一定的制约作用
	【考点小贴士】看到"层次"有没有通过联想得出"纵向"呢？管理层次和管理幅度可简记为"横纵反比，横主导"	
专业化程度	指各职能工作分工的精细程度，具体表现为其部门（科室）和职务（岗位）数量的多少。同样规模的组织，科室多，说明分工精细，专业化程度高	
地区分布	指组织在不同地区、城市设立生产工厂和管理机构的状况。其表明组织结构在空间上的复杂程度	
分工形式	指各部门的横向分工所采取的形式。常见的分工形式有：职能制（按职能分工）、产品制（按产品分工）、地区制（按地区分工）、混合制	
关键职能	指在组织结构中处于中心地位、具有较大职责和权限的职能部门	
集权程度	在集权程度高的组织结构中，组织的经营决策和管理权大部分集中于高层管理者手中。反之，则集权程度较低，或分权程度较高	
规范化	指员工以同种方式完成相似工作的程度。高度规范化的组织，人员更换不影响工作的程序和方法	
制度化程度	组织中采用书面文件的数量可以反映其制度化程度。口头方式为主的则制度化程度低	
职业化程度	指组织员工为了掌握其本职工作，需要接受正规教育和培训的程度。通常，用"员工的平均文化程度"或"上岗职业培训期限"作为衡量职业化程度高低的指标。如果组织中的多数员工需要较高的文化程度，或需要经过较长时间的培训才能胜任工作，那么职业化程度就较高	
人员结构	指各部门人员、各职能人员在组织职工总数中的比例情况。可用技术人员比率、中高级领导人员比率、管理人员比率、基本生产工人同辅助生产工人的比率等指标表示	

（二）组织结构的权变因素

组织结构的权变因素如表 3-2 所示。

表 3-2　组织结构的权变因素

项目	具体内容
概念	是指影响企业组织结构形成的诸多外部条件和环境
主要权变因素	包括组织战略、组织环境、组织技术、人员素质、组织规模、组织生命周期

> **经典例题**
>
> [2020年真题·单选题] 关于组织结构特征因素之中的管理层次的说法，错误的是（　　）。
> A. 管理层次也称组织层次
> B. 管理层次的多少表明了组织结构的纵向复杂程度
> C. 管理层次是指从组织最高到最低一级管理组织的各个组织等级
> D. 管理层次决定了组织的管理幅度，起主导作用
> [答案] D
> [解析] 管理幅度决定管理层次，管理层次的多少取决于管理幅度的大小，D 项错误。
>
> [2017年真题·单选题] 组织的横向结构指的是（　　）。
> A. 职能结构　　B. 层次结构　　C. 部门结构　　D. 职权结构
> [答案] C
> [解题思路] 根据 [考点小贴士] 中"横纵权能"，看到"层次"就可以联想得出"纵向"，所以横向结构指的是部门结构。
>
> [2014年真题·单选题] 关于组织结构的说法，错误的是（　　）。
> A. 组织结构的本质是企业员工的分工协作关系
> B. 组织结构的内涵是企业员工在职、权、责三方面的结构关系
> C. 设计组织结构的目的是实现组织目标
> D. 组织结构与权责结构有本质的区别
> [答案] D
> [解析] 组织结构又可称为权责结构，D 项错误。
>
> [2011年真题·单选题] 在组织结构的特征因素中，能够反映组织各职能部门间工作分工精细程度的是（　　）。
> A. 制度化　　B. 规范化　　C. 职业化　　D. 专业化
> [答案] D
> [解析] 根据"分工精细"可得出专业化。

【考点三】组织设计的类型

一、行政层级式组织形式（常用1）

德国学者马克斯·韦伯首先使用"行政层级式"一词，强调权威与等级、规章与规范。

（一）行政层级式的决定因素

（1）权力等级。即组织预先定好的决策的结构范围。在行政层级模式的组织中，权力集中程度高，很重视权力等级。

（2）分工。即个体和部门分担和执行工作的程度。在行政层级模式的组织中，分工较为精细。

（3）规章。即正式的书面规定。规章的增加可以使组织更加规范化，但是过多的规章会限制

个体的自主性。

（4）程序规范。即员工执行任务及处理问题时必须遵循的、预定的步骤顺序。行政层级式组织往往比较强调规章和程序规范。

（5）非个人因素。即对待组织成员及组织以外人员时，在某些范围内不应考虑的个人属性。

（6）技术能力。即决定工作地位的主要因素是技术能力和绩效，而不是其他非个人因素。

(二) 行政层级形式的适用范围

行政层级组织形式在复杂/静态环境中最有效。

【考点小贴士】行政层级式组织可简记为"重视权力、规章和程序，复杂少变动"。

二、按职能划分的组织形式（常用2）

按职能划分的组织形式起源于20世纪初，被称为"法约尔模型"，通常称为职能制结构。

(一) 职能制的特点

（1）职能分工。各级管理机构和人员各自履行分工的职能。

（2）直线—参谋制。直线指挥机构和人员对其直属下级发号施令，参谋机构和人员指导、监督和服务。

（3）管理权力高度集中。决策权主要集中于最高领导层。

(二) 职能制的优点

（1）有明确的任务和确定的职责，从事类似工作的人们相互影响和相互支持的机会较多。

（2）可以消除设备及劳动力的重复，对资源最充分地利用，适合专门设备的开发和对专家的培养。

（3）有利于管理人员注重并能熟练掌握本职工作的技能，有利于强化专业管理，提高工作效率。

（4）每个管理人员固定地属于一个职能机构，专门从事某一项职能工作，整个组织稳定性较高。

（5）管理权力高度集中，便于最高领导层对整个企业实施严格的控制。

(三) 职能制的缺点

（1）狭隘的职能观念。即不是把组织的任务看作一个整体。

（2）横向协调差。即职能部门之间协调困难。

（3）适应性差。

（4）企业领导负担重。

（5）不利于培养具有全面素质、能够经营整个企业的管理人才。

(四) 职能制的适用范围

（1）职能制的组织形式在简单/静态的环境中效果较好。

（2）职能制结构主要适用于中小型的、产品品种比较单一、生产技术发展变化较慢、外部环境比较稳定的企业。

【考点小贴士】职能制可简记为"专业、集中、简单少变动"。

三、矩阵组织形式（常用3）

(一) 矩阵组织形式的概念

矩阵组织形式是指，同一组织内部，既设置具有纵向报告关系的若干职能部门，也建立具有横向报告关系的若干产品部门（或项目小组），从而形成纵向与横向管理系统相结合如同矩阵的组织结构形式。它代表了围绕产品线组织资源及按职能划分组织资源二者之间的一种平衡。

(二) 矩阵组织形式的特点

（1）一名员工有两位领导。

(2) 组织内部有两个层次的协调。
(3) 产品部门（或项目小组）所形成的横向联系灵活多样。

（三）矩阵组织形式的优点

(1) 有利于加强各职能部门之间的协作配合。
(2) 有利于顺利完成规划项目，提高企业的适应性。
(3) 有利于减轻高层管理人员的负担。
(4) 有利于职能部门与产品部门相互制约，保证企业整体目标的实现。

（四）矩阵组织形式的缺点

(1) 组织的稳定性较差。
(2) 双重领导的存在，容易产生责任不清、多头指挥的混乱现象。
(3) 机构相对臃肿，用人较多。

（五）矩阵组织形式的适用范围

(1) 矩阵组织形式在复杂/动态的环境中较为有效。
(2) 矩阵结构适合应用于因技术发展迅速和产品品种较多而具有创新性强、管理复杂特点的企业，如军事工业、航天工业公司；一般工业企业中的科研、新产品试制和规划工作。

【考点小贴士】矩阵组织形式可简记为"横纵2结合，有利配合高层省心，人多复杂不稳定"。

四、事业部制组织形式（美国通用公司原总裁斯隆提出）

（一）事业部制组织形式的特点

(1) 把企业的生产经营活动，按产品或地区分别建立经营事业部，实行集中决策指导下的分散经营。
(2) 每个事业部都是实现公司目标的基本经营单位，对公司负有完成利润计划的责任，同时统一管理所属产品的全部活动。
(3) 实行相对的独立经营，单独核算、自负盈亏，并设有相应的职能部门。

（二）事业部制组织形式的优点

(1) 有利于总公司的高层摆脱具体管理事务，集中精力进行战略决策和长远规划。
(2) 各事业部之间也有竞争，可增强企业的活力。
(3) 多个事业部形成大型联合企业，每个事业部高度专业化，有利于把联合化和专业化结合起来，提高生产效率。

（三）事业部制组织形式的缺点

(1) 容易使各事业部只顾自身的利益，减弱整个公司的协调一致性。
(2) 公司和各个事业部的职能机构重复，会增加费用和管理成本。

（四）事业部制组织形式的适用范围

事业部制组织形式适用于产品种类多且产品之间工艺差别大，或市场分布范围广且市场情况变化快、要求适应性强的大型联合企业或公司。

【考点小贴士】事业部制可简记为"'集事'分散，活力强，协调弱，成本重"。

五、团队结构形式

(1) 团队结构形式的主要特点是打破部门界限并把决策权下放到工作团队成员手中。
(2) 团队已成为目前组织工作活动的最流行的方式。小型组织中，可以把团队结构作为整个组织形式；大型组织中，团队结构一般作为行政层级组织形式的补充。

六、虚拟组织形式

（1）虚拟组织也被称为哑铃型组织。其特点包括：规模较小，但可以发挥主要职能；决策集中化程度很高，但部门化程度很低或根本不存在。

（2）优点：灵活性。

（3）缺点：公司管理层对公司的主要职能活动缺乏有力的控制。

七、无边界组织形式（通用电气公司前总裁韦尔奇提出）

（1）无边界组织形式寻求通过组织扁平化来减少指挥链，对管理幅度不加限制，减少或取消各种职能部门，代之以授权的团队。

（2）无边界组织形式并不意味着组织中原先各种界限的完全消失，而是将组织的各种边界模糊化，实现组织中信息的有效传递和共享，达到提高工作效率和激励创新的目的。

【考点小贴士】组织设计共涉及七种类型，其中前三个是常用类型。这个考点在历年考试非常重要，由于职能制、矩阵制和事业部制涉及特点、优点、缺点，内容有相似，学习中容易混淆，学习中注意对组织设计类型的识别和区分，注意综合考查其与即将学到的组织文化、组织变革结合的题目。

经典例题

[2021年真题·单选题] 哑铃型组织又被称为（ ）。
A. 无边界组织　　　　　　　B. 团队结构模式
C. 虚拟组织　　　　　　　　D. 事业制组织
[答案] C
[解析] 虚拟组织也被称为哑铃型组织，即两头（营销、研发与技术设计）大，中间（生产制造）小。

[2020年真题·单选题] 关于职能制组织形式的缺点的说法，错误的是（ ）。
A. 横向协调差　　　　　　　B. 狭隘的职能观念
C. 企业领导负担重　　　　　D. 不利于强化专业管理
[答案] D
[解析] 组织结构形式中职能制的缺点包括：①狭隘的职能观念，只注重整体工作中的某个部分；②横向协调差，容易产生本位主义，造成许多摩擦和内耗；③适应性差；④企业领导负担重；⑤不利于培养具有全面素质、能够经营整个企业的管理人才。有利于强化专业管理属于职能制的优点，D项错误。

【考点四】组织文化概述

一、组织文化的概念

组织文化是指控制组织内行为、工作态度、价值观以及关系设定的规范。简而言之，组织文化是组织成员的共同价值观体系，使组织独具特色，区别于其他组织。

二、组织文化的影响因素

组织文化是从最高管理层树立的典范发展而来，很大程度上取决于他们的行为方式和管理风格。外部环境等其他因素也影响组织文化的形成。

三、组织文化的功能

组织文化的功能包括：①导向作用；②规范作用；③凝聚作用；④激励作用；⑤创新作用；

⑥辐射作用。

四、组织文化的结构

组织文化的结构如图 3-2 所示。

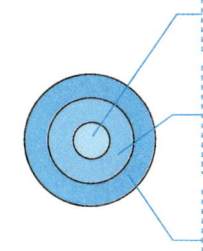

精神层（深层）：组织的领导和员工共同信守的基本信念、价值标准、职业道德及精神风貌

制度层（中间层、里层）：主要是指对组织成员和组织行为产生规范性、约束性影响的部分，集中体现在组织中的各种行动准则或规章制度

物质层（表层）：包括企业的名称、产品外观包装、建筑风格、纪念物等外显的标识，往往能折射出组织的经营思想、工作作风和审美意识

关系——三者紧密相连
（1）物质层是组织文化的外在表现，是制度层和精神层的物质基础
（2）制度层制约和规范着物质层及精神层的建设
（3）精神层是形成物质层及制度层的思想基础，是组织文化的核心和灵魂，有没有精神层是衡量一个组织是否形成自己组织文化的主要标志和标准

图 3-2　组织文化的结构

经典例题

[例题·多选题] 关于组织文化的说法，错误的有（　　）。
A. 组织文化是从最高管理层树立的典范发展而来，很大程度上取决于他们的行为方式和管理风格
B. 组织文化使得组织独具特色，区别于其他组织
C. 精神层是组织文化的中间层，制约和规范着物质层和制度层的建设
D. 外部环境不会影响组织文化的形成
E. 物质层是组织文化的表层部分，是组织文化的外在表现
[答案] CD
[解析] 制度层是组织文化的中间层，制约和规范着物质层和精神层的建设，C 项错误。外部环境会影响组织文化的形成，D 项错误。

【考点五】组织文化的类型（桑南菲尔德提出）

组织文化的类型如表 3-3 所示。

表 3-3　组织文化的类型

类型	组织文化的特征	举例
学院型组织	（1）为想全面掌握每一种新工作的人而准备，使其不断成长、进步 （2）喜欢雇用年轻的大学毕业生 （3）提供大量专门培训，指导其在特定的职能领域从事专业化工作	—
俱乐部型组织	（1）非常重视适应、忠诚感和承诺 （2）资历是关键因素，年龄和经验至关重要 （3）把管理人员培养成通才	—
棒球队型组织	（1）鼓励冒险和革新 （2）招聘时在各年龄和经验层次中寻求有才能的人 （3）薪酬制度以员工绩效水平为标准 （4）对出色的员工给予巨额奖酬和较大自由度，员工一般都拼命工作	会计、法律、投资银行、咨询公司、广告机构、软件开发、生物研究领域
堡垒型组织	（1）着眼于公司的生存 （2）工作安全保障不足，但对于喜欢流动性、挑战性的人来说，具有一定的吸引力	—

【考点小贴士】在考试中，对组织文化的四种类型注重考查内容、举例和类型的对应，备考中可以将此考点根据四种类型"学院型、俱乐部型、棒球队型、堡垒型"对应，简单记忆为"学校、

俱乐部会员制、运动竞技、只为安全"。

经典例题

[2020年真题·单选题] 组织非常重视适应、忠诚感和承诺，该组织的组织文化类型属于（　　）。

A. 棒球队型组织　　B. 学院型组织　　C. 堡垒型组织　　D. 俱乐部型组织

[答案] D

[解析] 俱乐部型组织非常重视适应、忠诚感和承诺。

[2013年真题·单选题] 鼓励冒险和革新的组织文化称为（　　）组织文化。

A. 学院型　　B. 俱乐部型　　C. 棒球队型　　D. 堡垒型

[答案] C

[解析] 根据[考点小贴士]中"运动竞技"可得出棒球队型符合题意。

【考点六】组织设计与组织文化

组织设计影响组织文化的形成。其具体影响如表3-4所示。

表3-4　组织设计对组织文化的具体影响

组织设计	对组织文化的具体影响
组织的制度化	(1) 组织的制度化程度越高，组织文化就越倾向于严谨 (2) 企业想要鼓励创新和开放的组织文化，就需要降低组织的制度化程度
组织的规范化	组织中高度的规范化可能不利于形成鼓励多样化、创新的组织文化
集权程度	(1) 集权程度越高，越不利于在组织中形成民主、参与、开放、自主的文化 (2) 集权程度低，有利于培养平等、合作、参与的文化
组织的管理层次	(1) 管理层次多、结构复杂的组织不利于培养员工自主性和参与决策的主动性 (2) 管理层次较少、组织结构趋于扁平的组织，有利于上下级之间的沟通，具有灵活开放的特点，从而鼓励员工进行独立决策
招聘制度	(1) 员工多样化程度低、以内部招聘为主的组织倾向于强调稳定和连续性的文化 (2) 员工多样化程度高、以外部招聘为主的组织重视灵活性和创新的价值
绩效评估体系	(1) 强调合作的文化与强调严格的等级差异的绩效评估体系是很难并存的 (2) 如果企业拥有合作的组织文化，那么强调个人绩效的评估体系是不合适的 (3) 企业希望拥有一种冒险、创新的组织文化，则绩效评估体系应将重点放在评价创新的努力上
薪酬制度	(1) 不同级别间薪酬差别很大的薪酬体系适合于强调等级的组织文化，不适合崇尚平等的文化 (2) 在强调整齐划一的文化中，很难靠奖金和荣誉来激发员工创造力 (3) 培养合作氛围的组织不应该过分强调薪酬的功能性意义

【考点小贴士】此考点可通过以下内容进行理解："制度规范集权都是约束、层次多沟通费时间、内招稳定少变化，外招创新灵活多样、强调等级与强调合作相冲突，要什么就评什么、强调等级则薪酬差别大，合作则不需强调薪酬意义。"

经典例题

[2016年真题·多选题] 关于组织设计与组织文化之间关系的说法，正确的有（　　）。

A. 组织的制度化程度越高，组织文化就越倾向于严谨
B. 强调等级制度的组织设计，很难形成公平、自由参与的组织文化
C. 高度的规范化有利于形成鼓励多样化、创新的组织文化
D. 级别差别很大的薪酬制度适合于强调等级的组织文化，不适合崇尚平等的组织文化
E. 管理层次多、结构复杂的组织，有利于鼓励员工独立决策

[答案] ABD

[解题思路] 根据[考点小贴士]中"制度规范集权都是约束、层次多沟通费时间",可得出 C、E 两项错误。

【考点七】组织变革概述

一、组织变革的概念

组织变革是指组织为了适应内外环境的变化而对自身进行的调整和修正。

二、组织变革的原因（内外部环境的变化）

(1) 外部环境：政治、经济、技术、社会、心理环境等。

(2) 内部环境：组织成员的工作态度、士气、期望、个人价值观、人员素质的变化等。

三、组织必须进行变革的标志

美国管理学家西斯克认为，当组织面临下列情况之一时，就必须进行变革：决策失灵、沟通不畅、组织不能发挥效率、缺乏创新。

四、组织变革的方法

(1) 以人员为中心的变革。

以人员为中心的变革是最根本和最重要的变革，具体包括提高人的知识和技能，尤其是改变人的态度、行为及群体行为等。

(2) 以结构为中心的变革。

以结构为中心的变革包括重新划分和合并新的部门，调整管理层次和管理幅度，任免负责人，明确责任和权力等。

(3) 以技术为中心的变革。

以技术为中心的变革包括工作流程的再设计，方法和设备的改变，管理体系的建立。

(4) 以系统为中心的变革。

以系统为中心的变革，在变革某一因素（人员、结构、技术）时，必须注意它对其他因素的影响，此外，还应考虑组织系统与外部环境之间的平衡。

五、组织变革的程序

组织变革的程序如图 3-3 所示。

图 3-3　组织变革的程序

经典例题

[2011年真题·案例分析题] 某咨询公司是一家以战略咨询为主要业务的公司，已有 9 年的发展历史。公司形成了强调冒险与革新的组织文化，提升了公司的核心竞争力。公司一直重视对员工的培养，注重从各种年龄和经验层次的员工中选拔人才。公司的薪酬制度强调以员工绩效水平为依据，对工作出色的员工提供高额奖金和较大的工作自由度，因而员工的敬业度很高。目前，公司有员工 32 人，通常以小组为单位进行工作。公司把管理决策权下放到员工手中，也没有设置严格的部门界限。由于最近获得一笔很大的海外投资，公司着手开始组织变革，计划在未来半年内实施大规模扩张，针对不同行业组建专业咨询小组，以便为客户提供更加专业的服务。同时，公司计划成立独立的客户关系部门，加强客户的拓展和维护工作。

1. 该咨询公司目前的组织文化类型属于（　　）。
A. 学院型　　　B. 俱乐部型　　　C. 棒球队型　　　D. 堡垒型
[答案] C
[解析] 题干中讲到"公司形成了强调冒险与革新的组织文化"，根据该组织的组织文化的特征，可知其对应的组织文化类型为棒球队型，C项正确。

2. 该咨询公司目前的组织设计类型是（　　）。
A. 虚拟组织形式　　B. 行政层级式　　C. 矩阵结构式　　D. 团队结构式
[答案] D
[解析] 题干中"公司把管理决策权下放到员工手中，也没有设置严格的部门界限"，符合团队结构式的主要特点，即打破部门界限并把决策权下放到工作团队成员手中，D项正确。

3. 该咨询公司计划进行的组织变革方法属于（　　）。
A. 以人员为中心的变革　　　　B. 以结构为中心的变革
C. 以技术为中心的变革　　　　D. 以文化为中心的变革
[答案] B
[解析] 以结构为中心的变革包括重新划分和合并新的部门，调整管理层次和管理幅度，任免责任人，明确责任和权力等。根据题干中"针对不同行业组建专业咨询小组，以便为客户提供更加专业的服务。同时，公司计划成立独立的客户关系部门"，可知B项正确。

【考点八】组织发展概述

一、组织发展的含义

组织发展是有计划变革及干预措施的总和。它寻求的是增进组织的有效性和员工的幸福感。组织发展的概念注重人性和民主因素。

二、组织发展的目的

组织发展的目的在于重视人员和组织的成长、合作与参与过程以及质询精神。

三、组织发展包含的观念与针对的目标

组织发展包含的观念及针对的目标包括：①对人的尊重；②信任和支持；③权力平等；④正视问题；⑤鼓励参与。

四、组织发展方法

（一）传统的组织发展方法

1. 结构技术

结构技术是通过有计划地改革组织的结构，改变其复杂性、规范性和集权度的技术，是影响工作内容和员工关系的技术。

结构技术方法包括：合并职能部门，减少垂直分化度，简化规章，扩大员工的工作自主性；工作再设计，使工作更具挑战性、趣味性。

2. 人文技术

人文技术是通过沟通、决策制定和问题解决等方式改变组织成员的态度和行为的技术。

人文技术方法包括：

（1）敏感性训练。

敏感性训练，又称实验室训练、T团体训练、交友团体训练等，是指通过无结构小组的交互作用方式来改善行为的方法。

在训练中，成员在自由开放的环境中讨论自己以及相互之间的交互作用，由一名专家做顾问。团体注重相互作用的过程，而不是讨论的结果。训练的目的在于团体成员通过观察和参与有所领悟，了解自己、别人和相互作用。

(2) 调查反馈。

调查反馈是用来评估成员的态度，了解员工们在认识上的差异。

调查反馈通常采用问卷形式进行，可以针对个人，也可针对整个部门或组织。

调查的内容涉及决策方法，沟通的有效性，部门间的协调及对组织、工作、同事和上司的满意程度等。调查结束之后，要把经过统计处理的结果反馈给员工，让他们进行讨论，鼓励发表不同的意见，以试图寻找出解决问题的办法。讨论过程中，应遵循对事不对人的原则。

(3) 质量圈。

质量圈是员工参与计划的一种形式。

为了完成一项成功的质量管理项目，企业必须设立明确的项目目标，最高管理层要给予积极的支持，并创造一种有益于参与管理的组织气氛，选出一个称职的项目管理者，并把项目目标告知所有相关人员，而且项目的所有参与人都必须接受有关质量圈的培训。

(4) 团际发展(也称群体间关系的开发)。

团际发展目的在于化解和改变工作团体之间的态度、成见和观念，以改善团体间的相互关系。

团际发展最常用的方法是由冲突的两个团体分别讨论，相互交换信息，找出分歧和导致分歧的原因与性质，接着由双方派出代表共同协商，找出解决问题、弥合差异、改善关系的方法。

(二) 现代的组织发展方法

1. 全面质量管理

(1) 全面质量管理的含义。

全面质量管理是指整个企业通过共同努力，引进新的管理体制和组织文化，大幅度削减因质量不佳而导致的成本增加，来满足顾客需要，甚至经常超出顾客的期望要求而采取的管理措施。其强调依靠协同工作得到组织中的每个人对质量的承诺，是一个在长期经营中不断改进质量的过程。

全面质量管理是 20 世纪 90 年代初在组织管理上最流行的一种技术革新方法。

(2) 全面质量管理的要求。

1) 变革必须根植于企业最根本的部分，即组织文化。

2) 文化的改变必须在实行全面质量管理之前或与之同时进行。

3) 挑选具有高度责任感的员工。

4) 最高管理层的支持。

5) 需要从上向下推行，并持续从下向上付诸实施。

2. 团队建设

一个好的团队应具备的特征：①规模小；②能力互补；③有共同的意愿、目标和方法；④情愿共同承担责任。

团队建设可针对工作，也可针对员工的业余生活，双管齐下效果更好。

> **经典例题**
>
> [2018 年真题·单选题] 在组织发展方法中，关于敏感性训练的说法，错误的是（ ）。
> A. 在敏感性训练中团队更为注重讨论的结果，而不是相互作用的过程
> B. 它有助于减少人际冲突
> C. 它是一种人文技术
> D. 它有助于增强群体凝聚力

[答案] A

[解析] 在敏感性训练中，团体注重相互作用的过程，而不是讨论的结果，因为训练目的在于团体成员通过观察和参与有所领悟，了解自己、别人和相互作用。A项符合题意。

[2011年真题·单选题] 关于全面质量管理的说法，错误的是（ ）。
A. 全面质量管理是一个在长期经营中不断改进质量的过程
B. 全面质量管理规划需要自上而下推行，并自上而下付诸实施
C. 挑选有高度责任感的员工才能符合全面质量管理的要求
D. 要达到全面质量管理的要求，必须建立与其相适应的组织文化

[答案] B

[解析] 全面质量管理需要从上向下推行，并持续从下向上付诸实施。

综上，组织发展方法的分类如图3-4所示。

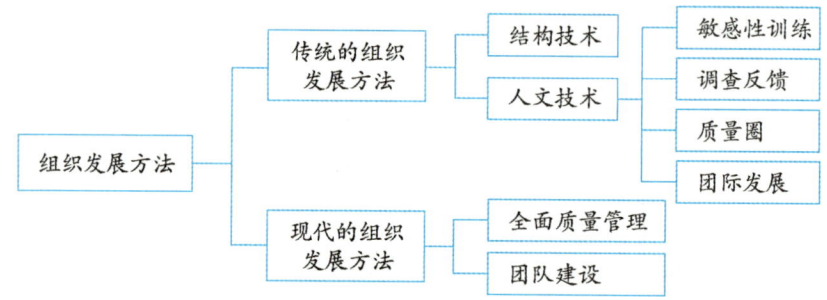

图3-4 组织发展方法的分类

本章易错易混考点

【易错易混考点一】 行政层级式组织形式、职能制结构、矩阵组织形式和事业部制组织形式

这四种组织形式的特点、优缺点容易混淆，建议通过练习题目并结合[考点小贴士]进行熟悉和理解。针对四种组织形式适用范围的对比如表3-5所示。

表3-5 四种组织形式的适用范围

组织形式	适用范围
行政层级式组织形式	复杂/静态环境
职能制结构	简单/静态环境
矩阵组织形式	复杂/动态环境 适合应用于因技术发展迅速和产品品种较多而具有创新性强、管理复杂特点的企业，如军事工业、航天工业公司，一般工业企业中的科研、新产品试制和规划工作
事业部制组织形式	产品种类多且产品之间工艺差别大，或市场分布范围广且市场情况变化快、要求适应性强的大型联合企业或公司

[2021年真题·单选题] 行政层级组织形式在（ ）环境中最有效。
A. 简单/动态 B. 简单/静态 C. 复杂/动态 D. 复杂/静态

[答案] D

[解题思路] 根据[考点小贴士]，行政层级式组织的内容可归纳为"重视权力、规章和程序，复杂少变

动"，可知行政层级式组织适用的环境为"复杂"和"少变动"，"少变动"指代"静态"，则 D 项正确。

[2011 年真题·多选题] 关于各类组织形式优缺点的说法，正确的有（　　）。
A. 事业部制组织形式能够把联合化和专业化结合起来，从而提高生产效率
B. 职能制结构有利于强化专业管理
C. 行政层级式的组织可以保证高度集权以及等级管理的顺利执行
D. 矩阵组织形式的稳定性较高
E. 无边界组织形式有助于强化各职能部门的作用
[答案] ABC
[解析] 矩阵组织形式的稳定性较差，D 项错误。无边界组织形式所寻求的是通过组织的扁平化来减少指挥链，对管理幅度不加限制，取消各种职能部门，代之以授权的团队，E 项错误。

[例题·多选题] 职能制的特点有（　　）。
A. 职能分工				B. 直线—参谋制
C. 管理权力高度集中			D. 稳定性好
E. 适应性差
[答案] ABC
[解题思路] 注意题干问的是特点，切勿选优点和缺点内容，所以 D、E 两项不选。

【易错易混考点二】组织变革方法和组织发展方法（如表 3-6 所示）

表 3-6　组织变革方法和组织发展方法

项目	组织变革方法	组织发展方法
内容	（1）以<u>人员</u>为中心的变革 （2）以<u>结构</u>为中心的变革 （3）以<u>技术</u>为中心的变革 （4）以<u>系统</u>为中心的变革	（1）传统的组织发展方法 ◆结构技术 ◆人文技术：敏感性训练、调查反馈、质量圈、团际发展 （2）现代的组织发展方法 ◆<u>全面质量管理</u>、团队建设

【考点小贴士】上述组织发展方法的内容可简记为"传统发展有结构有人，人敏感，需群体调查质量；工作（全质量）＋人（团队）才算现代"。

[例题·单选题] 下列选项属于现代的组织发展方法的是（　　）。
A. 全面质量管理			B. 团际发展
C. 敏感性训练			D. 结构技术
[答案] A
[解析] B、C、D 三项属于传统的组织发展方法。

―――――――――――――― 历年经典真题回顾 ――――――――――――――

一、单项选择题（每题 1 分，每题备选项中，只有 1 个最符合题意）
1. 在组织结构体系中，组织的横向结构通常指的是（　　）。[2021 年真题]
   A. 职权结构　　B. 层次结构　　C. 部门结构　　D. 职能结构
   [答案] C
   [解析] 部门结构是各管理部门的构成，又称组织的横向结构。
2. 关于组织结构特征因素之中的管理层次的说法，错误的是（　　）。[2020 年真题]
   A. 管理层次也称组织层次
   B. 管理层次的多少表明了组织结构的纵向复杂程度
   C. 管理层次是指从组织最高到最低一级管理组织的各个组织等级

D. 管理层次决定了组织的管理幅度，起主导作用

[答案] D

[解析] 一个企业的管理层次的多少，表明其组织结构的纵向复杂程度。管理幅度的大小往往反映上级领导者直接控制和协调的业务活动量的多少。两者存在负相关的数量关系。管理幅度与管理层次是相互制约的，其中管理幅度起主导作用。D项错误。

3. 组织结构设计的特征因素不包括（　　）。[2016年真题]
A. 关键职能　　B. 企业规模　　C. 职业化程度　　D. 分工形式

[答案] B

[解析] 组织设计的特征因素包括管理层次和管理幅度、专业化程度、分工形式、关键职能、制度化程度、职业化程度等。

4. 职能制组织形式又称为（　　）。[2015年真题]
A. 韦伯模型　　B. 斯隆模型　　C. 法约尔模型　　D. 韦尔奇模型

[答案] C

[解析] 职能制结构也称法约尔模型。

5. 关于矩阵组织缺点的说法，错误的是（　　）。[2015年真题]
A. 组织的稳定性差　　　　　　　B. 双重领导容易导致管理混乱
C. 用人较多，机构相对臃肿　　　D. 不利于提高组织的适应性

[答案] D

[解析] 矩阵组织适应性好，D项错误。

6. 按照美国学者桑南菲尔德的组织文化分类，（　　）组织非常重视适应、忠诚度和承诺。[2020年真题]
A. 学院型　　B. 俱乐部型　　C. 棒球队型　　D. 堡垒型

[答案] B

[解析] 俱乐部型组织重视适应、忠诚感和承诺。

7. 在组织发展的人文技术中，旨在通过无结构小组的交互作用来改善行为的方法称为（　　），又称为T团体训练。[2014/2011年真题]
A. 敏感性训练　　　　　　　B. 团际发展
C. 团队建设　　　　　　　　D. 群体关系开发

[答案] A

[解析] 敏感性训练，又称实验室训练、T团体训练、交友团体训练等，是指通过无结构小组的交互作用方式来改善行为的方法。

8. 组织结构三要素不包括（　　）。[2013年真题]
A. 虚拟化　　B. 规范性　　C. 集权度　　D. 复杂性

[答案] A

[解析] 组织结构包括三个要素：复杂性、规范性、集权度。

二、多项选择题（每题2分，每题备选项中，有2个或2个以上符合题意，至少有1个错项。错选，本题不得分；少选，所选的每个选项得0.5分）

1. 关于组织文化结构的说法，正确的有（　　）。[2016年真题]
A. 组织文化分为物质层、制度层和精神层三个层次
B. 制度层制约和规范着物质层及精神层的建设
C. 有无制度层是衡量一个组织是否形成了自身组织文化的主要标志

D. 物质层是制度层和精神层的物质基础
E. 精神层是形成物质层及制度层的思想基础

[答案] ABDE

[解析] 组织文化中有没有精神层是衡量一个组织是否形成了自己的组织文化的主要标志和标准，C项错误。

2. 矩阵组织形式的主要特点有（   ）。[2012年真题]

A. 一名员工有两位领导
B. 组织内部存在两个层次的协调
C. 组织的稳定性强
D. 机构相对精简，用人较少
E. 产品部门（或项目小组）所形成的横向联系灵活多样

[答案] ABE

[解析] 矩阵组织形式的主要特点包括：①一名员工有两位领导；②组织内部存在两个层次的协调；③产品部门（或项目小组）所形成的横向联系灵活多样。

3. 如果企业想要构建一个自由、平等、开放、创新的组织文化，可以采用的组织设计手段包括（   ）。[2011年真题]

A. 提升组织制度化和规范化的程度
B. 减少管理层次，形成趋于扁平的组织
C. 以外部招聘为主，提高员工的多样化程度
D. 建立强调等级差异的绩效评估体系
E. 建立不同职位等级间薪酬差异很大的薪酬制度

[答案] BC

[解析] 如果企业想鼓励创新、开放的组织文化，就需要降低组织的制度化程度和规范化程度，A项错误。如果企业希望有一种冒险、创新的组织文化，则绩效评估体系应将重点放在评价创新的努力上，而不应该建立强调等级差异的绩效评估体系，D项错误。不同级别间薪酬差别很大的薪酬体系适用于强调等级的组织文化，不适合崇尚平等的文化，E项错误。

三、案例分析题（每题2分。由单选和多选组成。错选，本题不得分；少选，所选的每个正确选项得0.5分）

（一）

K公司是一家有6年发展历史的软件开发公司，在行业中具有较高知名度。公司设置有研发部、行政与人力资源部、财务部等部门，形成了强调革新与冒险的组织文化，不断有新产品问世。K公司一直重视员工的培训与开发工作，同时不拘一格选拔人才，只要是具有发展潜质的员工，就委以重任，而不考虑员工的年龄和工作经验。公司的薪酬、奖励制度与员工绩效挂钩，对于表现优秀的员工，公司会加以重奖，并给予较大的工作自由度。因此，公司员工的工作士气高涨，敬业度很高。K公司共有100多名员工，强调以项目组为主要形式进行技术研发，把不少决策权下放给员工，并打破严格的部门界限，提倡部门协作，联合攻关。最近，公司获得了很大一笔风险投资，为此，公司制订了明确的扩张性战略计划，同时进行必要的组织变革。公司将针对不同的行业组建专门的技术咨询小组，还计划成立独立的市场部和客户关系部，以加快市场开拓，并为客户提供更优质的服务。[2017年真题]

1. K公司目前的组织文化属于（   ）。

A. 学院型
B. 俱乐部型
C. 棒球队型
D. 堡垒型

[答案] C

［解析］根据案例内容"形成了强调革新与冒险的组织文化"，可得出棒球队型。

2. K公司的关键职能部门是（   ）。
   A. 行政与人力资源部　　　　　B. 研发部
   C. 财务部　　　　　　　　　　D. 客户关系部
   ［答案］B
   ［解析］关键职能部门是指组织结构中处于中心地位、具有较大职责和权限的职能部门。K公司是一家有6年发展历史的软件开发公司，所以研发部是其关键职能部门。

3. K公司目前的主要组织结构设计类型是（   ）。
   A. 事业部制组织形式　　　　　B. 职能制组织形式
   C. 团队结构形式　　　　　　　D. 虚拟组织形式
   ［答案］C
   ［解析］团队结构形式的组织的主要特点包括：打破部门界限并把决策权下放到工作团队成员手中。根据案例内容，K公司共有100多名员工，强调以项目组为主要形式进行技术研发，把不少决策权下放给员工，并打破严格的部门界限，这属于团队结构形式。

4. 为了实际扩张性战略计划，K公司进行了组织变革，这种组织变革的方法属于（   ）。
   A. 以人员为中心的变革　　　　B. 以技术为中心的变革
   C. 以文化为中心的变革　　　　D. 以结构为中心的变革
   ［答案］D
   ［解析］以结构为中心的变革包括重新划分和合并新的部门，调整管理层次和管理幅度，任免负责人，明确责任和权力等。根据案例内容，公司制订了明确的扩张性战略计划，同时进行必要的组织变革。公司将针对不同的行业组建专门的技术咨询小组，还计划成立独立的市场部和客户关系部，以加快市场开拓，并为客户提供更优质的服务。所以K公司进行的组织变革的方法属于以结构为中心的变革。

（二）

某生产制造企业的组织结构图如下所示：[2016年真题]

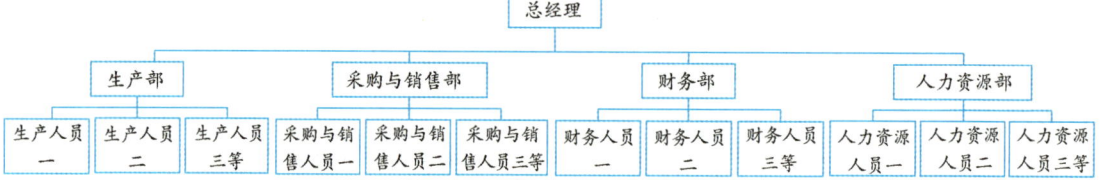

1. 该企业总经理的管理跨度为（   ）。
   A. 3　　　　B. 4　　　　C. 5　　　　D. 6
   ［答案］B
   ［解析］管理幅度，也称管理跨度，是指一名领导者直接领导的下级人员的数量。根据案例，总经理下面有4个部门，则该总经理的管理跨度为4。

2. 该企业管理层级的数目是（   ）。
   A. 3　　　　B. 4　　　　C. 5　　　　D. 6
   ［答案］A
   ［解析］管理层次是指从组织最高一级管理组织到最低一级管理组织的各个组织等级。每个组织等级就是一个管理层次。一个企业的管理层次的多少，表明其组织结构的纵向复杂程度。根据案例，从总经理、各部门到员工，一共有3个管理层次。

3. 该企业典型的组织形式为（　　）。
   A. 职能制　　　　　　　　　　B. 矩阵式
   C. 事业部制　　　　　　　　　D. 团队结构式
   [答案] A
   [解析] 根据案例内容可知，该公司分为生产部、采购与销售部、财务部、人力资源部等各部门。职能制组织中，各级管理机构和人员实行高度的专业化分工，各自履行一定的管理职能。每一职能部门所开展的业务活动为整个组织服务。因此，该企业典型的组织形式为职能制。

4. 关于该企业组织设计的说法，错误的是（　　）。
   A. 该企业的分工形式为产品制
   B. 该企业组织设计形式在简单/静态环境中效果比较好
   C. 该企业组织设计形式在简单/动态环境中效果比较好
   D. 该公司的关键职能部门为财务部
   [答案] ACD
   [解析] 在企业中常见的分工形式有：职能制（按职能分工）、产品制（按产品分工）、地区制（按地区分工）以及混合制等。根据上题可知，该企业的组织形式为职能制，职能制的组织形式在简单/静态环境中效果较好。关键职能部门是指在企业组织结构中处于中心地位、具有较大职责和权限的职能部门。关键职能对实现企业战略和目标起主要作用。不同的企业可能具有不同的关键职能。

（三）

某公司是一家中型制造企业，由厂长全面主持企业的生产经营活动，按照厂部、车间、工段、班组层次划分职权，逐级下达指令；厂里的职能管理人员只起到参谋指导作用，无权直接对下级单位发号施令。日常工作中，下级通常只接受其直接上级的指令，明确每个人只有一个直接上级，而每个上级直接管辖的下属为3—9人。一开始厂长还能够亲临各个车间，现场直接领导，但随着公司业务和规模的扩大，这种管理已经超出了他力所能及的范围，变得非常艰难。企业的管理也因此陷入混乱，迫切需要进行变革。[2013年真题]

1. 该企业的组织结构为（　　）。
   A. 事业部制　　　　　　　　　B. 职能制
   C. 矩阵组织形式　　　　　　　D. 团队结构形式
   [答案] B
   [解析] 职能制组织结构的特点包括职能分工、直线—参谋制、管理权力高度集中。结合案例，B项符合题意。

2. 该企业的管理层次和管理幅度分别为（　　）。
   A. 5层，3—9人　　　　　　　B. 4层，4—10人
   C. 3层，3—9人　　　　　　　D. 6层，4—10人
   [答案] A
   [解析] 本题考查组织结构设计的特征因素中的管理层次和管理幅度等。结合案例背景，由厂长全面主持企业的生产经营活动，按照厂部、车间、工段、班组层次划分职权，逐级下达指令，因此该企业的管理层次为5层。每个上级直接管辖的下属为3—9人，因此管理幅度为3—9人。

3. 该企业组织形式的主要缺点是（　　）。
   A. 组织的稳定性差　　　　　　B. 横向协调差
   C. 企业领导负担轻　　　　　　D. 多头指挥混乱

[答案] B

[解析] 由第一题可知该企业组织形式为职能制组织结构。职能制的缺点包括横向协调差，答案为B项。

4. 假如该企业进行组织变革，最适合采用以（　　）为中心的组织变革。
   A. 成本　　　　　　　　　　B. 结构
   C. 技术　　　　　　　　　　D. 任务

[答案] B

[解析] 根据案例"随着公司业务和规模的扩大，这种管理已经超过了他力所能及的范围，变得非常艰难。企业的管理也因此陷入混乱，迫切需要进行改革"可知，随着公司业务和规模的扩大，职能制的组织结构已经不适应该企业的发展，该企业应采用以结构为中心的组织变革，重新划分和合并新部门，调整管理层次和管理幅度，任免责任人，明确责任和权力。

本章同步练习

一、单项选择题（每题1分，每题备选项中，只有1个最符合题意）

1. 同时对企业的组织结构及其运行制度进行的设计称为（　　）。
   A. 静态组织设计　　　　　　B. 动态组织设计
   C. 部门设计　　　　　　　　D. 职能设计

2. 组织结构包含的要素中，针对任务分工的层次和细致程度的要素是（　　）。
   A. 集权度　　　　　　　　　B. 复杂性
   C. 规范性　　　　　　　　　D. 层次性

3. （　　）是指一名管理者直接领导的下级人员的数量，它的大小往往反映上级领导者直接控制和协调的业务活动量的多少。
   A. 管理层次　　　　　　　　B. 组织层次
   C. 管理幅度　　　　　　　　D. 集权程度

4. 关于行政层级式组织说法错误的是（　　）。
   A. 权力集中程度高　　　　　B. 工作的分工较为精细
   C. 强调规章和程序规范　　　D. 决定工作地位的主要因素是资历

5. 矩阵制的优点包括（　　）。
   A. 组织内部有两个层次的协调
   B. 一名员工有两位领导
   C. 有利于减轻高层管理人员的负担
   D. 有利于强化专业管理

6. （　　）是组织文化的核心和灵魂。
   A. 制度层　　　　　　　　　B. 精神层
   C. 物质层　　　　　　　　　D. 表层

7. 组织变革程序中首要环节是（　　）。
   A. 确定问题　　　　　　　　B. 组织诊断
   C. 实行变革　　　　　　　　D. 变革效果评估

8. 传统的组织发展方法中的结构技术不包括（　　）。
   A. 合并职能部门　　　　　　B. 简化规章
   C. 定期开会　　　　　　　　D. 工作再设计

9. 团际发展属于组织发展方法中的（　　）。
   A. 结构技术　　　　　　　　　B. 现代组织发展方法
   C. 人文技术　　　　　　　　　D. 结构技术和人文技术的混合体
10. 关于现代组织发展方法的说法，错误的是（　　）。
    A. 全面质量管理是20世纪90年代初在组织管理上最流行的一种技术革新方法
    B. 全面质量管理规划需要自上而下推行，并持续从下向上付诸实施
    C. 挑选具有高度责任感的员工
    D. 要达到全面质量管理的要求，文化的改变需在实行全面质量管理之后

二、多项选择题（每题2分，每题备选项中，有2个或2个以上符合题意，至少有1个错项。错选，本题不得分；少选，所选的每个选项得0.5分）

1. 关于组织设计的程序，说法正确的有（　　）。
   A. 首要工作是确定组织设计的基本方针和原则
   B. 进行职能分析和职能设计是组织设计过程的第二步
   C. 设计组织结构的框架是组织设计的主体工作
   D. 联系方式的设计是第一步
   E. 管理规范的设计可以起到巩固和稳定组织结构的作用
2. 事业部制的优点有（　　）。
   A. 增强企业的活力
   B. 有利于把联合化和专业化结合起来，提高生产效率
   C. 有利于总公司的高层管理者集中精力于战略决策和长远规划
   D. 灵活性高
   E. 适合于发展专家
3. 组织文化的功能有（　　）。
   A. 导向作用　　　　　　　　　B. 规范作用
   C. 凝聚作用　　　　　　　　　D. 激励作用
   E. 开发作用
4. 管理学家西斯克认为组织必须进行变革的标志包括（　　）。
   A. 效益下降　　　　　　　　　B. 决策失灵
   C. 沟通不畅　　　　　　　　　D. 组织不能发挥效率
   E. 缺乏创新
5. 组织变革的方法有（　　）。
   A. 以人员为中心的变革　　　　B. 以结构为中心的变革
   C. 以技术为中心的变革　　　　D. 以系统为中心的变革
   E. 以环境为中心的变革
6. 以人员为中心的变革包括（　　）。
   A. 知识　　　　　　　　　　　B. 态度
   C. 行为　　　　　　　　　　　D. 技能
   E. 管理体系
7. 关于组织文化结构的说法，正确的有（　　）。
   A. 组织文化分为物质层、制度层和精神层三个层次
   B. 制度层制约和规范着物质层及精神层的建设

C. 有无制度层是衡量一个组织是否形成了自身组织文化的主要标志

D. 物质层是制度层和精神层的物质基础

E. 精神层是形成物质层及制度层的思想基础

8. 关于组织设计和组织文化的说法，正确的有（　　）。

A. 组织设计会影响组织文化的形成

B. 如果企业要鼓励创新、开放的组织文化，就需要提高组织的制度化程度

C. 多样化程度高、以外部招聘为主的组织通常更重视灵活性和创新的价值

D. 强调严格的等级差异的绩效评估体系可以培养合作的组织文化

E. 一个希望培养合作氛围的组织应该过分强调薪酬的功能性意义

9. 传统的组织发展方法包括（　　）。

A. 结构技术
B. 现代组织发展方法
C. 敏感性训练
D. 调查反馈
E. 全面质量管理

三、案例分析题（每题2分。由单选和多选组成。错选，本题不得分；少选，所选的每个正确选项得0.5分）

2000年，创业时的C公司，只生产空调，需要的是当机立断的决策机制。当时采用直线式管理简单直接、环节清晰。几年后C公司已经变成了集团，直线式管理的弊端渐显。各个产品经营单位埋头生产，整个集团的五大种类、近千种产品统一由销售公司负责推广。产销脱节的矛盾使原有的市场优势渐渐失去。

2013年，C集团开始了事业部形式的体制改革试点，一年后，改革全面铺开。集团负责总体发展战略、产业发展取向、投资导向、资本经营和品牌经营，原有的五大类核心产品生产单位组建成五个事业部，实行开发、生产、销售、服务一体化，事业部自主权的充分落实带来了活力。各事业部由原先单纯的"生产型企业"变成了"市场型企业"，在市场经营中主动出击，快速反应。空调事业部总经理说，以前的冷气机公司只管生产，实行事业部制后，它成为一个以市场为导向，集产品开发、生产制造、市场营销为一体的现代化企业。C集团副总裁描述道，实行事业部制以前，总裁一天到晚忙得焦头烂额，原材料没有了，找总裁；产品有次品，找总裁。总裁成了"大保姆"。改革后，高层干部把以往埋头拉车的时间，用来抬头看路了，从日常工作中解脱出来，有时间思考企业文化、经营方针等战略问题。

1. 创业时的C公司所采取的组织设计类型是（　　）。

A. 行政层级式
B. 职能制
C. 矩阵组织形式
D. 无边界组织形式

2. 创业时的C公司采取直线式管理之所以是适宜的，并取得成功，是因为（　　）。

A. 当时的环境是简单/动态的

B. 公司当时是中小型企业

C. 公司产品品种比较单一

D. 管理权力高度集中，便于公司最高层对整个企业实施严格的控制

3. C集团后来实行事业部制之所以是适宜的，是因为（　　）。

A. 集团的产品种类多

B. 集团所面临的市场环境变化快

C. 集团是一家强调适应性的大型联合性公司

D. 集团想削减管理成本与费用

4. C集团实行事业部制之所以取得成功，是因为（   ）。
   A. 集团高层摆脱了具体管理事务，集中精力于战略问题
   B. 事业部之间相互协调，从而增强了企业的活力
   C. 集团能够组织高度的专业化生产，从而提高了生产效率
   D. 事业部得到集团对经营活动更具体的指导

▶▶▶ 本章同步练习参考答案及解析 ◀◀◀

一、单项选择题

1. [答案] B
   [解析] 同时对企业的组织结构及其运行制度进行的设计称为动态组织设计。

2. [答案] B
   [解析] 复杂性指的是针对任务分工的层次、细致程度。

3. [答案] C
   [解析] 管理幅度，也称管理跨度，是指一名管理者直接领导的下级人员的数量。它的大小往往反映上级领导者直接控制和协调的业务活动量的多少。

4. [答案] D
   [解析] 行政层级式组织中，决定工作地位的主要因素是技术能力和绩效，而不是其他非个人因素，D项错误。

5. [答案] C
   [解析] 矩阵制的优点有：①有利于加强各职能部门之间的协作配合；②有利于顺利完成规划项目，提高企业的适应性；③有利于减轻高层管理人员的负担；④有利于职能部门与产品部门相互制约，保证企业整体目标的实现。A、B两项属于矩阵制的特点，不符合题意。

6. [答案] B
   [解析] 精神层是形成物质层及制度层的思想基础，是组织文化的核心和灵魂。有没有精神层是衡量一个组织是否形成自己组织文化的主要标志和标准。

7. [答案] A
   [解析] 组织变革程序依次为：确定问题→组织诊断→实行变革→变革效果评估。

8. [答案] C
   [解析] 传统的组织发展方法中的结构技术方法包括：合并职能部门，减少垂直分化度，简化规章，扩大员工的工作自主性；工作再设计，使工作更具挑战性、趣味性。

9. [答案] C
   [解析] 传统的组织发展方法包括结构技术和人文技术。其中，人文技术包括：①敏感性训练；②调查反馈；③质量圈；④团际发展。

10. [答案] D
    [解析] 全面质量管理要求变革必须根植于企业最根本的部分，即组织文化。文化的改变必须在实行全面质量管理之前，或与之同时进行，D项错误。

二、多项选择题

1. [答案] BCE
   [解析] 组织设计过程的首要工作是进行职能分析和职能设计，A项错误。确定组织设计的基本方针和原则是组织设计的第一步，D项错误。

2. [答案] ABC
   [解析] 事业部制的优点有：①有利于总公司的最高层摆脱具体管理事务，集中精力于战略决策和长远规划；②各事业部之间也有竞争，可增强企业的活力；③多个事业部形成大型联合企业，每个事业部高度专业化，有利于把联合化和专业化结合起来，提高生产效率。

3. [答案] ABCD
   [解析] 组织文化的功能包括导向作用、规范作用、凝聚作用、激励作用、创新作用、辐射作用。

4. [答案] BCDE
   [解析] 美国管理学家西斯克认为，当组织面临下列情况之一时，就必须进行变革：

决策失灵、沟通不畅、组织不能发挥效率、缺乏创新。

5. [答案] ABCD
[解析] 组织变革的方法包括以人员为中心的变革、以结构为中心的变革、以技术为中心的变革、以系统为中心的变革。

6. [答案] ABCD
[解析] 以人员为中心的变革，就是提高人的知识和技能，特别是改变人的态度、行为及群体行为，以便达到提高组织效率的目的。

7. [答案] ABDE
[解析] 组织文化中有没有精神层是衡量一个组织是否形成了自己的组织文化的主要标志和标准，C项错误。

8. [答案] AC
[解析] 如果企业要鼓励创新、开放的组织文化，就需要降低组织的制度化程度，B项错误。强调严格的等级差异的绩效评估体系不利于培养合作的组织文化，D项错误。一个希望培养合作氛围的组织不应该过分强调薪酬的功能性意义，E项错误。

9. [答案] ACD
[解析] 传统的组织发展方法包括结构技术和人文技术。其中，人文技术包括：①敏感性训练；②调查反馈；③质量圈；④团际发展。

三、案例分析题

1. [答案] B
[解析] 创业时的C公司，只生产空调。所以，职能制适用于这种中小型的、产品品种比较单一、生产技术发展变化较慢、外部环境比较稳定的企业。

2. [答案] BCD
[解析] 公司当时是中小型企业，公司产品品种比较单一，管理权力高度集中，便于公司最高层对整个企业实施严格的控制。

3. [答案] ABC
[解析] 事业部制的组织形式适用产品种类多且产品之间工艺差别大，或市场分布范围广且市场情况变化快、要求适应性强的大型联合企业或公司。

4. [答案] AC
[解析] 事业部制的优点有：①有利于总公司的最高层摆脱具体管理事务（D项错误），集中精力于战略决策和长远规划；②各事业部之间也有竞争，可增强企业的活力；③多个事业部形成大型联合企业，每个事业部高度专业化，有利于把联合化和专业化结合起来，提高生产效率。事业部制的缺点有：①容易使各事业部只顾自身的利益，减弱整个公司的协调一致性（B项错误）；②公司和各个事业部的职能机构重复，会增加费用和管理成本。

第二部分 人力资源管理

考情分析

年份	单项选择题		多项选择题		案例分析题		合计分值	平均分值
	题量	分值	题量	分值	题量	分值		
2014—2021	216	216	70	140	44	88	444	55.5

知识脉络

- **战略性人力资源管理**
  - 战略性人力资源管理及其实施过程
  - 战略性人力资源管理的具体内容

- **人力资源规划**
  - 人力资源规划及其供求预测
  - 人力资源供求平衡的基本对策与方法

- **人员甄选**
  - 甄选及其有效性
  - 甄选的主要方法

- **绩效管理**
  - 绩效管理概述
  - 绩效计划与绩效监控
  - 绩效评价与绩效管理工具
  - 绩效反馈与结果应用
  - 特殊群体的绩效考核

- **薪酬管理**
  - 薪酬管理概述
  - 股权激励
  - 特殊群体的薪酬管理
  - 薪酬成本预算与控制

- **培训与开发**
  - 培训与开发决策分析
  - 培训与开发的组织管理
  - 职业生涯管理

- **劳动关系**
  - 劳动关系概述
  - 我国劳动关系调整机制
  - 发展和谐劳动关系
  - 企业解决劳动争议的制度和方法

学习提示

通过对第一部分激励、领导和组织设计内容的学习，相信你通过"了解人""了解管理"，已经做好了"管人"的准备。现在我们所要学习的这部分内容是本书的核心，主要涉及人力资源管理的战略理念和核心专业性内容，包括战略性人力资源管理、人力资源规划、人员甄选、绩效管理、薪酬管理、培训与开发、劳动关系。近五年考试中在单项选择题、多项选择题和案例分析题方面都有涉及，一般试卷中的第二、三道案例题会出自本部分内容。本部分内容专业性强、实操方法云集、类型对比较多，人力资源管理专业相关知识储备有限或者相关工作经验不足的人员会觉得无从下手，也许看到专业性内容由于看不懂就打算直接放弃。其实学习本部分专业内容仍然可以参考"学习层次三步走"，如有理解不了的可以扫扫二维码进行听课，或者看看【考点小贴士】中的关键词，或者读出声音来熟悉文字。掌握好本部分内容，你就真正入门人力资源管理了。期待自己的表现吧！

第四章 战略性人力资源管理

本章考情分析

年份	单项选择题	多项选择题	案例分析题	合计
2021 年	2 题 2 分	—	—	2 分
2020 年	3 题 3 分	1 题 2 分	—	5 分
2019 年	4 题 4 分	1 题 2 分	—	6 分
2018 年	3 题 3 分	1 题 2 分	—	5 分
2017 年	5 题 5 分	1 题 2 分	—	7 分

本章考点概览

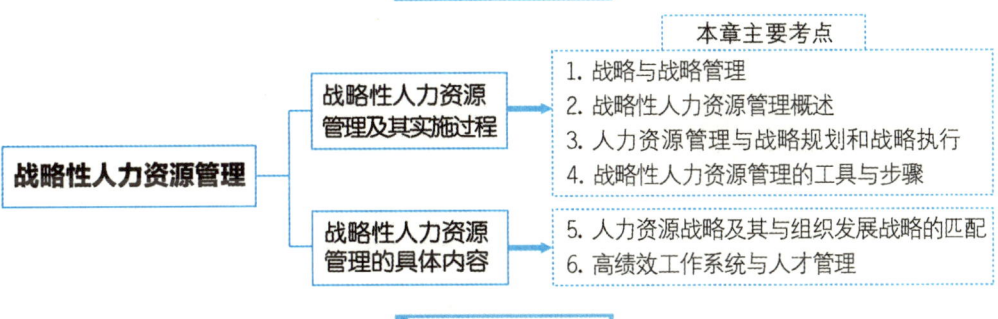

本章考点详解

【考点一】战略与战略管理

一、战略

（一）战略的概念

战略是指一个组织在面临外部的机会和威胁的情况下，为了平衡内部的优势和劣势以及维持竞争优势而制订的长期规划。

（二）战略的层次

战略的层次如表 4-1 所示。

表 4-1 战略的层次

战略层次（3个）	回答的问题	类型
组织战略层次（企业战略、公司战略、企业发展战略）	到哪里竞争？	成长战略、稳定战略、收缩战略
	即选择经营何种业务、进入何种行业或领域	
竞争战略层次（经营战略）	如何进行竞争？	总成本领先战略、差别化战略、市场集中战略（迈克尔·波特划分）
	即应当如何在选定的行业或领域中，与对手展开有效竞争，确立长期竞争优势	
职能战略层次	凭借什么来竞争？	市场营销战略、财务战略、人力资源战略
	即哪些资源有助于打败自己的竞争对手，将如何获取、开发以及使用这些资源	

二、战略管理过程

战略管理是一个制定战略、实施战略以及评价战略的完整过程，目的是赢得竞争优势。战略管理过程如表 4-2 所示。

表 4-2 战略管理过程

步骤	具体内容
战略制定（战略规划）	界定组织的使命、长期目标、所面临的外部机会和威胁以及组织内部存在的优势和劣势，然后确定组织的战略方向，并对各种可能的战略进行评估，以便根据这些战略实现组织目标的能力强弱来最终确定组织准备采取何种战略
战略实施（战略执行）	帮助组织确定如何有效执行已经确定的战略，其中主要是如何设计组织结构、如何分配资源以及如何确保组织获得高技能员工
战略评价	战略执行和战略评价结果可以对战略规划进行反思和调整

三、战略管理的基本模型

战略管理的基本模型如图 4-1 所示。

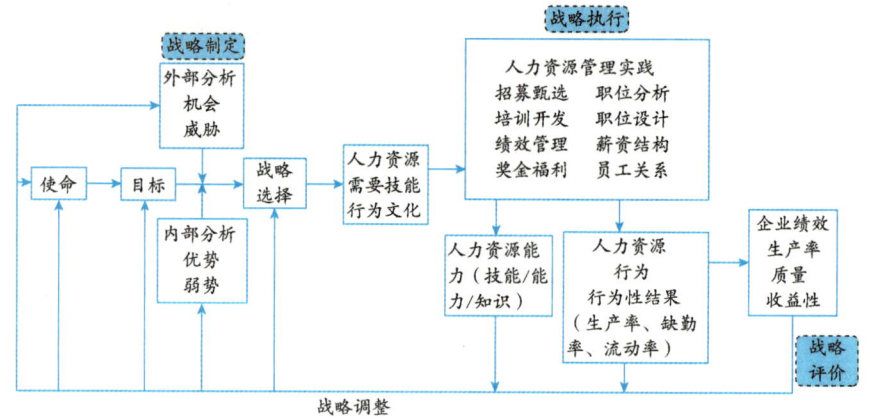

图 4-1 战略管理的基本模型

人力资源管理在战略管理中扮演两个方面的角色。

人力资源管理是组织战略执行的最为关键的因素。人力资源管理可能会导致组织战略的调整。

经典例题

[2018年真题·单选题] 某公司采用的战略是在确保产品质量的基础上尽可能地降低成本，这种战略属于（　　）。

A. 组织战略　　　　　　　　　　B. 人力资源管理战略

C. 职能战略　　　　　　　　　　D. 竞争战略

[答案] D
[解析] 根据"降低成本"得出成本领先战略，根据表4-1可知D项正确。

【考点二】战略性人力资源管理概述

（1）战略性人力资源管理的**核心理念**是人力资源管理必须能够帮助组织实现战略以及赢得竞争优势。

（2）战略性人力资源管理的核心概念是战略匹配或战略契合。这一概念包括两个方面的一致性：①**外部契合或垂直一致性**，即人力资源管理与组织战略保持一致；②**内部契合或水平一致性**，即人力资源职能的内部一致性，组织内部人力资源管理政策和实践之间保持高度内部一致性，相互之间形成一种良性的匹配、互动关系。

（3）现代人力资源管理被看成是"**利润中心**"，**不仅仅是"成本中心"**。

（4）战略性人力资源管理为获取具有良好技能并得到充分激励的员工，将组织注意力集中于：①改变结构和文化；②提高组织绩效和业绩；③开发特殊能力；④管理变革。

【考点小贴士】上述组织注意力集中的方向可简记为"组织文化变革能力集中注意力"。

（5）战略性人力资源管理要求人力资源管理贯彻的思想。

1）以利润为导向，不仅仅从以服务的导向的观点出发。

2）对人力资源管理问题的成本和收益进行分析、评价和解释。

3）采用包括可行性、挑战性、具体性以及意义性等目标在内的一些人力资源管理模型。针对组织所遇到的问题，提供人力资源管理的建议性解决报告。

4）为人力资源管理职能人员提供培训，并强调人力资源管理的重要性以及对企业利润实现做出的重要贡献。

（6）组织中战略性人力资源管理取得成功需要人力资源管理人员和其他领域的管理人员的共同努力。

1）组织中人力资源管理人员必须努力做到：①参与组织的战略规划制定过程，不仅考虑和人有关的问题，还要考虑组织中人力资源储备是否能够执行组织特定战略；②掌握与组织的战略性目标有关的特定知识；③知道何种类型的员工技能、行为以及态度能够支持组织的战略达成；④制订具体的人力资源管理方案来确保员工具备实施组织战略所需要的这些技能、行为及态度。

2）其他领域的管理人员也具备丰富的相关知识并积极参与。

【考点小贴士】本考点内容较细，和战略性人力资源管理有关的一些内容建议掌握关键词进行理解。

经典例题

[例题·单选题] 战略人力资源管理将注意力集中之处不包括（　　）。

A. 成本改进　　　　　　　　B. 开发特殊能力
C. 管理变革　　　　　　　　D. 改变结构和文化

[答案] A

[解题思路] 根据[考点小贴士]中"组织文化变革能力集中注意力"，可得出A项错误。

[例题·单选题] 下列关于战略性人力资源管理的表述，正确的是（　　）。

A. 核心理念是能够帮助组织实现战略以及赢得竞争优势
B. 以服务为导向
C. 水平一致性是指人力资源管理与企业战略保持一致
D. 垂直一致性是指人力资源职能的内部一致性

[答案] A

[解析] 战略性人力资源管理应以利润为导向，B项错误。C、D两项内容说反。

【考点三】人力资源管理与战略规划和战略执行

一、人力资源管理与战略规划

（一）战略规划的主要任务

（1）描述组织的终极目标：组织的使命、愿景、价值观及长期目标。

（2）评估组织在实现终极目标中可能遇到的障碍：评估内外部环境，进行 SWOT 分析（如图 4-2 所示）。

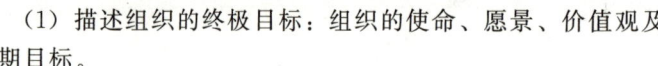

	优势（S）	劣势（W）	
内部分析	考察组织可能获得的财务资源、资本资源、技术资源及人力资源等各种资源的数量和质量，以确定每一种资源对组织来说到底是一种优势还是一种劣势		分析目的是分析组织自身的优势（S）和劣势（W）
	战略机会（O）	战略威胁（T）	
外部分析	尚未开发的客户市场；对企业有帮助的技术进步；尚未挖掘和利用的潜在人力资源等	潜在人员短缺；新的竞争对手进入市场；即将出台的可能会对公司产生负面影响的法律；竞争对手的技术创新等	通过考察组织的运营环境，分析组织所面临的各种战略机会以及所受到的各种威胁

图 4-2 SWOT 分析

（3）选择方法帮助组织消除障碍实现目标，选择组织战略和竞争战略。

（二）人力资源管理与战略规划之间的联系

人力资源管理与战略规划之间的联系如图 4-3 所示。

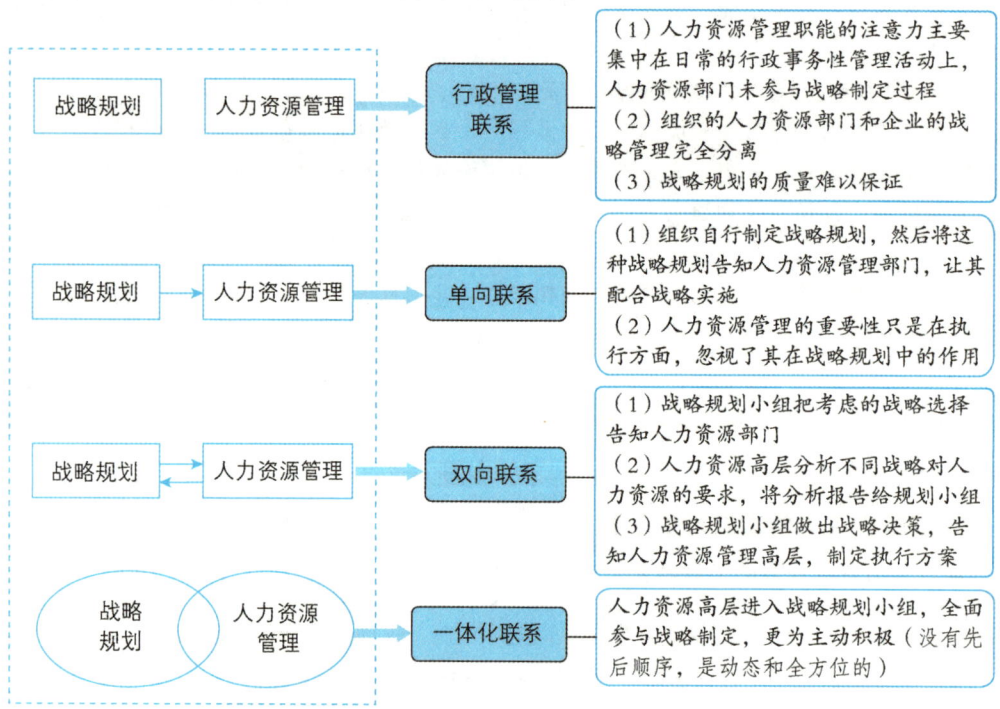

图 4-3 人力资源管理与战略规划之间的联系

【考点小贴士】人力资源管理和战略规划之间的联系可以通过"行政"无关"单""双""一体化"和图形结合进行理解记忆。

二、人力资源管理与战略执行

组织的战略能够得到成功的执行取决于下列因素：

(1) 工作任务设计。
(2) 人员的甄选、培训与开发。} 人力资源管理负有主要责任
(3) 报酬系统。
(4) 组织结构。} 人力资源管理会产生直接影响
(5) 信息系统。

> **经典例题**
>
> [2019年真题·单选题] 在制定战略规划阶段，关于人力资源管理与战略规划之间联系的说法，错误的是（　　）。
> A. 所谓单向联系，是指人力资源部门能够参与战略规划制订的过程
> B. 所谓双向联系，是指战略规划和人力资源管理之间形成了互动联系
> C. 所谓一体化联系，是指战略规划与人力资源管理之间的互动是动态和全方位的
> D. 所谓行政管理联系，是指人力资源部门不参与组织战略规划制订的过程
> [答案] A
> [解析] 单向联系是组织自行制订战略规划，然后将这种战略规划告知人力部门，让其配合战略实施，并未参与战略规划制订的过程。A项错误。
>
> [例题·单选题] 根据战略规划与人力资源管理之间的联系，关于行政管理联系的说法，不正确的是（　　）。
> A. 人力资源部门未参与战略规划制订过程
> B. 人力资源部门和企业的战略管理完全分离
> C. 战略规划的质量难以保证
> D. 战略规划制订好后告知人力资源管理部门，让其配合战略实施
> [答案] D
> [解析] D项表述的是单向联系。
>
> [例题·多选题] 战略规划的主要任务包括（　　）。
> A. 描述组织的终极目标　　　　B. 选择方法帮助组织消除障碍实现目标
> C. 组织结构　　　　　　　　　D. 人员甄选
> E. 评估组织在实现终极目标中可能遇到的障碍
> [答案] ABE
> [解析] C、D两项是组织的战略能够得到成功的执行取决的因素，故排除。

【考点四】战略性人力资源管理的工具与步骤

一、战略性人力资源管理的工具（3个）

战略性人力资源管理的工具如表4-3所示。

表4-3　战略性人力资源管理的工具

名称	含义	作用
战略地图	分解组织战略实现过程的一种图形工具	(1) 形象展示了为确保公司战略得以成功实现而必须完成的各种关键活动及其相互之间的驱动关系 (2) 指明了组织战略实现的路径和总体脉络 (3) 有助于组织中的各个部门以及全体员工理解组织的战略实现过程，同时了解自己的绩效是如何为公司总体战略目标的达成做出贡献的，从而更加清楚地知道自己应当怎样做

续表

名称	含义	作用
人力资源计分卡	为实现组织战略目标所需完成的一系列人力资源管理活动链而设计的各种财务类和非财务类目标或衡量指标	(1) 将战略地图中涉及的各种活动加以量化处理 (2) 明确了衡量实现组织战略所必须完成的各项管理活动需要达成的具体指标和目标 (3) 将员工与组织的目标联系起来，确保组织监控和评价员工的绩效，采取快速的修正行动来纠正存在的绩效问题，使组织对人力资源管理完成的战略性工作以及所取得的战略性结果进行监控 (4) 通常对以下三个因素及其相互之间关系进行量化处理：第一，各种人力资源管理活动（甄选测试以及培训数量等）；第二，人力资源管理活动所产生的员工行为（如客户服务表现等）；第三，员工的行为所产生的公司战略后果及绩效（如客户满意度和利润率等）
数字仪表盘	能够在计算机桌面上显示的各类图表，可以展示在公司战略地图上出现的各项活动进展到的阶段以及前进的方向	(1) 高层管理者随时掌握组织的各项战略任务完成情况以及重要工作的进度 (2) 有助于组织判断当前的工作活动方向是否正确以及总体进度是否合理 (3) 这种数据展示为企业领导者和管理者提供了一个及时采取修正措施的机会

【考点小贴士】上述三种战略性人力资源管理工具的内容可简记为"地图脉络清晰方向，计分卡明确量化指标，数字进度随时掌握"。

二、战略性人力资源管理的步骤（8个）

（1）界定组织的经营战略。

界定组织的经营战略是实施战略性人力资源管理的起点，也是战略性人力资源管理的目的。

（2）描绘组织的价值链。

组织的价值链是一种可以用来确定、分解、展现以及分析组织需要完成的最为重要的活动以及战略成本的工具。

（3）设计战略地图。

（4）确定战略所要求的各项组织成果。

【举例】组织成果可确定为：客户满意度达到98%以上、销售产品的退货率低于1%、某产品的利润高于500万元等。

（5）确定组织需求的员工胜任素质和行为（通常以人力资源管理人员为主）。

组织需求的员工胜任素质和行为包括：勇于承担责任、愿意且积极主动地去寻找创造性解决问题的办法、倾听和理解客户需求的能力等。

（6）明确需要实施的人力资源管理系统、政策以及活动。

（7）制作人力资源计分卡。

（8）通过数字仪表盘进行监控。

经典例题

[2021年真题·单选题] 公司领导为了能够随时掌握组织的各项战略任务完成情况以及重要工作的进度，需要使用的是（　　）。
A. 战略地图　　　　　　　　B. 平衡计分卡
C. 数字仪表盘　　　　　　　D. 人力资源计分卡
[答案] C

[解析] 数字仪表盘可以帮助企业的管理者随时掌握组织的各项战略任务完成情况以及重要工作进度。

[例题·多选题] 下列属于战略性人力资源管理的步骤的有（　　）。

A. 设计战略地图　　　　　　　　　B. 制作人力资源计分卡
C. 通过数字仪表盘进行监控　　　　D. 描绘组织价值链
E. 将人力资源管理和组织战略建立单向联系

[答案] ABCD

[解析] E项不属于战略性人力资源管理的步骤。

【考点五】人力资源战略及其与组织发展战略的匹配

一、人力资源战略与不同组织战略的匹配（3个）

人力资源战略与不同组织战略的匹配如表4-4所示。

表4-4　人力资源战略与不同组织战略的匹配

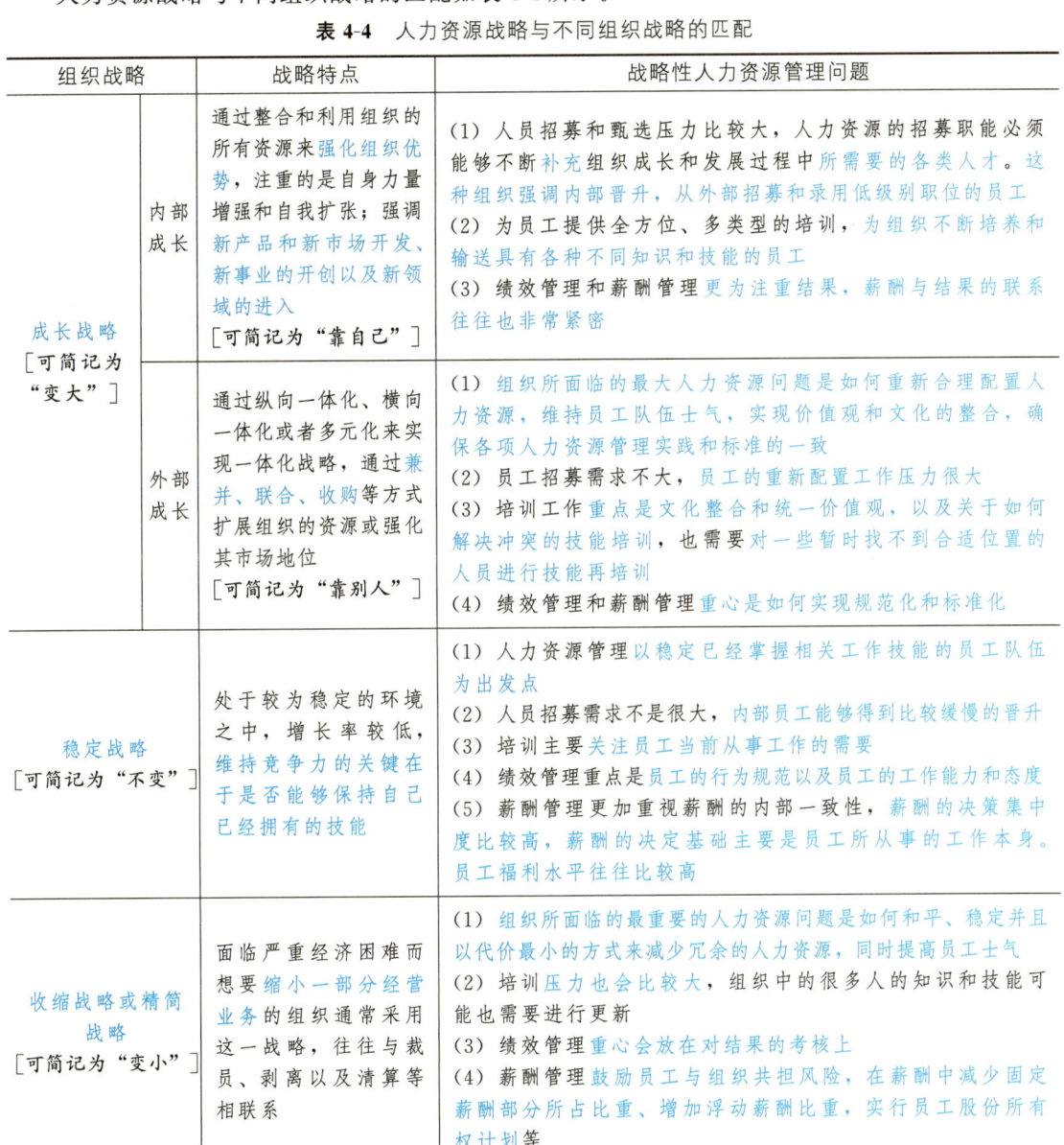

二、人力资源战略与不同竞争战略的匹配（3个）

人力资源战略与不同竞争战略的匹配如表 4-5 所示。

表 4-5 人力资源战略与不同竞争战略的匹配

竞争战略	战略特点	战略性人力资源管理问题
创新战略 ［可简记为"独特"］	注重产品的创新、产品生命周期的缩短；强调风险承担、新产品的不断推出、客户的满意度和客户的个性化需要，经营目标是充当产品市场的领袖	(1) 招募和甄选富有创新精神、敢于承担风险的员工，而不是长期兢兢业业做一份重复性很强的程序化工作的人 (2) 在薪酬管理方面，强调组织与员工的风险共同承担以及成功分享，员工基本薪酬取决于员工个人的创新能力和技术水平 (3) 在绩效管理方面，组织更为关注创新的结果，而不是工作过程中的具体行为规范
成本领先战略或低成本战略 ［可简记为"省钱"］	产品本身的质量大体相同，组织以低于对手的价格向客户提供产品	(1) 非常重视效率 (2) 培训重点针对员工当前所从事的工作需要 (3) 绩效管理的重点在于员工对行为规范和基本工作流程的遵守，强调工作纪律和出勤及作息时间要求 (4) 在薪酬管理方面，薪酬水平不低于竞争对手，也不要高于竞争对手，密切关注竞争对手；提高浮动薪酬或奖金在薪酬构成中的比重，奖励节约成本的员工
客户中心战略 ［可简记为"客户"］	提高客户服务质量、服务效率、服务速度	(1) 客户满意度是这类组织最为关注的绩效指标 (2) 在人员招募甄选中，注重求职者或候选人的客户服务能力、动机以及经验 (3) 培训员工时注重客户知识、客户服务技巧以及以客户为导向的价值观 (4) 在薪酬管理方面，根据员工向客户提供服务的数量和质量来支付薪酬，或根据客户对员工或员工群体所提供服务的总体评价结果来支付奖金

三、人力资源战略与人力资源管理实践选择

（一）职位分析与职位设计

(1) 职位分析：获取关于职位的各种详细信息的过程。
(2) 职位设计：决定应当将哪些工作任务划归到某一特定职位。

职位设计的两种方式的具体内容如表 4-6 所示。

表 4-6 职位设计的两种方式

职位设计的方式	对职位描述的要求	作用	适用
在一个职位中包括范围非常狭窄的某些工作任务，这些任务中的大多数都非常简单，完成这些任务所要求的技能范围也非常有限	具体和细致，工作范围界定得很清楚	提高效率	过去采用较多
在一个职位中包含的工作任务范围比较大、内容比较复杂，同时要求完成这些任务的人必须具有多种技能	相对比较宽泛，职位的工作范围也不是那么绝对	与创新活动联系	现在采用较多

（二）招募与甄选

招募是指企业为了完成潜在的员工雇佣任务而对求职者进行搜索的过程。

甄选是指企业试图确认求职者是否具有某些特定的知识、技能、能力以及性格特征，从而能够帮助企业达成目标的过程。

(三) 培训与开发

培训是指为了方便员工学习与工作有关的知识、技能以及行为而开展的一系列有计划的活动。培训的侧重点在于满足当前的工作需要。

开发活动是力图帮助员工获得相应的知识、技能和行为，以应对可能来自现有的各种工作，也可能来自目前尚不存在但在未来可能会出现的新工作的挑战。开发更多地侧重于组织未来的发展需要。

(四) 绩效管理

1. 稳定环境中的稳定型组织

对员工进行绩效评价时，更为重视员工的行为和工作的过程。

采用上述绩效管理方式的原因在于：组织中什么样的工作行为和工作过程会导致什么样的工作结果往往是相对清晰的，作为考核者的管理者工作任务的完成方式也是非常清楚的。

2. 不稳定环境中的扩张型组织

对员工进行绩效评价时，更为重视定量的结果类绩效指标。

采用上述绩效管理方式的原因在于：高层管理者对于下级管理人员应当如何完成工作并不是非常清楚，他们自己可能也不太明白到底哪些行为会导致较高的工作绩效。

(五) 薪资结构、资金与福利

(1) 支付比竞争对手更高水平的薪酬福利，通常能够确保组织吸引和留住高质量的员工，但是这种做法却会对组织的总体人工成本产生不利的影响。

(2) 一个组织通过把薪资与绩效紧密挂钩，可以诱导员工去完成某些特定的活动以及达到特定的绩效水平。

(六) 劳动关系与员工关系

(1) 工会（作为中介）受到越来越多的挑战。

(2) 组织绕开工会这一中介，通过其与员工之间的直接对话、沟通以及协商，尤其是广泛的员工参与，管理和协调双方之间的关系。

经典例题

[2020年真题·单选题] 下列人力资源管理活动中，与成本领先战略相匹配的是（　　）。
A. 对职位职责和工作流程规定比较宽松
B. 鼓励员工大胆创新
C. 薪酬水平领先市场水平
D. 重视提高运营效率
[答案] D
[解析] 成本领先战略重视效率；培训重点针对员工当前所从事的工作需要；绩效管理的重点在于员工对行为规范和基本工作流程的遵守，强调工作纪律和出勤及作息时间要求；薪酬水平适中，构成上提高浮动薪酬比重，奖励节约成本的员工。

[2018年真题·单选题] 采取创新战略的企业不适合采用的人力资源管理方式是（　　）。
A. 招募富有创新精神和敢于承担风险的员工
B. 设计精细的职位等级结构，并实施细致的职位分析
C. 重视评价员工取得的创新结果
D. 为创新成功者提供高水平的薪酬回报
[答案] B

[解析] 细致的职位分析和创新战略不相关，B项符合题意。

【考点六】高绩效工作系统与人才管理

一、高绩效工作系统

有关高绩效工作系统的定义有很多，可简单理解为，高绩效工作系统是有助于组织实现高绩效的一整套战略性人力资源管理政策和实践。其核心理念在于组织的人力资源管理系统必须与组织的战略和目标保持一致并且确保后者的实现。近年来，高绩效工作系统越来越强调，作为一个整体的招募、甄选、培训及其他人力资源管理实践就是要努力塑造一支训练有素的高度授权、自我激励以及具有灵活适应性的员工队伍。

二、学习型组织

（一）含义

学习型组织是指通过促使所有员工持续获取和分享知识而形成一种重视和支持终身学习的文化的组织。在一个学习型组织中，员工不仅能够获得培训资源，而且会受到与同事共享知识的鼓励。

在一个学习型组织中，员工是最基本的组成要素。

（二）特征

1. 致力于持续学习

持续学习的目的是提高质量。要想持续不断地学习，员工需要理解他们参与的整个工作系统、各职位之间的关系，持续不断地学习与工作系统有关的知识，这就会增强员工改善绩效的能力。

2. 知识共享

（1）培训的重点从仅仅传授技能转向更大范围内的知识获取和共享。

（2）培训被视为组织对人力资源的一种投资，提升员工对组织的价值。

（3）培训内容应与组织目标联系起来，人力资源部门可以通过设计符合这些标准要求的培训计划来支持学习型组织的创建，他们还可以帮助组织创建能够创造、获取以及共享知识的各种系统。

3. 普遍采用批判性和系统性的思维方式

（1）当组织鼓励员工看清楚各种想法之间的关系，检验提出的各种假设，同时观察自己的行动所产生的结果时，就能够达到这种状态。

（2）组织还可以建立一套有助于鼓励员工和团队采用新的思维方式进行思考的报酬系统。

4. 具有一种学习文化

（1）在这种组织中，学习会得到管理人员和组织的奖励、促进以及支持。

（2）这种文化可以体现在组织的绩效管理系统和薪酬结构当中，它们可以对那些收集和分享了更多的知识的员工提供奖励。

（3）学习文化能够通过营造学习氛围来方便管理者鼓励员工机动灵活地工作和大胆地尝试。

（4）这种组织会鼓励员工承担风险和进行创新，所以它不会立即对那些未能达到预期效果的想法进行惩罚。

5. 重视员工

这种组织能够认识到员工是知识来源，非常关注确保每一位员工都能得到开发，并且保持身心健康。

【考点小贴士】上述学习型组织的五种特征可简记为"员工学习共享知识有思维有文化"。

三、人才管理

(一) 理解人才管理内涵需要注意的问题
(1) 人才管理的关注点是对关键人才的吸引、保留及使用。
(2) 人才管理与传统的人力资源管理具有显著区别，具体体现在：
  1) 组织在人才的获取和保留方式必须具有明显的前瞻性、主动性和灵活性，能够针对外部环境变化做出更为快速的反应。
  2) 人力管理将各种人力资源管理职能之间的壁垒彻底打破，实现整个人力资源管理流程的无缝链接，以确保组织通过吸引、保留并有效使用各类人才来实现组织战略的意图。

(二) 作为人才管理对象的人才通常具有的特点
(1) 人才不是抽象的，更不是绝对的。
人才管理的对象应当是那些具有较高的当前价值或潜在价值的员工，尤其是会对组织的成功产生重要影响的关键岗位的填补者。对人才进行评价的重点在于绩效和潜力。
(2) 人才不是指最优秀或最重要的少部分员工。它囊括了能够在当前或未来为组织做出重要贡献的、在员工队伍中占相当大比例的各种人才。

(三) 人才管理的内容

1. 构建灵活多样的人才获取途径，实现动态人才匹配
(1) 在复杂多变的市场环境下，企业应当抛弃落后的被动反应型员工队伍管理方式，建立并不断更新包括员工技能和兴趣等内容的人才数据库，动态运用数据库来进行人才匹配。
(2) 企业帮助员工为胜任某个未来角色提前做好准备，为员工的发展创造新的工作机会。
(3) 由于未来需要的员工类型更加多元化，企业必须考虑建立各种不同类型的雇佣关系。
(4) 企业必须学会如何管理非全日制工作等各种新型工作形式。
(5) 为了缩短填补职位空缺所需的时间，企业还需要学会运用综合性、战略性的员工筛选方法去找到最好的人才。

2. 形成有利于降低风险的新型人才队伍调节机制
企业可能需要努力建立一种具有以下特点的人才"零库存"模式：
(1) 同时利用制造人才和购买人才两种策略应对人才供求两个方面的风险，并保持适当平衡。在采取人才购买战略时，不依赖一家供应商，而是建立多种购买渠道。
(2) 小规模、多批次地培养人才。
(3) 降低人才开发风险，提高人才开发的投资回报率。
在人才忠诚度下降的情况下，企业还可以要求员工分担培训成本。
很多大型分权组织还可以通过规模化降低人才培养成本。
在员工离职后继续与他们保持联系。
(4) 通过平衡组织和员工之间的利益来保护组织的培训开发投资。
企业应注意避免单方面为员工安排工作和进行职业开发，而采用内部职位空缺公告栏或内部人才市场的做法，让员工自己申请晋升，或组织内部调动的机会，自行挑选对自己最为理想的项目或工作任务安排。
企业可以客户化地定制总报酬组合，赋予员工更多的报酬选择权。

3. 建立多元化的员工价值主张，培养新型组织文化
(1) 组织文化必须关注员工的最基本的和个人的工作需要。
(2) 组织文化要推行集体主义价值观，强调对集体性的贡献提供报酬，建立共享的目标、标准、努力方向以及共同利益。

（3）在多元化背景下，企业还应当建立一种没有歧视的文化，设法为员工保持工作和生活之间的平衡以及缓解因工作保障性下降所带来的压力提供更多的便利。

4. 加强人力资源能力建设，实现战略性人力资源管理

（1）整合相对独立的各种人力资源职能，强化各种人力资源职能对人才招募和保留共同作用。

（2）将员工管理流程整合到标准企业流程中，让各级管理者切实承担吸引和留住员工责任。

将人才管理纳入企业的经营战略，融入日常管理实践。

人才的吸引和保留不是人力资源部一个部门的事情，必须让直线管理者意识到，人才管理是他们每天都必须完成的一种持续性活动。

企业需要建立一个衡量以及奖励和认可管理者在人才管理方面取得的卓越成绩的体系，以引导管理者正确对待人才管理，不断开发和管理好自己的下属。

（3）将企业的经营战略转化为详细的人才战略，改善人力资源管理流程，同时提高人力资源管理专业人员的经营意识。

大多数人力资源专业人员工作者都过于专注于制订和管理标准化的人力资源管理流程，在影响经营战略以及为其他管理人员提供支持方面没有发挥出应有的作用。

人力资源管理部门应当更加深入地理解不同员工群体的需求，创造并界定出各种不同的员工价值主张，制定清晰的人才战略，同时营造一个良好的内部人才市场。

人力资源管理者还必须获得更为丰富的经营知识，因为有效的人才管理的最终衡量指标是组织在人才管理方面的投资回报率，而不仅仅是人才管理活动本身。

经典例题

[2019年真题·单选题] 关于人才及人才管理的说法，错误的是（　　）。
A. 人才管理要求企业对人才的获取和保留具有前瞻性和灵活性
B. 人才管理有助于帮助企业实现战略目标
C. 人才管理涵盖人才的吸引、使用、保留、开发等诸多方面
D. 只有企业中最优秀的、最卓越的少数员工才是人才
[答案] D
[解析] 企业中能够在岗位上发挥才能，适合岗位需求，做出突出业绩的就是人才，而不是最优秀、最卓越的少数人。D项错误。

[2017年真题·单选题] 关于学习型组织的说法，错误的是（　　）。
A. 它要求员工只获取与本职工作有关的知识和技能
B. 它要求员工持续获取知识，致力于持续学习和终身学习
C. 它鼓励员工的开发及其身心健康
D. 它重视每一位员工的开发及其身心健康
[答案] A
[解析] 学习型组织中，员工需要持续不断地学习与工作系统有关的知识。A项说法太绝对。

本章易错易混考点

【易错易混考点一】战略管理与战略性人力资源管理

战略管理是一个制定战略、实施战略以及评价战略的完整过程，目的是赢得竞争优势。

战略性人力资源管理的核心理念是人力资源管理必须能够帮助组织实现战略以及赢得竞争

优势。

[例题·单选题] 关于战略性人力资源管理，说法不正确的是（   ）。

A. 人力资源作为组织获得竞争优势的首要资源，可以对组织绩效以及战略的实现产生积极、重要的作用

B. 为了实现组织目标而实施的有计划的人力资源运用模式以及各种人力资源管理活动

C. 制定战略、实施战略以及评价战略的完整过程

D. 为了提高企业绩效水平，培育富有创新性、灵活性的组织文化，而将企业的人力资源管理活动同战略目标和目的联系在一起的做法

[答案] C

[解析] C项表述的是战略管理的内容，而不是战略性人力资源管理的内容。

【易错易混考点二】战略的层次（如表4-7所示）

表4-7　战略的层次

战略的层次（3个）	回答的问题	类型
组织战略（企业战略、公司战略、企业发展战略）	到哪里竞争	成长战略、稳定战略、收缩战略
竞争战略（经营战略）	如何进行竞争	总成本领先战略、差别化战略、市场集中战略
职能战略	凭借什么来竞争	市场营销战略、财务战略、人力资源（管理）战略

[例题·单选题] 组织应当如何在选定的行业或领域中，与对手展开有效竞争，确立长期竞争优势，体现的战略属于（   ）。

A. 组织战略　　　　　　　　B. 竞争战略
C. 发展战略　　　　　　　　D. 职能战略

[答案] B

[解题思路] 根据题干中涉及的"开展竞争，确立竞争优势"即可得出B项。

【易错易混考点三】组织战略与竞争战略的对比（如表4-8所示）

表4-8　组织战略与竞争战略的对比

战略	组织战略	竞争战略
对比	(1) 成长战略（"变大"） (2) 稳定战略（"不变"） (3) 收缩战略或精简战略（"变小"）	(1) 创新战略（"独特"） (2) 成本领先战略或低成本战略（"省钱"） (3) 客户中心战略（"客户"）

[例题·单选题] 鼓励员工与组织共担风险，在薪酬中减少固定薪酬部分所占比重、增加浮动薪酬比重，实行员工股份所有权计划，这指的是（   ）。

A. 收缩战略　　　　　　　　B. 稳定战略
C. 客户中心战略　　　　　　D. 创新战略

[答案] A

[解题思路] 通过题干中"减少固定薪酬部分所占比重"，可得出"变小"，即为收缩战略。

[例题·单选题] 关于采用客户中心战略的组织的说法，错误的是（   ）。

A. 根据员工向客户提供服务的数量和质量来支付薪酬

B. 培训注重客户知识、客户服务技巧以及以客户为导向的价值观

C. 人员招募甄选注重求职者是否富有创新精神、是否敢于承担风险

D. 客户满意度是组织最为关注的绩效指标

[答案] C

[解析] C项表述的是采用创新战略的组织的人力资源管理方法。

历年经典真题回顾

一、单项选择题（每题1分，每题备选项中，只有1个最符合题意）

1. 下列人力资源管理举措中，与外部成长战略相匹配的是（　　）。[2021年真题]

    A. 为组织招募大量新员工

    B. 强调以最小的代价进行组织精简和裁员

    C. 绩效管理的重心是实现绩效管理的多元化

    D. 注重人力资源的重新配置与组织文化的整合

    [答案] D

    [解析] 采取外部成长战略的组织所面临的最大人力资源问题都是如何重新合理配置人力资源，维持员工队伍的士气，同时实现价值观和组织文化的整合，以及确保各项人力资源管理实践和标准的一致。因此，这类组织的员工招募工作需求不大，但是员工重新配置的工作压力却很大。A项是内部成长战略的内容，B项是收缩战略的内容，没有C项的说法。

2. 人力资源战略属于（　　）战略。[2017年真题]

    A. 组织　　　　　　　　B. 公司

    C. 竞争　　　　　　　　D. 职能

    [答案] D

    [解析] 人力资源战略属于职能战略。

3. 企业在实施战略性人力资源管理时，通常需要针对实现组织战略目标所需完成的一系列人力资源管理活动链，设计各种财务类和非财务类目标或衡量指标，这些目标或衡量指标称为（　　）。[2017年真题]

    A. 平衡计分卡　　　　　B. 人力资源计分卡

    C. KPI指标　　　　　　D. 战略地图

    [答案] B

    [解析] 人力资源管理计分卡并不是一张用来计分的卡片，实际上是针对为实现组织战略目标所需完成的一系列人力资源管理活动链而设计的各种财务类和非财务类目标或衡量指标。

本章同步练习

一、单项选择题（每题1分，每题备选项中，只有1个最符合题意）

1. 人力资源管理与组织战略保持一致，这指的是（　　）。

    A. 外部契合　　　　　　B. 横向一致性

    C. 内部契合　　　　　　D. 水平一致性

2. 根据战略规划与人力资源管理之间的联系，人力资源管理的重要性只是在执行方面，忽视了其在战略规划中的作用，这属于（　　）关系类型。

    A. 行政管理联系

    B. 单向联系

    C. 双向联系

    D. 一体化联系

3. （　　）是以桌面图形、表格以及计算机图片的形式，向管理者展示，目前在公司战略地图上出现的各项活动进展到的阶段以及前进的方向，为企业领导者和管理者提供了一个及时采取修正措施的机会。

A. 战略地图　　　　　　　　　B. 人力资源计分卡

C. 平衡记分卡　　　　　　　　D. 数字仪表盘

4. （　　）是实施战略性人力资源管理的起点。

A. 界定组织的经营战略　　　　B. 制作人力资源计分卡

C. 通过数字仪表盘进行监控　　D. 描绘组织价值链

5. 组织所面临的最大人力资源问题是如何重新合理配置人力资源，维持员工队伍士气，实现价值观文化的整合，确保各项人力资源管理实践和标准的一致，这指的是（　　）。

A. 外部成长战略　　　　　　　B. 稳定战略

C. 收缩战略　　　　　　　　　D. 创新战略

6. 关于采用低成本战略的组织的说法，不正确的是（　　）。

A. 详细和具体描述员工所要从事的工作内容和职责

B. 强调工作纪律和出勤以及作息时间的要求

C. 非常重视效率，培训重点针对员工未来的发展

D. 奖励节约成本的员工

7. 下列选项中，（　　）更多地侧重于未来。

A. 培训　　　　　　　　　　　B. 开发

C. 员工晋升　　　　　　　　　D. 人员管理

8. 对于稳定环境中的稳定型组织，关于其绩效管理的说法，正确的是（　　）。

A. 更为重视员工的行为和工作的过程

B. 更为重视定量的结果性绩效指标

C. 更为重视考勤和纪律

D. 高层管理者对于下级管理人员应当如何完成工作并不是非常清楚

二、多项选择题（每题2分，每题备选项中，有2个或2个以上符合题意，至少有1个错项。错选，本题不得分；少选，所选的每个选项得0.5分）

1. 某企业想要战略性人力资源管理成功，需要具备的条件包括（　　）。

A. 知道何种类型的员工技能、行为以及态度能够支持组织的战略达成

B. 人力资源管理者掌握与组织的战略性目标有关的特定知识

C. 其他领域的管理人员具备相关知识

D. 人力资源管理需要在工作中保持水平一致性

E. 其他领域的管理人员需要积极参与

2. 组织在实现终极目标中可能遇到的战略威胁包括（　　）。

A. 潜在人员短缺　　　　　　　B. 尚未开发的客户市场

C. 对企业有帮助的技术进步　　D. 竞争对手的技术创新

E. 新的竞争对手进入

3. 组织的战略能够得到成功执行的取决因素中，不属于人力资源管理负有的主要责任的有（　　）。

A. 组织结构　　　　　　　　　B. 人员的甄选和开发

C. 报酬系统　　　　　　　　　D. 工作任务设计

E. 信息系统

4. 下列选项中，属于战略规划与人力资源管理的双向联系的说法有（　　）。
   A. 战略规划小组把考虑的战略选择告知人力资源部门
   B. 人力资源高层分析不同战略对人力资源的要求，将分析报告给规划小组
   C. 战略规划的质量难以保证
   D. 战略规划小组做出战略决策，告知人力资源管理高层，制订执行方案
   E. 人力资源部门和企业的战略管理完全分离

5. （　　）属于战略性人力资源管理的工具。
   A. 战略地图
   B. 人力资源计分卡
   C. 人员甄选
   D. 数字仪表盘
   E. 培训开发

6. 对于采用内部成长战略的组织而言，战略性人力资源管理问题包括（　　）。
   A. 人员招募和甄选压力比较大
   B. 提高士气
   C. 强调内部晋升
   D. 实现价值观文化的整合
   E. 绩效管理和薪酬管理更为注重结果

7. 关于采用创新战略的组织的说法，正确的有（　　）。
   A. 强调风险承担、新产品的不间断推出，客户的满意度和客户的个性化需要
   B. 更注重招募那些长期兢兢业业做一份重复性很强的程序化工作的人
   C. 绩效管理注重工作过程中的具体行为规范
   D. 薪酬管理取决于内容非常清晰的职位范围和职责
   E. 经营目标是充当产品市场的领袖，重要目标是缩短从产品设计到投放市场的时间

三、案例分析题（每题 2 分。由单选和多选组成。错选，本题不得分；少选，所选的每个正确选项得 0.5 分）

某公司以服装加工为主要业务，根据市场行情和自身情况，年初该公司决定实行成本领先的战略。人力资源部在各项工作中贯彻组织的战略。进行职位设计时，在一个职位的工作内容包括范围非常狭窄的简单的工作任务，员工完成这些任务所要求的技能范围非常有限。人员招募和甄选时，工作开展以高效为主要目标。生产中特别强调产品质量，并且在执行全面质量管理计划。

1. 根据案例内容，适合该公司的做法有（　　）。
   A. 组织更为关注创新的结果
   B. 选择比竞争对手高很多的薪酬水平
   C. 奖励节约成本的员工
   D. 培训重点针对员工当前所从事的工作需要

2. 根据人力资源战略与人力资源管理实践选择，符合该公司对职位要求的描述的说法有（　　）。
   A. 具体和细致
   B. 相对比较宽泛
   C. 工作范围界定得很清楚
   D. 职位的工作范围不是那么绝对

3. 关于该公司的人员招募与甄选，说法正确的有（　　）。
   A. 组织中存在职位空缺只能寻找内部人员填补
   B. 该公司可以期望员工按照某一狭窄的职业发展道路发展，也可以为他们提供广阔的发展空间
   C. 招募是为了方便员工学习与工作有关的知识、技能以及行为而开展的一系列有计划的活动
   D. 甄选工作力图帮助员工获得相应的知识、技能和行为，以应对可能出现的新挑战

4. 针对该公司生产有关的培训，说法正确的有（　　）。
   A. 对全体员工进行广泛的与质量有关的培训
   B. 帮助员工掌握全面质量管理的理念、方法以及其他一些质量保证方面的技能
   C. 培训重点是如何在团队中处理各种矛盾和冲突
   D. 培训重点是和员工职业生涯发展有关的技术

本章同步练习参考答案及解析

一、单项选择题

1. [答案] A
   [解析] 战略性人力资源管理核心概念是战略匹配或战略契合。其包括两个方面的一致性：①外部契合或垂直一致性，即人力资源管理与组织战略保持一致；②内部契合或水平一致性，即人力资源职能的内部一致性，组织内部人力资源管理政策和实践之间保持高度内部一致，相互之间形成一种良性的匹配、互动关系。

2. [答案] B
   [解析] 战略规划与人力资源管理的单向联系是指战略规划制订后，告知人力资源管理部门，让其配合战略实施。人力资源管理的重要性只是在执行方面，忽视了其在战略规划中的作用。

3. [答案] D
   [解析] 数字仪表盘是以桌面图形、表格以及计算机图片的形式向管理者展示，目前在公司战略地图上出现的各项活动进展到的阶段以及前进的方向。这种数据展示为企业领导者和管理者提供了一个及时采取修正措施的机会。

4. [答案] A
   [解析] 界定组织的经营战略是实施战略性人力资源管理的起点，也是战略性人力资源管理的目的。

5. [答案] A
   [解析] 采用外部成长战略时，组织所面临的最大人力资源问题是如何重新合理配置人力资源，维持员工队伍士气，实现价值观和文化的整合，确保各项人力资源管理实践和标准的一致。

6. [答案] C

   [解析] 成本领先战略或低成本战略非常重视效率。对于采用这种战略的组织的培训应重点针对员工当前所从事的工作需要。

7. [答案] B
   [解析] 培训的侧重点在于满足当前的工作需要；开发更多地侧重于未来。

8. [答案] A
   [解析] B、D两项表述的是不稳定环境中的扩张型组织的绩效管理。

二、多项选择题

1. [答案] ABCE
   [解析] D项不符合题意，注意原文考查。

2. [答案] ADE
   [解析] B、C两项属于战略机会。

3. [答案] AE
   [解析] 组织的战略能够得到成功执行的取决因素包括：①工作任务设计；②人员的甄选、培训与开发；③报酬系统；④组织结构；⑤信息系统。B、C、D三项属于人力资源管理负有主要责任的因素。

4. [答案] ABD
   [解析] C、E两项表述的是行政管理联系的内容。

5. [答案] ABD
   [解析] 战略性人力资源管理的工具有三个，分别是战略地图、人力资源计分卡和数字仪表盘。

6. [答案] ACE
   [解析] B项表述的是采用收缩战略的组织的战略性人力资源管理问题。D项表述的是采用外部成长战略的组织的战略性人力资源管理问题。

7. [答案] AE
   [解析] 对于采用创新战略的组织：在人

招募时,注重招募富有创新精神、敢于承担风险的员工,而不是长期就就业业做一份重复性很强的程序化工作的人,B项错误。进行绩效管理时,目标导向性很强,组织更为关注创新的结果,不是工作过程中的具体行为规范,C项错误。进行薪酬管理时,强调组织与员工的风险共同承担以及成功分享,员工基本薪酬往往不是取决于内容非常清晰的职位范围和职责,而是取决于员工个人的创新能力和技术水平,D项错误。

三、案例分析题

1. [答案] CD

   [解析] 根据案例内容,该公司选择的是成本领先战略,因此其薪酬水平应不低于竞争对手,也不要高于竞争对手,密切关注竞争对手,A项错误。B项表述的是采用创新战略的组织的特征。

2. [答案] AC

   [解析] 在设计职位时,若可以在一个职位中包括范围非常狭窄的某些工作任务,这些任务中的大多数都非常简单,完成这些任务所要求的技能范围也非常有限。针对这种职位的描述的要求是具体和细致,工作范围界定得很清楚,这样可以提高效率。

3. [答案] B

   [解析] 组织中存在职位空缺,可以选择寻找内部人员填补的策略,也可以采取直接进行外部招募的策略,A项错误。培训是为了方便员工学习与工作有关的知识、技能以及行为而开展的一系列有计划的活动,C项错误。开发活动是力图帮助员工获得相应的知识、技能和行为,以应对可能来自现有的各种工作,也可能来自目前尚不存在但在未来可能会出现的新工作的挑战,D项错误。

4. [答案] AB

   [解析] 根据案例,生产中特别强调产品质量,并且在执行全面质量管理计划,因此,A、B两项应为该公司培训的重点。C、D两项不符合案例内容。

第五章 人力资源规划

本章考情分析

年份	单项选择题	多项选择题	案例分析题	合计
2021年	3题3分	1题2分	4题8分	13分
2020年	4题4分	—	—	4分
2019年	1题1分	1题2分	4题8分	11分
2018年	4题4分	1题2分	—	6分
2017年	4题4分	1题2分	—	6分

本章考点概览

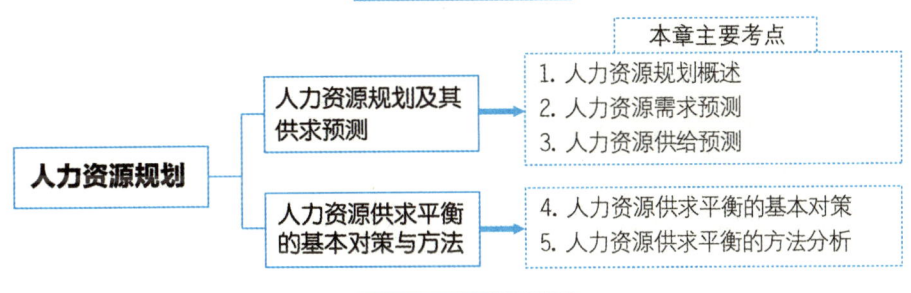

本章考点详解

【考点一】人力资源规划概述

一、人力资源规划的概念

从一般意义来说，人力资源规划就是指组织根据自身战略的需要，采用科学的手段来预测组织未来可能会遇到的人力资源需求和供给状况，进而制订必要的人力资源获取、利用、保留和开发计划，满足组织对人力资源数量和质量的需求，从而不仅帮助组织实现战略目标，而且确保组织在人力资源的使用方面达到合理和高效。公司人力资源规划是从明确战略规划开始的。

（一）广义的概念

广义的人力资源规划包括与人力资源管理问题有关的各种规划活动。

（二）狭义的概念

狭义的人力资源规划专指组织的人员供求规划或雇用规划，即根据组织未来人力资源的需求和供给分析，找出供求之间差距或矛盾，帮助组织制订在未来平衡人力资源供求关系的各种相关计划。

二、人力资源规划的基本流程（4步）

从狭义人力资源规划的角度来说，基本流程包括以下几个基本步骤。

（一）人力资源需求预测

通过对组织战略规划的细致分析，明确企业在规划期内的人力资源需求。这种对人力资源需求的预测不仅涉及人员数量，而且更重要的是对员工的质量和结构提出的要求，其中重要的考虑因素包括员工的知识、技能以及价值观等，最终整理出组织对人力资源的数量和质量需求数据。

（二）人力资源供给预测

（1）通过组织外部的劳动力市场形势以及内部的人员供给情况（其中包括数量、质量以及晋升、流动等情况）进行分析。

（2）预测出在规划期内组织内部的人力资源供给的数量、质量以及结构等方面的数据，同时了解从外部劳动力市场上招募和吸引与组织相关的各类人才的难度以及人才的来源。

（三）人力资源供求平衡分析

（1）人力资源供给和需求在数量、质量以及结构方面正好达成一致，则组织基本可以不采取调整措施。

（2）未来规划期内可能会出现人力资源供给和需求不对等的情况，需要采取措施。

（3）人力资源的质量和结构方面存在差异，需要采取措施。

（四）实施人力资源供求平衡计划

（1）企业在精简人员时，要注意操作过程中的程序公平性以及对员工的人际公平性。

（2）企业需要增加人员时，则应当按照招募甄选的科学要求来实施，而不应由于急于满足企业的人力资源需要而放松标准，从而为公司未来新一轮的人力资源规划埋下隐患。

三、人力资源规划的意义和作用

（1）良好的人力资源规划有利于组织战略目标的实现。

（2）良好的人力资源规划有利于组织整体人力资源管理系统的稳定性、一致性和有效性，有利于组织的健康和可持续发展。

（3）良好的人力资源规划还有助于组织对人工成本的合理控制。

经典例题

[例题·多选题] 关于人力资源规划的正确说法包括（　　）。

A. 人员需求预测需要预测组织内部的人力资源供给的数量、质量以及结构等方面的数据

B. 良好的人力资源规划有利于组织整体人力资源管理系统的稳定性

C. 精简人员时，要注意操作过程中的程序公平性以及对员工的人际公平性

D. 人力资源规划广义的概念包括与人力资源管理问题有关的各种规划活动

E. 人力资源规划狭义的概念包括与人力资源管理问题有关的各种规划活动

[答案] BCD

[解析] 人员供给预测需要预测组织内部的人力资源供给的数量、质量以及结构等方面的数据，A项错误。狭义的人力资源规划概念，专指组织的人员供求规划或雇用规划，即根据组织未来人力资源需求和供给分析，找出供求之间差距或矛盾，帮助组织制订在未来平衡人力资源供求关系的各种相关计划，E项错误。

【考点二】人力资源需求预测

一、人力资源需求预测的影响因素

（一）组织的战略定位和战略调整

组织<u>进入一个新的业务领域，或者在原业务领域中快速扩大经营规模</u>等，都有可能导致组织的人力资源需求大大增加。如果组织采取的是稳定战略甚至收缩战略，组织的人力资源需求则可能会呈现变化幅度不大甚至压缩的情况。

（二）组织提供的产品和服务的变化情况

由于劳动力需求是一种引致需求或派生需求，一个组织提供的产品和服务的变化情况显然是影响组织的劳动力需求的最为重要的因素之一。

（三）组织的技术变革

组织在未来可能会采用的新技术会影响到组织的人力资源需求。这种影响不仅体现在人力资源数量上，而且可能体现在对人力资源质量的要求上。

（四）组织结构调整及流程再造

组织结构重新调整、流程再造以及业务外包会影响组织的人力资源需求。

二、人力资源需求预测的主要方法（2种定性方法＋3种定量方法）

人力资源需求预测的主要方法如表5-1所示。

表 5-1　人力资源需求预测的主要方法

类型	方法	内容
定性预测法	经验判断法（最简单的方法）	（1）组织各级中高层管理人员<u>根据自己过去积累的工作经验以及个人的直觉</u>，对组织未来所需要的人力资源的数量和结构等状况进行估计 （2）要求管理人员必须具有比较丰富的个人经验 （3）适合<u>短期</u>预测，以及那些规模较小或经营环境稳定、人员流动率不是很高的企业
	德尔菲法	20世纪40年代末美国兰德公司率先开始使用，又称专家预测法 做法：①邀请某一领域中大约30名专家或富有经验的管理人员组成一个研究小组，<u>研究小组中的人彼此之间并不见面，也不进行沟通</u>；②有一位研究主持者在专家之间充当<u>传递、归纳和反馈信息</u>的角色；③研究主持者会将需要回答的问题分别邮寄给研究小组中的这些专家，让他们<u>各自独立回答问题</u>；④研究主持者将大家的回答收集起来，进行统计分析，形成新的问题，再寄给专家进行独立回答。一般情况下，经过几轮的意见反馈之后，对所要研究的问题的看法会逐渐趋于收敛 优点：①吸取和综合了众多专家的意见，<u>避免了个人预测</u>的<u>片面性</u>；②<u>不采用集体讨</u><u>论</u>的方式，而是<u>匿名进行</u>，<u>避免了从众行为</u>，避免了开会的麻烦；③采取<u>多轮预测</u>的方法，专家意见趋于一致，具有较高的准确性 注意的问题：①专家人数不能太少，<u>至少要达到20—30人</u>；②<u>专家的挑选要有代</u><u>表性</u>；③问题设计要合理，<u>不要让专家一次回答过多</u>的问题；④给专家<u>提供充分的</u><u>资料信息</u>
定量预测法	比率分析法	是基于<u>某种关键的经营或管理指标与组织的人力资源需求量之间的固定比率</u>关系来预测未来人力资源需求的方法 [举例]一所幼儿园现在一共有20名幼儿和4名老师，幼儿园中的幼儿和老师的数量的最佳比例为5∶1，如果明年这家幼儿园扩大规模，准备招收30名幼儿入园，则该幼儿园的老师的需求数量是6名

续表

类型	方法	内容
定量预测法	趋势预测法	是根据一个组织的雇佣水平在最近若干年的总体变化趋势，来预测组织在未来某一时期的人力资源需求数量的方法
		适用条件：必须确保组织的经营环境及重要技术确实是稳定的
		优点：实用性比较强
		缺点：比较粗糙，预测的准确度会打一定的折扣
	回归分析法	是通过确定企业的业务活动量和人员水平这两种因素之间是否相关来预测企业未来人员需求的技术

【提示】定性预测法可在缺乏历史数据或者环境变化大的情况下使用；定量预测法比定性预测法预测更精确。

【考点小贴士】本考点非常重要，需重点掌握人力资源需求预测各方法的分类和含义。本考点可简记为"定量数字：趋势比率回归；定性文字：专家有'德'"。

经典例题

[2021年真题·单选题] 关于人力资源需求预测方法中主观判断法的说法，错误的是（　　）。
A. 德尔菲法一般要进行多轮预测
B. 德尔菲法能够避免从众行为
C. 经验判断法适用于规模较小或经营环境相对稳定的组织
D. 经验判断法适用于长期的预测
[答案] D
[解析] 经验判断法主要适用于短期预测，以及那些规模较小或经营环境相对稳定、人员流动率不太高的组织，D项错误。

[2018年真题·单选题] 某企业决定进入新业务领域，急需大量该业务领域的优秀人才，这表明影响其人力资源需求的因素是（　　）。
A. 组织的战略定位和战略调整　　B. 组织结构调整
C. 技术变革　　　　　　　　　　D. 业务流程再造
[答案] A
[解析] 根据"企业进入新领域"，得出属于组织的战略定位和战略调整。

[2018年真题·单选题] 企业在预测未来人力资源需求时，有时会给予某一种关键的经营或管理指标与人力资源需求量之间的关系来进行预测，这种方法属于（　　）。
A. 趋势预测法　　B. 比率分析法　　C. 马尔科夫分析法　　D. 人员替换分析法
[答案] B
[解析] 比率分析法是基于某种关键的经营或管理指标与组织的人力资源需求量之间的固定比率关系，来预测未来人力资源需求的方法。

【考点三】 人力资源供给预测

一、人力资源供给预测的影响因素

（一）外部劳动力市场总体供给情况

（1）外部劳动力市场包括全国劳动力市场的情况、组织所在地区的地区性劳动力市场的情况。

（2）外部人力资源供给来源包括各类学校的毕业生、失业人员、转业退伍军人、其他组织中准备离职换工作的人、获得许可到本国或本地求职的外国人。

（二）内部劳动力市场总体供给情况

内部劳动力市场供给的信息获取途径包括建立组织内部的员工技能数据库或专门为管理人员

设计的管理技能库。员工技能数据库是用于评价现有员工供给状况的一种主要工具。

二、人力资源供给预测的主要方法

人力资源供给预测的主要方法如表 5-2 所示。

表 5-2　人力资源供给预测的主要方法

方法	适用范围	具体内容
人员替换分析法	针对具体职位进行人力资源供给预测	主要强调了从组织内部选拔合适的候选人担任相关职位尤其是更高一级职位的做法，有利于激励员工士气，降低招聘成本，同时还能为未来的职位填补需要提前做好准备
马尔科夫分析法	基于多种职位及人员流动状况进行人力资源供给预测	利用一种所谓转移矩阵的统计分析程序来进行人力资源供给预测，转移矩阵能够显示在不同的时间不同职位类型的员工所占的比例（或数量）

【考点小贴士】上述两种人力资源供给的预测方法可简记为"旋'转'木'马'，可考虑'替换'"。

经典例题

[2019年真题·单选题] 在预测一家企业未来的人力资源供给状况时，马尔科夫分析法依据的是（　　）。
A. 企业的外部经营环境变化　　B. 企业未来的生产经营状况
C. 企业过去的人员变动规律　　D. 企业员工的离职率
[答案] C
[解析] 马尔科夫分析法是基于多种职位及人员流动状况进行人力资源供给预测的方法，C 项正确。

[2017年真题·单选题] 关于人力资源供给预测的说法，错误的是（　　）。
A. 它要求企业能够获得的人力资源数量、质量和结构
B. 它不需要了解外部劳动力市场的供给情况
C. 它常常需要用到人力资源技能库中的信息需求
D. 它可能会用到马尔科夫分析法
[答案] B
[解析] 人力资源供给预测的影响因素包括外部劳动力市场总体供给情况和内部劳动力市场总体供给情况，B 项错误。

【考点四】人力资源供求平衡的基本对策

人力资源供求平衡的基本对策如表 5-3 所示。

表 5-3　人力资源供求平衡的基本对策

不平衡情况	具体情形	采取措施
需求大于供给	组织正处于高速扩张期；组织刚刚开始进入一个新的经营领域	(1) 延长现有员工的工作时间。若人员需求是短期性和阶段性的，这可能会导致组织人工成本增加，而且可能会导致加班过多的员工不满 (2) 人员招募。若人力资源需求增长是长期性的，则进行人员招募 (3) 降低现有人员的流失率 (4) 提高员工的工作效率（方式：改进生产技术、优化工作流程、加强员工培训） (5) 外包 【提示】可简记为"人少"的应对方法

续表

不平衡情况	具体情形	采取措施
需求小于供给	整体经济滑坡、国际贸易条件不好、组织的战略调整、技术升级	(1) 冻结雇用 (2) 鼓励员工提前退休 (3) 缩短现有员工的工作时间，采用工作分享的方式同时降低工资 (4) 临时性解雇或永久性裁员（最简单直接，同时也是见效最快的方法） (5) 对富余人员进行培训 【提示】可简记为"人多"的应对方法
需求与供给结构不匹配	供求不平衡和结构不匹配同时存在；只是供求结构不一致	(1) 加强对现有人员的培训开发 (2) 让现有不能胜任未来工作的员工离开组织，同时从组织外部招聘高素质的新员工（方式：到期终止劳动合同、自然退休等方式） (3) 将原来的一些技能不足的老员工逐渐替换到一些辅助性的工作岗位上，把一些重要的生产、管理类岗位留给那些后来招聘的有能力的候选人 【提示】可简记为"人不合适"的应对方法

经典例题

[2021年真题·单选题] 当人力资源需求小于供给时，组织可以采取的对策是（ ）。
A. 招聘新员工　　　　　　　　B. 延长工作时间
C. 进行工作分享　　　　　　　D. 努力降低人员流失率
[答案] C
[解析] 需求小于供给表明劳动力市场中劳动者多，可采用的对策包括：①冻结雇用；②鼓励员工提前退休；③缩短现有员工的工作时间，采用工作分享的方式同时降低工资；④临时性解雇或永久性裁员（最简单直接，同时也是见效最快的方法）；⑤对冗余人员进行培训。因此，C 项正确，A、B、D 三项都是"人少"的措施。

[例题·单选题] 下列不属于人力资源需求与供给结构不匹配的组织对策的是（ ）。
A. 加强对现有人员的培训开发
B. 从组织外部招聘高素质的新员工
C. 工作分享
D. 将原来的一些技能不足的老员工逐渐替换到一些辅助性的工作岗位
[答案] C
[解析] C 项表述的是人力资源需求小于供给时的组织对策。

[例题·多选题] 当组织面临下列情况中的（ ），人力资源部门需要进行人员招募。
A. 国际贸易条件不好　　　　　B. 组织刚刚开始进入一个新的经营领域
C. 组织正处于高速扩张期　　　D. 经济滑坡
E. 领导更替
[答案] BC
[解析] 根据"人员招募"，可判断出组织处于人力资源需求大于供给的情况，B、C 两项符合题意。A、D 两项属于人力资源需求小于供给面临的情况。E 项未涉及。

[考点五] 人力资源供求平衡的方法分析

一、总体分析

人力资源供求平衡的方法主要包括减少未来出现劳动力过剩的方法（如表 5-4 所示）和避免未来出现劳动力短缺的方法（如表 5-5 所示）。

表 5-4 减少未来出现劳动力过剩的方法

方法	速度	员工受伤害的程度
（1）裁员	快	高
（2）降薪	快	高
（3）降级	快	高
（4）职位调动	快	中等
（5）职位分享	快	中等
（6）冻结雇用	慢	低
（7）自然减员	慢	低
（8）提前退休	慢	低
（9）重新培训	慢	低

表 5-5 避免未来出现劳动力短缺的方法

方法	速度	可撤回程度
（1）加班加点	快	高
（2）雇用临时工	快	高
（3）外包	快	高
（4）再培训后换岗	慢	高
（5）降低流动率	慢	中等
（6）从外部雇用新人	慢	低
（7）技术创新	慢	低

【考点小贴士】减少未来出现劳动力过剩的方法可简记为"人多"的应对方法；避免未来出现劳动力短缺的方法可简记为"人少"的应对方法。

二、裁员和提前退休计划

（一）裁员

1. 企业裁员的主要原因

（1）降低成本。

（2）减少人员需求。

（3）经营地点改变。

2. 裁员没有达到预期效果的原因

（1）管理不当的裁员会导致人才流失，破坏激发员工创造性和灵活性所必需的一些社会网络。

（2）被裁的员工实际上属于企业根本无法替代的重要资产。

（3）裁员中侥幸得以留在企业里的员工会对企业心存戒备，对自己未来在企业中的晋升以及职业前途感到不确定，工作积极性可能会大幅下降，而且许多员工随时在准备寻找其他更好的就业机会。

（4）有损企业在劳动力市场上的形象。

3. 裁员需注意的问题

（1）为裁员的必要性提供合理的解释。

（2）保证裁员过程是公平的。

（3）对待被裁减员工的方式要更加人性化一些。

（4）避免不加选择地任意实施全面裁员，而是应当采用手术式的战略裁员。

（二）提前退休计划

1. 年纪较大的员工的优点

年纪较大的员工工作经验比较丰富且稳定性较高。

2. 年纪较大的员工存在的问题

（1）年纪较大的员工的成本有时比年轻员工要高，因为他们的资历较长，薪酬水平较高，同时各种社会保险缴费额度也较高。

（2）由于年纪较大的员工通常占据着薪酬水平最高的一些职位，他们有时会阻碍公司雇用年轻员工或是阻碍年轻员工获得晋升，这会让年轻人感到沮丧。

三、雇用临时员工或劳务派遣人员

（一）雇用临时员工的优点

（1）使企业免除很多管理任务以及财务负担。雇用临时员工适合一些没有能力制订甄选计划的小公司。

（2）许多提供临时工或劳务派遣人员的机构在将这些临时员工派遣出来之前都会对他们进行培训，这种做法既降低了企业的培训成本，同时又使临时员工或劳务派遣人员与企业之间的相互适应变得更为容易。

（3）由于临时员工或劳务派遣人员在使用他们的企业中工作经验非常少，他们对于组织以及工作程序等方面存在的问题往往有比较客观的看法。

（4）由于临时员工或劳务派遣人员可能在其他企业中积累了丰富的工作经验，他们有时候甚至还能向使用他们的企业提供更多的解决问题的备选方案。

（5）具有较高的灵活性。

（二）雇用临时员工产生的不利情况

（1）临时员工或劳务派遣人员对使用他们的组织和客户的承诺水平较低，所以很可能会导致客户的流失以及对组织的忠诚度下降。

（2）在企业使用的临时员工和正式的全日制员工之间常常会存在一种比较紧张的关系，双方之间合作水平较低，在管理不当的情况下，甚至还很可能会直接导致破坏活动发生。

（三）如何处理临时雇员和正式员工之间的关系问题

（1）企业在招用临时员工或劳务派遣人员之前，必须先从之前的裁员阴影中走出来。在裁员事件发生之后出现用工需求上升，首先让这些正式全日制员工通过加班加点来满足。

（2）一方面，考虑雇用那些对正式员工的威胁性程度更低一些的临时性员工，或者是两类人承担的工作内容和职责划分方面适当加以区分。另一方面，则要尽可能地让全日制正式员工感到他们是受重视的，企业不会用临时工或劳务派遣人员来替代他们。

（3）企业也要注意不能形成一种临时员工或劳务派遣人员只不过是二等公民的印象。

四、业务外包和离岸经营

（一）业务外包

1. 概念

业务外包是指企业将整块工作都委托给外部组织去完成。

2. 适用范围

当企业既缺乏某一方面的特定技术经验，同时又不愿意投入时间和精力去进行开发时，或者当企业利用自身的设施和人力资源完成某种工作任务的成本更高，外部组织却可以通过规模化或专业化以更低成本提供相同质量或更高质量的服务时，可采用外包。

生产加工活动可以外包，人力资源、财务、信息技术、总务后勤等一部分职能管理、专业技术以及行政后勤类工作也可以外包。

3. 给组织的人力资源管理带来的好处

（1）适当控制和精简企业自身直接雇用的人员数量，有助于提升人力资源管理的价值。

（2）把企业的人力资源部门从很多日常事务中解放出来，使他们能够把精力更多地集中在战略层面的问题上。

(二) 离岸经营

1. 概念

离岸经营是一种特殊的外包形式。它是将工作岗位从一个国家转移到另一个国家。

2. 确保离岸经营战略取得成功的步骤

(1) 选择规模越大、历史越长的外包服务供应商。

(2) 选择适合离岸经营的工作范围，即被外包出去的工作最好是"模块化的"，相对独立的且不需要发包公司透露任何本来需要保守的竞争秘密。应注意，不要对那些有专利权或者需要严格安全保障措施才能完成的工作实行离岸经营。

(3) 先从小的工作开始入手，把可能的损失控制在最小的范围内，注意密切监督。

五、调整薪酬和工作时数

(一) 员工加班加点（适合劳动力短缺）

在企业面临短期劳动力短缺时，会将让员工加班加点看成比雇用和培训新员工更好的一种选择。

(二) 工作共享或职位共享（适合劳动力冗余）

1. 概念

工作共享或职位共享是指企业通过保持单位时间的薪酬水平不变，但是减少全体员工的工作时间来避免裁员。减少员工的工作时间降低了薪酬成本，没有使员工被裁减，尽管工作量并不饱满，但是这相当于让大家都有工作做。

2. 适用情况

这种方法适用于经济或经营出现短期问题时。

3. 优点

员工们之间可以通过自觉转让工作时间来在彼此之间提供帮助，即那些经济条件较好的员工会主动将自己本来可以工作的时间出让一部分给那些经济条件较差或需要更多的薪酬满足需要的员工。

(三) 非带薪休假或放假（适合劳动力冗余的情况）

1. 优点

非带薪休假或放假一方面有助于企业保存现金或是保证现金流，另一方面为一部分员工提供了更多的自由休息时间。

2. 适用情况

这种方式只能解决短期问题。

3. 关于非带薪休假或放假的争议

非带薪休假或放假仅仅是在表面上减少了他们的带薪工作时间，从而一定程度上达到了企业的降薪目的，但员工的实际工作时间并没有减少，工作强度反而增加。

经典例题

[例题·单选题] 针对劳动力短缺的情况，调整速度快且可撤回程度高的人力资源供求平衡方法是（　　）。

A. 加班加点　　　　　　　　B. 再培训后换岗
C. 降低流动率　　　　　　　D. 技术创新

[答案] A

[解析] B 项属于调整速度慢且可撤回程度高的方法；C 项属于调整速度慢且可撤回程度中等的方法；D 项属于调整速度慢且可撤回程度低的方法。

> **经典例题**
>
> [例题·单选题] 关于工作共享的说法，正确的是（　　）。
> A. 工作共享是指保持单位时间的薪酬水平不变，减少全体员工的工作时间
> B. 经营出现问题且长期得不到解决时可以采取这种方式
> C. 工作共享是指通过短期内减少员工的带薪工作日，避免解雇员工
> D. 会使人过于劳累而感到压力增大、挫折感增强
> [答案] A
> [解析] 在经济或经营出现短期问题时可以采用工作共享，B项错误；C项表述的是非带薪休假或放假的概念；D项表述的是长期加班加点的缺点。

本章易错易混考点

【易错易混考点一】人力资源需求预测的方法和供给预测的方法（如表5-6所示）

表5-6　人力资源需求预测的方法和供给预测的方法

类别	方法	具体类型
需求预测的方法	定性预测法	(1) 经验判断法（最简单的方法） (2) 德尔菲法
	定量预测法（数字）	(1) 比率分析法 (2) 趋势预测法 (3) 回归分析法
供给预测的方法	人员替换分析法	
	马尔科夫分析方法	

[例题·单选题] 经常用于人力资源需求预测的定量预测方法包括（　　）。
A. 人员替换分析法　　　　　B. 比率分析法
C. 德尔菲法　　　　　　　　D. 马尔科夫分析方法
[答案] B
[解析] A、D两项属于供给预测的方法。C项属于需求预测的定性预测方法。

【易错易混考点二】人力资源供求平衡的方法分析（如表5-7所示）

表5-7　人力资源供求平衡的方法分析

方法	具体内容
裁员	适合劳动力冗余时
提前退休计划	适合劳动力冗余时
雇用临时员工	适合劳动力短缺时
外包	企业对将整块工作都委托给外部组织去完成（适合劳动力短缺时）
离岸经营	一种特殊的外包形式，将工作岗位从一个国家转移到另一个国家（适合劳动力短缺时）
调整薪酬和工作时数	(1) 员工加班加点（适合劳动力短缺时） (2) 工作共享或职位共享（适合劳动力冗余时） (3) 非带薪休假或放假（适合劳动力冗余时）

[例题·单选题] 下列关于人力资源供求平衡方法的说法，错误的是（　　）。
A. 年纪较大的员工的优点是工作经验比较丰富
B. 裁员一定可以达到预期的效果

C. 员工加班加点适合劳动力短缺时
D. 临时员工和正式的全日制员工合作水平较低

[答案] B

[解题思路] 一般来说，太绝对的说法错误概率更高些。事实上，很多企业实施的裁员并没有达到强化公司绩效的预期效果，B项太过绝对。

历年经典真题回顾

一、单项选择题（每题1分，每题备选项中，只有1个最符合题意）

1. 企业在评估内部的人力资源供给情况时可以采用的工具是（　　）。[2018年真题]
   A. 劳动力市场供给趋势表　　B. 竞争对手劳动力需求分析图
   C. 人力资源技能库　　D. 本行业人员流动率分析表

   [答案] C

   [解析] 员工技能数据库是用于评价现有员工供给状况的一种主要工具。

2. 为应对劳动力稀缺的情况，企业可以采取的见效速度快的方法是（　　）。[2018年真题]
   A. 加班加点　　B. 技术创新　　C. 招聘新员工　　D. 降低员工离职率

   [答案] A

   [解析] 根据见效速度快的方法，A项正确。B、C、D三项是速度慢的方法。

3. 公司人力资源部门制订未来几年的人力资源规划时应当首先从了解（　　）入手。[2017年真题]
   A. 组织结构和业务流程　　B. 外部劳动力市场状况
   C. 竞争对手的情况　　D. 公司的战略规划

   [答案] D

   [解析] 制订公司的人力资源规划应从明确组织的战略规划开始。

4. 关于预测人力资源需求的经验判断法的说法，错误的是（　　）。[2017年真题]
   A. 它是一种简单便捷的人力资源需求预测方法
   B. 它是一种让管理人员借助多年的工作经验积累和直觉预测人力资源需求的方法
   C. 它适用于外部经营环境变化较大的企业
   D. 它适合进行短期人力资源需求预测

   [答案] C

   [解析] 经验判断法适用于规模较小或经营环境相对稳定、人员流动率不是很高的企业，且适合进行短期预测，C项错误。

5. 既能在未来一定时期减少企业人员数量，又能使员工受到的伤害较轻的劳动力供求平衡措施是（　　）。[2017年真题]
   A. 自然减员　　B. 裁减人员
   C. 降低员工薪酬　　D. 雇用临时工

   [答案] A

   [解析] 根据题干，减少未来出现劳动力过剩的方法中，员工受伤害较轻的方法是自然减员，故A项正确。

二、多项选择题（每题2分，每题备选项中，有2个或2个以上符合题意，至少有1个错项。错选，本题不得分；少选，所选的每个选项得0.5分）

1. 关于人力资源需求预测方法的说法，正确的有（　　）。[2018年真题]
   A. 经验判断法是一种定性的主观判断法
   B. 回归分析法是一种定量的预测方法

C. 德尔菲法要求专家们一起开会集体进行需求预测

D. 定量的需求预测方法准确性往往比较高

E. 定性的需求预测方法过于主观，不适合使用

[答案] ABD

[解析] 定性预测法包括经验判断法和德尔菲法。定量预测方法包括趋势预测法、比率分析法和回归分析法，其预测更精确。A、B、D 三项正确。使用德尔菲法时，研究小组中的人彼此之间并不见面，也不进行沟通，C 项错误。E 项说法绝对，错误。

2. 企业面临需求大于供给时，可采取的措施有（　　）。[2017 年真题]

　　A. 员工加班加点　　B. 返聘退休员工　　C. 部分业务外包　　D. 降低员工离职率

　　E. 冻结人员雇用

[答案] ABCD

[解题思路] 通过题干可得出本题选择"人少"的应对方法，E 项属于"人多"的应对方法。

本章同步练习

一、单项选择题（每题 1 分，每题备选项中，只有 1 个最符合题意）

1. 人力资源规划的基本流程中，人力资源供给预测不包括（　　）。

　　A. 分析组织外部的劳动力市场形势以及内部的人员供给情况

　　B. 预测出在规划期内组织内部的人力资源供给的数量、质量以及结构等方面的数据

　　C. 明确组织对员工的质量和结构的需求

　　D. 了解从外部劳动力市场上招募和吸引与组织相关的各类人才的难度以及来源

2. 下列不属于德尔菲法优点的是（　　）。

　　A. 吸收和综合了众多专家的意见，避免了个人预测的片面性

　　B. 不采用集体讨论的方式，匿名进行，避免了从众行为

　　C. 采取多轮预测的方法，具有较高的准确性

　　D. 问题设计要合理，不要让专家一次回答过多的问题

3. （　　）是基于某种关键的经营或管理指标与组织的人力资源需求量之间的固定比率关系，来预测未来人力资源需求的方法。

　　A. 德尔菲法　　B. 趋势预测法　　C. 回归分析法　　D. 比率分析法

4. 关于员工技能数据库，说法不正确的是（　　）。

　　A. 用于评价现有员工供给状况的一种主要工具

　　B. 可以了解内部劳动力市场总体供给情况

　　C. 可以了解外部劳动力市场总体供给情况

　　D. 包含的信息必须适合组织的独特需要

5. 下列不属于裁员需要注意的问题的是（　　）。

　　A. 对待被裁减员工的方式也要更加人性化一些

　　B. 管理不当的裁员会导致人才流失

　　C. 保证裁员过程是公平的

　　D. 企业可以根据战略需要实施手术式裁员

6. 下列属于企业中年纪较大的员工的优点的是（　　）。

　　A. 工作经验比较丰富　　　　　　　　B. 薪酬水平较高

　　C. 稳定性较低　　　　　　　　　　　D. 可能阻碍年轻人获得晋升

7. 关于雇用临时员工的不利情况的说法，错误的是（   ）。
   A. 具有较高的灵活性
   B. 临时员工和正式的全日制员工之间常常会存在一种比较紧张的关系
   C. 组织雇用的临时员工对组织承诺水平较低
   D. 临时员工和正式的全日制员工合作水平较低

二、多项选择题（每题2分，每题备选项中，有2个或2个以上符合题意，至少有1个错项。错选，本题不得分；少选，所选的每个选项得0.5分）

1. （   ）属于人力资源规划的意义和作用。
   A. 有利于组织战略目标的实现
   B. 有利于组织整体人力资源管理系统的稳定性、一致性和有效性
   C. 有助于组织对人工成本的合理控制
   D. 有助于组织开展绩效管理和人员培训
   E. 有助于薪酬管理的效率提升

2. 人力资源需求预测的影响因素包括（   ）。
   A. 组织的技术变革
   B. 组织提供的产品和服务的变化情况
   C. 相关政策
   D. 组织的战略定位和战略调整
   E. 组织结构调整及流程再造

3. 下列关于使用德尔菲法的说法，错误的有（   ）。
   A. 德尔菲法中的研究小组中的人彼此之间见面进行沟通
   B. 给专家提供充分的资料和信息
   C. 有一位研究主持者在专家之间充当传递、归纳和反馈信息的角色
   D. 专家的挑选要有代表性
   E. 至少要达到15人

4. 下列关于人力资源供给预测的方法的说法，正确的有（   ）。
   A. 马尔科夫分析方法是针对具体职位进行人力资源供给预测的方法
   B. 人员替换分析法强调从组织内部选拔合适的候选人担任相关职位尤其是更高一级职位
   C. 人员替换分析法有利于激励员工士气，降低招聘成本
   D. 人员替换分析法是基于多种职位以及人员流动状况进行人力资源供给预测的方法
   E. 马尔科夫分析方法是利用一种所谓转移矩阵的统计分析程序来进行人力资源供给预测

5. 针对劳动力过剩的情况，调整速度快的人力资源供求平衡方法有（   ）。
   A. 裁员   B. 降薪   C. 降级   D. 重新培训
   E. 职位分享

6. 为避免劳动力短缺，下列人力资源供求平衡方法中调整速度慢的有（   ）。
   A. 加班加点   B. 外包   C. 降低流动率   D. 外部雇用人
   E. 技术创新

7. 下列人力资源供求平衡方法中，属于可撤回程度高的方法有（   ）。
   A. 加班加点   B. 雇用临时工   C. 降低流动率   D. 提前退休
   E. 技术创新

8. （   ）有助于处理临时雇员和正式员工之间的关系问题。
   A. 裁员事件发生之后出现的用工需求上升，首先让正式的全日制员工通过加班加点来满足
   B. 考虑雇用那些对正式员工的威胁性程度更低一些的临时性员工

  C. 尽可能地让全日制正式员工感到他们是受重视的

  D. 适当控制和精简企业自身直接雇用的人员数量

  E. 选择规模越大、历史越长的就业服务机构

9. 外包适合的情况不包括（　　）。

  A. 企业既缺乏某一方面的特定技术经验，同时又不愿意投入时间和精力去进行开发

  B. 企业利用自身的设施和人力资源完成某种工作任务的成本更高

  C. 外部组织可以通过规模化或专业化以更低的成本提供相同质量或更高质量的服务

  D. 涉及竞争秘密的工作

  E. 涉及专利权的工作

10. 下列关于非带薪休假的说法，错误的有（　　）。

  A. 非带薪休假是指通过短期内减少员工的带薪工作日，降低人工成本，避免解雇员工

  B. 非带薪休假是指通过保持单位时间的薪酬水平不变，但是减少全体员工的工作时间来避免裁员

  C. 员工们之间还可以通过自觉转让工作时间来在彼此之间提供帮助

  D. 有助于企业保存现金或是保证现金流

  E. 企业可以长期使用

三、案例分析题（每题 2 分。由单选和多选组成。错选，本题不得分；少选，所选的每个正确选项得 0.5 分）

  天蓝公司已有八年历史，最近正处于高速扩张期，公司力求在纺织品领域中的竞争拔得头筹，当前员工人数已经不能满足其规模不断扩大的需求。同行业的其他公司也蓄势待发，公司之间的价格战、心理战即将打响。海明公司是成立 2 年的新型纺织品公司，现准备将公司原来在海外市场的经验和优势用于国内的市场争夺，只是目前人员的结构出现不匹配状况，领导很是头疼，责令人力资源部迅速找出应对方案，抓住当前的竞争时机。

1. 人力资源需求小于供给时的组织对策中，（　　）是最简单直接同时也是见效最快的方法。

  A. 对富余人员进行培训　　B. 临时性解雇或永久性裁员

  C. 鼓励员工提前退休　　D. 工作分享

2. 关于天蓝公司的人力资源的组织对策，可以采用的是（　　）。

  A. 员工加班　　B. 裁员

  C. 聘用已退休人员　　D. 外包

3. 海明公司的人力资源部可以进行的组织对策包括（　　）。

  A. 对公司目前的所有人员加强培训

  B. 从组织外部招聘高素质的新员工

  C. 让现有不能胜任未来工作的员工离开组织

  D. 将原来的一些技能不足的老员工逐渐替换到一些辅助性的工作岗位

◀◀◀ 本章同步练习参考答案及解析 ▶▶▶

一、单项选择题

1. [答案] C

 [解析] C 项表述的是人力资源需求预测的内容。

2. [答案] D

 [解析] D 项属于使用德尔菲法应注意的问题，不符合题意。

3. [答案] D

 [解析] 比率分析法是基于某种关键的经营或管理指标与组织的人力资源需求量之间的固定比率关系，来预测未来人力资源需求的方法。

4. [答案] C
   [解析] 通过员工技能数据库可以了解内部劳动力市场总体供给情况，C项错误。
5. [答案] B
   [解析] B项属于裁员没有达到预期效果的原因。注意原文，遇到混淆的内容可以多次复习进行熟悉。
6. [答案] A
   [解析] 年纪较大的员工的优点在于工作经验比较丰富且稳定性较高。
7. [答案] A
   [解析] A项属于雇用临时员工的优点，不符合题意。

二、多项选择题

1. [答案] ABC
   [解析] 人力资源规划的意义和作用包括：①人力资源规划有利于组织战略目标的实现；②良好的人力资源规划有利于组织整体人力资源管理系统的稳定性、一致性和有效性，有利于组织的健康和可持续发展；③良好的人力资源规划还有助于组织对人工成本的合理控制。
2. [答案] ABDE
   [解析] 人力资源需求预测的影响因素包括组织战略定位和战略调整、组织提供的产品和服务的变化情况、组织的技术变革和组织结构调整及流程再造。
3. [答案] AE
   [解析] 在德尔菲法中，研究小组中的人彼此之间并不见面，也不进行沟通，A项错误。专家人数不能太少，要达到20—30人，E项错误。
4. [答案] BCE
   [解析] 人员替换分析法是针对具体职位进行人力资源供给预测的方法，A项错误。马尔科夫分析法是基于多种职位以及人员流动状况进行人力资源供给预测的方法，D项错误。
5. [答案] ABCE
   [解析] A、B、C三项属于调整速度快且对员工伤害程度高的方法。E项属于调整速度快且对员工伤害程度中等的方法。D项属于调整速度慢且对员工伤害程度低的方法，不符合题意。
6. [答案] CDE
   [解析] A、B两项属于调整速度快的方法。
7. [答案] AB
   [解析] 根据题干中"可撤回程度高的方法"，可知题目所问的是避免未来出现劳动力短缺的方法。C项属于可撤回程度中等的方法。E项属于可撤回程度低的方法。D项属于减少未来出现劳动力过剩的方法中，调整人员过剩速度慢且对员工伤害程度低的方法。
8. [答案] ABC
   [解析] D项说法错误。E项所涉及内容和外包有关，不符合题意。
9. [答案] DE
   [解析] 被外包出去的工作应是不需要发包公司透露任何本来需要保守的竞争秘密，且不属于那些有专利权或者需要严格的安全保障措施才能完成的工作。
10. [答案] BCE
    [解析] B、C两项表述的是工作共享或职位共享；非带薪休假只能解决短期问题，E项错误。

三、案例分析题

1. [答案] B
   [解析] 临时性解雇或永久性裁员是最简单直接同时也是见效最快的方法。这种方法可能会受到国家法律方面的制约，还有可能会受到工会的质疑和挑战，因而需要付出较高的成本；组织如果一贯采取这种做法，也会影响组织在劳动力市场上的形象，不利于组织未来人力资源招聘工作的开展。
2. [答案] ACD
   [解析] 根据案例，天蓝公司最近正处于高速扩张期，所以适合的是人力资源需求大于供给时的组织对策。B项表述的是人力资源需求小于供给时的组织对策。
3. [答案] BCD
   [解析] 加强对现有人员的培训开发，要看员工的可培养程度如何，并非所有的人都有能力接受未来的工作所需要的培训，A项太过绝对。

第六章 人员甄选

本章考情分析

年份	单项选择题	多项选择题	案例分析题	合计
2021 年	4 题 4 分	—	—	4 分
2020 年	4 题 4 分	1 题 2 分	4 题 8 分	14 分
2019 年	5 题 5 分	1 题 2 分	—	7 分
2018 年	4 题 4 分	2 题 4 分	4 题 8 分	16 分
2017 年	4 题 4 分	1 题 2 分	4 题 8 分	14 分

本章考点概览

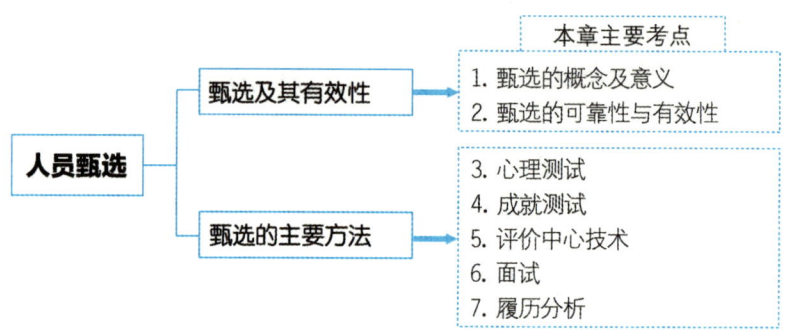

本章考点详解

【考点一】甄选的概念及意义

一、甄选的基本概念及内涵

（一）人员甄选的概念

人员甄选是指通过运用一定的工具和手段对已经招募到的求职者进行鉴别和考察，从而最终挑选出最符合组织需要的、最为恰当的职位空缺填补者的过程。

（二）理解人员甄选需要把握的要点

（1）在较短的时间内，在信息不对称的情况下，组织很难做到完全准确地判断求职者是否适合组织内某一特定职位的工作，甄选决策本身总是蕴藏着一定的风险。

(2) 甄选的目的在于谋求职位与求职者所具有的某种特性的恰当水平之间达成最优配比。

(3) 不要把注意力过多地放在对求职者进行相互比较上,而是应重点关注求职者和空缺职位需要达到的客观标准之间的比较。

二、甄选对组织的价值与意义

(1) 符合企业需要的优秀员工是确保组织战略目标达成的最根本保障。

(2) 弥补甄选决策失误的代价可能极高。

1) 企业弥补甄选决策失误的方式:对员工进行培训,调整员工的工作岗位,甚至是通过到期解除劳动合同,或者直接解雇的方式来将不合格的人剔除出组织。

2) 企业需要负担的直接成本:培训成本、岗位调整成本、重新雇用成本。

3) 企业需要负担的机会成本:在机会稍纵即逝的今天,即使用人不当没有给组织带来直接损失,也可能会通过耽误组织发展的良好时机而给组织带来损害甚至毁灭性的打击。

(3) 甄选决策失误可能会对员工本人造成伤害。

【考点二】甄选的可靠性与有效性

一、信度

(一) 信度的概念

信度,又称测试的内部一致性程度或稳定性程度,是指一种测试手段不受随机误差干扰的程度。它反映了一个人在反复接受同一种测试或等值形式的测试时所得到分数的一致性程度,是对任何一种测试工具的最基本要求。

(二) 信度系数

信度的高低是用信度系数表述的。信度系数介于 0 到 1 之间。0 表示信度最低,1 表示信度最高。一般情况下,信度系数不低于 0.7 的测试工具被视为信度较好。

(三) 常用的信度测试方式

常用的信度测试方法包括重测信度、复本信度、内部一致性信度和评价者信度,具体如表 6-1 所示。

表 6-1　常用的信度测试方式

方式	具体内容
重测信度	又称再测信度,指用同一种测试工具在不同的时间对同一群人进行多次测试所得到的结果的一致性程度
	考察一种测试工具在时间上的稳定性。时间间隔越长,两次测试之间的相关系数就越低,一般间隔半个月到半年比较合适
复本信度	是指使用两种功能等值但表面内容并不相同的测试形式,然后考察在这两种等值的测试中被测试者取得的分数之间的相关程度
	反映了两个测验在内容上的等值性程度
内部一致性信度	反映同一测试内容的各个题目之间的得分一致性程度
	考察内部一致性信度的方式(2个): (1) 分半信度。即将一个测试中包含的题目一分为二,然后考察这两个半份测试结果之间的相关系数 (2) 同质性信度。即一种测试内部所有各个题目考察同一内容的程度
评价者信度	不同评价者在使用同一种测试工具时所给出的分数之间的一致性程度

【考点小贴士】上述四种信度测试方式可简记为"内部重复评价得信度"。

（四）要想达到较高的信度，需要注意的问题

（1）测试过程要标准化。

（2）选取的样本要有广泛的代表性。

（3）注意保持良好的测试环境，包括心理环境和物理环境，努力使被试者保持一种轻松自然的心态。

（4）注意测试的难度。

测试太难，得分普遍偏低，出现地板效应；测试太易，得分普遍偏高，出现天花板效应。

（5）注意测试的长度。

二、效度

（一）效度的概念

效度，即一种测试的有效性，反映了一种测试工具对于它所要测量的内容或特质进行准确测量的程度。

【考点小贴士】注意区分信度和效度的含义和类型，信度是效度的必要非充分条件。

（二）常用的效度类型

常用的效度类型包括内容效度、效标（关联）效度和构想效度，具体如表6-2所示。

表6-2 常用的效度类型

类型		内容
内容效度		（1）是指一项测试的内容与测试所要达到的目标之间的相关程度，即一项测试的内容能够代表它所要测量的主题或特质的程度 （2）采用专家判断方法检验 （3）不太适合对智力、领导能力以及诚实性等较为抽象的特质进行评价
效标（关联）效度		是指一种测试或甄选技术对被测试者的一种或多种工作行为或工作绩效进行预测的准确程度
	预测效度	考察的是员工被雇用之前的测试分数与其被雇用之后的实际工作绩效之间是否存在实证性联系
	类型	
	同时效度	需要在同一时间获取考察求职者的测试分数与已经在某种岗位上从事工作的任职者的测试分数，看它们之间存在怎样的关系
构想效度		也称结构效度，是指一项测试对某种不可观察的、比较抽象的构想或特质进行测量的程度，即一项测试的结果是否能够证实或解释某一理论上的假设、术语或构想以及解释的程度如何

【考点小贴士】上述三种效度可简记为"内容关联构想得效度"。

经典例题

[2021年真题·单选题] 某项甄选测试的目的是评价求职者的逻辑能力，但是测试的题目设计不佳，变成了考查求职者的知识记忆情况，则该测试的（   ）比较低。

A. 同时效度

B. 预测效度

C. 内容效度

D. 效标效度

[答案] C

[解析] 内容效度是指一项测试的内容与测试所要达到的目标之间的相关程度，即一项测试的内容能够代表它所要测量的主题或特质的程度。

【考点三】心理测试

心理测试最早可以追溯到 1905 年法国心理学家比奈和西蒙合作开发的用于识别智商较低的学生智力的测验量表。其具体内容如表 6-3 所示。

表 6-3　心理测试

类型			具体内容
能力测试	认知能力测试		测试一个人是否具有从事一项特定工作的潜在能力
		语言理解能力	指一个人理解并使用书面或口头语言的能力
			测试题目类似于语文试题，重点在于考察潜在的语言能力，而不需要关键的具体知识
		数量能力	指一个人解决与数字有关的各种问题的速度与准确性
			测试题目类似于数学试题，通常很简单，运用小学或初中数学知识解答问题，考察的重点是对数字的敏感程度以及灵活运用数量分析技巧的能力
		推理能力	指一个人在面对各种问题时找到解决问题的方法的能力
			测试题通常以数字、图形、文字等方式呈现，考察的重点是能否找到信息之间的逻辑关系并据此解决问题
		类型	(1) 一般认知能力测试（智力测试或智商测试） 同时测量一个人的多种能力，如记忆能力、口头表达能力以及数学能力，是从事任何一种工作都必须具备的一些基本脑力能力 (2) 特殊认知能力测试（能力倾向测试或职业能力倾向测试） 针对一些比较具体的认知能力或从事某些特定的职业的人需要具备的能力
	运动与身体能力测试	心理运动能力测试	是对一个人的精神运动能力或受个体意识支配的精细动作能力进行的测试
			通常用于那些体力要求比较高的职位，如收音机装配工、电视组装工或者手表装配工
		身体能力测试	是对一个人的动态强度、爆发力、广度灵活性、动态灵活性、身体协调性与平衡性等所进行的测试
人格测试（目的是了解被测试者的人格特质）	人格（个性）测量的方法	自陈量表法	即编制好一套人格测试问卷之后，由被测试者本人根据自己的实际情况或感受来回答问卷中的全部问题，以此来衡量一个人的人格
		评价量表法	首先提供一组描述人的个性或特质的词或句子，然后让其他人通过对被测试者的观察，对被测试者的人格或特质做出评价
		投射法	首先向被测试者提供一些未经组织的刺激情境，然后让被测试者在不受限制的情境下自由表现出自己的反应（在人员甄选中使用并不普遍）
	常用的人格测试	MBTI 人格类型测试	包含四个两极性的维度（外倾—内倾、感觉—直觉、理性—情感、判断—感知）；八种风格；测试将人格分为 16 种类型
		"大五"人格理论	所谓"大五"，实际上是指一个人在以下五个人格特征方面的表现：外向性、愉悦性、公正严谨性、神经质性、开放性
职业兴趣测试			一个人的职业兴趣在很大程度上反映了其职业偏好。它会影响到一个人的职业选择和从事有关职业的积极性，从长期来看，还会影响到一个人的职业发展水平和最终取得的成就
			职业兴趣测试试图揭示人们想要做什么以及喜欢做什么
			常用的职业兴趣测试是霍兰德职业兴趣（性向）测试（如表 6-4 所示）

表 6-4　霍兰德职业兴趣（性向）测试

类型	基本人格倾向	适合/不适合的职业
现实型（R）	偏好与具体的物体（如工具、机械、电子设备等）打交道，喜欢有规则的具体劳动以及需要基本操作技能的工作，不喜欢跟人打交道	适合从事技能性和技术性的职业；不适应社会性质的职业，厌恶从事教育、服务和说服性的工作
研究型（I）	聪明、理性、精确、喜欢批评，喜欢抽象的、分析性的、独立性的工作，愿意进行系统的创造性探究，偏好对各种现象进行观察、分析和推理，以理解和把握这些现象	适合从事科学研究类工作以及工程设计类工作；缺乏组织和领导才能；不喜欢从事说服性或重复性的工作
艺术型（A）	具有想象力、冲动、直觉、理想化、有创意，偏好模糊、自由和非系统化的活动，不重视实际，不善于从事事务性工作。他们厌恶明确、有秩序和系统化的活动，喜欢表现自己，喜欢单独活动	适合从事文学艺术方面的工作
社会型（S）	合作、友善、善于交谈和社交，洞察能力强，喜欢社会交往，关心社会问题，重视社会公正和正义，有教导、指点和培训别人的能力和愿望，不喜欢与材料、工具、机械等实物打交道	适合从事社会、教育、咨询等方面的工作
企业型（E）	冒险、乐观、自信、精力充沛、有野心，喜欢担任有领导责任的工作，看重政治和经济方面的成就，喜欢追求财富、权力和地位，喜欢与人争辩，喜欢说服别人接受自己的观点，但是他们不喜欢从事研究性的活动	适合从事企业性质的工作，担任领导或行政管理人员等
常规型（C）	顺从、谨慎、保守、实际、稳重，喜欢条理性强的工作，偏好对文字和数据等资料进行明确、有序的整理，喜欢使用文字和数据处理设备等协助组织实现目标或获取经济收益，厌恶模糊、不正规、非程序化或探究性的活动，不喜欢自己对事情做判断和决策。这些人看重商业和经济方面的具体成就，看重财富和地位	适合从事办公室事务性工作、图书管理、会计、统计类工作

将这六种职业兴趣按上述顺序排列在一个六角形的六个角上，可得到如右图 6-1 所示的霍兰德职业兴趣类型图。

在霍兰德职业兴趣类型图中：

（1）位置相邻的两种职业兴趣类型（如现实型和研究型，社会型和企业型）是相似的。

（2）位置不相邻的两种人格类型（如现实型和社会型，艺术型和常规型）是不相似的。

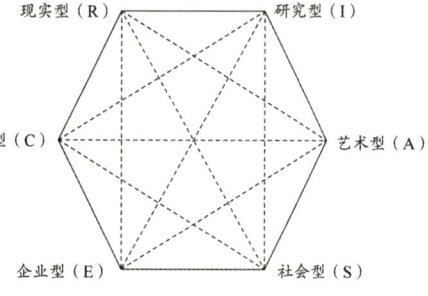

图 6-1　霍兰德职业兴趣类型

> **经典例题**
>
> [2020 年真题·单选题] 根据霍兰德的职业兴趣理论，冒险、乐观、自信、有进取心、喜欢承担领导责任人的职业兴趣类型是（　　）。
> A. 现实型　　　　B. 企业型　　　　C. 常规型　　　　D. 艺术型
> [答案] B
> [解析] 根据霍兰德职业兴趣测试，企业型的特点是冒险、乐观、自信、精力充沛、有野心，喜欢担任有领导责任的工作，看重政治和经济方面的成就，喜欢追求财富、权力和地位，喜欢与人争辩，喜欢说服别人接受自己的观点，适合担任企业领导或行政管理人员。
>
> [2018 年真题·多选题] 从测试的内容来看，心理测试可以划分为（　　）三大类。
> A. 评价中心技术　　B. 职业兴趣测试　　C. 成绩测试　　D. 人格测试

E. 能力测试

[答案] BDE

[解析] 根据测试的内容，心理测试可分为能力测试、人格测试、职业兴趣测试。

[例题·单选题] 关于认知能力测试的内容中测试推理能力的题目，说法正确的是（　　）。

A. 考察需要记忆的具体知识
B. 考察对数字的敏感程度以及灵活运用数量分析技巧
C. 可以采用类似于语文试题的形式
D. 考察能否找到信息之间的逻辑关系并据此解决问题

[答案] D

[解析] 推理能力考察的是一个人在面对各种问题时找到解决问题的方法的能力。测试题通常是以数字、图形、文字等方式呈现，考察的重点是能否找到信息之间的逻辑关系并据此解决问题。A、C两项表述的是语言理解能力的内容；B项表述的是数量能力的内容。

【考点四】成就测试

一、成就测试概述

（一）成就测试的概念

成就测试，又称熟练性测试或学绩测验，通常是对一个人在接受了一定的教育或训练之后获得的成果进行测试。测试目的是考察一个人在多大程度上掌握了对于从事某种具体工作而言非常重要的那些知识或技能。

（二）成就测试和认知能力测试的对比

成就测试和认知能力测试的对比如表6-5所示。

表6-5　成就测试和认知能力测试的对比

测试	认知能力测试	成就测试
对比	预测一个人在未来的教育、训练或工作中的可能表现	评估一个人在接受教育或训练之后获得的学习成果
	在接受教育或训练之前进行	事后的评估
	需要有较高的预测效度	注重内容效度

二、成就测试的类型

成就测试包括知识测试和工作样本测试，具体如表6-6所示。

表6-6　成就测试的类型

类型		具体内容
知识测试	概念	知识测试就是我们通常所说的考试，考察的是在特定领域掌握的知识的广度和深度
	类型	综合知识测试、专业知识测试、外语测试等
	题型	单项选择题、多项选择题、是非题、简答题、案例分析题等
	答题方式	通常都是以笔试的方式完成，但并非所有的笔试都属于知识测试，在一次笔试中往往会融入多种测试内容
工作样本测试	概念	在一个对实际工作的一部分或全部进行模拟的环境中，让求职者实地完成某些具体的工作任务的一种测试方法
	优点	效标效度和内容效度都很高
	缺点	专门针对特定职位设计的，普遍适用性很低，只能针对不同的职位来开发不同的测试；开发成本相对较高

【考点五】评价中心技术

一、评价中心技术概述

(一) 概念

评价中心技术，也称管理评价中心技术，是通过情境模拟的方法来对求职者进行评价。

(二) 评价中心技术和工作样本测试的区别

评价中心技术用模拟工作任务来进行测试，工作样本测试用实际的工作任务对求职者进行测试。

二、评价中心技术的主要方法

评价中心技术的主要方法如表6-7所示。

表6-7 评价中心技术的主要方法

方法			具体内容
公文筐测试	概念		又称公文处理测验，是一种情景模拟测试，是对管理人员在实际工作中需要掌握和分析的资料、处理信息以及做出的决策等所做的一种抽象和集中。在测试中通常会涉及一位管理者可能需要处理的各种文件
			是评价中心技术中最常用和最核心的技术之一
	优点		(1) 适合对管理人员进行评价，有较高的内容效度和效标效度 (2) 操作比较简单，对场地没有过多的要求 (3) 表面效度较高，容易得到被测试者的理解和接受
	缺点		编制成本较高；评分比较困难；无法观察被测试者的人际交往能力和团队工作能力
无领导小组讨论	概念		采用情境模拟的方式让一组求职者进行集体讨论，然后观察他们在讨论过程中的言行
			所谓的"无领导小组"，就是指在讨论的过程中，组织者不会为该小组指定一名领导人，而是让大家自由发言，是评价中心技术中经常使用的一种测评技术
	试题形式(5种)	开放式问题	这种问题没有固定答案，主要目的是考察被测试者思考问题的全面性和针对性，思路是否清晰，是否有新的观点和见解等
			例如，你认为什么样的领导是好领导
		两难性问题	让被测试者在两种互有利弊的答案中选择一种，两者之间进行选择的概率大体相等
			这种问题主要考察被测试者的分析能力、语言表达能力以及说服力等
			例如，你认为重视工作的领导是好领导，还是重视人的领导是好领导
		多项选择问题	此类问题是让被测试者在多种备选答案中选择其中有效的几种，或者对备选答案按照重要性进行排序
			这类题目主要考察被测试者分析问题以及抓住问题本质方面的能力，有利于评价被测试者的能力、价值观以及其他人格特点
		操作性问题	适合技术性比较强的行业领域，如电器安装和维修以及设计图片或者其他需要实际动手操作的职业
			这种测试主要考察被测试者参与的积极性和主动性、合作能力以及在实际操作性任务中充当的角色
		资源争夺性问题	此类问题适用于指定角色的无领导小组讨论。它让处于同等地位的被测试者就有限的资源进行分配，从而考察被测试者分析问题的能力、逻辑思维能力、语言表达能力、辩论以及说服他人的能力、反应的灵活性等

续表

方法		具体内容
无领导小组讨论	试题形式（5种）	资源争夺性问题
		优点：考察被测试者的组织协调能力、口头表达能力、说服能力、领导能力、人际交往能力以及自信程度、进取心、情绪稳定性、反应灵活性等个性特点
		存在的问题：对测试题目的要求较高；对评价者的评分技术要求较高；有些情况下，被测试者仍然有可能有意识地表现自己或掩饰自己
角色扮演		要求被测试者扮演一位管理者或者某岗位员工，然后让他们根据自己对角色的认识和担任相关角色的经验进行相应的语言表述和行为展示

经典例题

[2019年真题·多选题] 关于甄选中使用的公文筐测试的说法，正确的有（　　）。

A. 它适合对管理人员进行评价
B. 它能够考察被测试者的口头表达能力
C. 它的编制成本较高，评分也相对比较困难
D. 它对实施场地的要求不高
E. 它是一种情景模拟测试

[答案] ACDE

[解析] A、C、D、E四项均属于公文筐测试的内容以及优缺点。公文筐测试是通过让求职者进行文件处理的方法，无法测试被测者的口头表达能力，B项错误。

【考点六】面试

一、面试概述

（一）面试的概念

面试是在特定的时间和特定的地点，发生在面试考官与被面试者之间的一个面对面的对话过程。其目的是通过分析被面试者的回答以及观察他们所做出的各种反应，考察求职者是否具备相关职位的任职资格条件，其中包括知识技能、个性特点、求职动机等。面试是目前在实践中运用最广泛的一种人员甄选方法。

（二）面试的优点

面试简便快捷、容易操作，可以面对面地了解和观察求职者，产生真切的整体性感受。

（三）面试应注意的问题

（1）如果对面试过程没有进行科学精心设计，则面试的效度很可能会比较低。也就是说，通过面试所做出的甄选决策很可能是不正确的。

（2）面试结果通过主观判断得出，出现偏差的可能性很大。

（3）面试本身并不是没有成本，如求职者由于参加面试而产生的交通成本，以及组织派人专门对求职者进行面试的机会成本（因为它毕竟耗费了面试者本来可以用于其他方面工作的时间）。

二、面试的类型

根据不同的分类标准，面试可分为不同的类型。其具体内容如表6-8、表6-9、表6-10所示。

表 6-8 根据面试的标准化程度划分的面试类型

类型	定义/特点	优点	缺点
结构化面试（标准化面试）	依据预先确定的面试内容、程序、评分结构等进行的面试形式	程序、内容以及评分方式固定，标准化程度都比较高；确保重要或关键信息不会遗漏；降低面试考官个人偏见；面试公平性以及面试的信度和效度都会比较高	面试考官个人没有发挥的余地，不便过多提问；可能让被面试者感到有些僵硬，谈话不那么顺畅和自然
非结构化面试	不存在必须遵循的既定格式；考官没有面试问题提纲、没有明确的提问顺序；没有统一打分规则和评价标准；面试考官可以跟踪式提问	面试考官和被面试者之间的谈话会显得比较自然和顺畅；谈话内容会显得前后连贯，逻辑关系清晰；面试考官可以根据被面试者的个人特征对一些个性化的问题进行更为深入的探讨	很难确保对所有的求职者都提供公平的机会，很难确保所有的关键问题都能问到；面试问题很容易受到面试考官个人兴趣或工作背景影响；信度和效度比结构化面试的信度和效度低
半结构化面试	在一部分设计好的问题（即结构化面试）的基础上，面试考官可以向被面试者提出另外一些比较随机的问题	面试考官在面试过程中具有一定的自主权，可以做到面试的结构性与灵活性相结合	—

表 6-9 根据面试组织形式划分的面试类型

类型	定义	优点	缺点
单独面试（一对一面试）	面试考官和被面试者单独见面，考官进行口头引导或询问，被面试者做出回答（比较常见）	双方的注意力都比较集中，谈话的连续性和逻辑性比较好，被面试者相对来说会感到比较自然	有时双方的对话可能进展不顺利；单独依靠一位面试考官得出的面试结论，可能难以确保决策的准确性
小组面试	由一组面试考官在同一时间和同一场所，共同对一位被面试者进行提问、观察并做出评价	各位面试考官提的问题注意相互补充，或对被面试者的相关特征进行层层递进的深入挖掘，保证面试时所提的问题全面、深入；有效地避免在系列面试中可能出现的被面试者不得不反复回答每位面试考官提出的相同问题的情况	被面试者在接受小组面试时可能会感觉到压力比较大，因此在回答问题时可能会比较紧张或拘谨
集体面试	多位被面试者在同一时间和同一场合，共同接受面试（考官可多人也可单人）	有助于考察被面试者在一个群体当中的思维方式以及行为方式，从而考察他们的人际关系能力和语言表达能力	被面试者同时参加面试，某一位被面试者的回答很可能会对其他人产生影响
系列面试（顺序面试）	组织根据某种特定的先后顺序，安排组织中的若干人员对同一位被面试者进行多轮面试，将所有面试考官独立得出的面试结果加以汇总结论	综合多位面试考官分别独立得出的面试结论，有利于确保面试结果的有效性，避免了因为某一位面试考官个人的偏见或疏忽出现的评价误差	参与的人员数量较多，耗费的时间较长

表 6-10 特殊的面试形式

形式		内容
压力面试	概念	面试考官在面试过程中故意制造出一种紧张气氛，对被面试者施加一定的心理压力，然后观察被面试者在面对压力下的情绪变化以及所做出的反应

续表

形式		内容
压力面试	优点	可以帮助面试考官<u>了解</u>被面试者在未来的某种具有特定压力的工作环境中是否能够实现较好的绩效；帮助组织<u>辨别</u>哪些求职者属于过于敏感或者压力承受能力较弱的人，从而从一开始就避免雇用这种无法承受适当压力的求职者
	注意事项	（1）如果对压力面试掌控不好，面试就有可能会因为过于具有侵犯性或者有违一般道德规范而受到质疑甚至被起诉 （2）在不需要采用压力面试时，就没有必要非采用这种做法 （3）如果确实需要采取压力面试，也要让经过相关方面<u>特殊培训的面试考官</u>来组织
电话面试	适用范围	在面试考官和被面试者之间的<u>地理距离较远，双方到某个地方会面的交通成本比较高</u>的情况下，或者出于某些特殊的原因，面试考官和被面试者见面有困难时适用电话面试
	优点	帮助组织考察被面试者在电话中讲话的语气、语速等特点，<u>是否符合组织对需要电话沟通职位</u>的要求
网络视频面试		面试考官和被面试者可以利用即时通信软件和摄像头，实现可视化的在线语音沟通，从而使原来的电话面试变得更加形象

三、改善面试效果的主要方法

（一）采用情境化结构面试

1. 概念

在情境化结构面试中，<u>被面试者需要回答的问题</u>并不是一些抽象的或者与未来的实际工作联系不那么紧密的问题，而<u>是他们将来在实际工作中很可能会遇到的工作环境以及非常具体的工作任务、工作问题或难题</u>。它属于结构化面试的一种，也称为<u>行为事件面试技术</u>。

2. 遵循的原则（STAR 原则）

向被面试者描述他们可能会面对的典型环境（Situation）。

向被面试者描述需要完成的主要工作任务（Task）。

询问被面试者实际上采取了何种行动（Action）。

让被面试者说明这种行动产生了怎样的结果（Result）。

3. 优点

情境化结构面试的<u>预测效度比较高</u>。

4. 情境化结构面试的题目类型

情境化结构面试的题目类型如表 6-11 所示。

表 6-11 情境化结构面试的题目类型

题目类型	举例（考察被面试者的克服变革阻力能力）	对比
以<u>过去</u>的经验为依据，它要求被面试者回答他们在过去的工作中遇到的某种情形，以及他们当时是如何处理的	你在<u>过去</u>的工作中进行过的最困难的变革是什么？你是如何改变你周围人的想法或行为的	相比而言，以过去的经验为依据的情境化结构面试的题目效度更好
<u>未来</u>导向型，它要求被面试者回答，将来一旦遇到某种假设的情形，他们将会采取怎样的处理措施	<u>假设</u>你有一个想法，可以通过改变工作流程来提高产品质量，但是你所在的工作群体中有些人对于变革犹豫不决。在这种情况下你会怎么办	

（二）面试前做好充分准备

（1）安排好面试所需的时间、场地和资料。

1）时间安排。合理确定对每一位被面试者进行面试的时间长度，考官需安排好自己的时间。

2) 场地安排。具体包括：面试场地的大小应当与面试的类型和同时参与面试的人数相匹配；面试考官和被面试者在面试现场的座位摆放；在接受面试者不止一个人的情况下，还要为等待后续面试的人安排一个相对安静和方便的休息和等待场所，同时为他们提供饮用水等基本服务。

3) 资料准备。具体包括面试评价表格、被面试者个人的简历资料、事先拟订好的问话提纲、用于记录的纸笔。

(2) 认真阅读简历材料和职位说明书，准备好相关的问题。

(三) 系统培训面试考官

1. 面试考官在面试过程中可能会犯的错误

(1) 说话过多，影响了本来能够从被面试者那里收集到的与工作相关的信息数量。

(2) 对不同被面试者提问的问题不一致，导致从不同被面试者那里收集到的信息类型不一样。

(3) 提问与履行工作职责无关或者相关性不大的问题。

(4) 对自己评价求职者的能力过于自信，导致对求职者匆忙下结论。

(5) 受到求职者的一些非语言行为的影响或干扰。

(6) 因前面一位求职者的质量而影响到对后一位求职者的评价等。

2. 对面试考官的培训重点

(1) 明确面试考官的职责及其在面试过程中所扮演的角色。

(2) 传授引导和控制面试过程的技巧。

(3) 让面试考官学会如何与各种不同类型被面试者打交道。

(4) 使面试考官理解在进行面试评价时可能会出现的各种偏差。

【考点小贴士】注意面试的类型区分型题目，注意理解面试效果改善方法。

经典例题

[2021年真题·单选题] 情境化结构面试通常遵循所谓的"STAR"原则，其中A指的是（ ）。

A. 时间　　　　　　　　　　B. 情境
C. 行动　　　　　　　　　　D. 任务

[答案] C

[解析] 情境化结构面试通常需要遵循所谓的"STAR"原则，即首先向被面试者描述他们可能会面对的典型环境（situation）或需要完成的主要工作任务（task），然后询问他们实际上采取了何种行动（action），最后让他们说明这种行动产生了怎样的结果（result）。

【考点七】履历分析

一、履历分析的概念

履历分析，又称资历分析或评价技术，是通过对一个人的基本背景以及学习、工作、生活经历甚至个人习惯等与工作相关的履历信息进行收集和分析，从而判断一个人对未来工作岗位的适应性以及预测其未来工作绩效、任职年限和流动性等特征的一种人才测评方法。

二、履历分析的假设

一个人的行为具有一致性，即一个人过去的行为是对其未来行为进行预测的最佳依据。

三、对履历的要求

履历信息必须真实。履历信息必须全面。履历信息必须和工作相关。

本章易错易混考点

【易错易混考点一】常用的信度测试方式和效度的类型(如表 6-12 所示)

表 6-12 常用的信度测试方式和效度的类型

项目	方式/类型
信度	重测信度、复本信度、内部一致性信度、评价者信度
效度	内容效度、效标（关联）效度、构想效度

[例题·多选题] 效度的常用类型包括（　　）。

A. 评价者效度　　B. 内容效度　　C. 效标效度　　D. 重测效度　　E. 构想效度

[答案] BCE

[解题思路] 根据[考点小贴士]中的"内部重复评价得信度"可得出 A、D 两项为信度的测试方式。

【易错易混考点二】甄选的主要方法(如图 6-2 所示)

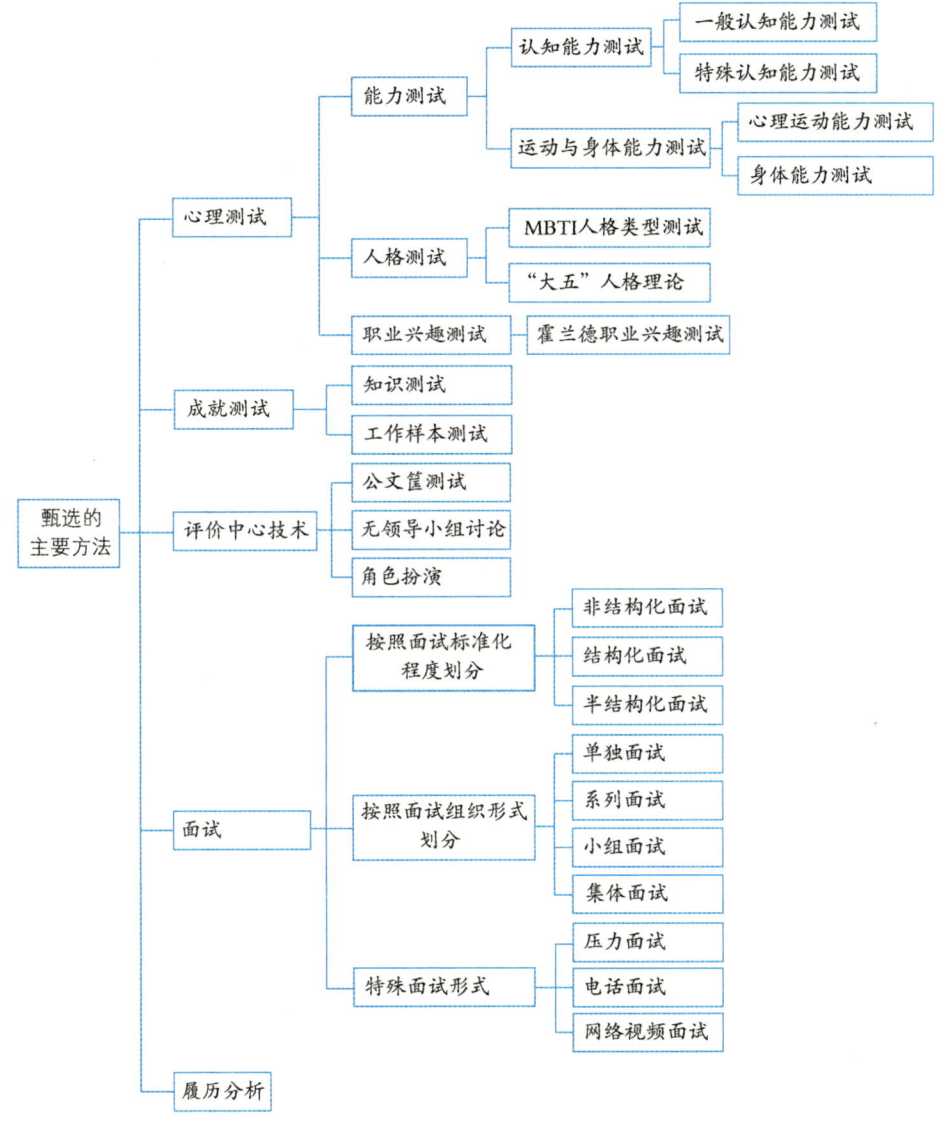

图 6-2　甄选的主要方法

[例题·多选题] 根据标准化程度划分的面试类型不包括（　　）。

A. 结构化面试　　B. 一对一面试　　C. 压力面试　　D. 非结构化面试

E. 半结构化面试

[答案] BC

[解析] B项属于根据面试组织形式划分的面试类型。C项属于特殊的面试形式。

历年经典真题回顾

一、单项选择题（每题1分，每题备选项中，只有1个最符合题意）

1. 某公司招聘新员工时采用了人格测试，具体方式是向求职者提供一些刺激情境，然后让求职者自由地表达对刺激情境的认识和理解，这种方法称为（　　）。[2018年真题]

   A. 标杆法　　B. 投射法　　C. 评价量表法　　D. 自陈量表法

   [答案] B

   [解析] 投射法是指首先向被测试者提供一些未经组织的刺激情境，然后让被测试者在不受限制的情境下自由表现出自己的反应。

2. "如果客户投诉你的某位下属存在工作态度问题，你会怎么做？"这种面试问题属于（　　）。[2018年真题]

   A. 知识性问题　　B. 人格性问题　　C. 经验性问题　　D. 情境化问题

   [答案] D

   [解析] 情境化面试分为以过去经验为依据型和未来导向型，题干属于"假设"的情况，D项正确。

3. 关于员工甄选的说法，错误的是（　　）。[2017年真题]

   A. 从一开始就甄选到正确的人有利于培养一流员工

   B. 企业的甄选决策出现失误可能会使其付出很大的代价

   C. 甄选工作做好了，其他人力资源管理工作就不重要了

   D. 甄选到优秀的员工对于确保企业战略目标的达成至关重要

   [答案] C

   [解题思路] 一般来说，太绝对的说法错误概率更大些。本题中，C项说法太过绝对。

4. 某公司在新员工甄选过程中采用了人格测试，要求求职者基于自身感受实事求是地填答一套包括是非题、选择题的书面问卷。这种人格测试的方法属于（　　）。[2017年真题]

   A. 投射法　　B. 自陈量表法　　C. 评价量表法　　D. 标杆法

   [答案] B

   [解题思路] 根据"求职者基于自身感受实事求是地填答"可得出自陈量表法。

5. 某计算机公司招聘软件工程师时，要求求职者参与编程测试，这种测试方法属于（　　）。[2017年真题]

   A. 工作样本测试　　　　B. 评价中心技术

   C. 公文筐测试　　　　　D. 知识测试

   [答案] A

   [解析] 工作样本测试是在一个对实际工作的一部分或全部进行模拟的环境中，让求职者实地完成某些具体的工作任务的一种测试方法。

6. 多位被面试者在同一时间和同一场合，共同接受面试官面对面的询问，这种面试称为（　　）。[2017年真题]

   A. 单独面试　　B. 系列面试　　C. 小组面试　　D. 集体面试

[答案] D

[解析] 集体面试是指多位被面试者在同一时间和同一场合，共同接受面试。

二、多项选择题（每题2分，每题备选项中，有2个或2个以上符合题意，至少有1个错项。错选，本题不得分；少选，所选的每个选项得0.5分）

1. 内部一致性信度的考察方式包括（　　）。[2021年真题]

    A. 同质性信度　　　　　　B. 重测信度

    C. 评价者信度　　　　　　D. 复本信度

    E. 分半信度

    [答案] AE

    [解析] 考察内部一致性信度的方式主要有两种，即分半信度和同质性信度。

2. 关于无领导小组讨论的说法，正确的有（　　）。[2018年真题]

    A. 考官并不参与讨论，而是在不干扰讨论的情况下进行观察

    B. 通过无领导小组讨论可以考察求职者的口头表达以及人际交往等方面的能力

    C. 无领导小组讨论让一开始没有领导者的一组人通过讨论选出一位领导者

    D. 在无领导小组讨论中，求职者的地位是平等的

    E. 无领导小组讨论使用的问题必须是两难性的问题

    [答案] ABD

    [解析] 所谓的"无领导小组"，就是指在讨论的过程中，组织者不会为该小组指定一名领导人，而是让大家自由发言，是评价中心技术中经常使用的一种测评技术。C项错误。无领导小组讨论有五种试题的选择，E项错误。

三、案例分析题（每题2分。由单选和多选组成。错选，本题不得分；少选，所选的每个正确选项得0.5分）

最近，某公司人力资源部对员工甄选效果进行了评估，发现了一些不太理想的情况。

第一，公司很多管理人员甚至高层管理人员不重视员工甄选工作，参与面试时存在"应付差事""走过场"的情况，向求职者提出的问题天马行空，比较随意。

第二，有些已经录用的员工与公司文化不相匹配。例如，有些人沟通能力较差，缺乏团队合作精神，无法融入集体。

第三，尽管公司在甄选过程中采用了多种测试方法，但在实际工作中却发现，一些当时测试得分较高的人，其实实际工作绩效反而不如一些测试分数相对较低的人。

人力资源部就这些情况，咨询了相关专家。专家建议针对第一种情况实施情景化结构面试并建立题库；针对第二种情况增加无领导小组讨论方法。[2017年真题]

1. 根据第一种情况描述的现象，关于该公司的招聘面试的说法，正确的是（　　）。

    A. 这家公司的面试标准化程度比较高

    B. 这家公司的面试官可能对应聘相同职位的不同求职者提出不同的问题

    C. 这家公司的面试过程很容易受到面试官个人主观意识的影响

    D. 改善这家公司的面试效果的方法之一是对参与面试的管理者进行面试培训

    [答案] BCD

    [解析] 根据案例，公司很多管理人员甚至高层管理人员不重视员工甄选工作，参与面试时存在"应付差事""走过场"的情况，向求职者提出的问题天马行空，比较随意，所以这家公司的面试过程很容易受到面试官个人主观意识的影响，对参与面试的管理者进行面试培训可以是改善这家公司的面试效果的方法之一。

2. 第三种情况表明，该公司员工甄选体系的（　　）比较低。
   A. 预测效度
   B. 构想效度
   C. 内部一致性信度
   D. 重测信度

   [答案] A

   [解析] 预测效度考察的是员工被雇用之前的测试分数与其被雇用之后的实际工作绩效之间是否存在实证性联系。根据案例，尽管公司在甄选过程中采用了多种测试方法，但在实际工作中却发现，一些当时测试得分较高的人，其实实际工作绩效反而不如一些测试分数相对较低的人，由此可知，该公司员工甄选体系的预测效度低。

3. 关于无领导小组讨论的说法，正确的是（　　）。
   A. 无领导小组讨论能够考察被试者的人际沟通能力、口头表达能力和领导能力
   B. 在无领导小组讨论中，每个人的地位都是平等的
   C. 在无领导小组讨论中，评价者不参与讨论过程
   D. 无领导小组讨论对评价者的评价技术要求比较低

   [答案] ABC

   [解析] 无领导小组讨论存在的问题之一是对评价者的评分技术要求较高，D项错误。

4. 下列面试问题中，属于情境化的结构面试题目的是（　　）。
   A. 请谈一谈你本人有哪些优点
   B. 请谈一下你对所面试工作的认识
   C. 请谈一谈你为什么希望进入本公司
   D. 请你举一个具体的例子，说明你自己确定了一个很高的目标并最终得以实现

   [答案] D

   [解析] 在情境化结构面试中，被面试者需要回答的问题并不是一些抽象的或者与未来的实际工作联系不那么紧密的问题，而是他们将来在实际工作中很可能会遇到的工作环境以及非常具体的工作任务、工作问题或难题。D项中的"具体"是关键词。

本章同步练习

一、单项选择题（每题1分，每题备选项中，只有1个最符合题意）

1. 下列说法不正确的是（　　）。
   A. 人员甄选是确保组织战略目标达成的最根本保障
   B. 甄选失误企业需要负担重新雇用成本
   C. 耽误组织发展的良好时机而给组织带来损害属于甄选失误的机会成本
   D. 甄选决策失误不会对员工本人造成伤害

2. （　　）是对任何一种测试工具的最基本要求。
   A. 信度
   B. 评价者信度
   C. 内部一致性信度
   D. 效度

3. 关于信度系数的说法，错误的是（　　）。
   A. 信度的高低是用信度系数表述的
   B. 信度系数介于0到1之间
   C. 0表示信度最高

D. 一般情况下，信度系数不低于0.70的测试工具被视为信度较好

4. （   ）反映了一种测试工具对于它所要测量的内容或特质进行准确测量的程度。
   A. 信度
   B. 评价者信度
   C. 内部一致性信度
   D. 效度

5. 信度是效度的（   ）条件。
   A. 必要
   B. 充分
   C. 充要
   D. 必备

6. （   ）是指一种测试或甄选技术对被试者的一种或多种工作行为或工作绩效进行预测的准确程度。
   A. 效标效度
   B. 预测效度
   C. 内容效度
   D. 构想效度

7. （   ）需要在同一时间获取两组数据，即考察求职者的测试分数与已经在某种岗位上从事工作的任职者的测试分数之间存在怎样的相关关系。
   A. 效标效度
   B. 预测效度
   C. 同时效度
   D. 分半效度

8. 在认知能力测试的内容中，关于推理能力说法正确的是（   ）。
   A. 考察需要记忆的具体知识
   B. 考察对数字的敏感程度以及灵活运用数量分析技巧
   C. 可以采用类似于语文试题的形式
   D. 是指一个人在面对各种问题时找到解决问题的方法的能力

9. 下列认知能力测试的内容中，关于数量能力适合的测试题目的说法，正确的是（   ）。
   A. 考察需要记忆的具体知识
   B. 考察对数字的敏感程度以及灵活运用数量分析的技巧
   C. 可以采用类似于语文试题的形式
   D. 通常是以数字、图形、文字等方式呈现

10. 下列认知能力测试的内容中，关于语言理解能力适合的测试题目的说法，正确的是（   ）。
    A. 考察需要记忆的具体知识
    B. 考察对数字的敏感程度以及灵活运用数量分析的技巧
    C. 可以采用类似于语文试题的形式
    D. 是指一个人在面对各种问题时找到解决问题的方法的能力

11. 根据霍兰德职业兴趣测试，职业兴趣为（   ）的人偏好与具体的物体（如工具、机械、电子设备等）打交道，喜欢有规则的具体劳动以及需要基本操作技能的工作，不喜欢跟人打交道。
    A. 现实型
    B. 社会型
    C. 研究型
    D. 艺术型

12. 根据霍兰德职业兴趣测试，职业兴趣为（   ）的人适合从事企业性质的工作，担任领导或政府官员等。
    A. 现实型
    B. 社会型
    C. 企业型
    D. 艺术型

13. （   ）方法的面试考官在面试过程中故意制造出一种紧张气氛，对被面试者施加一定的心理压力，然后观察被面试者在面对压力下的情绪变化以及所做出的反应。
    A. 单独面试
    B. 压力面试
    C. 顺序面试
    D. 集体面试

二、多项选择题（每题2分，每题备选项中，有2个或2个以上符合题意，至少有1个错项。错选，本题不得分；少选，所选的每个选项得0.5分）

1. 关于重测信度，说法正确的有（　　）。
   A. 又称再测信度
   B. 是指用同一种测试工具在不同的时间对同一群人进行多次测试所得到的结果的一致性程度
   C. 时间间隔越长，两次测试之间的相关系数就越高
   D. 根据一般经验，两次测试的时间间隔为半个月到半年可能比较合适
   E. 反映了两个测验在内容上的等值性程度

2. 下列说法中，不正确的有（　　）。
   A. 评价者信度是指不同评价者在使用同一种测试工具时所给出的分数之间的一致性程度
   B. 同质性信度是将一个测试中包含的题目一分为二，然后考察这两个半份测试结果之间的相关系数
   C. 分半信度就是指一种测试内部的所有各个题目考察同一内容的程度
   D. 复本信度反映同一测试内容的各个题目之间的得分一致性程度
   E. 同质性信度和分半信度是考察内部一致性信度的方式

3. 关于心理测试的说法，正确的有（　　）。
   A. 心理测试最早可以追溯到1905年比奈和西蒙合作开发的智力测验量表
   B. 能力测试的目的是测试一个人是否具有从事一项特定工作的心理能力
   C. 智商测试属于一般认知能力测试
   D. 特殊认知能力测试针对一些比较具体的认知能力
   E. 一般认知能力测试也称为职业能力倾向测试

4. MBTI人格类型测试中的划分维度包括（　　）。
   A. 感觉—直觉
   B. 理性—情感
   C. 外倾—内倾
   D. 对待外界的方式
   E. 判断—感知

5. 根据霍兰德的观点，关于职业兴趣为常规型的人的说法，正确的有（　　）。
   A. 偏好对文字和数据等资料进行明确、有序的整理
   B. 厌恶模糊、不正规、非程序化或探究性的活动
   C. 喜欢自己对事情做判断和决策
   D. 看重财富和地位
   E. 适合从事办公室事务性工作、图书管理、会计、统计类工作

6. 下列关于工作样本测试的说法，正确的有（　　）。
   A. 效标效度很高
   B. 内容效度很高
   C. 内部一致性效度很高
   D. 普遍适用性很低，只能针对不同的职位来开发不同的测试
   E. 开发成本相对较低

7. 下列关于结构化面试的说法，正确的有（　　）。
   A. 不存在必须遵循的既定格式
   B. 面试考官和被面试者的谈话很僵硬
   C. 没有统一的打分规则和评价标准

D. 可以实现结构性与灵活性相相合
E. 确保关键的信息不会遗漏

8. 下列关于无领导小组讨论的说法，正确的有（　　）。
   A. 可以采用两难性问题
   B. 通常会涉及一位管理者可能需要处理的各种文件
   C. 操作性问题适合技术性比较强的行业
   D. 根据自己对角色的认识或担任相关角色的经验来进行相应的语言表达和行为
   E. 对测试题目的要求较高，对评价者的评分技术要求较高，被测试者仍然有可能会有意识地表现自己或掩饰自己

9. 下列关于履历分析技术中对履历的要求的说法，正确的有（　　）。
   A. 真实
   B. 成本低
   C. 全面
   D. 必须和工作相关
   E. 实用性强

本章同步练习参考答案及解析

一、单项选择题

1. [答案] D
   [解析] 甄选决策失误可能会对员工本人造成伤害，因为在本组织中不合适的员工未必不适合其他组织，如果不是因为当前组织做出错误的雇用决策，这些人当初很可能会找到真正适合他们的组织。

2. [答案] A
   [解析] 信度是对任何一种测试工具的最基本要求。

3. [答案] C
   [解析] 0表示信度最低，1表示信度最高。

4. [答案] D
   [解析] 效度即有效性，反映了一种测试工具对于它所要测量的内容或特质进行准确测量的程度。

5. [答案] A
   [解析] 信度是效度的必要条件（但不是充分条件）。如果一项测试的效度较好，则其信度一定也比较高。

6. [答案] A
   [解析] 效标效度是指一种测试或甄选技术对被试者的一种或多种工作行为或工作绩效进行预测的准确程度。

7. [答案] C
   [解析] 同时效度需要在同一时间获取两组数据，即考察求职者的测试分数与已经在某种岗位上从事工作的任职者的测试分数之间存在怎样的相关关系。

8. [答案] D
   [解析] 推理能力是指一个人在面对各种问题时找到解决问题的方法的能力。

9. [答案] B
   [解析] 数量能力是指一个人解决与数字有关的各种问题的速度与准确性，可采用类似于数学考试的试题。其考察通常很简单，只需运用小学或初中数学知识，考察的重点是对数字的敏感程度以及灵活运用数量分析技巧的能力。

10. [答案] C
    [解析] 语言理解能力是指一个人理解并使用书面或口头语言的能力，可采用类似于语文考试的试题，重点在于考察潜在的语言能力，而不是需要记忆的具体知识。

11. [答案] A
    [解析] 具有现实型职业兴趣的人偏好与具体的物体（如工具、机械、电子设备等）打交道，喜欢有规则的具体劳动以及需要基本操作技能的工作，不喜欢跟人打交道。

12. [答案] C
    [解析] 具有企业型职业兴趣的人勇于冒

险、乐观、自信、精力充沛、有野心，喜欢担任有领导责任的工作，看重政治和经济方面的成就，喜欢追求财富、权力和地位，喜欢与人争辩，喜欢说服别人接受自己的观点，但是他们不喜欢从事研究性的活动，适合从事企业的工作，担任领导或政府官员等。

13. [答案] B

[解析] 压力面试是指面试考官在面试过程中故意制造出一种紧张气氛，对被面试者施加一定的心理压力，然后观察被面试者在压力状况下的情绪变化以及所做出的反应。

二、多项选择题

1. [答案] ABD

[解析] 时间间隔越长，两次测试之间的相关系数就越低，C 项错误。复本信度的高低反映了两个测验在内容上的等值性程度，E 项错误。

2. [答案] BCD

[解析] 分半信度是将一个测试中包含的题目一分为二，然后考察这两个半份测试结果之间的相关系数，B 项错误。同质性信度是指一种测试内部的所有题目考查同一内容的程度，C 项错误。内部一致性信度反映同一测试内容的各个题目之间的得分一致性程度，D 项错误。

3. [答案] ACD

[解析] 心理测试包括能力测试、人格测试和兴趣测试三类。其中，能力测试的目的是测试一个人是否具有从事一项特定工作的潜在能力，B 项错误。能力测试包括认知能力测试和运动与身体能力测试。其中，认知能力测试包括一般认知能力测试和特殊认知能力测试。特殊认知能力测试针对一些比较具体的认知能力，又被称为能力倾向测试或职业能力倾向测试，E 项错误。

4. [答案] ABCE

[解析] MBTI 人格类型测试包含四个两极性的维度，分别为：外倾—内倾、感觉—直觉、理性—情感、判断—感知。

5. [答案] ABDE

[解析] 具有常规型职业兴趣的人不喜欢自己对事情做判断和决策。

6. [答案] ABD

[解析] 工作样本测试的效标效度和内容效度都很高。工作样本测试是专门针对特定职位设计的，因此它的普遍适用性很低，只能针对不同的职位来开发不同的测试，所以它的开发成本相对较高。

7. [答案] BE

[解析] A、C 两项表述的是非结构化面试的内容，D 项表述的是半结构化面试的内容。

8. [答案] ACE

[解析] B 项表述的是公文筐测试的内容，D 项表述的是角色扮演的内容。

9. [答案] ACD

[解析] 履历分析中，对履历的要求包括：履历信息必须真实，履历信息必须全面，履历信息必须和工作相关。

第七章 绩效管理

本章考情分析

年份	单项选择题	多项选择题	案例分析题	合计
2021年	3题3分	2题4分	—	7分
2020年	4题4分	2题4分	—	8分
2019年	4题4分	1题2分	—	6分
2018年	4题4分	1题2分	—	6分
2017年	5题5分	2题4分	4题8分	17分

本章考点概览

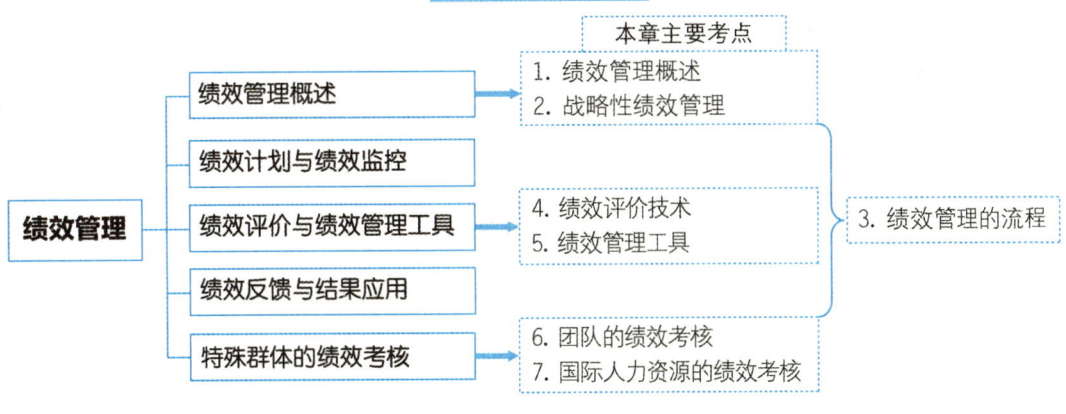

本章考点详解

【考点一】绩效管理概述

一、绩效管理和绩效考核

绩效管理和绩效考核的具体内容如表7-1所示。

表7-1 绩效管理和绩效考核

项目	绩效管理	绩效考核
含义	管理者与员工通过持续开放的沟通，就组织目标和目标实现方式达成共识的过程	用一套正式的、结构化的制度来衡量、评价、反馈并对影响员工的工作特性、行为和结果

续表

项目	绩效管理	绩效考核
目的	绩效管理的主要目的是建立客观、简洁的绩效优化体系，实现组织与个人绩效的紧密融合。绩效优化体系可以保留、激励员工，持续地培养和发展员工，依据组织需要调整人员配置，从而提升企业的核心竞争力	通过绩效考核，可以评价员工的实际工作效果并对其进行针对性的奖励和惩罚、了解员工的发展潜力，最终实现员工与组织的共同发展
区别	（1）它是一个<u>完整</u>的管理过程 （2）侧重于信息的<u>沟通和绩效的提高</u>	（1）它是绩效管理中的<u>一个环节</u> （2）侧重于绩效<u>识别、判断和评估</u>
联系	（1）绩效考核是绩效管理的重要组成部分，绩效考核的顺利实施不仅取决于评价过程本身，更取决于评价相关的整个绩效管理过程 （2）有效的绩效考核是对绩效管理的有力支撑，成功的绩效管理也会推动绩效考核的顺利开展	

二、绩效管理的作用

（一）绩效管理在组织管理中的作用

（1）有助于组织内部的沟通。
（2）有助于管理者成本节约。
（3）有助于促进员工的自我发展。
（4）有助于建设和谐的组织文化。
（5）是实现组织战略的重要手段。

（二）绩效管理在人力资源管理中的作用

（1）绩效管理为其他人力资源管理环节的有效实施提供依据。

绩效管理为薪酬的发放提供依据，为人员的配置和甄选提供依据，帮助组织更有效地实行员工开发。

（2）绩效管理可以用来评估人员招聘、员工培训等计划的执行效果。

三、有效绩效管理的特征

（1）敏感性。明确区分高效率员工和低效率员工。
（2）可靠性。不同评价者对同一个员工所做的评价基本相同。
（3）准确性。把工作标准和组织目标联系起来确定绩效的好坏。
（4）可接受性。组织上下对绩效工作共同支持。
（5）实用性。成本小于收益。

【考点小贴士】上述有效绩效管理的特征可简记为"可可感准实"。

经典例题

[2020年真题·单选题] 关于绩效管理与绩效考核的说法，正确的是（　　）。
A. 绩效考核侧重于信息的沟通和绩效的提高
B. 绩效管理有助于组织战略目标的实现
C. 绩效管理是绩效考核的重要组成部分
D. 绩效考核有助于建设和谐的组织文化
[答案] B
[解析] 绩效考核侧重于绩效识别、判断和评估，A项错误。绩效考核是绩效管理的重要组成部分，C项错误。绩效考核与组织文化间并没有直接联系，D项错误。

经典例题

[2016年真题·单选题] 关于有效的绩效管理的说法，错误的是（　　）。

A. 可接受性与实用性不是有效的绩效管理体系的特征
B. 绩效管理体系的敏感性是指可以明确地区分高效率员工和低效率员工
C. 绩效管理体系的准确性是指可以通过把工作标准和组织目标联系起来确定绩效的好坏
D. 绩效管理体系的可靠性是指可以促使不同的评价者对同一个员工所做的评价基本相同

[答案] A

[解题思路] 根据[考点小贴士]中的"可可感准实"可得出A项错误。

【考点二】战略性绩效管理

一、适用于取得竞争优势战略的绩效管理

适用于取得竞争优势战略的绩效管理如表7-2所示。

表7-2　适用于取得竞争优势战略的绩效管理

战略类型	绩效考核	绩效改进与结果
成本领先战略 [可简记为"省钱"]	(1) 选择以结果为导向、实施成本较低的评价方法（如目标管理法） (2) 选择客观的财务指标 (3) 只选择直接上级作为评价主体 (4) 考核周期不宜过短	改进选择标杆超越法，结果应用于成本的改进和控制
差异化战略 [可简记为"独特"]	(1) 弱化员工工作的直接结果，鼓励员工多进行创新的活动 (2) 选择以行为为导向的评价方法 (3) 评价主体多元化 (4) 考核周期不宜过短	结果充分利用于员工的开发、培训活动

二、适用于不同竞争态势战略的绩效管理

适用于不同竞争态势战略的绩效管理如表7-3所示。

表7-3　适用于不同竞争态势战略的绩效管理

战略类型	组织特点	绩效管理的各种沟通环节	绩效考核	绩效考核结果应用
防御者战略	防御型组织会尽量维持内部的稳定性，将更多精力致力于长期发展	重点是调动员工潜能，发挥员工工作的积极性	(1) 选择系统化的评价方法，多角度选择考核指标（如平衡计分卡法） (2) 考核周期可以与奖金发放的周期相一致，便于考核的操作	员工的开发、培训、职业生涯规划
探索者战略	探索型组织不断地开展新产品，挖掘新市场，不断适应新环境	重点是将组织目标融入员工的个人发展目标，使组织和个人利益趋于一致	选择以结果为导向的评价方法，强化员工新产品、新市场的开发成功率	薪酬分配，最大限度地激励员工发挥潜能
跟随者战略	跟随型组织靠模仿生存，通过复制探索者战略取得成功	采用与标杆组织做对照的方式与员工分析绩效现状，并加以改进	(1) 核心是学习 (2) 选择标杆超越法 (3) 考核主体多元化	员工绩效的改进与标杆组织的对比

经典例题

[2017年真题·单选题] 关于不同竞争战略下的战略性绩效管理策略的说法，正确的是（　　）。
A. 采用成本领先战略的企业在绩效考核中，应选取以行为为导向的评价方法

B. 采用成本领先战略的企业，应尽量缩短绩效考核周期
C. 采用差异化战略的企业在绩效考核中，应尽量使评价主体多元化
D. 采用差异化战略的企业在绩效考核中，应选取以结果为导向的评价方法
[答案] C
[解析] 成本领先战略即"省钱"，采用成本领先战略的企业选取结果导向的评价方法，考核周期不宜过短，A、B两项错误；差异化战略即"独特"，考核主体尽量多样化，C项正确；采用差异化战略的企业在绩效考核中，应选取以行为为导向的评价方法，D项错误。

[2016年真题·单选题] 关于差异化战略对应的人力资源管理策略的说法，错误的是（　　）。
A. 在绩效评价中，重视客户意见　　B. 绩效考核周期越短越好
C. 鼓励员工进行创新活动　　D. 鼓励以行为为导向的绩效评价方法
[答案] B
[解析] 根据差异化战略，差异化战略下的绩效考核的考核周期不宜过短，B项错误。

[2012年真题·案例分析题] 某跨国公司有两项主营业务，业务A采取成本领先竞争战略，业务B采取差异化竞争战略。公司为制订下一年度各部门的绩效计划，在10月份就开始了绩效目标的沟通，计划明年1月份最终完成绩效计划的制定。该公司制订绩效计划的程序是：首先由各部门和下属机构提出绩效目标和计划，然后由人力资源部门简单汇总并最终确定。

1. 对于该公司的业务A适宜的绩效管理策略有（　　）。
A. 采用行为锚定法进行绩效评价　　B. 选择客观的财务指标作为绩效的评价指标
C. 只选择直接上级作为绩效评价的主体　　D. 以行业内成本领先的企业作为绩效改进的标杆
[答案] BCD
[解题思路] 题干中业务A采取的是成本领先竞争战略，根据成本领先战略下的绩效管理策略，选择B、C、D三项。

2. 对于该公司的业务B，适宜的绩效管理策略有（　　）。
A. 绩效评价的主体多元化　　B. 采用以员工行为为导向的绩效评价方法
C. 适当拉长绩效考核的周期　　D. 将考核的结果充分应用于成本改进
[答案] ABC
[解题思路] 题干中业务B采取的是差异化竞争战略，根据差异化战略下的绩效管理策略，选择A、B、C三项。
[点拨] 这道题虽然属于案例分析题，但是实际上都是考查战略性绩效管理这一考点，只要掌握好考点，谨慎选择，案例分析题拿分并不难。

【考点三】绩效管理的流程

绩效管理的流程如图7-1所示。

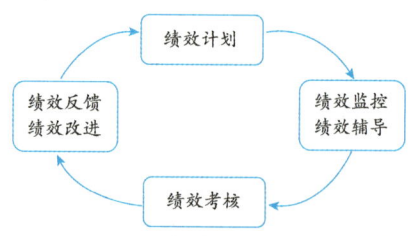

图7-1　绩效管理的流程

【考点小贴士】绩效管理实操性较强，绩效管理流程是绩效管理的各个环节的综合，在考题中占有重要地位，所以此考点将所涉及的内容综合集结，便于综合性理解和取得更佳的学习效果。

一、绩效计划

（一）绩效计划的概念

（1）绩效计划是绩效管理的第一个环节，也是绩效管理过程的起点。

（2）绩效计划是一个确定组织对员工的绩效期望并得到员工认可的过程。

绩效计划既包括组织对员工工作成果的期望，也包括组织希望员工表现的行为和使用的技能。

（3）绩效计划是主管人员与员工在绩效年开始之初围绕绩效目标进行反复沟通的过程。

（4）绩效计划要求组织与员工对绩效目标有清晰、明确的认识，并将这种共识落实为绩效计划书。

（二）绩效计划制订的参与者

绩效计划制订的参与者包括人力资源部门（主要责任）、各级主管人员、员工。

（三）绩效计划制订的过程

绩效计划制订是将组织绩效目标分解成个人绩效目标的过程，是自上而下的过程。

（四）绩效计划目标的种类

（1）绩效目标：来源于组织目标、部门目标和个人目标，主要用于描述员工应执行的职位职责和应完成的量化产出指标。

（2）发展目标：支持员工实现绩效目标、促进员工自身发展的能力标准，主要强调与组织目标相一致的价值观、能力和核心行为。

（五）绩效计划的制订原则

绩效计划的制订原则包括价值驱动原则、战略相关性原则、系统化原则、职位特色原则、突出重点原则、可测量性原则、全员参与原则。

（六）绩效计划的步骤

1. 准备阶段

搜集制订绩效计划所需要的各种信息。具体包括：

（1）组织近几年的绩效管理资料，如历年的绩效计划、组织和员工近期的绩效考核结果等。

（2）工作分析的相关资料，如职位说明书、部门的职能职责表等。

（3）组织最新的战略管理资料，如组织的目标、组织在该绩效周期的发展战略等。

2. 沟通阶段

管理者与员工通过反复的沟通就绩效计划的内容达成一致的过程。

二、绩效监控与辅导

（一）绩效监控

（1）绩效监控是在绩效考核期间内管理者为了掌握下属的工作绩效情况而进行的一系列活动。它通过管理者和员工持续的沟通，观测、预防或解决绩效周期内可能存在的问题，更好地完成绩效计划。

（2）在这一阶段，管理者的任务包括：准确记录并定期汇总员工工作中的关键事件，为日后的绩效考核奠定事实基础；就绩效执行情况与员工进行必要的沟通、交流。

（二）绩效辅导

（1）绩效辅导是指在掌握了下属工作绩效的前提下，为了提高员工绩效水平和自我效能感而进行的一系列活动。它贯穿于绩效实施的整个过程中，是一种经常性的管理行为，帮助员工解决当前绩效实施过程中出现的问题。

（2）绩效辅导的内容包括探讨绩效现状、寻找改进绩效的方法（开放式）。

三、绩效评价

(一) 绩效评价的常见误区及应对方法

绩效评价的常见误区及应对方法如表 7-4 所示。

表 7-4 绩效评价的常见误区及应对方法

误区	阐述	应对方法
晕轮效应	因对被评价者的某一特质的强烈的清晰的感知，而忽略了该人其他方面的品质	核心：消除评价者的偏见
	例如，主管给自己喜爱的下属较高分数，给不喜欢的下属较低评价	
趋中趋向	员工的考核分数集中在某一固定范围的变动中，评价结果无好坏的差异	主管要密切地与员工接触、彻底与评价标准对比，全面准确了解被评价者的工作情况；可以采取强制分配法、排序法等方法
过严或过宽倾向	过分严厉或过分宽大评定员工的倾向	建立评价者的自信心或举行角色互换培训；采取强制分配法消除评价误差
年资或职位倾向	主管倾向于给予那些服务年资较久、担任职务较高的被评价者较高的分数	建立"对事不对人"的观念，引导评价者针对工作完成情况、工作职责进行评价
盲点效应	主管难于发现员工身上存在的与主管自身相似的缺点和不足	将更多类型的考核主体纳入考核，化解主管评价结果对员工绩效的完全决定作用
刻板印象	个人对他人的看法，往往受到他人所属群体的影响	考核时注意从员工的工作行为出发，而不是员工的个人特征
	例如，有些主管错误地认为，男性工作能力较女性更容易受到肯定	
首因效应	根据最初的印象去判断一个人	采取多角度的考核方式
近因效应	最近的或最终的印象往往是最强烈的，可以冲淡之前产生的各种因素	考核前，先由员工进行自我总结

(二) 绩效评价主体的培训

1. 培训内容

（1）让每一个考核者了解绩效考核的理论和技术，同时也要向考核者提出以前考核中存在的问题以及合理的解决方案。

（2）培训内容可增加工作绩效的多角度性、客观记录所见事实的重要性、合格与不合格员工的具体事例。

2. 培训方式

传统的授课模式、群体讨论会、专题研讨会等。

3. 培训反馈

在培训和绩效考核结束后，管理者还应当对培训的效果加以评价，查看被评价者将培训中获得的知识运用于绩效考核中的效果，比较哪种培训方式对提升绩效考核结果的客观性影响最显著。

四、绩效反馈面谈

(一) 绩效反馈面谈的目的

（1）向员工反馈绩效考核结果。

（2）向员工传递组织远景目标。

(3) 弄清员工绩效不合格的原因。
(4) 为下一个绩效周期工作的展开做好准备。

(二) 绩效反馈面谈的操作流程

绩效反馈面谈的操作流程如图 7-2 所示。

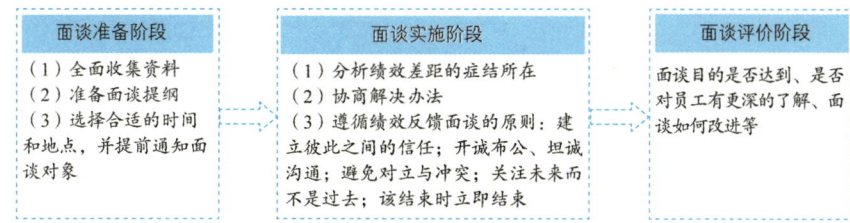

图 7-2　绩效反馈面谈的操作流程

(三) 绩效反馈面谈的内容、注意事项和面谈中评价者的误区

绩效反馈面谈的内容、注意事项和面谈中评价者的误区如表 7-5 所示。

表 7-5　绩效反馈面谈的内容、注意事项和面谈中评价者的误区

内容	注意事项	面谈中评价者的误区
(1) 就绩效现状达成一致 (2) 探讨绩效中可改进之处，并确定行动计划 (3) 商讨来年的工作目标	(1) 主管人员应采取赞扬与建设性批评相结合的方式 (2) 把重点放在解决问题上 (3) 鼓励员工积极参与到反馈过程中	(1) 不适当发问 (2) 理解不足 (3) 期待预期结果 (4) 自我中心和感情化的态度 (5) 以对方为中心及同情的态度

(四) 绩效面谈的技巧

(1) 时间、场所的选择。

主管人员在确定面谈时，应避免上下班、开会等让人分心的时段。面谈的地点应选择安静、轻松的会客厅。

(2) 认真倾听。面谈中最忌讳主管人员喋喋不休，时常打断员工谈话。

(3) 鼓励员工多说话。

(4) 以积极的方式结束对话。

五、绩效改进

绩效改进的具体内容如表 7-6 所示。

表 7-6　绩效改进

项目		具体内容
概念		绩效改进是指通过找出组织或员工工作绩效中的差距，制订并实施有针对性的改进计划来提高员工绩效水平的过程
绩效改进方法	卓越绩效标准（关注组织管理理念）	组织可以分析自身与卓越组织的差别，探索组织的最佳运作方法，提高组织的绩效水平
	六西格玛管理（关注组织业务流程的误差率）	(1) 核心理念：在企业整个业务流程的所有环节上，都运用科学的方法提高效率，减少失误率，使整个流程达到最佳状态，从而满足客户的要求 (2) 使用统计工具分析影响流程的要素，改进流程，控制错误和废品增加
	ISO 质量管理体系（关注组织产品或服务的生产过程）	特点：明确了管理层在质量管理中的职责，强制纠正和预防措施，强调不断审核和监督

续表

项目		具体内容
绩效改进方法	标杆超越（关注点可灵活多变）	对比和分析关键成功因素，进行改进，使组织成为同行业最佳的系统过程
		企业标杆的设立可以比较灵活，组织可以将优秀企业的某个管理"片断"作为标杆，也可以将优秀企业整体作为标杆
绩效改进效果评价	反应	即员工、客户、供应商对改进结果的反应
	学习或能力	即绩效改进实施后，员工能力素质的提升程度
	转变	即改进活动对工作方式的影响
	结果	即绩效改进所达成的结果与预期的对比

【考点小贴士】绩效改进方法可简记为"质量超越卓越666"。

六、绩效考核结果的应用

通过绩效考核，组织可以掌握员工的工作态度和工作能力。通过这两个维度的交叉分析，可将组织员工划分为安分型、贡献型、堕落型和冲锋型四种类型。对于这四种类型，绩效考核结果的应用如图7-3所示。

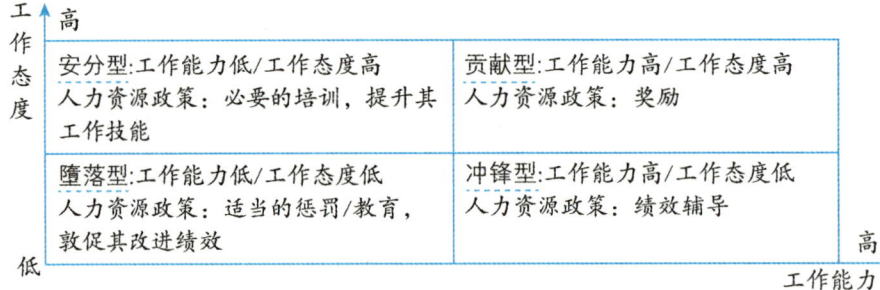

图7-3 绩效考核结果的应用

经典例题

[2018年真题·单选题] 关于绩效面谈技巧的说法，正确的是（　　）。
A. 在绩效面谈中，主管人员应当将重点放在对员工进行批评和教育方面
B. 主管人员应该主导绩效面谈，可以随时打断员工的陈述
C. 主管人员可以利用在公司食堂吃午餐的时间与员工进行绩效面谈
D. 在绩效面谈时，主管人员应当以积极的方式结束谈话
[答案] D
[解析] 绩效反馈面谈的技巧：①时间、场所的选择，避免上下班、开会等让人分心的时段，安静、轻松的会客厅合适。②认真倾听，最忌讳主管人员喋喋不休，时常打断员工谈话。③鼓励员工多说话。④以积极的方式结束对话。

[2016年真题·单选题] 关于绩效评价常见误区的说法，正确的是（　　）。
A. 晕轮效应是指主管人员在绩效考核中往往根据最近的印象评价员工
B. 盲点效应是指主管人员不愿意得罪人，使绩效考核结果没有好坏的差异
C. 刻板印象是指主管人员在绩效考核中往往受到员工所属群体的影响去评价员工
D. 近因效应是指主管人员在绩效考核中往往根据最后最初的印象去评价员工
[答案] C

[解析] 本题考查绩效评价常见误区。晕轮效应是指因对被评价者的某一特质的强烈的清晰的感知，而掩盖了该人其他方面的品质，A项错误；盲点效应是指主管难于发现员工身上存在的与主管自身相似的缺点和不足，B项错误；近因效应是指最近的或最终的印象往往是最强烈的，可以冲淡之前产生的各种因素，D项错误。

[2016年真题·单选题] 关于绩效改进方法的说法，错误的是（　　）。
A. 卓越绩效标准关注组织的管理理念
B. 六西格玛管理关注组织业务流程的误差率
C. ISO质量管理体系关注组织产品或服务的生产过程
D. 标杆超越法中的企业标杆必须是管理水平相当、业绩相近的企业
[答案] D
[解析] 本题考查绩效改进方法。标杆超越法下对企业标杆设立可以比较灵活，组织可以将优秀企业的某一管理"片断"作为标杆，也可以将优秀企业整体作为标杆。D项说法太绝对。

[2013年真题·单选题] 关于绩效计划的说法，错误的是（　　）。
A. 绩效计划是绩效管理过程的起点
B. 绩效计划的制订要与组织追求的宗旨相一致
C. 绩效计划是主管人员与员工反复沟通，就绩效计划内容达成一致的过程
D. 绩效计划的制订是各级主管和员工的责任，无须人力资源部门的参与
[答案] D
[解析] 绩效计划制订中，人力资源部门对绩效管理的监督与协调负主要责任，D项错误。

[2011年真题·单选题] 通过管理者与员工进行持续的沟通，预防或解决绩效周期内可能存在的问题，以确保更好地完成绩效计划的过程称为（　　）。
A. 绩效考核　　　　　　　　B. 绩效监控
C. 绩效计划　　　　　　　　D. 绩效反馈
[答案] B
[解析] 绩效监控是指通过管理者与员工进行持续的沟通，预防或解决绩效周期内可能存在的问题，以确保更好地完成绩效计划，B项正确。

【考点四】绩效评价技术（三类技术，即8种方法）

绩效评价技术包括量表法、比较法和描述法。

一、量表法

常用的量表法有3种，具体内容如表7-7所示。

表7-7　常用的量表法

方法		具体内容
图尺度评价法	概念	也称等级评价法，是列举一些特征要素并分别为每一个特征要素列举绩效的取值范围的方法。这是一种最简单、最常用的绩效评价方法
	优点	容易开发，有普遍适应性；实用、开发成本小
	缺点	(1) 与组织战略之间常常差异较大 (2) 只有模糊和抽象的绩效标准，可能会导致不同的评价者对绩效标准产生不同的理解，被考评者的绩效评估结果受评估者的主观因素影响比较大 (3) 无法为员工改进工作提供具体的指导，不利于绩效评估的反馈

续表

方法		具体内容
行为锚定法	概念	将每项工作的特定行为用一张等级表进行反映，该等级表将每项工作划分为各种行为级别（从最积极的行为到最消极的行为），评价时评估者只需将员工的行为对号入座即可
	优点	(1) 使工作的计量更为准确 (2) 使工作绩效评价标准更为明确 (3) 具有较高的信度 (4) 评估结果具有良好的反馈功能
	缺点	开发成本很高，操作流程复杂
行为观察量表法	概念	由工作绩效所要求的一系列合乎组织期望的行为组成的表单。行为观察量表列举出评估指标（通常是期望员工工作中出现的比较好的行为），然后要求评估人在观察的基础上将员工的工作行为同评价标准进行对照，看该行为出现的频率或完成的程度如何（从"几乎没有"到"几乎总是"）的评估方法
	优点	(1) 内部一致性令人满意，所有区分成功和不成功绩效的行为都被包括在量表中 (2) 对量表的理解和使用比较便利 (3) 有利于提供清晰的绩效反馈 (4) 可以单独作为职位说明书的补充
	缺点	(1) 难包含所有的行为指标的代表性样本 (2) 效度有待提高 (3) 主管人员单独进行考核，工作量太大，不具有可操作性

二、比较法

常见的比较法有3个，具体内容如表7-8所示。

表 7-8 常用的比较法

方法		具体内容
排序法	概念	将员工的业绩按照从高到低的顺序排列
	分类	(1) 简单排序法：评价者把所有员工按照业绩的顺序排列起来 (2) 交替排序法：对简单排序法的一种改进，是将员工从绩效最好到最差进行交替排序，最后根据序列值来计算得分的一种考评方法
	优点	操作简单；评估结果简单明了；实施成本低
	缺点	(1) 容易导致员工有心理压力，不容易接受评估的结果 (2) 很难提供详细具体的绩效评估结果
配对比较法	概念	根据某项评价标准将每位员工逐一与其他员工比较，选出每次比较的优胜者，最后根据每位员工获胜的次数进行绩效排序
	优点	比排序法更加科学，它能在人数较少的情况下快速比较出员工绩效水平
	缺点	(1) 当员工人数增加时，评估的工作量将会成倍地增加 (2) 只能得到员工绩效的排名，不能反映员工绩效的差距和工作能力的特点
强制分布法	概念	要求评估者将被评估者的绩效结果放入一个类似于正态分布的标准中
	假设	该方法基于一个有争议的假设，即：在被评估者中，优秀、一般和较差的员工同时存在
	优点	(1) 有效避免考核结果可能出现的趋中趋势 (2) 有利于管理手段的实施 例如，当一个企业实行末位淘汰机制时，强制分布法能很快鉴别出哪些员工应当被淘汰，也会对员工起到鞭策和激励作用
	缺点	当一个部门中员工都非常优秀时，就显得有失公平

三、描述法

常用的描述法有 2 个，具体内容如表 7-9 所示。

表 7-9 常用的描述法

项目		具体内容
关键事件法	概念	要求评估者在绩效周期内，将发生在员工身上的关键事件都记录下来，并将它们作为绩效评估的事实依据。这些关键事件包括员工在工作中非同寻常的行为，而一般的或平常的工作表现将不被考虑。核心是明确关键事件的定义和所包含的项目
	优点	(1) 评价结果更加客观，削弱了评估者的偏见 (2) 管理者可以通过分析员工的关键事件来确定员工在工作中的优势与不足，从而有针对性地对其进行培训 (3) 关键事件也为绩效反馈面谈奠定了基础，关键事件的记录可以使上下级双方很容易地就绩效现状达成一致
	缺点	费时。不同职位所涉及的关键事件有所不同，这使得无法提供员工之间、部门之间和团队之间的业绩比较信息
不良事故评估法	概念	通过预先设计不良事故的清单对员工的绩效进行考核
	优点	使企业尽量避免巨大损失
	缺点	不能提供丰富的绩效反馈信息；不能用来比较员工、部门、团队的绩效水平

经典例题

[2019 年真题·单选题] 关于绩效评价技术的说法，正确的是（　　）。
A. 根据某项评价标准，将每位员工逐一与其他员工比较选出优胜者，最后根据每位员工获胜的次数进行绩效排序，这种绩效评价方法是配对比较法
B. 列出评估指标，要求评估者在观察的基础上将员工的工作行为与评价标准进行对照，以判断该行为出现的频率或完成程度，这种绩效评价方法是交替排序法
C. 将每项工作的特定行为用一张等级表（从最积极的行为到最消极的行为）进行反映，评估者只需将员工的行为对号入座，这种绩效评价方法是行为观察量表法
D. 采取"掐头去尾"和"逐级评价"的方法最终获得员工业绩排序，这种绩效评价方法是行为锚定法
[答案] A
[解析] B 项是行为观察量表法的描述；C 项是行为锚定法的描述；D 项是强制分布法的描述。

[例题·单选题]（　　）可以有效避免考核结果可能出现的趋中趋势。
A. 配对比较法　　B. 图尺度评价法　　C. 行为锚定法　　D. 强制分布法
[答案] D
[解析] 强制分布法可以有效避免考核结果可能出现的趋中趋势，有利于管理手段的实施。

[2015 年真题·多选题] 关于绩效评价技术的说法，正确的有（　　）。
A. 行为观察量表法开发成本较低，且应用者较为普遍
B. 行为锚定法的计量方法更为准确，评估结果具有较高的信度
C. 配对比较法在人数较少的情况下，能快速比较出员工的绩效水平
D. 强制分布法可有效避免考核结果的趋中趋势
E. 关键事件法可以高效地衡量员工的绩效水平，降低绩效评估成本
[答案] BCD
[解析] 使用行为观察量表法时，主管人员单独进行考核，工作量太大，不具有可操作性，A 项错误。关键事件法费时，E 项错误。

【考点五】绩效管理工具

常见的绩效管理工具包括目标管理法、标杆超越法、关键绩效指标法和平衡计分卡法。其具体内容分别如表 7-10、表 7-11、表 7-12、表 7-13 所示。

表 7-10　目标管理法

项目	具体内容
适用范围	企业战略相对稳定的一定时期内
设计流程	绩效目标的确定应注意：目标相一致；目标必须是具体的、（与职位职责）相关的、可实现的，具有一定的挑战性；可测量的 将绩效目标分为四类：重要又迫切的指标、重要但不迫切的指标、不重要但迫切的指标、既不重要又不迫切的指标（不同类型的指标不同的权重）
优势	（1）目标管理能够使各级员工明确他们需要完成的目标，使他们最大限度地把时间和精力投入对绩效目标实现有利的行为中 （2）调动了员工的积极性 （3）实施过程更易操作 （4）较为公平
劣势	（1）倾向于聚焦短期目标，可能是以牺牲企业的长远利益为代价的 （2）目标管理法的假设之一是认为员工是乐于工作的，这种过分乐观的假设高估了企业内部自觉、自治氛围形成的可能性 （3）可能增加企业的管理成本 （4）目标有时可能难以制定。企业目标难以定量化、具体化，给目标管理法的实施带来了不小的困难

表 7-11　标杆超越法

项目	具体内容
概念阐释	（1）标杆超越的目的就是通过向榜样学习提升企业竞争力 （2）标杆的寻找范围并不局限在同行业，应该有更广阔的视角 （3）更重视比较和衡量
优势	（1）有助于激发企业中员工、团队和整个企业的潜能，提高企业的绩效 （2）可以促进企业经营者激励机制的完善
劣势	（1）容易使企业陷入模仿标杆企业的漩涡中，导致企业失去自身的特色 （2）一旦标杆的选取出现偏差，也可能导致自身经营决策的失误

表 7-12　关键绩效指标法

项目	具体内容
概念阐释	关键绩效指标是反映个体关键绩效贡献的评价依据和量化指标 （1）关键绩效指标是对企业战略目标的分解 （2）关键绩效指标是由主管人员决定并被员工认可的绩效指标 （3）关键绩效指标是对重点经营活动的反映，不是对所有业务流程活动的概括 （4）关键绩效指标必须是可量化的或可行为化的 （5）关键绩效指标需要随企业战略的变化而调整
适用范围	企业战略进行重大调整的时期
注意事项	（1）关键绩效指标的数量不宜过多 （2）同类型职位的关键绩效指标必须保持一致 （3）关键绩效指标要彻底贯彻企业战略重点
优势	将企业绩效指标与企业的战略目标紧密联系在一起，将企业目标和个人目标很好地整合在一起

续表

项目	具体内容
劣势	（1）对某些职位而言，设计关键绩效指标比较困难，如知识型员工的许多贡献是无形的，因此关于他们的关键绩效指标就很难界定 （2）关键绩效指标法缺少一套完整的对操作具有指导意义的指标框架体系
关键绩效指标设计流程	**确定考核指标** （1）步骤：将企业目标分解→确定主要业务流程的目标→提取出各个部门的关键绩效指标→分解为部门内每个员工的个人绩效指标 （2）遵守SMART原则：①具体的：关键绩效指标要准确切中目标、适度细化、随着环境的改变而变化；②可测量的：关键绩效指标要可量化或可行为化，支持它的数据或信息要具有可得性；③可实现的：关键绩效指标在绩效考核周期内，在员工付出努力的情况下可以实现；④相关的：关键绩效指标必须是与工作职位的职能职责密切相关的；⑤有时限的：关键绩效指标需要强调完成的期限，关注完成的效率 （3）关键绩效指标分为四种类型：①数量类，如产品的数量、销售量等；②质量类，如合格品的数量、错误的百分比等；③成本类，如单位产品的成本、投资回报率等；④时限类，如及时性、供货周期等 **确定评估标准** 评估标准指的是被评估者在各个指标方面应该达到的程度，反映员工"做得怎样""完成多少"等问题。在设定绩效评估标准时，通常要考虑两种标准： （1）基本标准：是管理者期望被评估者达到的水平。这种标准是每个被评估者经过努力都能够达到的。其主要用于判断被评估者是否能够满足工作的基本需要。它的评估结果通常作为一些非激励性的人力资源措施的实施依据，如基本绩效工资 （2）卓越标准：是指企业不做要求和期望，但被评估者可以达到的绩效水平（即超额完成任务）。这种标准通常只有一小部分员工可以达到。卓越标准主要用于识别核心员工。它的评估结果通常作为一些激励性的人力资源措施的事实依据，如额外的奖金、晋升等

表 7-13 平衡计分卡法（战略管理的工具）

项目	具体内容
适用范围	企业战略进行重大调整的时期
关注企业绩效的角度	（1）客户角度 企业在客户服务方面期望完成的各项目标；各项指标的具体细化 （2）内部流程角度 四种特性：质量导向评价、基于时间的评价、柔性导向评价和成本指标评价 （3）学习与发展角度 分析现有能力与满足需求能力之间的差距，将注意力集中在内部的技能和能力上 （4）财务角度 将财务作为所有目标评价的焦点，其他三个角度的指标最终是为提升财务角度指标而制定
注意事项	（1）高层管理者需要积极参与，多与下级进行沟通 （2）防止平衡计分卡使用目的单一 （3）要谨慎选择考核指标，指标的数量也不宜过多 （4）要充分重视平衡计分卡法实施的连续性和持久性
优势	（1）消除了财务指标"一统天下"的局面，为企业的长远发展打下基础 （2）从企业的战略层次考虑问题，发展了战略管理系统 （3）实现了评估系统与控制系统的结合 （4）迫使管理者将所有的重要绩效指标放在一起综合考虑，提高了企业发展的协调性
劣势	实施成本很高

【考点小贴士】上述四种绩效管理工具可简记为"目标关平、4角度平衡"。

经典例题

[2019年真题·单选题] 关于绩效管理工具的说法，正确的是（　　）。
A. 目标管理法倾向于聚焦企业长期目标
B. 标杆超越法中的标杆对象主要为其他行业的优秀企业
C. 关键绩效指标法的指标应该尽量多一些，以更加全面地评价绩效
D. 平衡计分卡法从战略层面揭示了四个绩效角度之间的因果关系
[答案] D
[解析] 目标管理法倾向于聚焦企业短期目标，A项错误。标杆超越法中的标杆需要与本企业具有相似度，B项错误。关键绩效指标法要突出关键的指标，并不是越多越好，C项错误。

[2013年真题·多选题] 平衡计分卡法关注组织绩效的角度包括（　　）。
A. 财务角度
B. 客户角度
C. 竞争对手角度
D. 内部流程角度
E. 学习与发展角度
[答案] ABDE
[解析] 平衡计分卡法包括财务、客户、内部流程、学习与发展四个角度。

【考点六】团队的绩效考核

一、建立团队层面的绩效考核指标的方法

（1）利用客户关系图来确定（适合团队的建立是为了满足客户需求时使用）。
（2）利用组织绩效指标来确定（适合为帮助组织改进绩效而成立的团队）。
（3）利用绩效金字塔来确定。
（4）利用工作流程图来确定。

【考点小贴士】上述方法可简记为"客流绩塔"。

二、知识型团队绩效考核

（1）知识型团队绩效考核以结果为导向，而不是行为。
（2）知识型团队的绩效考核应综合下列四个角度的指标进行：①效益型指标（可以直接用来判断知识型团队的工作产出成果，即团队的产出满足客户需求的程度）；②效率型指标（知识型团队为获得效益指标所付出的成本和投入产出的比例）；③递延型指标（团队的工作过程和工作结果对客户、投资者、团队成员的长远影响）；④风险型指标（判断不确定性风险的数量和对团队及其成员的危害程度的指标）。

三、跨部门团队绩效考核

（1）跨部门团队绩效考核适用于矩阵形式的组织结构。
（2）跨部门团队绩效考核的关键是做好标准化工作。
（3）对于性质相同的部门要采用同一评价的方法，使考核结果具有可比性。
（4）跨部门考核涉及的人群较多，人力资源部门有必要做好沟通协调工作、及时组织关于跨部门考核的培训，积极推进跨部门考核的完成。

第二篇 考点精讲及同步练习

> **经典例题**
>
> [2013年真题·单选题] 关于团队绩效考核的说法,错误的是（   ）。
> A. 对跨部门团队进行绩效考核,性质相同的部门要采用相同的考核方法
> B. 对跨部门团队进行绩效考核,要做好考核的标准化
> C. 对知识型团队进行绩效考核,要采用以行为导向的考核方法
> D. 可以利用组织绩效指标确定团队绩效考核指标
> [答案] C
> [解析] 知识型团队绩效考核以结果为导向,而不是行为。
>
> [2014年真题·多选题] 建立团队层面绩效考核指标的方法包括（   ）。
> A. 利用客户关系图来确定团队绩效考核指标
> B. 利用组织绩效指标来确定团队绩效考核指标
> C. 利用能力素质图来确定团队绩效考核指标
> D. 利用绩效金字塔来确定团队绩效考核指标
> E. 利用工作流程图来确定团队绩效考核指标
> [答案] ABDE
> [解题思路] 根据[考点小贴士]中"客流绩塔"得出C项错误,其他选项正确。

【考点七】国际人力资源的绩效考核

国际人力资源的绩效考核如表7-14所示。

表7-14 国际人力资源的绩效考核

项目	具体内容
目标	关注业绩,突出战略方向,强调企业的长远发展
目的	除员工薪酬调整和晋升提供依据,加入了新的因素,如重视个人、团队和公司目标的密切结合,寻找在工作要求、个人能力兴趣和工作重点之间发展的最佳契合点
侧重点	倾向于结果而不是员工特征
操作过程	更加注重管理者和员工的沟通

本章易错易混考点

【易错易混考点一】绩效管理和绩效考核的区别（如表7-15所示）

表7-15 绩效管理和绩效考核的区别

内容	绩效管理	绩效考核
区别	是一个完整的管理过程	是绩效管理中的一个环节
	侧重于信息的沟通和绩效的提高	侧重于绩效识别、判断和评估

[2014年真题·单选题] 关于绩效管理的说法,错误的是（   ）。
A. 绩效管理是管理者与员工通过持续开放的沟通,就组织目标和目标实现方式达成共识的过程
B. 绩效管理侧重于绩效的评估
C. 绩效管理的目的之一是建立绩效优化体系,实现组织与个人绩效的紧密结合
D. 绩效管理强调信息的沟通和绩效的提高
[答案] B
[解析] 绩效考核侧重于绩效识别、判断和评估,B项说法错误。

【易错易混考点二】绩效评价技术、绩效管理工具和绩效改进方法（如图7-4所示）

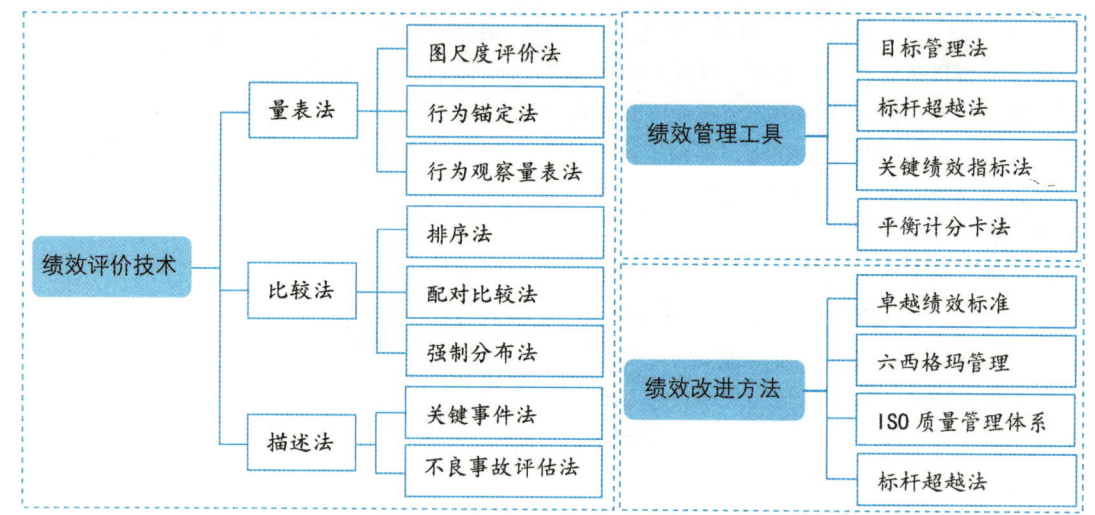

图 7-4 绩效评价技术、绩效管理工具和绩效改进方法

【考点小贴士】本章共涉及三大类方法，理解时容易混淆，可以从分类方法归属的类别角度进行分区。绩效评价重点在于"评"，即需要得出优劣好坏，不同的评价内容和方式产生不同的评价技术。绩效管理重点在于建立绩效优化体系，相对于绩效评价，是更宏观角度的方法，即"有目标看标杆抓关键要平衡"。绩效改进重点在于改进，即"质量超越卓越666"。

[例题·多选题]绩效管理工具不包括（　　）。

A. 标杆超越法　　　　　　　　B. 目标管理法

C. 图尺度评价法　　　　　　　D. 平衡计分卡法

E. ISO 质量管理体系

[答案] CE

[解析] C项属于绩效评价技术。E项属于绩效改进方法。

历年经典真题回顾

一、单项选择题（每题1分，每题备选项中，只有1个最符合题意）

1. 关于绩效考核与绩效管理的说法，错误的是（　　）。[2021年真题]

  A. 绩效管理有助于企业战略目标的实现

  B. 绩效管理的有效性在一定程度上取决于绩效考核的科学性

  C. 绩效考核侧重绩效的识别

  D. 绩效管理侧重绩效的判断

  [答案] D

  [解析] 绩效考核侧重于绩效的识别、判断和评估，D项错误。

2. 关于绩效管理工具的说法，错误的是（　　）。[2021年真题]

  A. 目标管理法在考核过程中存在大量的主观偏见

  B. 标杆超越法容易导致企业失去自身特色

  C. 目标管理法可能会牺牲企业的长远利益

  D. 标杆超越法中的标杆指的是最佳实践或最佳标准

  [答案] A

  [解析] 目标管理法设定的指标通常是可量化的客观标准，因此，在考核过程中很少存在主观

偏见，A 项错误。

3. 关于绩效管理工具的说法，正确的是（　　）。[2018 年真题]

   A. 目标管理法的假设之一是员工是愿意工作的，而不是逃避工作的

   B. 目标管理法比关键绩效指标法更适合用于企业战略调整期

   C. 标杆超越法强调标杆企业应该与本企业高度相似并且属于同一行业

   D. 关键绩效指标必须是数量类指标

   [答案] A

   [解析] 目标管理法的假设之一是员工是乐于工作的，这种过分乐观的假设高估了企业内部自觉、自治氛围形成的可能性，A 项正确。目标管理法适合企业战略相对稳定的一定时期内，关键绩效指标法适合企业战略进行重大调整的时期，B 项错误。标杆超越法的寻找范围并不局限在同行业，C 项错误。关键绩效指标有四种类型：数量类、质量类、成本类、时限类，D 项错误。

4. 一家企业在整个业务流程的所有环节上都努力运用科学的方法提高效率，减少失误率，以使整个流程达到最优状态来满足客户的要求。这种绩效改进方法是（　　）。[2017 年真题]

   A. 标杆超越法　　　　　　　　B. ISO 质量管理体系

   C. 卓越绩效标准　　　　　　　D. 六西格玛管理

   [答案] D

   [解题思路] 根据"流程"和"失误率"得出六西格玛管理。

5. 关于团队绩效考核的说法，正确的是（　　）。[2015 年真题]

   A. 确定团队绩效考核指标与个人绩效考核指标的方法无明显差异

   B. 在进行团队绩效考核时，成员之间不应进行沟通

   C. 团队绩效考核指标可采用工作流程图方法确定

   D. 团队绩效考核主要评价团队负责人的绩效

   [答案] C

   [解析] 确定团队绩效考核指标与个人绩效考核指标的方法有明显差异，A 项错误。在进行团队绩效考核时，团队成员的间接上级、直接上级和员工本人都应该参与其中，彼此之间还应进行有效的沟通，B 项错误。D 项说法片面，错误。

6. 采用跟随者战略的企业适宜采用的绩效考核方法是（　　）。[2014 年真题]

   A. 关键事件法　　　　　　　　B. 以行为为导向的考核方法

   C. 标杆超越法　　　　　　　　D. 行为锚定法

   [答案] C

   [解析] 采用跟随者战略的企业靠模仿生存，则其适用标杆超越法进行绩效考核。

7. 关于绩效评价相关问题的说法，正确的是（　　）。[2014 年真题]

   A. 晕轮效应是指主管人员在绩效评价过程中，对员工的评定过于严厉

   B. 盲点效应是指主管人员难于发现员工身上存在的与主管自身相似的缺点

   C. 刻板印象是指主管人员不愿意得罪人，使绩效考核结果没有好坏的差异

   D. 近因效应是指主管人员在绩效考核中往往根据最初的印象去评价员工

   [答案] B

   [解析] 晕轮效应是指会因对被评价者的某一特质的强烈清晰的感知，而忽略了该人其他方面的品质，A 项错误。趋中趋向是指员工的考核分数集中在某一固定范围的变动中，评价结果无好坏的差异，而刻板印象是指个人对他人的看法，往往受到他人所属群体的影响，C 项错

误。首因效应是指根据最初的印象去判断一个人，而近因效应是指最近的或最终的印象往往是最强烈的，可以冲淡之前产生的各种因素，D项错误。

8. 关于绩效计划的说法，错误的是（　　）。[2013年真题]
   A. 绩效计划不仅包括组织对员工工作成果的期望，还包括对员工行为和技能的期望
   B. 绩效计划的制订是一个自上而下的过程，也是将组织绩效分解成个人绩效目标的过程
   C. 绩效计划是由上级主管制订的，员工无须参与计划制定的过程
   D. 绩效计划目标包括绩效目标和发展目标两类
   [答案] C
   [解析] 绩效计划制订的参与者包括人力资源部门、各级主管人员和员工，C项错误。

9. 对于采用成本领先战略的企业，适宜的绩效管理策略是（　　）。[2013年真题]
   A. 选择以结果为导向的绩效考核方法
   B. 评价指标选择一些非财务指标
   C. 采取频繁的绩效考核和多元化的评价主体
   D. 选择以行为为导向的绩效考核方法
   [答案] A
   [解析] 采用成本领先战略的企业适合选择以结果为导向的绩效考核方法，A项正确。

10. 关于绩效辅导的说法，错误的是（　　）。[2012年真题]
    A. 绩效辅导是绩效考核的一种方法和手段
    B. 绩效辅导是一种提高员工绩效水平的方法
    C. 绩效辅导能够帮助员工解决当前绩效实施过程中出现的问题
    D. 绩效辅导贯穿于绩效实施的全过程，是一种经常性的管理行为
    [答案] A
    [解析] 绩效辅导是指在掌握了下属工作绩效的前提下，为了提高员工绩效水平和自我效能感而进行的一系列活动。它和绩效考核分别是绩效管理的两个不同环节。A项错误。

11. 在绩效评价中，评价者对评价对象的看法往往受到评价对象所属群体的影响，这称为（　　）。[2012年真题]
    A. 趋中倾向　　　　　　　B. 刻板印象
    C. 晕轮效应　　　　　　　D. 近因效应
    [答案] B
    [解析] 绩效评价常见误区中，刻板印象是指个人对他人的看法，往往受到他人所属群体的影响。

二、**多项选择题**（每题2分，每题备选项中，有2个或2个以上符合题意，至少有1个错项。错选，本题不得分；少选，所选的每个选项得0.5分）

1. 下列关于绩效评价技术的说法，正确的有（　　）。[2021年真题]
   A. 行为锚定法具有较低的信度
   B. 行为锚定法的开发成本较低
   C. 图尺度评价法无法为员工改进工作提供具体指导
   D. 图尺度评价法往往只有模糊的绩效标准
   E. 行为观察量表法的内部一致性较好
   [答案] CDE
   [解析] 行为锚定法具有较高的信度，A项错误；行为锚定法的开发成本很高，B项错误。

2. 绩效计划目标中的发展目标强调的是与组织目标相一致的（　　）。[2017年真题]
   A. 部门目标	B. 个人目标
   C. 价值观	D. 能力
   E. 核心行为
   [答案] CDE
   [解析] 绩效计划目标中的发展目标是支持员工实现绩效目标、促进员工自身发展的能力标准。其主要强调与组织目标相一致的价值观、能力和核心行为。

3. 知识型团队的绩效考核指标包括（　　）。[2016年真题]
   A. 追求员工工作态度的过程型指标
   B. 判断工作产出成果的效益型指标
   C. 追求投入产出比例的效率型指标
   D. 追求长远影响的递延型指标
   E. 判断不确定性风险的数量和对团队及其成员的危害程度的风险型指标
   [答案] BCDE
   [解析] 知识型团队的绩效考核需要综合以下四个角度的指标进行：效益型指标（可以直接用来判断知识型团队的工作产出成果，即团队的产出满足客户需求的程度）、效率型指标（知识型团队为获得效益指标所付出的成本和投入产出的比例）、递延型指标（团队的工作过程和工作结果对客户、投资者、团队成员的长远影响）、风险型指标（判断不确定性奉献的数量和对团队及其成员的危害程度的指标）。A项错误。

4. 对绩效改进效果进行评价的维度包括（　　）。[2015年真题]
   A. 员工对绩效改进结果的反应	B. 员工能力素质的提升程度
   C. 员工个人心态调整的程度	D. 员工工作方式的改进效果
   E. 员工的绩效结果与预期的对比
   [答案] ABDE
   [解析] 绩效改进效果评价的维度包括：①反应，即员工、客户、供应商对改进结果的反应；②学习或能力，即绩效改进实施后，员工能力素质的提升程度；③转变，即改进活动对工作方式的影响；④结果，即绩效改进所达成的结果与预期的对比。注意谨慎选择，不确定不选。

5. 绩效考核后，组织可以通过对员工（　　）的交叉分析，将员工划分成安分型、贡献型、堕落型和冲锋型四种类型。[2011年真题]
   A. 年龄、性别	B. 人际关系
   C. 工作经验	D. 工作态度
   E. 工作能力
   [答案] DE
   [解析] 通过绩效考核，组织可以掌握员工的工作态度和工作能力。通过这两个维度的交叉分析，可将组织员工划分为安分型、贡献型、堕落型和冲锋型四种类型。

三、案例分析题（每题2分。由单选和多选组成。错选，本题不得分；少选，所选的每个正确选项得0.5分）

首先是给老王打分，老王家庭比较困难，苗经理想到自己也曾经困难过，而且老王是部门内两位副经理中工作年限较长的一位，多年来对部门各项工作的安排都积极拥护，尽管不少工作差强人意，但苗经理仍然把他评为：优秀。

其次是给小赵打分，虽说小赵的各项工作，干得不错。但小赵年初刚来时，有一次上班时间玩游戏,被巡视的上级领导逮住。搞得苗经理自己很没面子,想到这儿,苗经理把小赵评为:基本合格。

最后是小钱,小钱工作能力和工作态度实在一般,工作中还出过几次大的差错,按道理应该给个不合格。但想到小钱不好惹,为了避免将来发生冲突,苗经理把他确定在合格档次上。

年终绩效考核结束后,公司发现像苗经理这样稀里糊涂考核员工绩效的管理人员还不少,为了提高绩效考核质量,决定对全体管理者进行相关培训。[2017年真题]

1. 苗经理对老王的绩效评价,陷入了(   )误区。
   A. 年资倾向   B. 盲点效应
   C. 晕轮效应   D. 职位倾向
   [答案] AD
   [解析] 题干中"苗经理对老王的绩效评价"对应案例内容"老王家庭比较困难,苗经理想到自己也曾经困难过,而且老王是部门内两位副经理中工作年限较长的一位,多年来对部门各项工作的安排都积极拥护,尽管不少工作差强人意,但苗经理仍然把他评为:优秀"。年资或职位倾向是指主管倾向于给予那些服务年资较久、担任职务较高的被评价者较高的分数。所以苗经理对老王的绩效评价,陷入了年资或职位倾向误区。

2. 苗经理对小赵的绩效评价,陷入了(   )误区。
   A. 过严倾向   B. 近因倾向
   C. 晕轮效应   D. 首因效应
   [答案] D
   [解析] 题干中"苗经理对小赵的绩效评价"对应案例内容"虽说小赵的各项工作,干得不错。但小赵年初刚来时,有一次上班时间玩游戏,被巡视的上级领导逮住。搞得苗经理自己很没面子,想到这儿,苗经理把小赵评为:基本合格"。首因效应是指根据最初的印象去判断一个人。所以苗经理对小赵的绩效评价,陷入了首因效应误区。

3. 苗经理对小钱的绩效评价,陷入了(   )误区。
   A. 刻板印象   B. 近因倾向
   C. 过宽倾向   D. 首因效应
   [答案] C
   [解析] 题干中"苗经理对小钱的绩效评价"对应案例内容"小钱,工作能力和工作态度实在一般,工作中还出过几次大的差错,按道理应该给个不合格。但想到小钱不好惹,为了避免将来发生冲突,苗经理把他确定在合格档次上"。过严或过宽倾向是指过分严厉或过分宽大评定员工的倾向。所以苗经理对小钱的绩效评价,陷入了过宽倾向误区。

4. 该公司对苗经理等人进行绩效评价主体培训的内容应当包括(   )。
   A. 绩效考核的理论和技术
   B. 工作绩效的多角度性
   C. 绩效考核误区的类型及其避免方法
   D. 激励员工提升绩效的技巧
   [答案] ABC
   [解析] 绩效评价主体的培训内容包括:让每一个考核者了解绩效考核的理论和技术,同时也要向考核者提出以前考核中存在的问题以及合理的解决方案。培训内容可增加工作绩效的多角度性、客观记录所见事实的重要性、合格与不合格员工的具体事例。

本章同步练习

一、单项选择题（每题1分，每题备选项中，只有1个最符合题意）

1. 不同评价者对同一个员工所做的评价基本相同，这指的是有效的绩效管理的特征中的（　　）。
   A. 敏感性　　　　　　　　B. 准确性
   C. 可接受性　　　　　　　D. 可靠性

2. 在绩效计划制订的准备阶段，不需要搜集的信息包括（　　）。
   A. 组织和员工近期的绩效考核结果
   B. 部门和职位的职责
   C. 组织的社会责任
   D. 组织的目标和发展战略

3. 在绩效考核期间内管理者为了掌握下属的工作绩效情况而进行的一系列活动是（　　）。
   A. 绩效计划　　　　　　　B. 绩效监控
   C. 绩效辅导　　　　　　　D. 绩效反馈

4. 关于绩效监控，说法错误的是（　　）。
   A. 通过管理者和员工持续的沟通，预防绩效周期内可能存在的问题
   B. 可以随时发现员工工作中出现的问题并及时加以调整
   C. 需要准确记录并定期汇总员工工作中的关键事件
   D. 可根据组织结构调整而进行调整

5. 在了解一个人时，人们可能被这个人的某种突出特点所吸引，以至忽视了这个人的其他特点和品质，这种现象称为（　　）。
   A. 投射作用　　　　　　　B. 刻板印象
   C. 晕轮效应　　　　　　　D. 第一印象

6. 找出工作绩效差距，制订并实施有针对性的改进计划来提高员工绩效水平的过程称为（　　）。
   A. 绩效计划　　　　　　　B. 绩效辅导
   C. 绩效反馈　　　　　　　D. 绩效改进

7. 关于针对员工不同的工作表现应采取的措施的说法，错误的是（　　）。
   A. 对于贡献型员工，组织给予必要的奖励
   B. 对于安分型员工，主管应对其进行绩效辅导
   C. 对于堕落型员工，组织要对其进行适当惩罚以督促其改进绩效
   D. 对于冲锋型员工，主管人员应当对其进行绩效辅导

8. 关于关键事件法的说法，错误的是（　　）。
   A. 关键事件法为绩效反馈面谈奠定了基础
   B. 关键事件法费时
   C. 关键事件法可以提供员工之间、部门之间和团队之间的业绩比较信息
   D. 关键事件法可以不能用来比较员工、部门、团队的绩效水平

9. 关于跨部门团队绩效考核的说法，正确的是（　　）。
   A. 跨部门团队绩效考核的关键是设置指标的权重
   B. 绩效考核以结果为导向
   C. 跨部门的绩效考核中，各部门要建立不同的考核标准
   D. 矩阵制的组织结构适宜采用跨部门团队的绩效考核

二、多项选择题（每题2分，每题备选项中，有2个或2个以上符合题意，至少有1个错项。错选，本题不得分；少选，所选的每个选项得0.5分）

1. 良好的绩效管理在组织管理中的作用包括（   ）。
   A. 有助于建立和谐的组织文化
   B. 有助于提高员工的满意度
   C. 有助于促进员工的自我发展
   D. 有助于企业做好薪酬管理
   E. 有助于实现组织的战略

2. 关于绩效考核和绩效管理的说法，错误的有（   ）。
   A. 有效的绩效考核是对绩效管理的有力支撑
   B. 绩效管理是绩效考核的一个环节
   C. 绩效管理侧重于信息的沟通和绩效的提高
   D. 绩效考核侧重于信息的沟通和绩效的提高
   E. 绩效考核是绩效管理中的一个环节

3. 对于采用防御者战略的企业适用的绩效管理策略，说法错误的有（   ）。
   A. 采用平衡计分卡法
   B. 选择以结果为导向的评价方法
   C. 重点是调动员工潜能
   D. 将组织目标融入员工的个人发展目标
   E. 鼓励员工发挥创造性思维

4. 关于关键绩效指标法的说法，错误的有（   ）。
   A. 关键绩效指标是对企业战略目标的分解
   B. 关键绩效指标必须是与工作职位的职能职责密切相关的
   C. 供货周期是数量型关键绩效指标
   D. 基本标准通常只有一小部分员工可以达到
   E. 指标的数量不宜过多

5. 关于图尺度评价法的说法，正确的有（   ）。
   A. 也称为等级评价法
   B. 绩效评估结果受评估者的主观因素影响比较大
   C. 该方法列举一些特征要素并分别为每一个特征要素列举绩效的取值范围
   D. 不利于绩效评估的反馈
   E. 计量更为准确

6. 关于行为锚定法的说法，错误的有（   ）。
   A. 可以单独作为职位说明书的补充
   B. 使工作绩效评价标准更为明确
   C. 开发成本很高
   D. 评估结果具有良好的反馈功能
   E. 效度有待提高

7. 关于行为观察量表法的优点的说法，正确的有（   ）。
   A. 具有较高的信度
   B. 所有区分成功和不成功绩效的行为都被包括在量表中
   C. 对量表的理解和使用比较便利
   D. 主管人员单独考核工作量太大
   E. 操作流程复杂

8. 关于比较法的说法，正确的有（　　）。
   A. 排序法实施成本低
   B. 配对比较法容易造成员工有心理压力
   C. 排序法能在人数较少情况下快速比较出员工绩效水平
   D. 强制分布法假设在被评估者中，优秀、一般和较差的员工同时存在
   E. 当一个部门中的员工都非常优秀时，排序法可能有失公平

9. 针对绩效评价常见误区的应对方法的说法，错误的有（　　）。
   A. 消除晕轮效应的核心是消除主管的偏见
   B. 强制分配法可以减少趋中趋向和过宽倾向
   C. 针对首因效应可以选择在考核前，先由员工进行自我总结
   D. 针对盲点效应，应将更多类型的考核主体纳入考核
   E. 针对刻板印象，可以采取多角度的考核方式

10. 跨国公司对员工的绩效考核，（　　）。
    A. 更关注当期业绩而非长远发展　　B. 更倾向于基于结果的绩效考核
    C. 更注重管理者和员工的沟通　　　D. 更重视个人、团队和公司目标的密切结合
    E. 更强调企业的长远发展

三、案例分析题（每题 2 分。由单选和多选组成。错选，本题不得分；少选，所选的每个正确选项得 0.5 分）

张宏平时总是尽力帮助下属。他的一个下属由于家人生病经常缺勤，年底考核时，张宏想帮助他，于是在其评估表格的每一项上都填写了优秀，因此这个员工得到了丰厚的年终奖金。而对于其他的员工，张宏都给予了较好的评价，即使是对于工作态度较差的员工，也没有记录具体原因。

1. 关于张宏在绩效考核中做法的评价，正确的是（　　）。
   A. 张宏的做法无可厚非，他比较好地平衡了大家的贡献
   B. 张宏的主观意识影响了考核结果的公正性
   C. 此考核结果可以增加员工对张宏的认同感，有利于张宏形成良好的人际关系
   D. 这种直接领导作为唯一评估者的方法，极易受个人主观因素的影响

2. 张宏在绩效考核中的这种做法产生了（　　）。
   A. 近因效应　　　　　　　　　　　B. 首因效应
   C. 趋中效应　　　　　　　　　　　D. 过宽效应

本章同步练习参考答案及解析

一、单项选择题

1. [答案] D
   [解析] 有效的绩效管理的特征包括敏感性、可靠性、准确性、可接受性和实用性。其中，可靠性是指不同评价者对同一个员工所做的评价基本相同。

2. [答案] C
   [解析] 搜集制订绩效计划所需要的各种信息包括：①组织近几年的绩效管理资料，如历年的绩效计划、组织和员工近期的绩效考核结果等；②工作分析的相关资料，如职位说明书、部门的职能职责表等；③组织最新的战略管理资料，如组织的目标、组织在该绩效周期的发展战略等。

3. [答案] B
   [解析] 绩效监控指的是在绩效考核期间内管理者为了掌握下属的工作绩效情况而进行的一系列活动。

4. [答案] D
   [解析] D项表述的是绩效计划的调整。
5. [答案] C
   [解析] 晕轮效应是指会因对被评价者的某一特质的强烈的清晰的感知，而忽略了该人其他方面的品质。主管通常会给自己信任和宠爱的部下较高的分数，对不喜欢的员工给予较低的评价。
6. [答案] D
   [解析] 绩效改进是指通过找出组织或员工工作绩效中的差距，制订并实施有针对性的改进计划来提高员工绩效水平的过程。
7. [答案] B
   [解析] 对于安分型员工，组织要对其进行必要的培训以提升其工作技能；对于贡献型员工，组织给予必要的奖励；对于堕落型员工，组织要对其进行适当的惩罚，敦促其改进绩效；对于冲锋型员工，主管人员应当对其进行绩效辅导。
8. [答案] C
   [解析] 不同职位所涉及的关键事件有所不同，这使得无法提供员工之间、部门之间和团队之间的业绩比较信息，C项错误。
9. [答案] D
   [解析] 跨部门团队绩效考核的关键是做好标准化工作，矩阵形式的组织结构比较适宜。

二、多项选择题
1. [答案] ACE
   [解析] 绩效管理在组织管理中的作用包括：①有助于组织内部的沟通；②有助于管理者成本的节约；③有助于促进员工的自我发展；④有助于建立和谐的组织文化；⑤是实现组织战略的重要手段。
2. [答案] BD
   [解析] 绩效考核是绩效管理的一个环节，B项错误。绩效管理侧重于信息的沟通和绩效的提高，绩效考核侧重于绩效识别、判断和评估，D项错误。
3. [答案] BDE
   [解析] B、D两项表述的是采用探索者战略的企业适宜的绩效管理策略；E项表述的是采用差异化战略的企业适宜的绩效管理策略。
4. [答案] CD
   [解析] 供货周期是时限型关键绩效指标，C项错误；卓越标准通常只有小部分员工可以达到，D项错误。
5. [答案] ABCD
   [解析] E项表述的是行为锚定法的内容。
6. [答案] AE
   [解析] A、E两项表述的是行为观察量表法。注意原文考察。
7. [答案] BC
   [解析] A、E两项表述的是行为锚定法的内容，D项表述的是行为观察量表法的缺点。注意审题。
8. [答案] AD
   [解析] 排序法容易造成员工有心理压力，B项错误。配对比较法能在人数较少的情况下快速比较出员工绩效水平，C项错误。强制分布法假设在被评估者中，优秀、一般和较差的员工同时存在，当一个部门中的员工都非常优秀时，可能有失公平，E项错误。
9. [答案] CE
   [解析] 针对近因效应，可以选择在考核前先由员工进行自我总结，C项错误。针对刻板印象，注意从员工的工作行为出发，E项错误。
10. [答案] BCDE
    [解析] 跨国公司对员工的绩效考核从目标看，不但关注业绩，而且突出战略方向，强调企业的长远发展，A项错误。

三、案例分析题
1. [答案] BD
   [解题思路] 依据案例背景回答问题即可。公正性很重要，C项不符合主流价值观取向。不确定的选项建议不选。
2. [答案] CD
   [解题思路] 依据案例背景中的员工评价结果来判断，体现的是趋中效应和过宽效应。

第八章　薪酬管理

本章考情分析

年份	单项选择题	多项选择题	案例分析题	合计
2021 年	4 题 4 分	—	—	4 分
2020 年	4 题 4 分	1 题 2 分	3 题 6 分	12 分
2019 年	4 题 4 分	1 题 2 分	—	6 分
2018 年	4 题 4 分	2 题 4 分	—	8 分
2017 年	4 题 4 分	1 题 2 分	—	6 分

本章考点概览

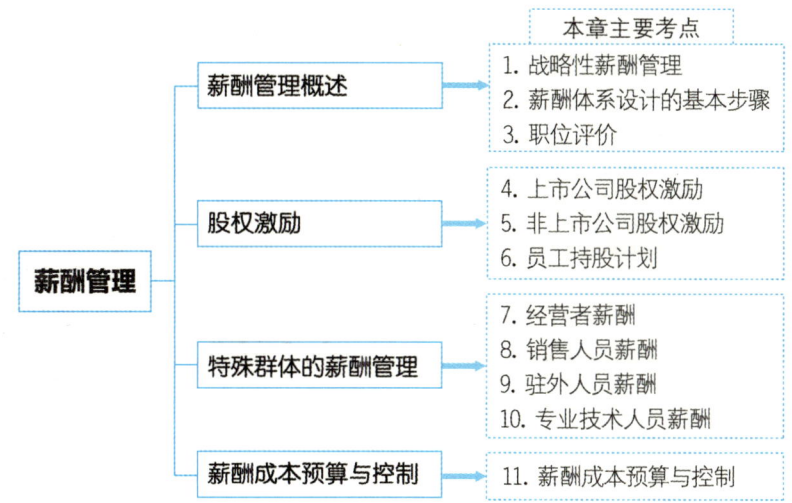

本章考点详解

【考点一】战略性薪酬管理

一、适用于企业不同发展战略下的薪酬管理

适用于企业不同发展战略下的薪酬管理如表 8-1 所示。

表 8-1 适用于企业不同发展战略下的薪酬管理

发展战略	适用范围	薪酬管理	
成长战略 [可简记为"变大"]	企业关注市场开发、产品开发、创新	类型：内部成长战略、外部成长战略	
		指导思想：企业与员工共担风险、共享收益	
		薪酬方案：短期内提供相对低的基本薪酬，长期实行奖金或股票选择权等计划	
稳定战略或集中战略 [可简记为"不变"]	企业强调市场份额或者运营成本	薪酬决策的集中度比较高，薪酬的确定基础主要是员工从事的职位本身	
		薪酬结构：基本薪酬和福利所占的比重较大	
		薪酬水平：市场跟随或略高于市场水平的薪酬，长期内不会有太大增长	
收缩战略或精简战略 [可简记为"变小"]	企业面临困境	指导思想：将企业经营业绩与员工收入挂钩	
		薪酬结构：基本薪酬所占比例相对较低	

二、适用于企业不同竞争战略下的薪酬管理

适用于企业不同竞争战略下的薪酬管理如表 8-2 所示。

表 8-2 适用于企业不同竞争战略下的薪酬管理

竞争战略	薪酬管理	
创新战略 [可简记为"独特"]	追求	产品市场上的领袖地位及客户满意度
	薪酬体系	注重对产品创新、技术创新和新的生产方法给予足够的报酬或奖励
	基本报酬	以劳动力市场通行水平为准且略高于市场水平
成本领先战略或成本最低战略 [可简记为"省钱"]	追求	效率最大化、成本最小化
	薪酬水平	比竞争对手的薪酬相对较低
	薪酬结构	奖金所占的比例相对较大
客户中心战略 [可简记为"客户"]	追求	强调客户满意度
	薪酬体系	根据员工向客户提供服务的数量与质量来支付薪酬，或根据客户对员工或员工群体所提供服务的评价来支付奖金

三、全面薪酬战略

全面薪酬战略是一种摒弃了原有的科层体系和官僚结构，以客户满意度为中心，鼓励创新精神和可持续性的绩效改进，并对娴熟的专业技能提供奖励，从而在员工和企业之间营造出一种双赢的工作环境的薪酬战略。

经典例题

[2021年真题·单选题] 关于成长战略下的薪酬管理策略的说法，正确的是（ ）。
A. 基本薪酬在薪酬结构中所占的比重较大
B. 一般采取跟随市场的薪酬水平
C. 提供高水平的福利待遇
D. 长期而言，力求使员工获得较为丰厚的回报
[答案] D

[解析] 对于追求成长战略的企业来说，企业的薪酬方案是在短期内提供相对低的基本薪酬，而从长期来讲，企业将实行奖金或股票选择权等计划，能够使员工得到较为丰厚的回报，因此 D 项符合题意。

[2017年真题·单选题] 关于不同公司战略下的薪酬管理特征的说法，正确的是（　　）。
A. 采取成长战略的企业往往在短期内提供较高水平的基本薪酬
B. 采取稳定战略的企业薪酬结构中的基本薪酬和福利，所占比重通常较小
C. 采取稳定战略的企业一般采取市场跟随或略高于市场水平的薪酬
D. 采取收缩战略的企业薪酬结构中的基本薪酬所占比例通常较高
[答案] C
[解析] 采取成长战略的企业往往在短期内提供相对低的基本薪酬，长期施行奖金或股票选择权等计划，A项错误。采取稳定战略的企业的基本薪酬和福利所占的比重较大，薪酬水平选择市场跟随或略高于市场水平的薪酬，长期内不会有太大增长，B项错误、C项正确。采取收缩战略的企业的基本薪酬所占比例相对较低，D项错误。

【考点小贴士】关于战略的相关内容这是第三次涉及，之前讲过的还记得吗？如果没有印象了可以再次复习第四章和第七章的相关内容。多次复习不熟悉的内容，效果会更好哦！

【考点二】薪酬体系设计的基本步骤

（1）明确企业基本现状及战略目标。（重要前提条件）
（2）工作分析及职位评价。
工作分析是确定薪酬体系的基础；职位评价主要是为了解决薪酬的内部公平性问题。
（3）薪酬调查。
薪酬调查主要是为了解决薪酬的外部竞争性问题。
薪酬调查的范围包括所要调查的企业、调查的职位、调查的内容、调查的时间段。
薪酬调查的方式包括企业之间相互调查、企业之间委托调查、收集公开的信息、问卷调查。
（4）确定薪酬水平。
企业可以选择领先策略、跟随策略或滞后策略，同时也可以根据职位特点的不同在企业内部实行混合策略。
（5）薪酬结构设计。
薪酬结构设计是薪酬的内部一致性和外部竞争性，这两种薪酬有效性标准之间进行平衡的一种结果。一个完整的薪酬结构主要包含薪酬等级、薪酬等级内部变动范围和相邻薪酬等级间的关系等。
（6）薪酬预算与控制。

经典例题

[2021年真题·多选题] 下列关于薪酬设计的基本步骤的说法，正确的有（　　）。
A. 薪酬调查方式包括企业间相互调查、委托调查、收集公开的信息及问卷调查
B. 职位评价是对任职者所做的评价
C. 薪酬结构是由薪酬等级和薪酬等级内部变动范围构成
D. 职位评价主要是为了解决薪酬的内部公平性问题
E. 薪酬调查主要是为了解决薪酬的外部竞争性问题
[答案] ADE
[解析] 职位评价是对职位的评价而非对任职者所做的评价，B项错误；一个完整的薪酬结构包括薪酬等级、薪酬等级内部变动范围和相邻薪酬等级间的关系等，C项错误。

【考点三】职位评价

一、职位评价的定义

职位评价是指在工作分析的基础上，系统地对各职位的价值进行评价，从而确定各职位在企业内部的相对价值及相互关系的过程。职位评价过程中应注意的事项包括：

（1）职位评价是对职位的评价而非对任职者的评价。

（2）职位评价是对正常或一般水平的评价而非特殊业绩的评价。

（3）职位评价是对目前而非过去或未来职位状况的评价。

二、职位评价的原则

职位评价的原则包括系统性原则、战略性原则、员工参与原则、结果公开原则、实用性原则、标准化原则。

三、职位评价的流程

职位评价的流程如图8-1所示。

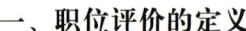

图8-1 职位评价的流程

四、职位评价方法（4种方法）

职位评价方法包括排序法、分类法、要素计点法和因素比较法。其具体内容分别如表8-3、表8-4、表8-5、表8-6所示。

表8-3 排序法

项目	内容
概念	排序法也称简单排序法、序列法或部门重要次序法，是使用较早、较为简单、最易于理解的评价方法，是以职位说明书和企业规划为基础，比较每两个职位之间的级别关系，并根据职位相对价值的大小来确定职位等级的一种职位评价方法
分类	（1）直接排序法，即简单地根据职位的价值大小，按照一定的顺序对职位进行排序 （2）交替排序法，即先从待评价职位中找出一个价值最高的职位和一个价值最低的职位，再从剩余的职位中找出价值最高的职位和价值最低的职位，如此进行，直到所有的职位都被排列起来为止 （3）配对比较法，即将每一个需要评价的职位分别与其他所有职位比较，如果价值高于所比较的职位则得一分，低于所比较的职位则减一分，相同则不得分，然后根据职位得分来划分职位的等级顺序
优点	简单易行，成本较低，而且易于与员工沟通
缺点	主观成分很大；只能确定职位的序列，不能确定所排序的职位之间的相对价值
适用范围	规模较小、结构简单、职位类型较少，员工对本企业各项职位较为熟悉的企业

表 8-4　分类法

项目	内容
概念	分类法称为分级法或等级描述法，这种方法需要预先制定一套供参考的等级标准（即所谓的标尺），再将各待定级别的职位与之对照（即所谓的套级），从而确定该职位的相应级别
制定方法	横向是指按照职位性质和特点将企业中所有职位分为大类、中类和小类
	纵向是按照职位责任大小、技能要求、劳动强度、劳动环境等对职位进行分等
优点	简单、容易解释；等级结构能真实地反映有关企业的结构
缺点	等级定义比较困难，存在较大的主观因素
适用范围	职位类别较为简单的小型企业

表 8-5　要素计点法

项目	内容
概念	要素计点法也称点数法、评分法或计分法，是一种比较复杂的量化评价方法。它也是先设计出一套供比较的评级标准尺度，但它不同于分类法之处就在于，这种方法不是对各待评价职位进行总体评价，而是将职位在各报酬要素上进行分解，最终得出该职位的相对价值
步骤	（1）选取报酬要素。所谓报酬要素，就是指一个企业认为在多种不同的职位中都包括的一些对其有价值的特征。这些特征有助于企业战略的实现和企业目标的达成 （2）对每类报酬要素进行分级界定 （3）确定不同报酬要素在职位评价体系中所占的权重，以及每个报酬要素中各等级所对应的点值 （4）运用该职位评价体系对职位进行评价 （5）将所有被评价职位根据点数的高低进行排序，建立职位等级结构
优点	更为精确，评价结果更容易被员工所接受，允许对职位之间的差异进行微调
缺点	设计与实施都比较复杂，管理水平要求较高
适用范围	大规模企业中的管理类职位

表 8-6　因素比较法

项目	内容
概念	因素比较法要先找出适当的付酬要素，但与要素计点法不同的是，因素比较法无须预先开发一个"评比标尺"，而是先在本企业中找出若干有代表性的标杆职位作为评价时的参照物。这些职位的数量应有较大的覆盖面，足以代表企业内各种类型的职位，因而通常需要15—20个。因素比较法舍弃了代表职位相对价值的抽象分数，直接使用相应的具体薪酬值来表示各职位的价值，从而省略了"分数—薪酬"的转换
步骤	（1）选择付酬因素。最典型的因素有五种：技能、智力、体力、责任和工作条件 （2）确定标杆职位 （3）依次按所选的各付酬因素，将各标杆职位按相对价值从高到低排序 （4）为各标杆职位按各付酬因素分配薪值。即决定从各职位月薪总额中分多少份额给各因素。据此，可以排出各职位在同一因素上的高低排序 （5）比较按薪额和按因素价值排出的两种顺序 （6）对非标杆职位进行评价
优点	较为完善、可靠性高，同时也使不同的职位之间更具可比性，且可由职位内容直接求得具体薪酬金额
缺点	评价体系设计复杂、难度较大、成本较高。这种方法不易理解，员工对其准确性和公平性容易产生质疑
适用范围	处在劳动力市场相对稳定环境下的规模较大的企业

【考点小贴士】职位评价方法是本章难点之一，难点主要在于各类方法的优缺点对比，建议先

理解各类方法的含义,以此作为理解优缺点的基础。

> **经典例题**
>
> [2021年真题·单选题] 关于各类职位评价方法的说法,错误的是(　　)。
> A. 因素比较法的设计难度低,易于理解
> B. 分类法需要设定一套供参考的职位等级标准
> C. 要素计点法是一种定量的职位评价方法
> D. 排序法不适用于规模较大、职位类型多的企业
> [答案] A
> [解析] 因素比较法的优点是较为完善,可靠性高,同时,也使不同的职位之间更具可比性,且可由职位内容直接求得具体薪酬金额,其缺点是评价体系设计复杂,难度较大,成本较高。A项错误。
>
> [例题·单选题] 适合大规模企业中的管理类职位的评价方法是(　　)。
> A. 因素比较法　　　B. 排序法　　　C. 分类法　　　D. 要素计点法
> [答案] D
> [解析] 要素计点法是一种比较复杂的量化评价方法,适用大规模企业中的管理类职位。

【考点四】上市公司股权激励

股权激励分为上市公司股权激励和非上市公司股权激励。上市公司股权激励包括下列类型。

一、股票期权

(一) 概念

股票期权,也称经营者股票期权,是指上市公司授予激励对象在未来一定期限内(行权期)以预先确定的价格(行权价)和条件购买本公司一定数量股票的权利。

(二) 特征

(1) 股票期权是一种权利而不是义务,收益人可以买公司股票也可以不买。
(2) 股票期权只有在行权价低于行权时,本企业股票的市场价格才有价值。
(3) 股票期权是公司无偿给予经营者的。

(三) 优点

(1) 可以把经营者利益与股东利益及企业发展结合起来,使企业股东的资产权益首先得到保障。
(2) 对于经营者而言,可以让经营者分享企业的预期收益,突破只分享当期收益的局限性,经营者可以在风险较小的前提下得到较大的激励。
(3) 激励手段比较灵活,便于个案处理。

(四) 局限性

(1) 股票期权只适用于上市公司,而且是成长性较好、股价呈强势上涨的上市公司。
(2) 股票期权需要依托规范而有生机的股票市场,需要公司建立规范的法人治理结构。
(3) 股票期权容易诱发弄虚作假、恶意操纵和短期炒作等不良行为。
(4) 难以准确地衡量经营者的表现和企业真实的经营状况。

(五) 激励对象

股票期权的激励对象包括上市公司的董事、高级管理人员、核心技术人员或者核心业务人员,以及公司认为应当激励的其他员工,但不应当包括独立董事和监事。外籍员工任职上市公司董事、

高级管理人员、核心技术人员或核心业务人员的，可以成为激励对象。单独或合计持股5%以上的股东或实际控制人及其配偶、父母、子女，不得成为激励对象。

【提示】下列人员不得成为激励对象：①最近3年内被证券交易所公开谴责或宣布为不适当人选的；②最近3年内因重大违法违规行为被中国证监会予以行政处罚的；③具有我国《公司法》规定的不得担任公司董事、监事、高级管理人员情形的。

（六）激励额度（最高上限）

（1）上市公司全部有效的股权激励计划所涉及的标的股票总数累积不得超过公司股本总额的10%。

（2）非经股东大会特别决议批准，任何一名激励对象通过全部有效的股权激励计划获授的本公司股票累计不得超过公司股本总额的1%。股本总额是指股东大会批准最近一次股权激励计划时公司已发行的股本总额。

（七）股票来源

股票期权所需股票来源包括发行的新股票、通过留存股票账户回购的股票、二级市场购买的股票。按性质分类，股票来源分为两种方式：

（1）增量方式。在增加股本总额的情况下谋求股票的来源，实质是在少量稀释现有股东权益的情况下带来小额融资，如定向增发股票。

（2）存量方式。在不增加股本总额的情况下谋求股票的来源，其好处是不稀释现有股东权益，如公司股份回购、从二级市场购买。

（八）资金来源

上市公司不得为激励对象依股权激励计划获取有关权益提供贷款以及其他任何形式的财务资助，包括为其贷款提供担保。

（九）股票期权时间规定

（1）股票期权的授权日：上市公司向激励对象授予股票期权的日期必须是交易日。

【提示】授权日不得是下列期间：①定期报告公布前30日；②重大交易或重大事项决定过程中至该事项公告后2个交易日；③其他可能影响股价的重大事件发生之日起至公告后2个交易日。

（2）股票期权的等待期：授予日与获授股票期权首次行权日之间间隔不得少于1年。

（3）股票期权的有效期：从授权日起计算不得超过10年。

（4）股票期权的行权期：必须是交易日，应当在公司定期报告公布后的第二个交易日，至下一次定期报告公布前10个交易日内行权。

【提示】不得在下列期间内行权：①重大交易或重大事项决定过程中至该事项公告后2个交易日；②从其他可能影响股价的重大事件发生之日起至公告后2个交易日。

（5）股权激励计划的有效期。《管理办法》规定，股权激励计划的有效期自股东大会通过之日起计算，一般不超过10年，股权激励计划有效期满，上市公司不得依据此计划再授予任何股权。

（十）行权价格

行权价格的确定方法包括实值法、平值法和虚值法。其行权价格分别低于、等于或高于授予期权时的公平市价。

我国《上市公司股权激励管理办法（试行）》采用了平值法，规定以股权激励计划草案摘要公布前1日的公司标的股票收盘价与公布前30个交易日的公司标的股票平均收盘价"孰高原则"确定行权价格。

（十一）执行方式

股票期权的执行方式包括现金行权、无现金行权、无现金行权并出售。

二、限制性股票

（一）概念

限制性股票是指激励对象按照股权激励计划规定的条件，从上市公司无偿或者低价获得一定数量的本公司股票。激励对象只有在工作年限或业绩目标符合股权激励计划规定条件时，才可出售限制性股票并从中获益。否则，公司有权将免费赠予的限制性股票收回或以激励对象购买时的价格回购。

（二）限制性股票时间规定

（1）禁售期，是指公司员工取得限制性股票后不得通过二级市场或其他方式进行转让的期限。在股权激励计划有效期内，每期授予的限制性股票，其禁售期不得低于2年。禁售期满，根据股权激励计划和业绩目标完成情况确定激励对象可解锁（转让、出售）的股票数量。

（2）禁售期结束后，进入解锁期。在解锁期内，如果公司业绩满足计划规定的条件，员工取得的限制性股票可以按计划分期解锁，解锁期不得低于3年，需采用匀速解锁方式。解锁后，员工的股票就可以在二级市场自由出售。

（三）授予价格

上市公司授予激励对象获得上市公司股份的价格，为避免股价操纵，同样遵循"孰高原则"，即买入价高者得，卖出价格低的优先成交。

三、股票增值权

（一）概念

股票增值权是指上市公司授予激励对象在一定时期和条件下，获得规定数量的股票价格上升所带来的收益的权利。

（二）特点

（1）行权期一般超过任期。

（2）激励对象拥有股价上升所带来的收益，但不拥有这些股票的所有权，也不拥有表决权、配股权。

（3）实施股票增值权时可以是全额兑现也可以是部分兑现。

（4）股票增值权的实施，可以用现金，也可以折合成股票，还可以是现金和股票形式的结合。

（三）实质

股票增值权实质上是一种虚拟的股票期权，就是股票期权的现金结算。同时，股票增值权的实质是企业奖金的延期支付。

上述的三种上市公司股权激励模式的优缺点和适用企业类型如表8-7所示。

表8-7 上市公司三种股权激励模式的优缺点和适用企业类型

激励模式	优点	缺点	适用企业
股票期权	①降低委托代理成本；②可以锁定激励对象的风险，股票期权持有人不行权就没有任何额外损失；③降低企业激励成本，并且企业有现金流入；④激励力度比较大，具有长期激励效果	①可能带来大量经理人的短期行为；②公司股本变化，原股东的股权可能被稀释；③过分依赖股票市场有效性	成长性较好、股价呈强势上涨的上市公司

续表

激励模式	优点	缺点	适用企业
限制性股票	①有可能是免费或低价获得，激励更强；②通过对业绩条件、禁售期限的严格规定，使激励与约束对等	①业绩目标或股价的科学确定较困难；②现金流压力较大；③会促使经理人放弃对高风险、高回报项目的投资	成熟型企业；对资金投入要求不是非常高的企业
股票增值权	①激励对象无须现金付出；②操作方便、快捷；③无须证监会审批，无须解决股票来源问题	①激励对象不能获得真正意义上的股票，激励的效果相对较差；②对资本市场有效性依赖大，可能导致公司高管层与庄家合谋操纵公司股价等问题；③公司的现金压力较大	现金流量比较充裕且股价比较稳定的上市公司；境外上市公司

【考点小贴士】这部分内容是本章难点之一，难点主要在于股权激励各类形式的概念区分，可以先从文字层面理解各类形式股权激励的含义，进而通过做题熟悉。

经典例题

[2020年真题·单选题] 下列公司成员中，不属于股票期权的激励对象的是（　　）。
A. 上市公司的独立董事　　　　B. 上市公司的外籍核心业务人员
C. 上市公司的外籍董事　　　　D. 上市公司的高级管理人员
[答案] A
[解析] 股票期权的激励对象包括上市公司董事、高级管理人员、核心技术（业务）人员，以及公司认为应当激励的其他员工，但不应当包括独立董事和监事。外籍员工任职上市公司董事、高级管理人员、核心技术人员或核心业务人员的，可以成为激励对象。单独或合计持有上市公司5%以上股份的股东或实际控制人及其配偶、父母、子女，不得成为激励对象。

[2019年真题·单选题] 关于股票增值权的说法，正确的是（　　）。
A. 实施股票增值权时需全额兑现
B. 股票增值权的行权期一般不超过任期
C. 实施股票增值权时可以用现金，也可以折合成股票，还可以两者结合
D. 股票增值权的激励对象拥有规定数量的股票所有权
[答案] C
[解析] 股票增值权的特点主要有：①行权期一般超过任期；②激励对象拥有股价上升所带来的收益，但不拥有这些股票的所有权，也不拥有表决权、配股权；③实施股票增值权时可以是全额兑现也可以是部分兑现；④股票增值权的实施，可以用现金，也可以折合成股票，还可以是现金和股票形式的结合。

【考点五】非上市公司股权激励

一、股份期权

（一）概念

股份期权，又称期股模式，指公司授予激励对象在未来一定期限内以预先确定的价格和条件购买本公司一定数量股份的权利。

【考点小贴士】股份期权和股票期权在概念上除"股份、股票"说法之外，其原理基本相同。

（二）操作要点

购股价格一般参照股份的当前价格决定，购股资金来源为分红和现金。股份期权的最终价值体现在购买价和行权价的价差上。

（三）资金来源

股份期权的资金来源包括公司税后利润、激励对象年薪、公司公益金、激励对象的自有资金。

（四）行权价的确定方法

(1) 现值有利法，即行权价低于当前股价。
(2) 等现值法，即行权价等于当前股价。
(3) 现值不利法，即行权价高于当前股价。

二、业绩股份

（一）概念

业绩股份是指确定一个较为合理的业绩目标，如果激励对象一定期限内达到预定目标，则公司授予其一定股份或提取一定的奖励基金购买公司股份，激励对象在以后的若干年内经业绩考核通过后可以获准兑现规定比例的业绩股份。

激励对象持有的业绩股份，在规定持股的期限内享有分红和送配股的权利，不享有表决权。

（二）来源

业绩股份来源于发行新股、老股东转让、公司设立时预留部分股份、公司股份回购。

（三）激励力度与激励基金的提取的关系

激励范围和激励力度太大，则激励成本上升，现金流的压力也会增大；而激励范围和激励力度太小，激励成本和现金流压力减小，但激励效果可能减弱。公司应综合考虑各种因素，找到平衡点。

三、虚拟股票期权

（一）概念

虚拟股票期权，又称股票增值权模式，是股份期权模式的一种变通。虚拟股票期权指公司授予激励对象一种"虚拟"的股票，当公司股份增值时，则被授予者可以据此享受股份的溢价收益。期权人只是在名义上持有而非真的购买公司股份，期权人没有表决权、股份不能转让和出售，在离开公司时自动失效。

（二）股票来源

虚拟股票期权所需的股票不是实股，只是在公司内部虚构出并仅在账面上反映的一部分股票。

（三）资金来源

公司的奖励基金来源于税后利润，实际提取比例要由股东会决定。

（四）行权价格

虚拟股票期权的行权价格不取决于公司股票的市价，而是取决于公司虚拟股票的内部市场价格。

经典例题

[例题·多选题] 关于非上市公司股权激励的说法，不正确的有（　　）。
A. 股份期权的最终价值体现在购买价和行权价的价差上
B. 现值有利法是股份期权行权价的方法之一
C. 激励对象持有的业绩股份，在规定持股的期限内享有分红权和表决权
D. 虚拟股票期权的行权价格取决于公司股票的市价
E. 虚拟股票期权是业绩股份模式的一种变通

[答案] CDE

[解析] 激励对象持有的业绩股份,在规定持股的期限内享有分红和送配股的权利,不享有表决权,C 项错误。虚拟股票期权的行权价格不取决于公司股票的市价,而是取决于公司虚拟股票的内部市场价格,D 项错误。虚拟股票期权是股份期权模式的一种变通,E 项错误。

【考点六】员工持股计划

员工持股计划的具体内容如表 8-8 所示。

表 8-8　员工持股计划

项目	具体内容
概念	是指公司根据员工意愿通过合作方式使员工获得本公司股票并长期持有,股份权益按约定分配给员工的制度安排
特点	(1) 持股人或认购者必须是本企业的员工 (2) 员工所认购的股份在转让、交易等方面受到一定的限制
设计原则	(1) 应能够促进企业的长远发展 (2) 应能够激发员工的工作积极性 (3) 应能够改善企业的法人治理结构
基本原则	依法合规原则、自愿参与原则、风险自担原则
种类	杠杆型(利用信贷杠杆实现)、非杠杆型(不利用信贷杠杆,也称股票奖金计划)
激励对象 (四类人员)	(1) 在企业工作满一定时间的正式员工 (2) 公司的董事、监事、经理 (3) 企业派往投资企业、代表处工作,劳动人事关系仍在本企业的外派人员 (4) 企业在册管理的离退休人员
持股期限	每期员工持股计划的持股期限不得低于 12 个月,以非公开发行方式实施员工持股计划的持股期限不得低于 36 个月
持股规模	员工持股计划持有的股票总数不包括员工在公司首次公开发行股票上市前获得的股份、通过二级市场自行购买的股份以及通过股权激励获得的股份
股份的设置	(1) 应该把员工持股严格限定在本企业正式聘用的员工的范围以内 (2) 强调职工持股的广泛参与性,原则上要求企业正式聘用的员工都参与员工持股计划,明确规定参与员工持股计划的员工不得低于员工总数的 90% (3) 参与员工持股计划的员工能够购买的企业股票数量由本人工资在员工全体薪金总额的比例确定
员工的持股比例	(1) 要明确界定员工持股占企业总股本的比例,一般不宜超过 20% (2) 要明确界定企业内部员工持股额度的分配比例,一般企业高管人员与一般职工的认购比例不宜拉得太大,原则上控制在 4∶1 的范围之内

经典例题

[2017 年真题·单选题] 关于我国员工持股计划的说法,正确的是(　　)。
A. 每期员工持股计划的持股期限不得低于 24 个月
B. 以非公开发行方式实施的员工持股计划的持股期限不得低于 40 个月
C. 上市公司全部有效的员工持股计划持有的股票总数累计不得超过公司总股本的 15%
D. 单个员工所获取股份权益对应的股票总数累计不得超过公司股本总额的 1%
[答案] D

[解析] 每期员工持股计划的持股期限不得低于12个月，A项错误；以非公开发行方式实施员工持股计划的持股期限不得低于36个月，B项错误；上市公司全部有效的股权激励计划所涉及的标的股票总数累积不得超过公司股本总数的10%，C项错误。

【考点七】经营者薪酬

一、年薪制

（一）概念

年薪制是以企业会计年度为时间单位，根据经营者的业绩好坏而计发薪酬的一种高风险的薪酬制度。

（二）构成

（1）基本薪酬，即经营者的基本收入，保障自身及家人的日常生活。
（2）奖金，即经营者绩效的短期奖励。
（3）长期奖励，通常以股票期权的形式支付。
（4）福利津贴，主要是为经营者提供休假和各种保险福利待遇。

（三）优点

（1）设置上比较灵活。
（2）薪酬结构中加大了风险收入的比例，有利于在责任、风险和收入相对的基础上加大激励力度。
（3）可以把年收入的一部分直接转化成为股权激励形式，从而把经营者薪酬与资产所有者利益及企业发展前景紧密结合。

（四）缺点

（1）确定了经营者的最低业绩目标和封顶奖金。
（2）往往会将目标计划定低，使其更易于实现。

（五）我国目前的年薪制模式

（1）一元结构模式：全部收入设计为风险收入。
（2）二元结构模式：年薪＝基本年薪＋风险收入。
（3）三元结构模式：年薪＝基本年薪＋效益年薪＋奖励年薪。

其中，基本年薪与业绩没有直接联系，二元结构模式中的风险收入和三元结构模式中的效益年薪均以基本年薪为基础。

经典例题

[2016年真题·单选题] 关于经营者年薪制的说法，错误的是（　　）。
A. 年薪制是一种高风险的薪酬制度，依靠的是约束和激励互相制约的机制
B. 年薪制将企业经营管理者的业绩与其薪酬直接联系在一起
C. 年薪制可以由基本薪酬、奖金、长期奖励、福利津贴构成
D. 年薪制决定了经营管理者的奖励可以不封顶
[答案] D
[解析] 年薪制确定了经营者的最低业绩目标和封顶奖金，D项错误。

二、股票期权

股票期权是指企业赋予经营者一种权利，经营者在规定的年限内可以以某个固定价格购买一

定数量的企业股票。

【考点八】销售人员薪酬

销售人员的薪酬主要以结果为导向。其主要薪酬方案可以分为以下四种。

一、纯佣金制（全部薪酬收入都来自佣金）

优点：薪酬收入与工作绩效直接挂钩，薪酬管理成本较低。

缺点：缺乏稳定性，易受外部环境因素的影响而大幅波动；可能造成上下级之间、新老员工之间的较大薪酬差距，不利于培养销售人员对企业的归属感。

二、基本薪酬加佣金制

销售人员的薪酬由每月的基本薪酬和按销售业绩提取的佣金组成。在这种薪酬制度中又可将佣金分为直接佣金和间接佣金。

三、基本薪酬加奖金制

佣金直接由绩效表现决定，而奖金与业绩之间的关系是间接的，通常销售人员所达成的业绩只有超过某一销售额，才能获得一定数量的奖金。

四、基本薪酬加佣金加奖金制

保险、饮食行业销售人员适合"高佣金＋低基本薪酬"的方式；技术含量较高，市场较为狭窄，销售周期较长产品的销售人员适合"高基本薪酬＋低佣金或奖金"的方式。

> **经典例题**
>
> [2018年真题·多选题] 关于销售人员薪酬的说法，正确的有（　　）。
> A. 销售人员的薪酬应主要以行为为导向
> B. 纯佣金制因将销售人员的薪酬收入与其工作业绩直接挂钩而使薪酬管理成本较低
> C. 产品具有较高技术含量的企业会对销售人员采用高佣金加低基本薪酬的薪酬制度
> D. 纯佣金制会导致销售人员的薪酬缺乏稳定性
> E. 纯佣金制不利于培养销售人员对企业的归属感
> [答案] BDE
> [解析] 销售人员的薪酬以结果为导向，A项错误。对技术含量较高，市场较为狭窄，销售周期较长产品的销售人员，采用高基本薪酬加低佣金或奖金的薪酬制度，C项错误。

【考点九】驻外人员薪酬

一、基本薪酬

（1）基于本国薪酬的方法，即给驻外员工提供与其在国内从事相似职位相同的薪酬。
（2）基于东道国薪酬的方法，即依据东道国的薪酬标准补偿驻外人员的一种方法。
（3）基于总部薪酬的方法，即根据总部所使用的薪酬标准来补偿所有的员工。

二、激励薪酬

驻外人员薪酬包括各种鼓励驻外员工接受并完成国际任务的激励薪酬。
（1）驻外津贴是为了鼓励员工接受在海外的工作而发放的激励薪酬。企业按基本薪酬的百分比来确定驻外津贴，其比例范围一般在10％—30％。往往驻外的时间越长，这一比例越高。
（2）困难补助是补偿驻外员工为海外工作所做出的牺牲。这些补助是为了补偿他们在国外艰苦的生活和工作条件。困难补助的范围是基本薪酬的10％—25％，地区越困难，津贴越高。
（3）流动津贴是对员工变换工作地点的奖励。驻外人员通常一次性获得流动津贴。

三、福利

驻外人员的福利由标准福利和额外福利组成。标准福利包括保障计划和带薪休假；额外福利包括搬家补助、驻外人员子女教育津贴、探亲假和差旅补助、带薪休假及津贴。

【考点十】专业技术人员薪酬

一、基本薪酬与加薪

（1）专业技术人员的基本薪酬取决于他们所掌握的专业知识与技术的广度与深度以及运用这些专业知识与技术的熟练程度，而不是所从事岗位的重要性。

（2）在基本薪酬一定的情况下，加薪取决以下因素：①专业知识和技能的积累程度以及运用这些专业知识和技能的熟练水平的提高（接受培训和学习机会是提升的主要途径）；②工作年限延长；③绩效评价结果。

二、奖金

（1）专业技术人员通常会获得较高的基本薪酬，而奖金所占的比重通常比较小。

（2）从事技术或产品研发的专业技术人员，企业往往会给予一定金额的一次性奖励，或者是让他们分享新产品上市后一段时期中所产生的利润。

三、福利与服务

给专业技术人员提供的福利包括物质条件上的便利以及为他们参加各种学术活动提供费用和时间上的便利。

【考点十一】薪酬成本预算与控制

一、薪酬成本预算方法

薪酬成本预算方法包括自上而下的方法、自下而上的方法。

二、薪酬成本控制方法

（1）控制雇佣量。
（2）控制基本薪酬，即主要控制加薪的规模、加薪的时间和员工的覆盖面。
（3）控制奖金。
（4）控制福利支出。
（5）利用适当的薪酬技术手段。

三、企业人工成本

（一）概念

企业人工成本是指企业在一定时期内，在生产、经营和提供劳务活动中因使用劳动力而支付的所有直接费用和间接费用的总和。员工薪酬总额是其主要组成部分之一。

（二）指标

（1）人工成本总量指标反映企业人工成本总量水平，显示员工平均收入的高低，也是劳动力价格信号。

（2）人工成本结构指标是指人工成本各组成部分占人工成本总额的比例，反映人工成本投入构成的情况与合理性。

（3）人工成本分析比率型指标是一组能够将人工成本与经济效益联系起来的相对数，可以衡量企业对劳动的投入与效益，从而寻求最佳的人工成本和产出的"度"。

经典例题

[2012年真题·多选题] 薪酬成本控制的方法有（   ）。
A. 控制雇佣量　　B. 控制基本薪酬　　C. 控制差旅支出　　D. 控制福利支出
E. 控制奖金
[答案] ABDE
[解析] 企业薪酬成本控制的基本方法包括：①控制雇佣量；②控制基本薪酬；③控制奖金；④控制福利支出；⑤利用适当的薪酬技术手段。

本章易错易混考点

【易错易混考点一】职位评价方法的分类（如表8-9所示）

表8-9　职位评价方法的分类

比较基础	比较范围	
	定量方法	定性方法
直接职位比较法	因素比较法	排序法
职位尺度比较法	要素计点法	分类法

[2016年真题·单选题] 关于职位评价方法的说法，正确的是（   ）。
A. 排序法属于定量方法　　　　　　　B. 要素计点法属于定性方法
C. 因素比较法属于直接职位比较法　　D. 分类法属于定量方法
[答案] C
[解析] 排序法属于定性方法，A项错误。要素计点法属于定量方法，B项错误。分类法属于定性方法，D项错误。

【易错易混考点二】常见的股权激励方法的对比（如表8-10所示）

表8-10　常见的股权激励方法的对比

激励方法	类型	具体内容
上市公司股权激励	股票期权	上市公司授予激励对象在未来一定期限内（行权期）以预先确定的价格（行权价）和条件购买本公司一定数量股票的权利
	限制性股票	激励对象从上市公司无偿或者低价获得一定数量的本公司股票，激励对象只有在工作年限或业绩目标符合股权激励计划规定条件的，才可出售限制性股票并从中获益。否则，公司有权将免费赠予的限制性股票收回或以激励对象购买时的价格回购
	股票增值权	实质是一种虚拟的股票期权，即股票期权的现金结算，也可以说，股票增值权的实质是企业奖金的延期支付
非上市公司股权激励	股份期权	又称期股模式，指公司授予激励对象在未来一定期限内以预先确定的价格和条件购买本公司一定数量股份的权利
	业绩股份	在规定持股的期限内享有分红和送配股的权利，不享有表决权
	虚拟股票期权	又称股票增值权模式，是股份期权模式的一种变通。期权人没有表决权、股份不能转让和出售，在离开公司时自动失效
员工持股计划		公司根据员工意愿通过合作方式使员工获得本公司股票并长期持有

[2017年真题·单选题] 关于股票增值权的说法，错误的是（   ）。
A. 股票增值权的行权期一般超过任期
B. 股票增值权的激励对象既可以获得规定数量的股票价格上升的收益，也拥有这些股票的所有权

C. 实施股票增值权时可以全额兑现，也可以部分兑现

D. 实施股票增值权时可以用现金，也可以折合成股票，或者两者的某种组合

[答案] B

[解析] 股票增值权激励对象拥有股价上升所带来的收益，但不拥有这些股票的所有权，也不拥有表决权、配股权，B项错误。

历年经典真题回顾

一、单项选择题（每题1分，每题备选项中，只有1个最符合题意）

1. 下列选项中，属于虚拟股票期权的是（　　）。[2021年真题]

   A. 股票期权　　　　　　　　B. 股票增值权模式

   C. 员工持股计划　　　　　　D. 限制性股票

   [答案] B

   [解析] 虚拟股票期权又称为股票增值权模式，是股份期权模式的一种变通。

2. 关于股票期权激励的相关时间的说法，错误的是（　　）。[2021年真题]

   A. 股权激励的有效期自股东大会通过之日起计算，一般不过10年

   B. 股票期权授权日必须是股票市场正常交易日

   C. 股票期权不可以在重大事项决定过程中至该事项公告后2个交易日内交易

   D. 股票期权授予日与获授股票期权首次可以行权日之间间隔不得少于2年

   [答案] D

   [解析] 股票期权的等待期，即股票期权授予日与获授股票期权首次可以行权日之间间隔不得少于1年，D项错误。

3. 关于薪酬体系设计的说法，错误的是（　　）。[2020年真题]

   A. 工作分析是确定薪酬体系的基础

   B. 薪酬调查主要是为了解决薪酬的外部竞争性问题

   C. 职位评价主要是为了解决薪酬的内部公平性问题

   D. 奖励性薪酬在薪酬体系中所占的比重越高越好

   [答案] D

   [解析] 只有明确了企业现状及未来战略目标才能确定适合本企业的薪酬水平，才能建立具有内部公平性和外部竞争性的薪酬体系结构。并不是奖励性薪酬在薪酬体系中所占的比重越高越好，D项错误。

4. 关于企业战略与薪酬管理策略的说法，正确的是（　　）。[2016年真题]

   A. 采用成长战略的企业，在短期内应提供相对低的基本薪酬

   B. 采用稳定战略的企业，基本薪酬和福利所占比重应较低

   C. 采用收缩战略的企业，基本薪酬所占比重应较高

   D. 采用创新战略的企业，基本薪酬水平应低于劳动力市场平均水平

   [答案] A

   [解析] 采取稳定战略的企业的基本薪酬和福利所占的比重较大，薪酬水平选择市场跟随或略高于市场水平的薪酬，长期内不会有太大增长，B项错误。采取收缩战略的企业的基本薪酬所占比例相对较低，C项错误。采用创新战略的企业的基本报酬以劳动力市场通行水平为准且略高于市场水平，D项错误。

5. 关于竞争战略与薪酬管理战略的说法，正确的是（　　）。[2016年真题]

   A. 创新战略强调企业要对产品创新给予鼓励

   B. 成本领先战略强调基本薪酬应高于竞争对手的水平

C. 成本领先战略强调奖励部分所占的比例应相对较小

D. 采取创新战略的企业的基本薪酬要明显低于市场水平

[答案] A

[解析] 创新战略强调企业要对产品创新给予鼓励，基本报酬以劳动力市场通行水平为准且略高于市场水平，A项正确，D项错误；采取成本领先战略的企业的薪酬中奖金所占的比例相对较大，薪酬水平比竞争对手的薪酬相对较低，B、C两项错误。

6. 根据我国证监会颁布的相关政策，关于员工持股计划的说法，正确的是（ ）。[2015年真题]

A. 员工持股计划激励对象的数量不得低于员工总数的90%

B. 每期员工持股计划的持股期限不得超过12个月

C. 公司监事不得成为员工持股计划的激励对象

D. 员工持股计划的股票来源包括员工从二级市场自行购买的股份

[答案] A

[解析] 每期员工持股计划的持股期限不得低于12个月，B项错误。员工持股计划对象包括公司的董事、监事、经理，C项错误。员工持股计划持有的股票总数不包括员工在公司首次公开发行股票上市前获得的股份、通过二级市场自行购买的股份以及通过股权激励获得的股份，D项错误。

二、多项选择题（每题2分，每题备选项中，有2个或2个以上符合题意，至少有1个错项。错选，本题不得分；少选，所选的每个选项得0.5分）

1. 关于员工持股计划的股份设置及持股比例的说法，正确的有（ ）。[2018年真题]

A. 参与员工持股计划的员工不得高于企业员工总数的90%

B. 只有本企业正式聘用的员工才能参与员工持股

C. 参与员工持股计划的员工能够购买的企业股票数量由本人工资在员工全体薪金总额的比例确定

D. 员工持股占企业总股本的比例应超过20%

E. 一般企业高管人员与一般职工在员工持股中的认购比例不得低于10:1

[答案] BC

[解析] 强调职工持股的广泛参与性，原则上要求企业正式聘用的员工都参与，明确规定参与的员工不得低于员工总数的90%，A项错误。要明确界定员工持股占企业总股本的比例，一般不宜超过20%，D项错误。要明确界定企业内部员工持股额度的分配比例，一般企业高管人员与一般职工的认购比例不宜拉得太大，原则上控制在4:1的范围之内，E项错误。

2. 关于员工持股计划的说法，正确的有（ ）。[2016年真题]

A. 员工持股计划对企业而言是一种低成本的资金获取方式

B. 员工持股计划能激发员工的工作积极性

C. 持股人必须是本企业的在职员工

D. 员工认购的股份在转让、交易等方面较为自由，不会受到限制

E. 员工持股计划参与人盈亏自负，风险自担

[答案] ABE

[解析] 根据我国有关政策规定，允许参与员工持股计划的人员通常包括四类：①在企业工作满一定时间的正式员工；②公司的董事、监事、经理；③企业派往投资企业、代表处工作，劳动人事关系仍在本企业的外派人员；④企业在册管理的离退休人员。C项错误。员工所认购的股份在转让、交易等方面受到一定的限制，D项错误。

3. 根据我国股权激励的相关政策，关于股票期权的说法，正确的有（ ）。[2015年真题]

A. 上市公司不得为激励对象为了获得行权资金而进行的贷款提供担保

B. 上市公司应在定期报告公布前 30 日向激励对象授予股票期权

C. 行权价格应为股权激励计划草案摘要公布前一交易日的公司标的股票收盘价

D. 股票期权的等待期不得超过 1 年

E. 股票期权的有效期不得超过 10 年

[答案] AE

[解析] 股票期权授权日不得是定期报告公布前 30 日，B 项错误。根据《上市公司股权激励管理办法（试行）》，以股权激励计划草案摘要公布前 1 日的公司标的股票收盘价与公布前 30 个交易日的公司标的股票平均收盘价"孰高原则"确定行权价格，C 项错误。股票期权的等待期不得少于 1 年，D 项错误。

4. 关于年薪制的说法，正确的有（　　）。[2012 年真题]

A. 年薪制是一种高稳定、低风险的薪酬制度

B. 年薪制根据经营者业绩好坏而计发薪酬

C. 年薪制可以把年薪收入的一部分直接转化为股权激励形式

D. 年薪制可以根据企业经营者年度的经营业绩，灵活确定与其贡献相当的年度和长期薪酬水平及支付方式

E. 年薪制通常会确保经营者有一个最低薪酬

[答案] BCDE

[解析] 年薪制是以企业会计年度为时间单位，根据经营者的业绩好坏而计发薪酬的一种薪酬制度，是一种高风险的薪酬制度，A 项错误。

三、案例分析题（每题 2 分。由单选和多选组成。错选，本题不得分；少选，所选的每个正确选项得 0.5 分）

某公司是一家快速发展的中小板上市公司，该公司关注市场开发和产品开发，提出了通过内部成长实现跨越式发展的战略。为配合公司战略的实现，公司调整了薪酬政策，重新进行职位评价，确定了职位等级结构和薪酬等级，设计了各等级的薪酬变动范围和薪酬水平，并制定了核心人员股票期权计划。[2013 年真题]

1. 根据该公司的发展战略，适合该公司的薪酬设计思路是（　　）。

A. 让员工与企业共担风险，共享收益

B. 提高基本薪酬比重，提高整体薪酬水平

C. 由公司承担风险并享受收益，员工实行固定薪酬

D. 提高基本薪酬和福利水平，降低奖金比重

[答案] A

[解析] 题干中"该公司的发展战略"对应案例内容中"通过内部成长实现跨越式发展的战略"，由此可知该公司的发展战略是成长战略。采用成长战略时，企业进行薪酬管理的指导思想是企业与员工共担风险、共享收益；薪酬方案为短期内提供相对低的基本薪酬，而长期实行奖金或股票选择权等计划。

2. 该公司确定职位等级结构主要依据应是（　　）。

A. 职位的相对价值　　　　B. 员工绩效考核结果

C. 员工的工作态度　　　　D. 员工能力素质的差异

[答案] A

[解析] 公司调整了薪酬政策，重新进行职位评价，则职位等级结构是依据各职位的相对价值进行评价的。

3. 对于该公司提出的股票期权计划，正确的理解是（ ）。
   A. 该计划的获受人可以不购买本公司的股票
   B. 该计划只有在行权价低于行权时本公司股票的市场价格才有价值
   C. 该计划可以使获受人在风险较小的前提下得到较大的激励
   D. 该计划能否实施与该公司的成长性和股票市场的景气程度无关

[答案] ABC

[解析] 实施股票期权计划需要依托规范而有生机的股票市场，需要公司建立规范的法人治理结构，D项错误。

本章同步练习

一、单项选择题（每题1分，每题备选项中，只有1个最符合题意）

1. 对于采用成长战略的企业，适合的薪酬管理思路是（ ）。
   A. 在短期实行奖金或股票期权计划，长期提供较低的基本薪酬
   B. 基本薪酬所占比重较大，薪酬水平略高于市场平均水平
   C. 奖金所占比重较大，薪酬水平略低于市场平均水平
   D. 在短期内提供较低的基本薪酬，在长期中实行奖金或股票期权计划

2. 对于采用收缩战略的企业，适合的薪酬结构是（ ）。
   A. 在短期内提供较低的基本薪酬，在长期中实行奖金或股票期权计划
   B. 将企业的经营业绩与员工收入挂钩，基本薪酬所占比重相对较低
   C. 奖金所占比重较小，薪酬水平略高于市场平均水平
   D. 基本薪酬所占比重较大，薪酬水平略高于市场平均水平

3. 一个实行集中战略的企业，在制订薪酬方案时，应（ ）。
   A. 将企业的经营业绩与员工收入挂钩，基本薪酬所占比重相对较低
   B. 基本薪酬和福利在薪酬中的比重较大，薪酬的确定基础主要是员工从事的职位本身
   C. 对实施产品创新、技术创新给予足够的报酬
   D. 追求效率最大化、成本最小化

4. 职位尺度比较法中，定性方法是（ ）。
   A. 因素比较法   B. 排序法   C. 分类法   D. 要素计点法

5. 关于要素计点法的说法，正确的是（ ）。
   A. 最典型的因素有五种：技能、智力、体力、责任和工作条件
   B. 管理者需要决定从各职位月薪总额中分多少份额给各因素
   C. 简单易行
   D. 评价结果更容易被员工所接受

6. 职位评价方法中，（ ）是需要预先制定一套供参考的等级标准，再将各待定级别的职位与之对照，从而确定该职位的相应级别。
   A. 因素比较法   B. 排序法   C. 分类法   D. 要素计点法

7. 境外上市公司适宜采用的激励模式为（ ）。
   A. 股票增值权   B. 限制性股票   C. 股票期权   D. 股份期权

8. 期权人只是在名义上持有而非真的购买公司股份，期权人没有表决权，股份不能转让和出售，在离开公司时自动失效。这种激励模式为（ ）。
   A. 虚拟股票期权   B. 限制性股票   C. 股票期权   D. 股票增值权

9. 企业设计员工持股计划的原则不包括（　　）。
   A. 员工持股计划应能够促进企业的长远发展
   B. 员工持股计划应能够激发员工的工作积极性
   C. 员工持股计划应遵循依法合规原则
   D. 员工持股计划应能够改善企业的法人治理结构

10. 关于专业技术人员薪酬的说法，错误的是（　　）。
    A. 福利包括物质条件上的便利
    B. 为他们参加各种学术活动提供费用和时间上的便利属于福利内容
    C. 奖金所占的比重通常也比较小
    D. 企业往往会给予专业技术人员较低的基本薪酬

11. 企业人工成本是企业在一定时期内，使用劳动力而支付的所有（　　）的总和。
    A. 直接费用和间接费用
    B. 工资费用
    C. 资金
    D. 货币费用

二、多项选择题（每题 2 分，每题备选项中，有 2 个或 2 个以上符合题意，至少有 1 个错项。错选，本题不得分；少选，所选的每个选项得 0.5 分）

1. 一个实行创新战略的企业，在制订薪酬方案时，应（　　）。
   A. 强调产品市场上的领袖地位及客户满意度
   B. 实施低于市场水平的基本薪酬
   C. 对于实施产品创新、技术创新和新的生产方法给予足够的报酬
   D. 基本薪酬以劳动力市场通行水平为准且略高于市场水平
   E. 追求成本最小化

2. 薪酬调查的方式包括（　　）。
   A. 企业之间相互调查
   B. 企业之间委托调查
   C. 收集公开的信息
   D. 问卷调查
   E. 电话调查

3. 销售人员的薪酬模式包括（　　）。
   A. 纯佣金制
   B. 基本薪酬加佣金制
   C. 基本薪酬加奖金制
   D. 基本薪酬加佣金加奖金制
   E. 佣金加奖金制

4. 驻外人员的激励薪酬不包括（　　）。
   A. 本国薪酬　　B. 东道国薪酬　　C. 总部薪酬　　D. 驻外津贴
   E. 困难补助

5. 专业技术人员在基本薪酬一定的情况下，加薪取决于下列因素中的（　　）。
   A. 绩效评价结果　B. 岗位的重要性　C. 职称　　　　D. 工作年限
   E. 性别

6. 薪酬成本预算的方法有（　　）。
   A. 自上而下的薪酬成本预算方法
   B. 全面控制基本薪酬的预算方法
   C. 自下而上的薪酬成本预算方法
   D. 部门比较的薪酬成本预算方法
   E. 职位比较的薪酬成本预算方法

7. 企业人工成本分析指标有（　　）。
   A. 人工成本总量指标　　　　B. 人工成本结构指标
   C. 人工成本分析比率型指标　D. 人工成本指数
   E. 人工成本有效性指数

三、案例分析题（每题2分。由单选和多选组成。错选，本题不得分；少选，所选的每个正确选项得0.5分）

某企业经过几年的成长，目前已在本行业处于较为领先的地位，但企业内部却出现了核心员工流动率逐渐上升，员工士气不佳，产品次品率上升等问题。为了实现稳定经营的战略，人力资源部决定从薪酬方面着手，加大员工激励力度，以达到保留核心员工、激发现有员工工作热情、增强员工忠诚度、同时吸引高新技术人才等目的。公司对全体员工实行了员工持股计划、股票期权计划等激励形式。但经过两年的实施，公司发现实际状况并没有得到明显的改观。

1. 根据该企业制定的战略，其薪酬管理应具备的特征包括（　　）。
   A. 薪酬结构中奖金所占的比重较大　　B. 薪酬水平略高于或与市场平均水平持平
   C. 从长期来看，薪酬水平会下降　　　D. 薪酬结构中基本薪酬所占的比重较大

2. 对于该公司提出的股权激励计划，正确的说法是（　　）。
   A. 限制性股票有可能是免费或低价获得，激励更强
   B. 股票增值权中激励对象不能获得真正意义上的股票
   C. 定向增发股票不会稀释现有股东权益
   D. 上市公司不得为激励对象依股权激励计划获取有关权益提供贷款

3. 员工持股计划的特点包括（　　）。
   A. 持股人或认购者必须是本企业工作的员工
   B. 员工所认购的股份在转让、交易等方面受到一定的限制
   C. 企业在册管理的离退休人员可以作为激励对象
   D. 单个员工所获股份权益对应的股票总数累计不得超过公司股本总额的1%

本章同步练习参考答案及解析

一、单项选择题

1. [答案] D
   [解析] 成长战略下的薪酬方案是短期内提供相对低的基本薪酬，而长期施行奖金或股票选择权等计划，D项正确。

2. [答案] B
   [解析] 采用收缩战略或精简战略的企业，进行薪酬管理的指导思想是将企业经营业绩与员工收入挂钩，在薪酬结构中基本薪酬所占比例相对较低。

3. [答案] B
   [解析] 根据题干中的"集中"可知考查的是采取稳定战略的企业的薪酬管理。其基本薪酬和福利在薪酬中的比重较大，薪酬的确定基础主要是员工从事的职位本身。

4. [答案] C
   [解析] 职位尺度比较法包括要素计点法和分类法。要素计点法属于定量方法，分类法属于定性方法。

5. [答案] D
   [解析] A、B两项表述的是因素比较法的内容，C项表述的是排序法的内容。

6. [答案] C
   [解析] 排序法通常以职位说明书和企业规划为基础，比较每两个职位之间的级别关系，并根据职位相对价值的大小来确定职位等级的一种职位评价方法。要素计点法是先设计出一套供比较的评级标准尺度，但它不同于分类法之处在于，这种方法不是对各待评价职位进行总体评价，而是将

职位在各报酬要素上进行分解，最终得出该职位的相对价值。因素比较法舍弃了代表职位相对价值的抽象分数，直接使用相应的具体薪酬值来表示各职位的价值。故A、B、D三项不符合题意。

7. [答案] A

   [解析] 股票增值权适用现金流量比较充裕且股价比较稳定的上市公司和境外上市公司。

8. [答案] A

   [解析] 虚拟股票期权又称为股票增值权模式，是指公司授予激励对象一种"虚拟"的股票，当公司股份增值时，则被授予者可以据此享受股份的溢价收益。期权人只是在名义上持有而非真的购买公司股份，期权人没有表决权，股份不能转让和出售，在离开公司时自动失效。

9. [答案] C

   [解析] 题干问的是企业设计员工持股计划的原则，C项属于员工持股计划的基本原则，注意不要混淆两者。

10. [答案] D

    [解析] 专业技术人员通常会获得较高的基本薪酬，而奖金所占的比重通常比较小。

11. [答案] A

    [解析] 企业人工成本是指企业在一定时期内，在生产、经营和提供劳务活动中因使用劳动力而支付的所有直接费用和间接费用的总和。

二、多项选择题

1. [答案] ACD

   [解析] 实行创新战略的企业在制订薪酬方案时追求产品市场上的领袖地位及客户满意度。这类企业的基本报酬以劳动力市场通行水平为准且略高于市场水平。其薪酬体系注重对产品创新、技术创新和新的生产方法给予足够的报酬或奖励。

2. [答案] ABCD

   [解析] 薪酬调查的方式包括企业之间相互调查、企业之间委托调查、收集公开的信息、问卷调查。

3. [答案] ABCD

   [解析] 销售人员的薪酬模式包括纯佣金制、基本薪酬加佣金制、基本薪酬加奖金制、基本薪酬加佣金加奖金制。

4. [答案] ABC

   [解析] 驻外人员的激励薪酬包括驻外津贴、困难补助、流动津贴。

5. [答案] AD

   [解析] 专业技术人员在基本薪酬一定的情况下，加薪取决于：①加薪主要取决于他们的专业知识和技能的积累程度以及运用这些专业知识和技能的熟练水平的提高；②工作年限延长；③绩效评价结果。

6. [答案] AC

   [解析] 薪酬成本预算的方法包括自上而下的薪酬成本预算方法、自下而上的薪酬成本预算方法。

7. [答案] ABC

   [解析] 常用的人工成本分析指标有人工成本总量指标、人工成本结构指标、人工成本分析比率型指标。

三、案例分析题

1. [答案] BD

   [解析] 从案例内容可知该企业实行的是稳定战略。在这种战略下，企业的薪酬管理的特征有：①强调市场份额或运营成本；②薪酬决策的集中度比较高，薪酬的确定基础主要是员工从事的职位本身；③薪酬结构中，基本薪酬和福利所占的比重较大；④薪酬水平一般采取市场跟随或略高于市场水平的薪酬，长期内不会有太大增长。

2. [答案] ABD

   [解析] 定向增发股票会少量稀释现有股东权益。

3. [答案] AB

   [解析] C项表述的是员工持股计划的激励对象；D项表述的是员工持股计划的持股规模的内容。两项均不属于员工持股计划的特点。注意审题。

第九章 培训与开发

本章考情分析

年份	单项选择题	多项选择题	案例分析题	合计
2021 年	1 题 1 分	1 题 2 分	3 题 6 分	9 分
2020 年	1 题 1 分	1 题 2 分	4 题 8 分	11 分
2019 年	1 题 1 分	1 题 2 分	—	3 分
2018 年	1 题 1 分	1 题 2 分	—	3 分
2017 年	2 题 2 分	1 题 2 分	—	4 分

本章考点概览

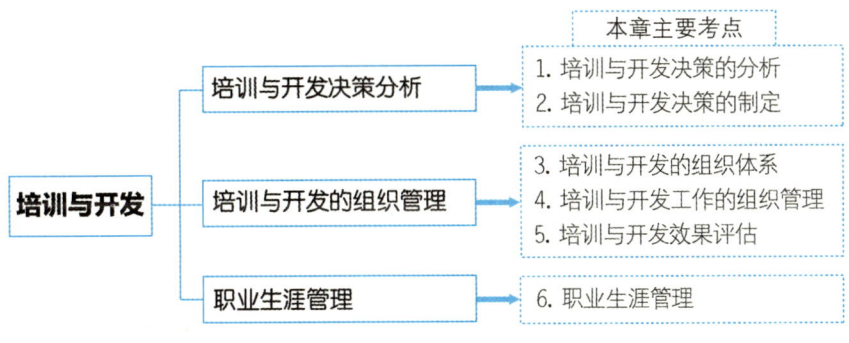

本章考点详解

【考点一】培训与开发决策的分析

培训与开发决策应考虑的因素包括：①培训与开发的支出（C）；②员工参加培训与开发将会给组织带来的收益（B）；③组织支付给员工的加薪（S）。只有 $B-S>C$ 时，培训与开发才会提高组织的收益。

影响培训与开发利润的因素包括受训员工可能的服务年数、受训员工技能可能提高的程度、受训员工的努力程度和对组织的忠诚度等。

【考点二】培训与开发决策的制定

培训与开发决策的误区表现在以下方面：
（1）对人力资源投资的回报难以量化，容易遭到管理层的反对。

（2）效果评估存在滞后性，导致管理层不愿意做那些难于衡量或反馈周期长的培训与开发投资。

（3）在一定程度上，视培训与开发为一种开支或一种员工福利，而不是一项投资。其预算经常落后于经营战略计划。

> **经典例题**
>
> [例题·单选题] 从投资的成本—收益角度分析，培训开发会提高组织利润的条件是（   ）。
> （注：B——培训可带来的增值，C——培训的支出，S——员工受训后要求的加薪）
> A. $C-S>B$　　　B. $B-S>C$　　　C. $S-B>C$　　　D. $B>C$
> [答案] B
> [解析] 只有 $B-S>C$ 时，才会提高组织的收益。

【考点三】培训与开发的组织体系

一、中小型组织

中小型组织不需要设置专门的培训与开发机构。培训与开发工作通常是某个人力资源管理岗位的一项职责。

二、大型组织

（1）大型组织一般设置专门的培训与开发机构。

（2）大型组织设置培训与开发机构的模式包括：

其一，培训与开发机构隶属于人力资源部，是人力资源部的一个部门。这样便于形成一个协调、统一的培训与开发计划，缺点是无法体现培训与开发在组织中的战略位置，而且会受到其他工作的影响，难以保证培训与开发的力度和连续性。

其二，培训与开发机构与人力资源部并列，是一个独立的部门。这样难免会发生冲突，因此，需要在两个部门之上设置一个领导充当组织和协调的角色。

三、大型的、实行分权化管理的组织

大型的、实行分权化管理的组织建立企业大学负责组织的培训与开发。企业大学是独立的培训与开发机构的一种扩大发展模式。

> **经典例题**
>
> [例题·单选题] 关于培训与开发组织体系的说法，错误的是（   ）。
> A. 在设立培训与开发机构时，需要考虑组织规模和人力资源管理在组织中的地位和作用
> B. 培训与开发机构隶属于人力资源部的优点是有利于形成协调统一的培训开发计划
> C. 培训与开发机构作为独立部门的优点是不易受其他工作干扰，保证培训与开发的力度和连续性
> D. 企业大学是非独立的培训与开发机构的一种扩展模式
> [答案] D
> [解析] 企业大学是独立的培训与开发机构的一种扩大发展模式，D项错误。

【考点四】培训与开发工作的组织管理

（1）对员工进行培训与开发的责任最终落实到直线经理身上。这包括关注下属员工的职业生涯发展，提供给下属员工发展其能力的机会，并在日常工作中鼓励员工持续不断地学习。

（2）直线经理可以充当下属的教练、导师、榜样等角色，帮助下属去识别和利用日常工作中的所有学习机会。在操作层面上，直线经理也是上岗培训的主要讲师。

【考点五】培训与开发效果评估

培训与开发效果的评估是培训与开发体系中最难实现的一个环节，应用最广的是层次评估模型。

一、培训与开发效果评估的内容

培训与开发效果评估的内容如表 9-1 所示。

表 9-1　培训与开发效果评估的内容

方面		具体内容
反应评估	重点	评估受训人员对培训与开发的主观感受和看法
	优点	易于进行，也是最基本、最常用的评估方式
	方法	通常采用访谈、问卷调查等方法，其中问卷调查法应用最为普遍
学习评估	主要内容	在知识、技能或态度方面是否有了提高或改变
	测试方式	知识方面通过笔试；技能方面通过实际操作；态度方面采用自我评价的态度量表
工作行为评估		工作行为评估可以直接反映培训与开发的效果，也是组织高管层和直接主管特别关心的
	重点	评价是否带来了受训人员行为上的改变，以及受训人员把所学的运用到工作上的程度
	方法	面谈、直接观察、绩效监测、行为评价量表等，其中行为评价量表是最常用的方法
结果评估	目标	评估受训人员工作行为改变对其所服务的组织或部门绩效的影响
		结果如何是组织进行培训与开发效果评估的最重要的内容，是最具说服力的评价指标，也是组织高管层最关心的评估内容
	指标	硬指标：包括产出、质量、成本、时间等四大类
		易被衡量和量化，容易被转化为货币价值，而且评价也更为客观（数字类）
		软指标：包括工作习惯、工作满意度、主动性、顾客服务等
		难以被衡量和量化，也难以被转化为货币价值，而且评价具有主观性（非数字类）
投资收益评估	目标	确定或比较组织进行培训与开发的成本收益
		组织很少进行，因为它是一个困难且昂贵的过程

二、培训与开发效果评估的时机

（一）培训与开发结束时的评估

评估角度：知识、技能、工作效果、工作态度等变化。

（二）培训与开发后的回任工作评估（更为重要）

评估角度：工作态度的改变及其程度、维持时间、工作效率的提高及其程度、培训开发目标是否达成。

三、培训与开发效果评估的方法

（一）控制实验法

(1) 控制实验法是评估培训与开发效果最好、最正规的方法。

(2) 控制实验法不适用于那些难以找到量化绩效指标的培训与开发项目或活动，如管理技能培训与开发。

（二）问卷调查法

问卷调查法是常用的培训与开发效果的评估方法。

> **经典例题**
>
> [2017年真题·单选题] 关于培训与开发评估方法中的控制实验法的说法，错误的是（　　）。
> A. 它是一种最为规范的培训与开发效果的评估方法
> B. 它可以提高培训与开发评估的准确性和有效性
> C. 它操作起来比较复杂，且费用比较高
> D. 它适用于管理技能培训与开发项目
> [答案] D
> [解析] 控制实验法不适用于那些难以找到量化绩效指标的培训与开发项目或活动，如管理技能培训与开发。
>
> [2021年真题·多选题] 在培训开发与评估里，属于结果评估中的硬指标的有（　　）。
> A. 时间　　　　B. 质量　　　　C. 成本　　　　D. 产出
> E. 客户满意度
> [答案] ABCD
> [解析] 硬指标包括产出、质量、成本和时间四大类，易被衡量和量化，容易被转化为货币价值，而且评价也更为客观。

【考点六】职业生涯管理

一、职业生涯管理的内涵

职业生涯管理是组织和员工个人共同对员工职业生涯进行设计、规划、执行、评估和反馈的一个综合性过程，包括组织职业生涯管理和个体职业生涯管理。

二、职业生涯管理的目的

职业生涯管理的目的如表9-2所示。

表9-2　职业生涯管理的目的

对象	管理目的
组织	(1) 使员工与组织共同发展，以适应组织发展与变革 (2) 为组织培养后备人才，特别是高级管理人才和高级技术人才 (3) 从组织内部培养的员工在组织适应性方面比从外面招聘的强 (4) 满足员工的发展需要，增强员工对组织的承诺，留住员工，特别是优秀员工
个体	(1) 能更好地认识自己，为发挥自己的潜力奠定基础 (2) 可在组织中学到各种有用知识、锻炼能力，从而增加员工自身的竞争力 (3) 能满足员工高层次的需要，进而提高个体的工作生活质量

三、职业生涯管理的方法

职业生涯管理的方法如表9-3所示。

表9-3　职业生涯管理的方法

层次	方法	具体阐述
组织层次	提供职业生涯信息	(1) 公布职位空缺信息 (2) 介绍组织内的职业生涯通道 ◆横向通道：员工在同一个管理层级或同一个技术、技能等级上不同岗位或不同工种之间的变动路径 ◆纵向通道：员工在不同管理层级、技术等级上不同岗位或不同工种之间的变动路径 ◆双通道：员工同时承担管理工作和技术工作，俗称"双肩挑"，主要是为技术人员或专业人员设计的，也是组织培养高层管理人员的主要方式之一 (3) 建立职业生涯信息中心

续表

层次	方法	具体阐述
组织层次	成立潜能评价中心	(1) 评价中心：确定管理者候选人 (2) 心理测验：个人职业潜能、兴趣、价值观、职业生涯锚等测查 (3) 替换或继任规划
组织层次	实施培训与发展项目	(1) 工作轮换 (2) 利用公司内、外人力资源发展项目对员工进行培训 (3) 参加组织内部或外部的专题研讨会 (4) 专门对管理者进行培训或实行双通道职业生涯设计
个人层次	给个人提供自我评估工具和机会	(1) 职业生涯讨论会 (2) 提供职业生涯手册 (3) 退休前讨论会
个人层次	职业生涯指导与咨询	实施人员：人力资源部的专业人员或具体负责人、员工的直接主管、组织外的专业指导师或咨询师

【考点小贴士】备考中注意组织职业生涯管理方法和个人职业生涯管理方法的区分。可简记为"'大'组织有市场中心有项目，'小'员工可咨询机会"。

四、职业生涯管理效果的评估标准

(1) 是否达到个人或组织目标及其程度。
(2) 具体活动的完成情况。
(3) 绩效指数变化。
(4) 态度或心理变化（包括员工对参加职业生涯讨论会的反应、员工对工作的认同度、满意度和对组织的忠诚度）。

五、职业生涯管理的注意事项

为了实现职业生涯管理活动的成功，应注意：
(1) 职业生涯管理活动要与组织的人力资源战略、招聘、绩效评估等人力资源管理环节相互配合，统筹考虑。
(2) 得到组织高层的支持，特别是在政策、经费等方面。
(3) 鼓励直线经理参与职业生涯发展活动。
(4) 要充分考虑员工的个体差异，如技能与能力、职业兴趣、所处职业生涯发展阶段、职业生涯锚等。

（一）职业兴趣

职业兴趣是指个体对某种活动或某种职业的喜好。职业兴趣会影响个体职业选择、职业生涯目标，也是组织进行职业生涯管理的重要依据。

对于职业兴趣的分类影响最大的理论是霍兰德提出的职业兴趣测试理论。

【提示】个人的个性特征并非职业生涯选择的决定性因素，也并非职业成功的决定因素，还要考虑发展因素、社会因素。

（二）职业生涯发展阶段及主要任务

职业生涯发展阶段及主要任务如表9-4所示。

表9-4　职业生涯发展阶段及主要任务

项目	探索期	建立期	维持期	衰退期
发展任务	确定兴趣、能力，让自我与工作匹配	晋升、成长、安全感；职业生涯类型的确立	维持成就感；更新技能	退休计划；改变工作与非工作之间的平衡

续表

项目	探索期	建立期	维持期	衰退期
活动	协助、学习、遵循方向	独自做出贡献	训练、帮助、政策制定	退出工作
身份	学徒	同事	导师	顾问
年龄	30 岁以下	30—45 岁	45—60 岁	60 岁以上
专业资历	2 年以下	2—10 年	多于 10 年	多于 10 年

（三）职业生涯锚

1. 概念

职业生涯锚是指一个不得不做出选择时，无论如何都不会放弃的职业生涯中的那种至关重要的东西或价值观。

2. 内容

（1）自省的才干与能力，以各种作业环境中的实际成功为基础。

（2）自省的动机与需要，以实际情境中的自我测试和自我诊断的机会，以及他人的反馈为基础。

（3）自省的态度与价值观，以自我与雇佣组织和工作环境的准则和价值观之间的实际遭遇为基础。

3. 特点

（1）产生于早期职业生涯阶段，以个体习得的工作经验为基础。

（2）强调个人能力、动机和价值观三个方面的相互作用与整合。

（3）不可能根据各种测试提前进行预测。

（4）并不是完全固定不变的。

4. 类型

职业生涯锚的类型如表 9-5 所示。

表 9-5 职业生涯锚的类型

类型	特点
技术/职能能力型	拒绝一般性管理工作，但愿意在其技术/职能领域管理他人
管理能力型	追求一般性管理工作，且责任越大越好
	具有强烈的升迁动机，以提升等级和收入作为衡量成功的标准
	具有分析能力、人际沟通能力和情绪控制能力的强强组合特点
	对组织有很大的依赖性
安全稳定型	追求安全、稳定的职业前途
	追求职业安全，注重情感的安全稳定
自主独立型	选择职业时绝不放弃自身的自由，视自主为第一需要
	有很强的职业承诺
创造型	有强烈的创造需求和欲望，发明创造是他们工作的强大驱动力
	有冒险精神

5. 作用

（1）有助于识别个体的职业生涯目标和职业生涯成功的标准。

（2）能够促进员工预期心理契约的发展，有利于个体与组织稳固地相互接纳。

（3）有助于增强个体职业技能和工作经验，提高个体和组织的绩效。

（4）为个体中后期职业生涯奠定基础。

【考点小贴士】复习中注意职业生涯发展阶段的区分和职业生涯锚的内容、特点和类型。

经典例题

[2019年真题·单选题] 在个体的职业生涯发展阶段中，建立期的主要任务与活动是（　　）。
A. 独自做出贡献　　　　　　　　B. 训练与帮助他人
C. 帮助组织制定政策　　　　　　D. 协助与学习
[答案] A
[解析] B、C两项属于维持期的任务，D项属于探索期的任务。

[2017年真题·单选题] 关于管理能力型职业生涯锚的说法，错误的是（　　）。
A. 它追求一般性的管理工作，且责任越大越好
B. 它强调实际技术/职能等业务工作
C. 它具有强烈的升迁动机
D. 它具有分析能力、人际沟通能力和情绪控制能力的强强组合特点
[答案] B
[解析] B项表述的是技术/职能能力型职业生涯锚的内容。

[2014年真题·多选题] 组织层次的职业生涯管理方法包括（　　）。
A. 公布空缺职位信息　　　　　　B. 实施培训与发展项目
C. 成立潜能评价中心　　　　　　D. 职业生涯讨论会
E. 实行利润分享
[答案] ABC
[解析] 组织层次的职业生涯管理方法包括：①提供职业生涯信息：公布职位空缺信息；介绍组织内的职业生涯通道；建立职业生涯信息中心。②成立潜能评价中心。③实施培训与发展项目。
[解析思路] 根据[考点小贴士]中"大组织有市场中心有项目"得出B、C两项正确。A项属于提供职业生涯信息。D项属于个人层次的职业生涯管理方法。注意不确定就不选，以保证分数。

本章易错易混考点

【易错易混考点】培训与开发效果评估的内容（如表9-6所示）

表9-6　培训与开发效果评估的内容

名称	内容	举例
反应评估	评估受训人员对培训与开发的主观感受和看法	员工觉得这个培训怎么样
学习评估	受训人员在知识、技能或态度方面是否有了提高或改变	员工在培训中学到了什么
工作行为评估	评价是否带来受训人员行为上的改变，受训人员把所学运用到工作上的程度	员工通过这个培训后，在工作中有哪些变化
结果评估	评估受训人员工作行为改变对其所服务的组织或部门绩效的影响作用	员工通过这个培训后，工作结果如何
投资收益评估	确定或比较组织进行培训与开发的成本收益	这个培训成本收益如何

[例题·单选题] 培训与开发效果评估中，（　　）评价是否带来受训人员行为上的改变。
A. 工作行为评估　　　　　　　　B. 结果评估
C. 学习评估　　　　　　　　　　D. 投资收益评估

[答案] A

[解题思路] 根据"行为上的改变"可得出工作行为评估。

历年经典真题回顾

一、单项选择题（每题1分，每题备选项中，只有1个最符合题意）

1. 下列职业生涯锚类型中，具有明显的冒险精神特征的是（　　）。[2016年真题]
   A. 技术/职能能力型　　　　B. 管理能力型
   C. 安全稳定型　　　　　　D. 创造型

   [答案] D

   [解析] 创造型职业生涯锚的人有强烈的创造需求和欲望，发明创造是他们工作的强大驱动力，有冒险精神。

2. 关于培训与开发的说法，错误的是（　　）。[2015年真题]
   A. 培训与开发是对人力资源的投资
   B. 大型组织通常会设置专门的培训与开发部门
   C. 效果评估是培训与开发体系中比较容易实施的一个环节
   D. 培训与开发效果的评估方法包括控制实验法和问卷调查法

   [答案] C

   [解析] 由于培训与开发效果的滞后性，以及员工个体的差异性，要客观、科学地评估培训与开发的效果相当困难，因此，效果评估是培训与开发体系中最难实现的一个环节。

3. 处于职业发展维持阶段的个体，在组织中的主要身份是（　　）。[2011年真题]
   A. 学徒　　　B. 同事　　　C. 导师　　　D. 顾问

   [答案] C

   [解析] 处于职业发展维持期的个体，在组织中的主要身份是导师。

二、多项选择题（每题2分，每题备选项中，有2个或2个以上符合题意，至少有1个错项。错选，本题不得分；少选，所选的每个选项得0.5分）

1. 关于职业生涯锚的说法，正确的有（　　）。[2021年真题]
   A. 它是可以通过测试提前预测出来的
   B. 强调个人能力、动机和价值观三方面的相互作用与整合
   C. 它是固定不变的
   D. 它以个体习得的工作经验为基础
   E. 它产生于一个人的早期职业生涯阶段

   [答案] BDE

   [解析] 职业生涯锚具有以下四个特点：①产生于早期职业生涯阶段（E项正确），以个体习得的工作经验为基础（D项正确）；②强调个人能力、动机和价值观三方面的相互作用与整合（B项正确）；③不可能根据各种测试提前进行预测（A项错误）；④并不是完全固定不变的（C项错误）。

2. 关于培训与开发效果评估的说法，正确的有（　　）。[2014年真题]
   A. 效果评估是培训与开发体系中最难实现的一个环节
   B. 效果评估中应用最广的是层次评估模型
   C. 反应评估是效果评估中最基本、最常用的评估方法
   D. 结果评估中的硬指标包括产出、质量、工作满意度等
   E. 学习评估的内容包括知识、技能、态度三个方面

[答案] ABCE

[解析] 结果评估指标包括硬指标（产出、质量、成本、时间）和软指标（工作习惯、工作满意度、主动性、顾客服务）。D项中的"工作满意度"属于软指标。

本章同步练习

一、单项选择题（每题1分，每题备选项中，只有1个最符合题意）

1. 关于培训与开发效果评估的陈述，正确的是（　　）。
   A. 问卷调查法适用于工作行为评估
   B. 控制实验法是培训与开发效果评估中最常用的方法
   C. 反应评估的重点是评价培训与开发是否带来了受训人员行为上的改变
   D. 结果评估是组织高管层最关心的评估内容

2. 评估培训与开发效果时，组织很少进行的评估是（　　）。
   A. 反应评估　　　　　　　　B. 学习评估
   C. 结果评估　　　　　　　　D. 投资收益评估

3. 在典型的职业生涯通道类型中，描述员工在同一管理层级或技术、技能等级上不同工种之间变动路径的是（　　）。
   A. 横向通道　　　　　　　　B. 纵向通道
   C. 双通道　　　　　　　　　D. 单一通道

4. 员工在不同技能等级之间的变动路径属于职业生涯通道中的（　　）。
   A. 横向通道　　　　　　　　B. 纵向通道
   C. 双通道　　　　　　　　　D. 职业生涯锚

5. 在职业生涯发展过程中，个体改变工作与非工作之间的平衡，这一阶段属于（　　）。
   A. 探索期　　　　　　　　　B. 建立期
   C. 维持期　　　　　　　　　D. 衰退期

6. 关于职业生涯锚的说法，错误的是（　　）。
   A. 职业生涯锚有助于识别个体的职业生涯目标和职业生涯成功的标准
   B. 自主独立型的职业生涯锚有很强的职业承诺
   C. 管理能力型职业生涯锚具有分析能力、人际沟通能力和情绪控制能力的强强组合特点
   D. 职业生涯锚的内容不包括自省的兴趣和需要

二、多项选择题（每题2分，每题备选项中，有2个或2个以上符合题意，至少有1个错项。错选，本题不得分；少选，所选的每个选项得0.5分）

1. 在实际工作中，管理层关于培训与开发决策的制定误区，表现为（　　）。
   A. 人力资源投资的回报难以量化
   B. 不愿意做那些难以衡量或反馈周期长的培训与开发投资
   C. 将培训与开发视为一项开支或员工福利
   D. 扩大企业资金投入
   E. 将培训与开发视为一项投资

2. 关于直线经理对员工进行培训与开发的说法，正确的有（　　）。
   A. 培训与开发的组织管理责任最终落实在直线经理身上
   B. 直线经理充当下属的教练、导师、榜样

C. 操作层面上，直线经理是上岗培训的主要讲师

D. 在工作中关注下属员工职业生涯管理

E. 对员工只需要进行知识教育

3. 关于培训与开发效果评估中的结果评估的说法，正确的有（   ）。

A. 结果评估是培训与开发效果评估最重要的内容

B. 结果评估是培训与开发效果评估最具有说服力的评价指标

C. 结果评估是组织高管层和直接主管特别关心的

D. 结果评估中的软指标易于衡量和量化

E. 结果评估只关注软指标即可

4. 关于职业生涯管理的说法，正确的有（   ）。

A. 职业生涯管理包括组织职业生涯管理和个体职业生涯管理两个方面

B. 组织职业生涯管理有利于员工进行个体职业生涯管理

C. 职业生涯指导的实施人员只能是员工的直接主管

D. 双通道是指员工同时承担管理工作和技术工作

E. 提供职业生涯手册属于组织职业生涯管理的方法

5. 关于职业生涯锚特点的说法，正确的有（   ）。

A. 职业生涯锚产生于早期职业生涯阶段

B. 职业生涯锚以个体习得的工作经验为基础

C. 职业生涯锚强调个人能力、动机和价值观三方面的相互作用与整合

D. 职业生涯锚可以通过测试来预测

E. 职业生涯锚一经确定就应固定不变

本章同步练习参考答案及解析

一、单项选择题

1. [答案] D

   [解析] 反应评估通常采用访谈、问卷调查等方法，其中问卷调查法应用最为普遍，A项错误。控制实验法是评估培训与开发效果最好、最正规的方法，B项错误。工作行为评估的重点是培训与开发是否带来了受训人员行为上的改变，以及受训人员把所学的运用到工作上的程度，C项错误。

2. [答案] D

   [解析] 对于投资收益评估，组织很少进行，因为它是一个困难且昂贵的过程。

3. [答案] A

   [解析] 横向通道是指员工在同一管理层级或技术、技能等级上不同工种之间的变动路径。

4. [答案] B

   [解析] 纵向通道指员工在不同管理层级、技术等级上不同岗位或不同工种之间的变动路径。

5. [答案] D

   [解析] 在职业生涯发展的衰退期，个体改变工作与非工作之间的平衡。

6. [答案] D

   [解析] 职业生涯锚的内容包括：①自省的才干与能力；②自省的动机与需要；③自省的态度与价值观。

二、多项选择题

1. [答案] ABC

   [解析] 培训与开发决策的制定误区表现为：①对人力资源投资的回报难以量化，容易遭到管理层的反对；②效果评估存在滞后性，导致管理层不愿意做那些难以衡量或反馈周期长的培训与开发投资；③在一定程度上，视培训开发为一种开支或一种员工福利，而不是一项投资。其预算经

常落后于经营战略计划。根据"误区"也可得出D、E两项错误。

2. [答案] ABCD

[解析] 直线经理对员工进行的培训与开发包括：关注下属员工职业生涯管理、提供给下属员工发展其能力的机会、在日常工作中鼓励员工持续不断地学习。E项说法片面，错误。

3. [答案] AB

[解析] 工作行为评估是组织高管层和直接主管特别关心的，C项错误。培训与开发效果的结果评估中的指标易被衡量和量化，容易被转化为货币价值，而且评价也更为客观，也包括工作习惯、工作满意度、主动性、顾客服务等软指标，D、E两项错误。

4. [答案] ABD

[解析] 职业生涯指导的实施人员包括人力资源部的专业人员或具体负责人、员工的直接主管、组织外的专业指导师或咨询师，C项错误。提供职业生涯手册属于个人职业生涯管理的方法，E项错误。

5. [答案] ABC

[解析] 职业生涯锚的特点包括：①产生于早期职业生涯阶段，以个体习得的工作为基础；②强调个人能力、动机和价值观三个方面的相互作用与整合；③不可能根据各种测试提前进行预测；④并不是完全固定不变的。

第十章 劳动关系

本章考情分析

年份	单项选择题	多项选择题	案例分析题	合计
2021 年	3 题 3 分	1 题 2 分	—	5 分
2020 年	4 题 4 分	—	—	4 分

[提示] 本章为 2020 年全新变更章节。

本章考点概览

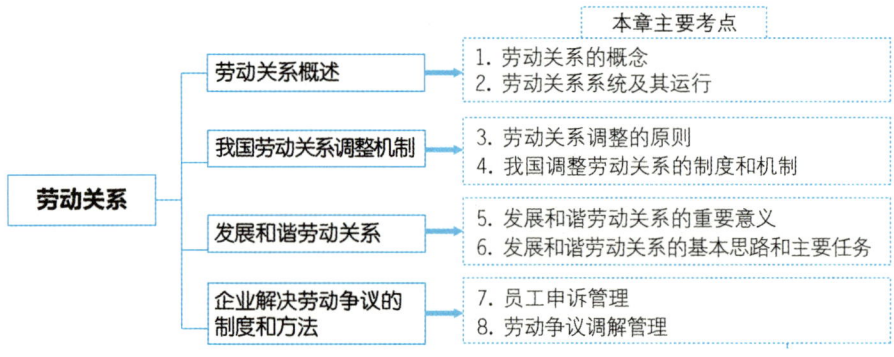

本章考点详解

【考点一】劳动关系的概念

一、劳动关系的含义

劳动关系通常是指生产关系中直接与劳动有关的那部分社会关系,或者说是指整个社会关系系统中与劳动过程直接相关的社会关系系统。具体来说,劳动关系是指劳动者与劳动力使用者以及相关组织为实现劳动过程所构成的社会关系。其目的和性质如表 10-1 所示。

表 10-1 劳动关系的目的和性质

项目	内容
劳动关系的目的	实现劳动者与生产资料相结合并完成劳动过程
劳动关系的性质	劳动关系本质上是一种经济利益关系。实际生活中,劳动关系是一种更复杂的社会关系,其涉及和影响的不只是社会经济,在特定的条件下,劳动关系还涉及政治领域。劳动关系的稳定与和谐,对社会经济、政治的稳定与和谐有直接影响

二、劳动关系的特征

在劳动力市场上,劳资双方都是自主的独立主体,劳动力的市场交换关系是一种形式上的平等经济关系。但这种平等的形式掩盖了实际的不平等。劳动关系的特征如表10-2所示。

表10-2 劳动关系的特征

特征	具体内容
资方	在劳动力市场上大多占有绝对的优势
劳动者	市场经济下的劳动者具有从属性，从属性是劳动关系最主要的特点
涉及的具体内容	劳动标准、管理规则（表现为劳动者和雇主的权利、义务）
基本形式	冲突与合作贯穿于劳动关系的整个过程，形成劳动关系运行的两种基本形式

三、劳动关系的主体

劳动关系最基本的主体构成是以雇员和雇主（劳动者和用人单位）为基础的，但为了实现劳动过程，作为社会生产过程的组织协调者的政府、作为劳动者利益代表的工会组织以及作为雇主利益代表的雇主组织也是不可或缺的。具体内容如表10-3所示。

表10-3 劳动关系的主体

主体		具体内容
劳动者		(1) 劳动者是被用人单位依法雇用（录用）的人员，不包括自雇用者 (2) 劳动者是在用人单位管理下从事劳动的人员 (3) 劳动者是以工资收入为主要生活来源的人员 (4) 劳动者仅限定在国家劳动法律所规定的范围之内
工会	按工会的组织结构形式划分	职业工会、产业工会、总工会
	按工会的层级划分	企业工会、区域性（或地方性）工会、全国性工会
	工会是中国共产党领导的职工自愿结合的工人阶级群众组织，是中国共产党联系职工群众的桥梁和纽带	
用人单位		(1) 企业，包括国有企业、集体企业、外商投资企业、私营企业等 (2) 个体经济组织，是指雇工7人以下（包括7人）的个体工商户 (3) 民办非企业单位，是指企业事业单位、社会团体和其他社会力量以及公民个人利用非国有资产举办的，从事非营利性社会服务活动的社会组织 (4) 国家机关，包括国家权力机关、国家行政机关、司法机关等 (5) 事业组织，是指为了社会公益目的，由国家机关举办或者其他组织利用国有资产举办的、从事教育、科技、文化、卫生等活动的社会服务组织 (6) 社会团体，是指中国公民自愿组成、为实现成员共同意愿、按照其章程开展活动的非营利性社会组织
雇主组织	雇主组织形式	(1) 行业协会 (2) 地区协会 (3) 国家级雇主联合会 (4) 中国企业联合会
	雇主组织的主要作用	(1) 参与集体谈判，是雇主组织发展的最基本原因，也是雇主组织最基本的功能 (2) 参与劳动立法和政策制定。一般体现在国家级雇主组织上 (3) 在劳动争议处理过程中向其成员提供法律服务 (4) 通过雇主组织的培训机构为会员企业提供培训服务
政府		政府在劳动关系中的作用包括： (1) 劳动关系的规制者 (2) 劳动关系运行的监督者 (3) 劳动争议的重要调解仲裁者。政府在处理劳动争议时，居中调解和发挥主导作用 (4) 劳动关系重大冲突的控制者 (5) 协调劳动关系制度和机制建设的推动者

【考点小贴士】工会和用人单位的具体内容需重点记忆，可能会成为考试的热点。

经典例题

[2021年真题·单选题] 我国《工会法》规定，工会是自愿结合的工人阶级的（　　）。
A. 盈利组织　　　　　　　　　B. 行政组织
C. 群众组织　　　　　　　　　D. 事业组织
[答案] C
[解析] 工会是自愿结合的工人阶级的群众组织。

[例题·多选题] 下列属于劳动关系主体的有（　　）。
A. 劳动者
B. 工会
C. 用人单位
D. 劳动争议调解委员会
E. 雇主组织
[答案] ABCE
[解析] 劳动关系是以雇员和雇主（劳动者和用人单位）为基本主体构成的，实现劳动过程中，政府作为社会生产过程的组织协调者，劳动者利益代表的工会组织，雇主利益代表的雇主组织也是不可或缺的。D项，劳动争议调解委员会属于处理劳动争议的群众性、自治性组织，不属于劳动关系主体。

【考点二】劳动关系系统及其运行

一、劳动关系系统的概念

劳动关系系统也称产业关系或劳资关系系统，是指现代社会系统中以劳动关系为基本关系所构成的包括劳动关系的内部构成和外部环境因素交流互动的有机整合体。

劳动关系系统是社会大系统中的一个子系统。劳动关系系统的基本要素是以个体或群体身份出现的，劳动关系系统的运行是能动的。劳动关系系统的运行除了受客观条件的制约之外，还受人的主观思想的影响。

二、劳动关系系统的特点

（1）环境对劳动关系的模式及变迁提供了一个大致的要求和限定。只有当系统提出了某种需求，并满足了这一需求的基本条件时劳动关系才能建立起来。

（2）环境状况制约着劳动关系的模式与运行。

（3）劳动关系的稳定与整体功能的优化，需要各要素的有机搭配与协调。其中，人的观念、思维、情感以及人与人之间的关系在整体功能的发挥中有着不可忽视的作用。

（4）政治和社会环境的投入是劳动关系系统存在的社会条件。

三、劳动关系系统的运行

（一）劳动关系系统运行的概念

劳动关系系统的运行是指劳动关系系统的组织构成、权利分配以及关系处理和作用发挥的过程和方式。

（二）劳动关系运行的主要内容

（1）组织机构与相互关系。

(2) 关系处理的规则和程序。

(三) 劳动关系运行的阶段

(1) 劳动关系的构成。

(2) 劳动标准的确定和实施。

(3) 劳动争议的处理和解决。

(四) 劳动关系系统运行的基本形式

(1) 劳动关系的冲突。

(2) 劳动关系的合作。

(五) 劳动关系系统运行的功能

(1) 动力功能,具有启动劳动关系并使之运行的作用。

(2) 约束功能,具有对运行加以控制的作用。

(六) 劳动关系系统运行和发展的状态

(1) 良性运行和谐发展(基本目标)。

(2) 中性运行常态发展。

(3) 恶性运行畸形发展。

四、劳动关系运行的程序规则和实体规则

(一) 劳动关系运行的规则概述

劳动关系运行的规则网络是由法律、权力、传统和道德四个方面所构成的。

(1) 法律,是最基本和一般的规范手段(是规则网格的基本构成,分为程序规则和实体规则)。

(2) 权力,是政治领域的规范手段。

(3) 传统,是社会领域的规范手段。

(4) 道德,是一种价值理念的规范手段。

(二) 劳动关系运行的程序规则

劳动关系运行的程序规则是指劳动关系系统运行中关系处理的方法和过程的规则要求。其具体规则主要包括:

(1) 个别劳动关系处理规则,是一种劳动者个人与雇主之间关系处理的规则。这种规则的基本方式为劳动合同制度。个别劳动关系是构成劳动关系系统的基础关系。

(2) 集体劳动关系处理规则,是劳动者集体与雇主或雇主组织之间关系处理的规则。该规则的基本表现方式是集体合同。集体劳动关系处理规则是劳动关系系统运行的核心规则。

(3) 劳动争议处理规则实际上是劳动关系系统运行中的救济规则,是对于前两个规则的补充。劳动争议处理规则直接涉及三方行为的规范,除了规范劳资双方的行为外,还需要规范政府的行为。

(三) 劳动关系运行的实体规则

劳动关系运行的实体规则主要是指对劳动关系各方权利的规定,实体规则的内容通常是由法律规定和认可的。其主要法律表现形式为劳工标准。

1. 劳动者个人权利(即个别劳权)的规定

主要涉及的具体内容为劳动条件、劳动标准的确定和实施等。作为最低劳动标准,体现了国

家在劳工权利方面的基本准则。这些规定主要包括劳动者在就业、劳动保护、社会保障、工资以及工时等方面的权利。

劳动者个人的权利主要包括劳动就业权、工资报酬权、休息休假权、社会保障权、职业安全卫生权、职业培训权、劳动争议提请处理权等。

2. 劳动基本权（即集体劳权）的规定

劳动基本权的内容通常是指"劳动三权"，即团结权、集体谈判权和集体行动权。随着劳动基本权的不断发展，民主参与权也发展成为劳动基本权的内容。

集体劳权是以个别劳权为基础形成的。集体劳权体现的是劳动者一方或劳动者集体的利益和要求，而不仅是个别劳动者的利益和要求。集体劳权反映的是劳动力市场的劳动力提供者和劳动力需求者之间的力量对比和力量平衡的关系。集体劳权的实现程度反映了劳资关系法制化和规范化的发展程度。

> **经典例题**
>
> [例题·单选题] 下列关于劳动关系系统的说法，错误的是（　　）。
> A. 劳动关系系统也称产业关系或劳资关系系统，基本要素都是以个体身份出现的
> B. 劳动关系系统是社会大系统中的一个子系统
> C. 以适应环境为目标，稳定的社会环境保障劳动关系有序运行
> D. 劳动关系的稳定与整体功能的优化，需要各要素的有机搭配与协调
> [答案] A
> [解析] 劳动关系系统的基本要素是以个体或群体身份出现的，劳动关系系统的运行是能动的；受客观条件的制约之外，还受人的主观思想的影响。A项错误。

【考点三】劳动关系调整的原则

劳动关系调整的原则是调整劳动关系所应遵循的基本准则，决定着调整劳动关系的方向，贯穿于劳动关系调整的全过程。在市场经济条件下，调整劳动关系有四个基本原则，具体内容如表10-4所示。

表 10-4　调整劳动关系的四个基本原则

原则	具体内容
以劳动关系双方自主协调为基础的原则	在市场经济条件下，劳动关系是通过劳动者个人和用人单位自主双向选择加以确定和形成的
劳动关系主体权利义务统一的原则	(1) 劳动关系主体既行使权利，又履行义务 (2) 劳动者负有将其劳动力交付给用人单位使用的义务。主要表现是参加用人单位组织的劳动，完成用人单位安排的劳动任务，且在劳动过程中遵守用人单位制定的劳动纪律 (3) 劳动者在让渡劳动力使用权给用人单位的同时，仍保留着劳动力的所有权，这就要求用人单位在享有使用劳动力权利时，对劳动者承担保障劳动力再生产和提供必要的劳动条件的义务
促进经济发展和社会进步的原则	劳动关系作为基本的社会经济关系，其状况深刻影响着企业及至国家的经济发展和社会的进步。调整劳动关系，必须放眼全局，把促进经济发展、推动社会文明进步作为出发点。同时，调整劳动关系还要遵循依法调整和三方协调的原则

续表

原则	具体内容
保护劳动关系主体权益的原则	(1) 全面保护 (2) 平等保护 (3) 优先保护和特殊保护

【考点小贴士】劳动关系是通过劳动者个人和用人单位自主双向选择加以确定和形成的,要注意是"双向"。

【考点四】我国调整劳动关系的制度和机制

建立协调劳动关系的各项制度和机制,是维护我国劳动关系长期和谐稳定的根本保证。

我国调整劳动关系的制度和机制的具体内容如表10-5所示。

表10-5 我国调整劳动关系的制度和机制

制度和机制	具体内容
集体合同制度	集体合同是指用人单位与本单位职工根据法律法规、规章的规定,就保险福利、工作时间、职业培训、劳动安全卫生、休息休假、劳动报酬等事项,通过集体协商签订的书面协议
职工民主管理制度	(1) 职工代表大会制度是公有制企业实行职工民主管理的一种法定必要形式 (2) 我国职工民主管理制度的主要体现形式是职工代表大会制度。按照法律规定,职工代表大会是由职工民主选举产生的职工代表组成的,代表全体职工行使民主管理的机构,是企业实行民主管理的基本形式
劳动争议处理制度	(1) 我国实行"一调、一裁、两审"的争议处理体制 (2) 以协商、调解、仲裁、诉讼为主要环节的先裁后审的劳动争议处理制度
劳动规章制度	劳动规章制度是用人单位依法制定并在本单位实施的组织劳动过程和进行劳动管理的规则和制度的总和,可作为用人单位劳动用工管理的依据
劳动监察制度	劳动监察是指劳动行政管理机关依法对用人单位遵守劳动法律法规情况进行监督检查,发现和纠正违法行为,并对违法行为依法进行行政处理或行政处罚的行政执法活动
协调劳动关系三方机制	由政府、工会代表、雇主代表组成的三方性劳动关系协调制度
劳动合同制度	(1) 劳动合同制度是市场经济条件下调整个别劳动关系的一项基本制度 (2) 劳动合同是市场经济条件下劳动者个人与用人单位建立劳动关系的契约,是落实劳动保障法律法规、规范劳动关系双方权利和义务的重要载体

【考点五】发展和谐劳动关系的重要意义

发展和谐劳动关系的重要意义如表10-6所示。

表10-6 发展和谐劳动关系的重要意义

重要意义	具体说明
劳动关系是最基本和最重要的社会关系	劳动关系的本质属性决定其成为现代社会经济生活中最基本、最重要的社会关系。劳动关系作为基础性的社会经济关系,深刻影响着企业乃至国家的经济发展和社会稳定
发展和谐劳动关系是构建和谐社会的重要内容	经济利益是劳动关系的核心,劳动关系涉及企业和劳动者最关心、最直接、最现实的利益问题
发展和谐劳动关系是保持经济又好又快发展的重要前提	建设和谐社会需要强大的物质基础,经济的健康协调可持续发展是获得物质基础的根本保障。劳动是创造财富的源泉

【考点六】发展和谐劳动关系的基本思路和主要任务

一、发展和谐劳动关系的基本思路

发展和谐劳动关系的基本思路是以习近平新时代中国特色社会主义思想为指导，按照党中央关于构建社会主义和谐社会的要求，以发展和谐劳动关系为目标，在解决劳动关系突出问题的同时，推进治理体系与治理能力现代化相适应的劳动关系协调体制，形成发展和谐劳动关系的长效机制和制度，构建规范有序、公正合理、互利共赢、和谐稳定的社会主义新型劳动关系。

二、发展和谐劳动关系的主要任务

（1）健全国家劳动标准体系。
（2）进一步完善劳动合同制度。
（3）积极推进集体合同制度实施。
（4）加大劳动保障执法监察力度。
（5）完善劳动争议处理体制。
（6）加强企业工资收入分配制度改革。
（7）完善协调劳动关系三方机制。

【考点七】员工申诉管理

员工申诉管理的具体内容如表 10-7 所示。

表 10-7 员工申诉管理

项目	具体内容
定义	员工申诉是指组织成员以口头或书面等正式方式，表达对组织有关事项的不满，主要强调以下几个方面： （1）员工申诉是通过一种正式的、制度化的方式表达不满 （2）员工通过申诉渠道表达的不满，通常是由于企业违反了集体协议、劳动法律，或者违背了过去的惯例、规章制度以及没有承担企业应承担的责任而引起的 （3）通过申诉管理有利于发挥企业层面上的纠纷处理主体的作用，有利于劳动关系双方的协商，确保员工的问题能得到及时处理
范围	员工申诉范围一般限于与工作有关的问题，申诉范围主要包括： （1）因现行制度、规章、办法或措施未尽事宜或执行的疏忽，损害其合法权益的 （2）对绩效考评及奖惩的决定有异议，且有具体证明的 （3）对培训、薪酬、福利等方面有异议的 （4）对劳动合同的签订、续签、变更、解除、终止等方面有异议的 （5）认为受到上级或同事的违法、滥用职权或不当行为对待，侵犯其权益或影响其正常工作的 （6）认为职务升迁或工作调派处置不当，影响其权益的 （7）申诉人有证据证明自己权益受到侵犯的其他事项
原则	（1）合法原则 （2）保密原则 （3）明晰原则 （4）及时原则（包括及时预防和及时处理两方面） （5）公平原则（一是员工与企业是平等互惠的关系；二是当管理者确实触犯公司制度甚至国家法律时，应当一视同仁） （6）反馈原则

续表

项目		具体内容
员工申诉的处理程序	非正式的申诉处理程序	非正式的申诉处理主要是依靠第三方调解实现的，主要依靠训练有素的中立的第三方，协调处理申诉双方当事人的意见分歧，以解决有关问题
	正式的申诉处理程序	不管企业中有无工会，员工申诉的正式处理流程一般包括以下四个阶段： (1) 向申诉受理人提交员工申诉表。应写明申诉缘由，并尽量列举可靠的依据 (2) 申诉受理。对于申诉事项毫无事实依据，仅凭主观臆断的申诉不予受理 (3) 查明事实。管理者要查明争议事实，不得有偏袒，对双方的事实都要认真调查了解。在此阶段，申诉受理人需要填写员工申诉调查记录表 (4) 解决问题。申诉受理人了解事实真相后，根据调查情况在3—5个工作日内，及时将问题处理结果告知员工，并制作员工申诉答复表
解决员工申诉的方法		(1) 调查矛盾发生的有关原因 (2) 迅速了解事实真相，做出解释 (3) 尊重申诉人，对其困境和苦恼表示理解和同情 (4) 对员工进行与申诉相关的辅导，让员工了解申诉制度建立的目的和意义 (5) 帮助员工消除顾虑，解决问题

【考点小贴士】员工申诉的范围一定是与工作有关的，与工作无关的问题，如员工的家庭问题、私人问题等不包含在内。

【考点八】劳动争议调解管理

劳动争议调解管理的具体内容如表10-8所示。

表10-8 劳动争议调解管理

项目		具体内容
劳动争议调解的概念		劳动争议调解是指依法设立的调解劳动争议的机构或者其他机构，依照法律、法规和有关政策，对发生劳动争议的双方当事人运用说服教育、劝导协商的方式，促使其在互谅互让的基础上解决争议的一种活动
	广义	包括各种组织以各种方式对劳动争议案件进行调解。例如，劳动人事争议仲裁委员会处理劳动争议时的仲裁庭调解人民法院审判中的调解，政府有关行政部门的调解，劳动争议诉前的专家调解等
	狭义	是指企业劳动争议调解委员会对本企业发生的劳动争议案件进行的调解
企业劳动争议调解委员会的设立		《企业劳动争议协商调解规定》第十三条、第十四条规定： (1) 大中型企业应当依法设立劳动争议调解委员会，并配备专职或者兼职工作人员 (2) 有分公司、分店、分厂的企业，可以根据需要在分支机构设立劳动争议调解委员会 (3) 总部劳动争议调解委员会指导分支机构劳动争议调解委员会开展劳动争议预防调解工作 (4) 劳动争议调解委员会可以根据需要在车间、工段、班组设立调解小组 (5) 小微型企业可以设立劳动争议调解委员会，也可以由劳动者和企业共同推举人员，开展调解工作

续表

项目		具体内容
企业劳动争议调解委员会、调解员的职责	调解委员会的责任	企业劳动争议调解委员会履行下列职责： (1) 宣传劳动保障法律、法规和政策 (2) 对本企业发生的劳动争议进行调解 (3) 监督和解协议、调解协议的履行 (4) 聘任、解聘和管理调解员 (5) 参与协调履行劳动合同、集体合同、执行企业劳动规章制度等方面出现的问题 (6) 参与研究涉及劳动者切身利益的重大方案 (7) 协助企业建立劳动争议预防预警机制
	调解员的职责	调解员履行下列职责： (1) 关注本企业劳动关系状况，及时向企业劳动争议调解委员会报告 (2) 接受企业劳动争议调解委员会指派，调解劳动争议案件 (3) 监督和解协议、调解协议的履行 (4) 完成企业劳动争议调解委员会交办的其他工作
企业劳动争议调解委员会的工作制度		根据《企业劳动争议协商调解规定》，企业劳动争议调解委员会应当建立健全调解登记、调解记录、督促履行、档案管理、业务培训、统计报告、工作考评等制度。经调解达成调解协议的，由企业劳动争议调解委员会制作调解协议书。调解协议书应当写明**双方当事人基本情况、调解请求事项、调解的结果和协议履行期限、履行方式**等。
企业劳动争议调解委员会调解劳动争议前应做的准备工作		实施调解前应当做好的准备工作主要包括以下几项： (1) 审查调解申请。当事人申请劳动争议调解可以书面申请，也可以口头申请 (2) 通知被申请人。企业劳动争议调解委员会在调解案件前，应通知被申请人提交答辩书，同时提供相关的证据资料，做好参加调解工作的准备。如果被申请人是用人单位，应通知其指定专人或委托他人参加调解，以保证调解工作按预期顺利进行 (3) 告知与征询 (4) 弄清案件的基本情况，掌握相关的法律依据 (5) 进一步调查事实 (6) 分析证据 (7) 做好当事人的思想工作

经典例题

[例题·单选题] 关于劳动争议调解的描述，正确的是（　　）。
A. 劳动争议调解主要运用说服教育、劝导协商的方式，调解的结果具有强制性
B. 广义的劳动争议调解是指企业劳动争议调解委员会对本企业发生的劳动争议案件进行的调解
C. 狭义的劳动争议的调解专指仲裁庭调解人民法院审判中的调解，政府有关行政部门的调解，劳动争议诉前的专家调解等
D. 劳动争议调解属于我国劳动争议解决机制之一
[答案] D
[解析] 劳动争议调解主要运用说服教育、劝导协商的方式，促使劳动争议的双方当事人在互谅互让的基础上解决争议的一种活动，并不具有强制性，A 项错误。B 项描述的是狭义的劳动争议的调解，C 项描述的是广义的劳动争议的调解。

本章易错易混考点

【易错易混考点】雇主组织与政府的作用(如表10-9所示)

表10-9 雇主组织与政府的作用

雇主组织	政府
(1) 参与集体谈判。是雇主组织发展的最基本原因,也是雇主组织最基本的功能 (2) 参与劳动立法和政策制定。一般体现在国家级雇主组织上 (3) 在劳动争议处理过程中向其成员提供法律服务 (4) 通过雇主组织的培训机构为会员企业提供培训服务	(1) 劳动关系的规制者 (2) 劳动关系运行的监督者 (3) 劳动争议的重要调解仲裁者 (4) 劳动关系重大冲突的控制者 (5) 协调劳动关系制度和机制建设的推动者

[例题·多选题] 政府作为劳动关系的主体之一,在劳动关系中扮演的角色包括( )。
A. 劳动关系的规制者
B. 劳动关系重大冲突的控制者
C. 劳动关系运行的监督者
D. 劳动争议的调停者
E. 公共组织的雇用者
[答案] ABC
[解析] 政府在劳动关系中的作用主要包括:①劳动关系的规制者;②劳动关系运行的监督者;③劳动争议的重要调解仲裁者;④劳动关系重大冲突的控制者;⑤协调劳动关系制度和机制建设的推动者。

历年经典真题回顾

一、单项选择题(每题1分,每题备选项中,只有1个最符合题意)

1. 我国劳动关系调整的原则包括( )。[2020年真题]
    A. 促进经济发展和社会进步的原则
    B. 以政府协调为基础的原则
    C. 重点保护劳动者权益的原则
    D. 强调劳动关系主体各自义务的原则
[答案] A
[解析] 劳动关系调整的原则包括劳动关系主体权利义务统一的原则、保护劳动关系主体权益的原则、以劳动关系双方自主协调为基础的原则、促进经济发展和社会进步的原则。

2. 关于员工申诉管理的说法,正确的是( )。[2020年真题]
    A. 非正式的申诉处理程序就是由双方共同的上级进行说和
    B. 员工申诉是一种表达不满的途径
    C. 员工不满全都可以通过申诉程序进行申诉
    D. 正式的申诉程序中,员工无需举证,由受理部门查明事实
[答案] B
[解析] 非正式的申诉处理程序主要依靠第三方调解实现的,A项错误。员工申诉主要作用是处理员工工作过程中产生的情绪,申诉范围一般限于与工作有关的问题,与工作无关的通常排除在外(如员工的家庭问题、私人问题),C项错误。正式的申诉程序中,员工向申诉受理人提交员工申诉表,应写明申诉缘由,并尽量列举可靠的依据,D项错误。

二、多项选择题(每题2分,每题备选项中,有2个或2个以上符合题意,至少有1个错项。错选,本题不得分;少选,所选的每个选项得0.5分)

1. 按工会的组织结构形式,工会可以划分为( )。[2021年真题]
    A. 产业公会
    B. 职业工会

C. 企业工会 D. 地方性工会
E. 总工会

[答案] ABE

[解析] 按工会的组织结构形式划分，工会可分为职业工会、产业工会、总工会。

本章同步练习

一、单项选择题（每题1分，每题备选项中，只有1个最符合题意）

1. 下列关于劳动关系的说法中，错误的是（   ）。
   A. 劳动关系理论源自西方工业化时期
   B. 劳动关系是指生产关系中直接与劳动有关的社会关系，与劳动结果直接相关
   C. 劳动关系的目的是实现劳动者与生产资料相结合并完成劳动过程
   D. 劳动关系的基本性质是社会经济关系

2. 关于劳动关系的主体，下列说法不正确的是（   ）。
   A. 劳动者是指具有劳动权利能力和劳动行为能力，依照劳动法律法规被用人单位雇用并在其管理下从事劳动以获取工资收入的人员
   B. 设立工会的主要目标是为工会成员争取利益和价值
   C. 参与劳动立法和政策制定是雇主组织的最基本功能
   D. 用人单位是指具有法定用人资格，使用劳动力组织生产劳动且向劳动者支付工资报酬的单位

3. 劳动关系最主要的特点是（   ）。
   A. 合作性 B. 冲突性
   C. 经济性 D. 从属性

4. 工会按其组织结构形式划分，不包括（   ）。
   A. 全国性工会 B. 职业工会
   C. 总工会   D. 产业工会

5. 下列不属于劳动关系系统运行阶段的是（   ）。
   A. 劳动关系的构成   B. 劳动标准的确定和实施
   C. 劳动争议的处理和解决 D. 劳动保障监察

6. 劳动关系系统的运行过程中，具有启动劳动关系并使之运行的作用的是（   ）。
   A. 动力功能 B. 约束功能
   C. 和谐功能 D. 发展功能

7. 关于劳动关系运行的表述，错误的是（   ）。
   A. 个别劳动关系是劳动关系系统的基础关系
   B. 集体劳动关系是劳动关系系统的核心规则
   C. 劳动关系运行的规则网络中法律是基本构成
   D. 劳动关系运行的规则网络中权力是社会领域的规范手段

8. 关于调整劳动关系的原则，下列说法错误的是（   ）。
   A. 劳动关系主体权利义务是统一的
   B. 保护劳动关系主体权益的原则里的优先保护，是指当对劳动者权益保护和对用人单位权益保护出现矛盾、发生冲突时，对用人单位实施优先保护
   C. 平等保护指对全体劳动者和各类用人单位的权益都应平等保护

D. 劳动关系的建立、存续和终止以及劳动关系双方的纠纷处理，由劳动关系双方依法自主协商决定

9. 在市场经济条件下，劳动关系是通过劳动者个人和用人单位自主双向选择加以确定和形成，属于劳动关系调整的（　　）。
   A. 劳动关系主体权利义务统一原则
   B. 保护劳动关系主体权益的原则
   C. 以劳动关系双方自主协调为基础的原则
   D. 促进经济发展和社会进步的原则

二、多项选择题（每题2分，每题备选项中，有2个或2个以上符合题意，至少有1个错项。错选，本题不得分；少选，所选的每个选项得0.5分）

1. 根据我国《劳动法》的规定，以下属于劳动关系中的用人单位的有（　　）。
   A. 外商投资企业
   B. 个体经济组织
   C. 民办非企业单位
   D. 国家机关
   E. 农业承包户

2. 雇主组织的作用包括（　　）。
   A. 参与集体谈判
   B. 参与立法和政策制定
   C. 维护社会公正
   D. 提供培训服务
   E. 提供法律服务

3. 下列属于劳动关系运行的规则网络的有（　　）。
   A. 法律
   B. 权力
   C. 风俗习惯
   D. 传统
   E. 道德

4. 政府作为劳动关系的主体之一，在劳动关系中扮演的角色包括（　　）。
   A. 劳动关系的规划者
   B. 劳动关系重大冲突的控制者
   C. 劳动关系运行的监督者
   D. 劳动争议的调停者
   E. 公共组织的雇用者

▶▶▶ 本章同步练习参考答案及解析 ◀◀◀

一、单项选择题

1. [答案] B
   [解析] 劳动关系理论源自西方工业化时期，是指生产关系中直接与劳动有关的社会关系，与劳动过程直接相关，其目的是实现劳动者与生产资料相结合并完成劳动过程，基本性质是社会经济关系。

2. [答案] C
   [解析] 参与集体谈判是雇主组织发展的最基本原因，也是雇主组织最基本的功能，C项错误。

3. [答案] D
   [解析] 从属性是劳动关系最主要的特点，冲突和合作是劳动关系运行的两种基本形式。

4. [答案] A
   [解析] 工会按其组织结构形式划分为职业工会、产业工会、总工会，A项属于按层级划分的类型。

5. [答案] D
   [解析] 劳动关系系统运行主要包括：第一阶段，劳动关系的构成；第二阶段，劳动标准的确定和实施；第三阶段，劳动争议的处理和解决。

6. [答案] A
   [解析] 劳动关系系统的运行有两种功能，

即动力功能和约束功能。其中，动力功能具有启动劳动关系并使之运行的作用。

7. [答案] D

[解析] 法律，是最为基本和一般的规范手段（是规则网格的基本构成，分为程序规则和实体规则）；权力，是政治领域的规范手段；传统，是社会领域的规范手段；道德，是一种价值理念的规范手段。

8. [答案] B

[解析] 保护劳动关系主体权益的原则里的优先保护，是指在特定条件下，当对劳动者权益保护和对用人单位权益保护出现矛盾、发生冲突时，对劳动者实施优先保护，B项错误。

9. [答案] C

[解析] 以劳动关系双方自主协调为基础的原则，是指劳动关系的建立、存续和终止以及劳动关系双方的纠纷处理，主要是由劳动关系双方依法自主协商决定。在市场经济条件下，劳动关系是通过劳动者个人和用人单位自主双向选择加以确定和形成的。

二、多项选择题

1. [答案] ABCD

[解析] 适用《劳动法》的用人单位包括企业、个体经济组织、民办非企业单位、国家机关、事业单位、社会团体等组织。其中，企业包括国有企业、集体企业、外商投资企业、私营企业等。

2. [答案] ABDE

[解析] 雇主组织的作用包括：①参与集体谈判；②参与立法和政策制定；③提供法律服务；④提供培训服务。C项错误。

3. [答案] ABDE

[解析] 劳动关系运行的规则网络是由法律、权力、传统和道德四个方面所构成的。其中，法律是最为基本和一般的规范手段，权力是政治领域的规范手段，传统是社会领域的规范手段，道德是一种价值理念的规范手段。

4. [答案] ABC

[解析] 政府在劳动关系中的作用主要包括：①劳动关系的规制者；②劳动关系运行的监督者；③劳动争议的重要调解仲裁者；④劳动关系重大冲突的控制者；⑤协调劳动关系制度和机制建设的推动者。

第三部分 人力资源管理经济分析

考情分析

年份	单项选择题		多项选择题		案例分析题		合计分值	平均分值
	题量	分值	题量	分值	题量	分值		
2014—2021	98	98	36	72	48	96	266	33.3

知识脉络

学习提示

通过之前两部分的学习，我们掌握了人力资源管理的基本理论、战略理念和专业性的内容，现在我们所要学习的这部分内容也属于理论层面，包括劳动力市场、工资与就业和人力资本投资理论。近五年考试中在单项选择题、多项选择题和案例分析题方面都有涉及。内容特点和第一部分类似，也是理论内容较多，其中，第十一章和经济学内容联系紧密，涉及曲线、弹性和一些计算的相关内容，看到这里有没有觉得很难，甚至有些害怕？千万别担心，实际上这些内容的考试考查的方式较为固定，通过学习弹性、曲线和计算题的归纳总结，你会发现完全可以通过做题掌握规律。文字多怎么办，当然可以继续参考"学习层次三步走"，理解不了的难点都加了相应微课二维码，可以扫二维码进行听课，或者看看"考点小贴士"中的关键词，或者读出声音来进行文字熟悉。本部分内容掌握好，你的理论基础才真正打牢。学完这部分就只剩下最后一部分啦，坚持！加油！

第十一章 劳动力市场理论

本章考情分析

年份	单项选择题	多项选择题	案例分析题	合计
2021 年	4 题 4 分	1 题 2 分	—	6 分
2020 年	4 题 4 分	2 题 4 分	—	8 分
2019 年	3 题 3 分	1 题 2 分	—	5 分
2018 年	4 题 4 分	1 题 2 分	4 题 8 分	14 分
2017 年	5 题 5 分	2 题 4 分	—	9 分

本章考点概览

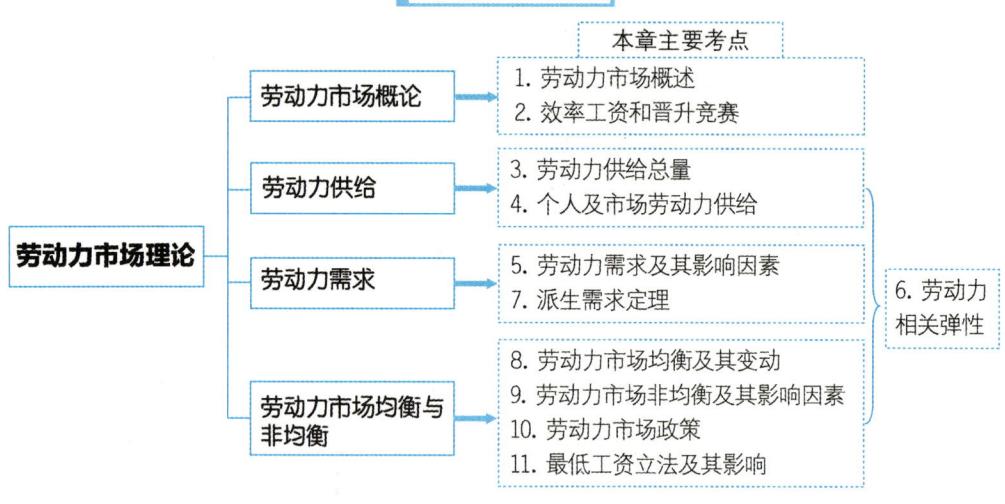

本章考点详解

【考点一】劳动力市场概述

一、劳动力市场的基本概念

（一）劳动力市场的定义

（1）劳动力市场是进行劳动力交易的一种要素市场。

（2）劳动力市场是对劳动力这种生产性资源进行有效配置的根本手段。它通过为劳动力供求双方提供一个接触、谈判和交易的机制，以一定的工资率将一个国家的劳动力有效地分配到不同的行业、职业、地区和企业之中。

（二）劳动力市场的宏观含义和微观含义

劳动力市场有宏观和微观两个层面的含义：

（1）宏观劳动力市场是由各种各样的局部性或单一性劳动力市场所构成的一个总的劳动力市场体系。

（2）微观劳动力市场是特定的劳动力供求双方在通过自由谈判达成劳动力使用权转让合约时所处的市场环境。

二、劳动力市场的特征

劳动力市场的特征如表11-1所示。

表11-1 劳动力市场的特征

特征	具体阐述
特殊性	劳动力不可能脱离劳动者独立存在
	在劳动力交易中，劳动力这种特殊商品的所有权并没有转移，转移的只是其使用权
多样性	不同劳动力存在差异，不同的劳动者之间不能相互替代或不能完全相互替代
	不同的劳动力市场，劳动力的市场价格也不同
不确定性	劳动力市场尽管存在一些有形机构，但大量的雇佣合同是通过无形市场达成的，劳动力市场的分散性和难以辨认性导致劳动力供求双方之间的匹配变得更为困难
交易对象的难以衡量性	人力资源部门可将劳动者的受教育程度、工作经历以及在职训练等客观指标作为筛选员工的依据，并利用面试、笔试、心理测验等多种甄选手段对求职者进行筛选，还要利用试用期来最后决定是否最终雇用某位求职者
交易的延续性	劳动力的出售者在交易完成之后，还会继续参与劳动力购买者的生产过程
交易条件的复杂性	劳动力市场上的交易往往受一整套条件的约束。在工资和非工资就业条件之间存在一定的相互替代关系
劳动力出售者地位的不利性	改善不利地位的措施：劳动者通过组织工会与雇主进行集体谈判、政府救助
	影响不同劳动者在劳动力市场上议价能力大小的因素：①取决于劳动者所属的同种劳动力在市场上的供求状况；②取决于个人的技术、能力和经验等劳动力质量要素的水平

三、劳动力市场的结构

劳动力市场的结构是指根据某种特征对劳动力市场所作的类型划分。其具体内容如表11-2所示。

表11-2 劳动力市场的结构

组成	具体内容
全国性劳动力市场	是指供求双方在全国范围内彼此搜寻而形成的劳动力市场
	包括高级技术人员、企业经理人员等的劳动力市场
地区性劳动力市场	是指劳动力供求双方仅仅在某一局部地区范围内彼此搜寻而形成的区域性劳动力市场
	劳动力市场上的劳动力供给者是技能水平不高、市场竞争力不是很强的劳动者，企业雇佣通常采取从当地雇用的策略
外部劳动力市场	处于企业外部，不受单个企业的人力资源管理政策与实践影响，由多家企业和大量劳动者共同参与的劳动力市场

续表

组成	具体内容	
内部劳动力市场	定义	通常是指在大型组织内部存在的，由一系列规则和程序来指导企业内部的雇佣关系调整形成的一种有序的管理体系
	重要特征	企业通常只从外部雇用填补较低级岗位的劳动者，内部的中高层职位一般通过内部晋升
	形成原因	企业和劳动者双方之间相互选择的结果，企业通过长时间观察出员工的真实生产率特征，并且企业在员工身上的人力资本投资不会流失。员工也愿意成为企业的长期员工
	注意	它有可能会因为员工之间竞争不足而导致组织内部的激励水平下降，甚至出现员工之间的串谋行为。内部劳动力市场不能脱离外部劳动力市场而独立存在。它不能是完全自我封闭的，在薪酬水平、福利等方面必须与外部劳动力市场保持适度一致
优等劳动力市场	劳动力市场的就业条件好、工资福利水平高、工作环境良好、工作保障性较强	造成优等和次等这两种劳动力市场之间出现相对隔离的主要原因是贫穷、歧视、受教育程度不高导致的技能缺乏等
次等劳动力市场	就业不稳定，工资率较低，工作条件较差，工作的社会地位也较低，流动率、缺勤和迟到率比较高	

【考点小贴士】劳动力市场的特征注意名称和内容的对应，劳动力市场的结构分类注意各分类的内容。

经典例题

[例题·单选题] 关于劳动力市场的说法，错误的是（　　）。
A. 内部劳动力市场独立于外部劳动力市场
B. 内部劳动力市场存在于大型组织内部
C. 企业通常只从外部雇用填补较低级岗位的劳动者
D. 优等劳动力市场的就业条件好
[答案] A
[解析] 内部劳动力市场不能脱离外部劳动力市场而独立存在，它不能是完全自我封闭的，在薪酬水平、福利等方面必须与外部劳动力市场保持适度一致，A项错误。

[2017年真题·多选题] 为了应对劳动力市场交易对象的难以衡量性问题，企业通常可以采用的做法包括（　　）。
A. 提供高于市场水平的工资
B. 利用受教育程度、工作经验等对求职者进行筛选
C. 加强对新员工的培训
D. 利用面试、笔试和心理测试等手段对求职者进行筛选
E. 通过试用期来对求职者进行考察
[答案] BDE
[解析] 根据劳动力市场交易对象的难以衡量性，人力资源部门可将劳动者的受教育程度、工作经历以及在职训练等客观指标作为筛选员工的依据，并利用面试、笔试、心理测验等多种甄选手段对求职者进行筛选，还可利用试用期来最后决定是否最终雇用某位求职者。

[2016年真题·多选题] 关于劳动力市场的说法，正确的有（　　）。
A. 劳动力市场是一种有形的市场
B. 在劳动力市场的交易中转移的是劳动力所有权

C. 劳动力市场的决定因素并非仅仅工资这一条件
D. 当劳动力市场上存在供小于求的情况时，劳动者的议价能力更强
E. 对劳动力市场的交易对象进行衡量并不困难

[答案] CD

[解析] 尽管劳动力市场存在一些有形机构，但大量的雇佣合同是通过无形市场达成的，A项错误。在劳动力交易中，劳动力这种特殊商品的所有权并没有转移，转移的只是其使用权，B项错误。根据劳动力市场特征中的交易对象的难以衡量性，E项错误。

【考点二】效率工资和晋升竞赛

效率工资和晋升竞赛的具体内容如表11-3所示。

表11-3 效率工资和晋升竞赛

项目		具体内容
效率工资	含义	是指某些企业提供的高于市场均衡水平的工资
	高工资带来高生产率的假设的支持理由	(1) 高工资能够帮助组织吸引到更为优秀的、生产率更高的员工 (2) 高工资有利于降低员工的离职率，同时强化他们的实际生产率 (3) 高工资更容易让人产生公平感
	出现的条件	劳动者期望和企业保持长期雇佣关系。只有当结构性内部劳动力市场存在的情况下，效率工资才最有可能出现
晋升竞赛	含义	是指在存在内部劳动力市场的情况下，员工在一家企业中工作相当长的时间，甚至终身就职于一家企业。企业会为员工设计出若干晋升层次，员工为了能够获得每一次晋升机会，会在彼此之间展开激烈的竞争。当这种竞争是在规则明确的条件下展开，并且能够避免不正当竞争对组织利益造成损害时，便会出现一种类似于体育竞赛的局面
	基本特点	(1) 在许多企业中，各种职位和工资率通常都是事先设计好的 (2) 员工被晋升到某个更高的职位上的原因是他们比其他候选人更有优势一些，但是优势大小不会影响晋升后得到的工资水平高低 (3) 获得晋升者将得到更高一级的新职位所带来的全部报酬
	设计要点	(1) 使参与晋升竞赛的候选人之间在知识、能力或经验等方面具有较高的可比性 (2) 要在参与晋升竞赛的候选人的当前职位以及拟晋升职位之间创造出一种合理的工资差距，工资差距太小，就会削弱竞赛参与者的努力动机
	设计合理工资差距应考虑的因素	晋升的综合价值	员工一旦得到晋升，所能够得到的实际价值到底有多大
			在其他条件一定的情况下，晋升所能带来的综合价值越高，则参与晋升竞赛者努力的积极性就越高
		晋升的风险	一个候选人得到晋升，到底确实是因为实力和绩效，还是其他运气因素
			在其他条件一定的情况下，晋升的风险越低，则参与晋升竞赛者的努力程度也越高；组织中越是靠近上层的晋升，与每一次晋升相关联的工资差距往往会很大

【考点小贴士】效率工资可简记为"高"。

经典例题

[2016年真题·案例分析题] 计算机专业毕业的研究生小韩非常庆幸自己能够顺利地在一家世界知名的国内通信技术公司找到一份研发工作，因为这家公司的工资水平远远超过市场水平，因此每年都有大批毕业生来求职。这家公司的人力资源管理水平很高，在招聘、晋升、绩效、薪

酬以及解雇等各个人力资源管理领域都制订了非常明确的规则和制度，管理非常规范。入职后小韩发现，该公司非常重视对新员工的培训，而且倾向于从内部提拔管理人员，公司在做出晋升决定时，会严格根据任职员工的历史绩效以及在一线的工作时间和发展潜力等因素来进行综合考察，晋升标准和晋升待遇也是非常明确的，每一次晋升都会有若干员工作为候选人，其中最优的人将被选拔至上一级领导岗位。

1. 与该公司的人力资源管理实践相吻合的特征有（　　）。
A. 内部劳动力市场　　　　　　B. 封闭劳动力市场
C. 终身雇佣　　　　　　　　　D. 晋升竞赛
[答案] AD
[解析] 根据案例可知，该企业倾向于从内部提拔管理人员，体现了 A 项。公司在做出晋升决定时，会严格根据任职员工的历史绩效以及在一线的工作时间和发展潜力等因素来进行综合考察，晋升标准和晋升待遇也是非常明确的，每一次晋升都会有若干员工作为候选人，其中优秀的人将被选拔至上一级领导岗位，体现了 D 项。

2. 该公司支付高工资的作用在于（　　）。
A. 吸引优秀的、高生产率的员工　　B. 降低员工离职率
C. 削弱员工的偷懒动机　　　　　　D. 降低人工成本
[答案] AB
[解析] 根据效率工资的理由，C、D 两项说法未涉及，注意原文说法。

3. 该公司做出晋升决策的依据是候选人的（　　）。
A. 学历　　　B. 相对绩效水平　　C. 资历　　　D. 能力
[答案] BCD
[解析] 根据案例，公司在做出晋升决定时，会严格根据任职员工的历史绩效以及在一线的工作时间和发展潜力等因素来进行综合考察，所以 B、C、D 三项符合题意。

4. 可以使公司的晋升体系更为有效的做法包括（　　）。
A. 使多位候选人在晋升潜力和实力方面存在较为明显的差距
B. 使候选人的现有薪酬和新职位的薪酬水平之间存在明显差距
C. 尽可能确保在晋升决策中不掺杂实力以外的运气成分
D. 不把候选人的直接上级的主观评价作为晋升决策的唯一依据
[答案] BCD
[解析] 晋升竞赛的设计要点中，应使参与晋升竞赛的候选人之间在知识、能力或经验等方面具有较高的可比性，A 项错误。注意涉及差距的内容是候选人的现有薪酬和新职位的薪酬水平之间存在明显差距。

【考点三】劳动力供给总量

劳动力供给总量的构成如图 11-1 所示。

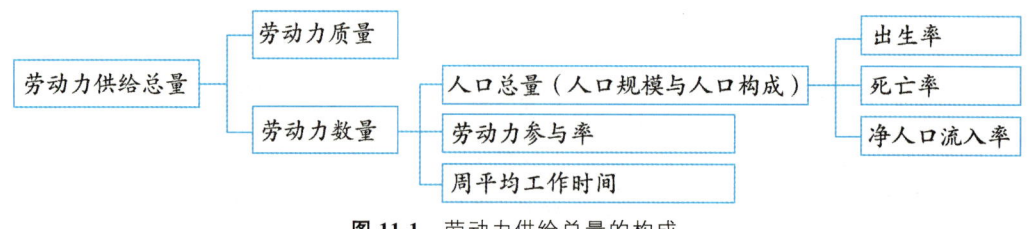

图 11-1　劳动力供给总量的构成

一、劳动力质量

劳动力质量是指劳动力队伍的身体健康状况以及受教育和训练的程度。

劳动力质量主要表现在劳动者的知识、技能和经验等方面的水平。

二、劳动力数量

劳动力数量的取决因素包括人口总量、劳动力参与率、劳动者的周平均工作时间三个因素。

(一) 人口总量

人口总量是劳动力供给数量最重要的基础。其主要取决于人口出生率、死亡率以及净流入率。净流入率反映了一个国家或地区的人口的流入和流出状况。其他情况不变时，净流入率的数值越大，则本地人口增加越多。

对于一个国家或地区的劳动力供给总量而言，人口规模重要，但人口构成更重要。

人口构成如图 11-2 所示。

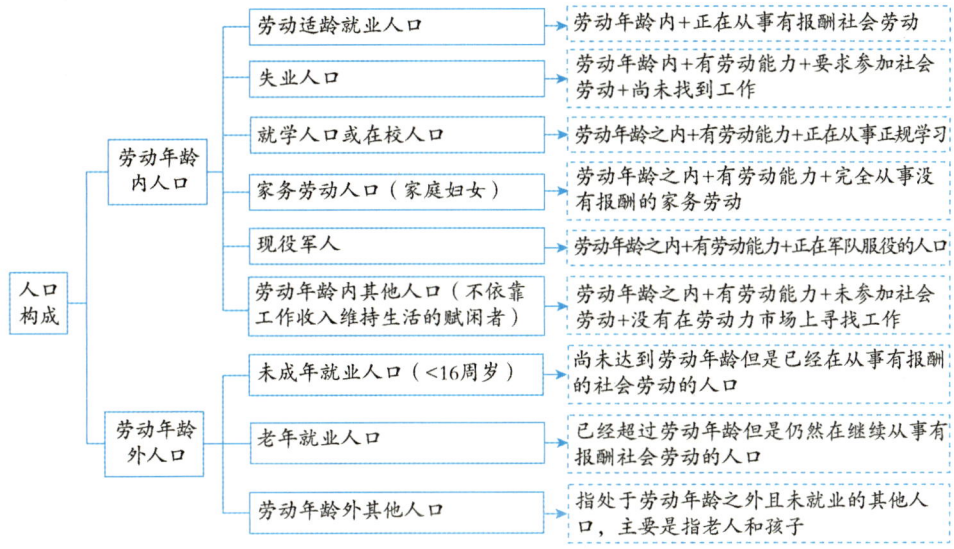

图 11-2　人口构成

(二) 劳动力参与率

1. 概念

劳动力参与率通常是指就业人口与失业人口之和在一个国家或地区的 16 岁以上人口中所占的百分比。或者，劳动力参与率为实际劳动力人口与潜在劳动力人口之比。

其中，就业人口＝劳动适龄就业人口＋未成年就业人口＋老年就业人口；"实际劳动力供给人口"或"经济活动人口"，有时简称"劳动力人口"，即有：劳动力人口＝就业人口＋失业人口。

劳动力参与率反映的是一个国家或地区的人们希望走出家庭，到劳动力市场上去寻找并实际从事工作的意愿高低。

2. 公式

$$劳动力参与率（\%）=\frac{就业人口＋失业人口}{16 岁以上总人口}\times 100\%=\frac{经济活动人口或劳动力人口}{16 岁以上总人口}\times 100\%$$

3. 与保留工资的关系

保留工资是指为了使一位劳动者愿意到市场上来工作，而不是待在家里所必须达到的最低工资水平。这种保留工资是一种工资的心理价位，每个人的具体情况不同，保留工资水平也存在差异。

在劳动者个人的保留工资水平和其他情况一定的前提下，市场工资率越高，则劳动者到市场上来工作的可能性就越大，社会的劳动力参与率也就会越高。

(三) 周平均工作时间

1. 概念

周平均工作时间是指劳动者平均每周在劳动力市场上愿意提供的工作小时数的总和。即一位劳动者在愿意到劳动力市场上来工作的情况下，平均每周愿意提供的工时总量。

2. 取决的因素

(1) 劳动力需求方提出的具体要求，即企业在法律允许范围内有决定员工的周工作时间的权利。

(2) 劳动力供给方选择的自主权。

(3) 企业的经营波动以及经济周期所处的阶段。

【考点小贴士】该考点注意劳动力参与率的计算公式。

经典例题

[2016年真题·单选题] 某地区的人口总数为100万人，其中16岁以上的总人数为80万人，16岁以下的总人数为20万人，就业人口50万人，失业人口10万人，则该地区的劳动力参与率为（ ）。

A. 50%　　　　B. 60%　　　　C. 75%　　　　D. 80%

[答案] C

[解析] 根据劳动力参与率公式，可得劳动力参与率＝（50＋10）/80×100％＝75％。

[例题·多选题] 决定一个国家或地区的劳动力数量的因素包括（  ）。

A. 人口规模　　B. 人口构成　　C. 劳动力参与率　　D. 周平均工作时间

E. 人力资本投资水平

[答案] ABCD

[解析] 决定一个国家或地区的劳动力数量的因素包括人口总量（人口规模与人口构成）、劳动力参与率、周平均工作时间，E项未涉及。

【考点四】个人及市场劳动力供给

一、个人劳动力供给

(一) 概念

个人劳动力的供给是指在某一特定的工资水平或工资率下，一位劳动者愿意提供的工作小时数量。

(二) 最主要影响因素

个人劳动力供给的最主要影响因素是工资率或工资水平。

(三) 劳动者可利用的劳动时间划分

除了劳动者可利用的除正常睡眠外的所有时间分为工作时间和闲暇时间。

(四) 影响个人劳动力供给数量的因素

1. 工资率

工资率上升对个人劳动力供给决策的作用有两种。

(1) 收入效应。

由于工资率上升而带来的个人劳动力供给时间减少，称为工资率上升的收入效应。

若其他条件不变而工资率上升，要想获得原来的收入水平，就可以比原来工作时间少，则个人劳动力供给时间减少。

若其他条件不变而工资率下降，要想获得原来的收入水平，需要工作比原来时间长，则个人劳动力供给时间增加。

（2）替代效应。

劳动者在<u>工资率上升时减少对闲暇的消费，将更多的时间用到工作上</u>。这就是工资率上升对劳动力供给产生的替代效应。

若其他条件不变而工资率上升，人们享受闲暇的成本提高，人们减少闲暇，个人劳动力供给时间增加。

若其他条件不变而工资率下降，人们享受闲暇的成本降低，人们增加闲暇，个人劳动力供给时间减少。

总的来说，<u>工资上涨对劳动力供给产生的收入效应和替代效应的作用方向是相反的</u>。

劳动力供给时间变动如表11-4所示。

表11-4　劳动力供给时间变动

工资率	收入效应	替代效应	收入效应＞替代效应	替代效应＞收入效应
上升	减少	增加	减少	增加
下降	增加	减少	增加	减少

【考点小贴士】收入效应可简记为"想要的收入固定"，替代效应可简记为"工资是闲暇的成本"。

2. 非劳动收入

非劳动收入是指个人在不参加工作的情况下能够获得的收入，如遗产及其他馈赠、资本利息等。

人一旦有了非劳动收入，则倾向于少工作甚至不工作。因此，个人非劳动收入或财富总量越大，劳动者的劳动力供给动机越弱。

3. 个人偏好

在非劳动收入或个人财富总量、市场工资水平一定的情况下，两位相同技能的劳动者是否参加工作或愿意提供的工作时间长短，主要取决于这两个人各自的不同偏好，偏好闲暇的人比偏好工作的人更不愿意增加劳动力供给。

个人偏好的形成一方面取决于每个人的性格、爱好及受教育程度等，另一方面也取决一个社会的整体氛围、社会发展阶段以及文化等方面的因素。

（五）个人劳动力供给曲线

个人劳动力供给曲线的形状如右图11-3所示。

（1）当工资率上升所带来的替代效应＞收入效应时，工资率上升，个人劳动力供给时间增加。劳动力供给曲线呈现为自左下方向右上方倾斜，即图中的AB段（<u>低收入阶段</u>）。

（2）当工资率上升所带来的收入效应＞替代效应时，工资率上升，个人劳动力供给时间减少。劳动力供给曲线呈现为由右下方向左上方的倾斜，即图中的BC段（<u>较高收入阶段</u>）。

所以，个人劳动力供给曲线是一条"<u>向后弯曲</u>"的劳动力供给曲线。

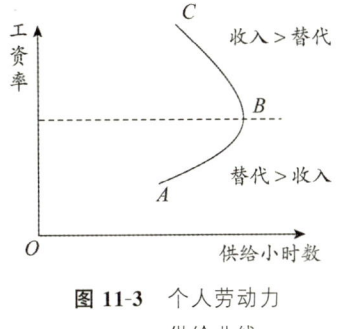

图11-3　个人劳动力供给曲线

二、市场劳动力供给曲线

个人劳动供给曲线描述的是市场工资率变化与劳动者个人的劳动力供给时间之间的关系。市场劳动力供给曲线显示的是市场工资率的变化对整个市场上所有企业共同面临的总劳动力供给状况的变化。市场劳动力供给曲线主要有以下三种类型。

(1) 比较常见的行业市场劳动力供给状况如图11-4-a所示。该曲线的形状是自左下方向右上方倾斜。

(2) 欠发达国家面临的无限劳动力供给的情形可用如图11-4-b所示的曲线来反映。该曲线的形状是平行于横轴的，呈水平状。

(3) 除了上述两种市场劳动力供给曲线外，还存在垂直形状的市场劳动力供给曲线，如图11-4-c所示。该市场劳动力供给曲线出现的情形包括：①某种类型的劳动力在短时间内非常稀缺，培养这种类型的劳动力又需要一段时间（劳动力供给存在滞后性）；②已充分利用了劳动力资源的社会面临的劳动力供给情况。

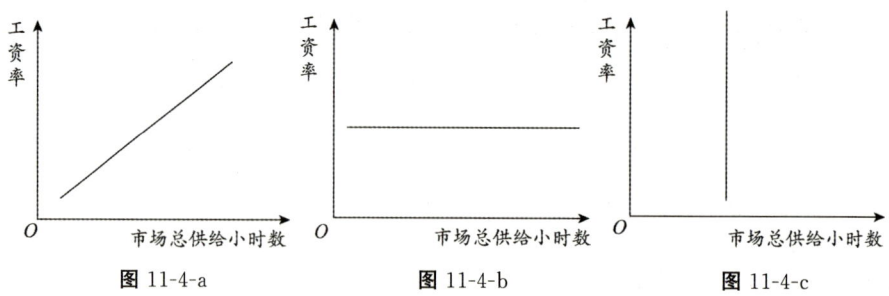

图11-4-a　　　　　　图11-4-b　　　　　　图11-4-c

三、家庭劳动力供给与周期性劳动力供给

家庭劳动力供给与周期性劳动力供给的具体内容如表11-5所示。

表11-5　家庭劳动力供给与周期性劳动力供给

项目	要点提示
家庭生产理论	家庭生产理论是以家庭为单位来分析劳动力供给问题，一个家庭会把它生产出来的家庭物品看成是效用的直接来源
	家庭生产理论把家庭的可分配时间划分为市场工作时间、家庭生产时间
	家庭物品的生产方式可划分为时间密集型、商品密集型。家庭需要考虑消费什么样的家庭物品，哪个是给家庭带来的效用是最大的
	家庭内部分工决策，采用比较优势的原理
经济周期中的劳动力供给	附加的劳动者效应（类似于收入效应）：当家庭中的主要收入获取者失去工作或工资被削减以后，其他的家庭成员将临时性地进入劳动力队伍，以力图通过找到工作来缓解家庭收入的下降（由于寻找工作的失业人数增加，可能导致失业率上升）
	灰心丧气的劳动者效应（类似于替代效应）：在衰退时期，一些本来可以寻找工作的劳动者由于对在某一可行的工资率水平下找到工作变得非常悲观，因而停止寻找工作，临时成为非劳动力参与者的情况（由于失业人数减少，导致失业率下降）
	两种不同劳动力供给效应共同作用的结果（方向相反）：灰心丧气的劳动者效应比较强，并且占据着主导地位
生命周期中的劳动力供给	女性劳动力参与率变化（大幅度上升）的影响因素：①女性相对工资率上升；②女性劳动力市场工作的偏好和态度发生了改变；③家庭生产活动的生产率提高；④出生率下降；⑤离婚率上升；⑥工作机会增加
	(1) 老年退休年龄的决定因素：工资率和养老金 (2) 部分老年人会选择逐渐减少劳动供给时间，并且逐渐退出劳动力市场的原因：①老年人的工资率在不断提高，而工资上升的收入效应通常明显压过替代效应。②老年人健康状况的下降，使他们更倾向于享受闲暇。③养老金福利的增加会导致退休时的收入大大提高，鼓励老年人更早退休。国家的社会保障覆盖面在扩大，社会保障福利的实际上升速度很快，私人养老金计划的普及和水平不断提高

经典例题

[2017年真题·单选题] 附加的劳动者效应和灰心丧气的劳动者效应都是在（ ）中可能发生的促使劳动者进入和退出劳动力市场的因素。
A. 经济周期   B. 生命周期   C. 家庭   D. 企业
[答案] A
[解析] 经济周期中的劳动力供给涉及附加的劳动者效应（类似于收入效应）和灰心丧气的劳动者效应（类似于替代效应），A项符合题意。

[2017年真题·单选题] 导致女性劳动力参与率下降的因素是（ ）。
A. 女性的相对工作率上升   B. 家庭生产活动的生产率提高
C. 出生率上升   D. 离婚率上升
[答案] C
[解题思路] 根据女性劳动力参与率下降可得出本题实质是考查导致女性劳动力不工作的原因，C项符合题意。本题也可根据影响女性劳动力参与率上升的因素进行排除得出答案。

[2016年真题·单选题] 工资率上升对劳动者产生的作用之一在于，它使劳动者享有闲暇的机会成本比过去更高了，而这会使劳动者产生一种增加劳动力供给时间的倾向。工资上升对劳动者产生的这种效应称作（ ）。
A. 收入效应   B. 替代效应   C. 规模效应   D. 产出效应
[答案] B
[解题思路] 根据替代效应的概念得出B项，根据"成本"这一关键词也可以快速得出答案，注意根据劳动力供给，C、D两项可直接排除。

[2012年真题·单选题] 在一个以工作小时数为横轴，工资率为纵轴的坐标系中，个人劳动力供给曲线的形状为（ ）。
A. 平行于横轴的一条直线   B. 垂直于横轴的一条直线
C. 自左下方向右上方倾斜的一条直线   D. 一条向后弯曲的曲线
[答案] D
[解析] 个人劳动力供给曲线是向后弯曲的，D项符合题意。

[2018年真题·多选题] 家庭生产理论认为（ ）。
A. 家庭可以用时间密集型和商品密集型两种方式生产家庭物品
B. 家庭的可支配时间可以划分为市场工作时间和家庭生产时间两大类
C. 家庭的直接效用的来源是整个家庭获得的总劳动收入
D. 家庭需要决定消费哪些家庭物品
E. 家庭的劳动力供给行为是家庭成员劳动力供给行为的简单加总
[答案] ABD
[解析] 一个家庭会把它生产出来的家庭物品看成是效用的直接来源，C项错误。家庭内部分工决策采用比较优势的原理，即每个家庭成员应当去从事生产率相对效率最高或最擅长的工作，E项错误。

[考点五] 劳动力需求及其影响因素

一、劳动力需求的性质与劳动力需求曲线

(1) 劳动力需求是间接需求或<u>派生需求</u>。
(2) 劳动力需求曲线的形状是自左上方向右下方倾斜，斜率为负。

二、工资率变化对长期劳动力需求数量的影响

长期来看，工资率变化对劳动力需求数量的影响通过规模效应和替代效应反映出来。

（1）规模效应，也称产出效应，是指工资率变动首先通过<u>直接作用于生产规模或产出规模</u>。

（2）替代效应，是指工资率变动首先通过<u>作用于企业愿意使用的资本和劳动力的相对投入比例</u>。

（3）在其他条件不变的情况，工资率变动所产生的规模效应和替代效应的<u>作用方向都是相同的</u>，都呈反方向变化，具体如表 11-6 和表 11-7 所示。

表 11-6　工资率变动所产生的规模效应

工资率变动	劳动力成本	生产规模	劳动力需求量
上升	提高	缩小	减少
下降	降低	扩大	增加

表 11-7　工资率变动所产生的替代效应

工资率变动	劳动力成本	资本	劳动力需求量
上升	提高	变得相对便宜，增加资本使用	减少
下降	降低	变得相对昂贵，减少资本使用	增加

三、产品需求变化对劳动力需求数量的影响

<u>产品需求变化只会对劳动力需求数量产生规模效应，而不会产生替代效应</u>。其具体影响如表 11-8 所示。

表 11-8　产品需求变化对劳动力需求数量的影响

产品需求	规模效应	劳动力需求数量
上升	扩大	增加
下降	缩减	减少

【考点小贴士】上述影响可简记为"只有规模，变化方向一致"。

四、资本价格变化对劳动力需求数量的影响

资本价格变化对劳动力需求数量的影响如表 11-9 所示。

表 11-9　资本价格变化对劳动力需求数量的影响

资本价格	劳动力需求数量的变化			
	规模效应	替代效应	规模效应＞替代效应	替代效应＞规模效应
上升	减少	增加	减少	增加
下降	增加	减少	增加	减少

（1）<u>资本价格变化产生的规模效应和替代效应对于劳动力需求数量的影响在作用方向上是相反的</u>。

（2）资本价格变化对于劳动力需求数量的最终影响将取决于哪种效应的力量更大。

经典例题

[2016 年真题·单选题] 在其他条件一定的情况下，关于劳动力需求的说法，正确的是（　　）。

A. 在工资率上升时，劳动力需求数量会下降
B. 在劳动力供给增加时，劳动力需求数量会下降
C. 在产品需求增加时，劳动力需求数量会下降
D. 资本的价格对于劳动力需求数量不会产生影响

[答案] A

[解析] 劳动力供给和劳动力需求数量没有直接关系，B项错误。在产品需求增加时，劳动力需求数量会上升，C项错误。资本价格变化对于劳动力需求数量会产生规模效应和替代效应，D项错误。

【考点六】劳动力相关弹性

一、劳动力供给弹性

(一) 概念

劳动力供给弹性是指劳动力供给数量随着工资率（W）变动而发生变动的灵敏程度，一般可以用工时（横坐标）变动百分比同工资率（纵坐标）变动百分比之间的比率来显示。

(二) 公式

$$\text{劳动力供给弹性} = \frac{\text{劳动工时变动百分比}}{\text{工资率变动百分比}} = \frac{\frac{\text{工时增加或减少数量}}{\text{初始工时}} \times 100\%}{\frac{\text{工资率上升或下降绝对数量}}{\text{初始工资率}} \times 100\%}$$

劳动力供给弹性的数值可能为正，可能为负，但其通常数值为正。

(三) 类型（5种）

(1) 富有弹性：弹性＞1，工时变动百分比大于工资率变动百分比。
(2) 缺乏弹性：弹性＜1，工时变动百分比小于工资率变动百分比。
(3) 单位弹性：弹性＝1，工时变动百分比等于工资率变动百分比。
(4) 无弹性（垂直的劳动力供给曲线）：弹性＝0，工资率变动不会带来劳动工时的任何变动。
(5) 无限弹性（水平的劳动力供给曲线）：弹性为∞，某工资率下劳动力需求者可获得任意数量的劳动力。

经典例题

[2016年真题·单选题] 某地区医院护士当前的工资率为每小时40元，劳动力总供给时间为4万小时，若工资率提高到每小时50元，则他们的劳动力总供给时间会上升到5.2万小时，则该地区医院护士的劳动力供给是（　　）。
A. 缺乏弹性的　　　B. 富有弹性的　　　C. 单位弹性的　　　D. 无弹性的
[答案] B
[解析] 劳动力供给弹性＝（工时增加数量/初始工时）/（工资率上升绝对数量/初始工资率）×100%＝[（5.2－4）/4]/[（50－40）/40]＝1.2＞1，所以富有弹性。

二、劳动力需求弹性

(一) 概念

劳动力需求弹性，又称劳动力需求的自身工资弹性，是指某种劳动力的工资率（W）变化1%所引起的此种劳动力的需求量发生变化的百分比。

(二) 公式

$$\text{劳动力需求弹性} = \frac{\text{劳动力需求量变动}}{\text{工资率变动}} \times 100\%$$

$$= \frac{\frac{\text{劳动力需求量减少数量}}{\text{初始劳动力需求量}} \times 100\%}{\frac{\text{工资率上升绝对数量}}{\text{初始工资率}}}$$

劳动力需求弹性的数值为负。

(三) 类型（3种）

(1) 富有弹性：|弹性|＞1，工资率上升1%引起劳动力需求量下降的幅度大于1%。

(2) 缺乏弹性：|弹性|＜1，工资率上升1%引起劳动力需求量下降的幅度小于1%。

(3) 单位弹性：|弹性|＝1，工资率上升1%引起劳动力需求量下降的幅度等于1%。

【考点小贴士】由于劳动需求弹性数值为负，判断其弹性种类需取其绝对值和1进行比较得出。应注意，劳动力供给弹性分为5种，而劳动力需求的自身工资弹性分为3种。

经典例题

[2017年真题·单选题] 某类劳动力的工资率为每小时10元，某城市对这类劳动力的需求总量为10万小时，已知该市对这类劳动力的需求弹性为单位弹性，则当这种劳动力的工资率上涨到每小时15元，该市对此类劳动力的需求总量会变成（　　）万小时。

A. 2　　　　　　　　　　B. 4

C. 5　　　　　　　　　　D. 15

[答案] C

[解析] 由于劳动力需求弹性为负，所以根据已知该市对这类劳动力的需求弹性为单位弹性，可以得出，劳动力需求弹性＝（劳动力需求量减少数量/初始劳动力需求量）/（工资率上升绝对数量/初始工资率）×100%＝[（该市对此类劳动力的需求总量－10）/10] / [（15－10）/10]＝－1，由此可求得该市对此类劳动力的需求总量为5万小时。

三、劳动力需求的交叉工资弹性

劳动力需求的交叉工资弹性是指一种劳动力的工资变化1%所引起的另一类劳动力需求量变化的百分比。若为正值，意味着一种劳动力的工资率提高会促使另一种劳动力的就业量增加，则二者为总替代关系。若为负值，意味着一种劳动力的工资率提高会促使另一种劳动力的就业量减少，则二者为总互补关系。

【考点小贴士】可简单理解为：男性工资提高，企业减少男性的雇佣量，增加女性的雇佣量，相当于是用女性劳动力替代男性劳动力。男性工资提高，企业减少男性的雇佣量，也减少女性的雇佣量，女性劳动力和男性劳动力共同进退，相当于是互补。

【注意】两种劳动力之间是总替代关系还是总互补关系并不是绝对固定的，它取决于一种劳动力的工资率上升带来的替代效应和规模效应中，哪一种对另一种劳动力的需求量产生的影响更大。

经典例题

[例题·单选题] 在其他条件不变的情况下，某国男性劳动力的工资率上涨1%会导致女性劳动力的就业量上涨2%，这表明该国这两种劳动力之间存在（　　）关系。

A. 替代　　　　　　　　B. 互补

C. 总替代　　　　　　　D. 总互补

[答案] C

[解题思路] 根据题干可知男性劳动力的工资率提高会促使女性劳动力的就业量增加，结合劳动力需求的交叉工资弹性，可得出该国这两种劳动力之间存在总替代关系。注意这道题虽然有数字但是不涉及计算，不要被数字迷惑。

【考点七】派生需求定理

影响劳动力需求弹性的因素包括四类，即称派生需求定理，如表11-10所示。

表 11-10　影响劳动力需求弹性的因素（派生需求定理）

因素	变化情况	劳动力需求弹性
最终产品的需求价格弹性	越大	越大
要素替代的难易度	越容易	越高
其他生产要素的供给弹性	越大	越大
产品总成本中劳动力成本所占的比重	越大	越高

【考点小贴士】上述内容可简记为"除要素替代的难易度，其他均为同方向变动"。

经典例题

[2010年真题·多选题]根据派生需求定理，在其他条件相同的情况下，若（　　），则劳动力需求弹性越高。

A. 最终产品的需求价格弹性越大　　B. 其他要素对劳动力的替代越困难
C. 其他生产要素的供给弹性越大　　D. 劳动力成本在总成本中所占的比重越小
E. 工资水平越高

[答案] AC

[解题思路] 根据[考点小贴士]中"除要素替代的难易度，其他均为同方向变动"，A、C两项正确。

【考点八】劳动力市场均衡及其变动

一、劳动力市场均衡

劳动力市场均衡是指市场上的劳动力供求相等，从而市场出清的一种劳动力市场状态。此时，既无劳动力供给过剩，又不存在劳动力需求过剩。

二、劳动力市场均衡的破坏与重建

（一）劳动力需求曲线移动对均衡位置的影响

劳动力需求曲线移动对均衡位置的影响如图 11-5 所示。图中，原始线是 D_0 线，即中间那条线。在劳动力供给曲线 S 不变前提下：

（1）若劳动力需求增加，即从 D_0 到 D_2，则 W_0 变为 W_2，E_0 变为 E_2，则引起均衡工资率与均衡就业量同时增加。

（2）若劳动力需求减少，即从 D_0 到 D_1，则 W_0 变为 W_1，E_0 变为 E_1，则引起均衡工资率与均衡就业量同时减少。

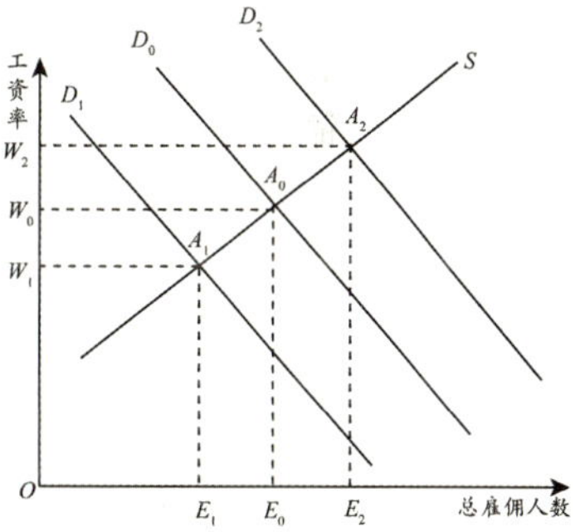

图 11-5　劳动力需求曲线移动对均衡位置的影响

（二）劳动力供给曲线移动对均衡位置的影响

劳动力供给曲线移动对均衡位置的影响如图 11-6 所示。图中，原始线是 S_0 线，即中间那条线。在劳动力需求曲线 D 不变前提下：

（1）若劳动力供给增加，即从 S_0 到 S_1，则 W_0 变为 W_1，E_0 变为 E_1，则引起均衡工资率减少而均衡就业量增加。

（2）若劳动力供给减少，即从 S_0 到 S_2，则 W_0 变为 W_2，E_0 变为 E_2，则引起均衡工资率增加而均衡就业量减少。

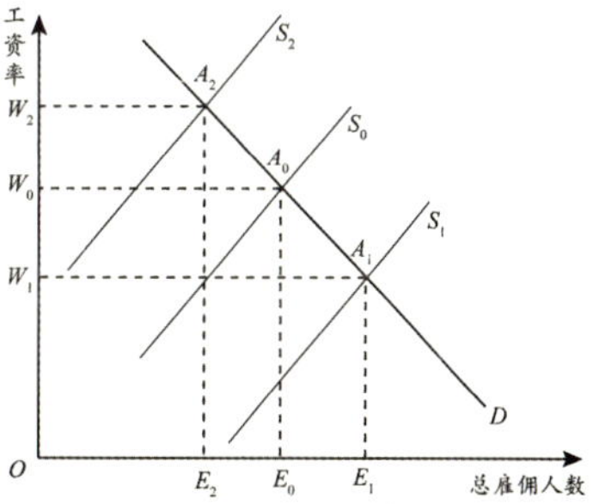

图 11-6　劳动力供给曲线移动对均衡位置的影响

(三) 劳动力供求曲线同时移动对劳动力市场均衡的影响

(1) 产品需求量上升导致对生产产品的劳动力需求增加——劳动力需求曲线右移。

(2) 人口和劳动力数量的增加又必然使劳动力供给总量增加——劳动力供给曲线整体右移。

(3) 当劳动力需求曲线移动幅度更大时——均衡工资率上升。

(4) 当劳动力供给曲线移动幅度更大时——均衡工资率下降。

【考点小贴士】本章涉及曲线图形的只有三部分：一是个人劳动力供给曲线，形状是向后弯曲的，复习时注意收入效应和替代效应的区分和形状。二是市场劳动力供给曲线，包括三种，分别为向右上方倾斜、水平和垂直，复习时注意形状特点的区分。三是劳动力需求曲线移动或劳动力供给曲线移动对均衡位置的影响，复习时注意各曲线移动的具体影响结果。

经典例题

[2019年真题·单选题] 在劳动力市场均衡分析图形中，假定劳动力需求曲线不变，而劳动力供给却由于退休人口增加和新成长劳动力不足而出现了下降，则可能出现的情况是（　　）。

A. 均衡工资率和均衡就业量同时下降　　B. 均衡工资率上升，均衡就业量下降

C. 均衡工资率和均衡就业量同时上升　　D. 均衡工资率下降，均衡就业量上升

[答案] B

[解析] 劳动力需求曲线不变，供给不足，供给减少，供给曲线左移，导致均衡工资上升，均衡就业量下降。

[2017年真题·单选题] 在劳动力市场均衡分析图形中，如果劳动力供给曲线不变，出口下降导致劳动力需求曲线向左移动，则可能出现的情况是（　　）。

A. 均衡工资率下降，均衡就业率上升

B. 均衡工资率上升，均衡就业率下降

C. 均衡工资率和均衡就业率同时上升

D. 均衡工资率和均衡就业率同时下降

[答案] D

[解析] 根据劳动力供给曲线不变，劳动力需求减少，可画出图形，根据需求曲线向左移动，可得出均衡工资率与均衡就业率同时减少。

【考点九】劳动力市场非均衡及其影响因素

一、劳动力需求方遇到的摩擦力

(1) 企业并非必须支付市场通行的工资率，如效率工资、最低工资。

(2) 企业并非可以自由调整雇用量，耗费成本。

二、劳动力供给方遇到的摩擦力

(1) 劳动力并非可以零成本自由流动。

劳动力的流动成本包括寻找就业信息的成本、利益损失、技能失效等。

(2) 劳动者对工资率的反应并非极其敏感。工资水平也并非劳动者在找工作时唯一的考虑因素。

【考点小贴士】可简单理解为劳动力需求方指的是企业或者用人单位；劳动力供给方指的是劳动者。

【考点十】劳动力市场政策

劳动力市场政策如表11-11所示。

表 11-11　劳动力市场政策

政策		要点提示	
货币政策	扩张性货币政策	提高货币供应增长速度来刺激总需求的增长，增加生产、提高就业	施行手段：政府通过法定存款准备金制度、贴现率调整、公开市场业务来实施货币政策
	紧缩性货币政策	削减货币供应的增长率来降低总需求水平，可治理通货膨胀，但会引起失业的上升	
财政政策	扩张性的财政政策	降低税率、增加转移支付、扩大政府支出，刺激总需求增加，进而提高就业	施行手段：调整税率和政府支出水平
	紧缩性的财政政策	提高税率、减少转移支付、降低政府支出，可治理通货膨胀，但会引起失业的上升	
收入政策	收入政策实际上是一种工资、物价管理政策。许多经济学家提出了政府实行普遍的工资—物价指导线的思想。工资指导线的制定原则是使年度报酬增加的百分比不超过劳动生产率的增长		
人力政策	人力政策是对劳动力进行重新训练与教育，是针对结构性失业而提出的一种扩大就业的政策		
产业政策	发展就业弹性高的产业，可实现提高就业水平的目标		

经典例题

[2021年真题·单选题] 面对新冠肺炎疫情带来的严峻形势，我国政府为支持复工复产以及稳定就业，制定了减免小规模纳税人增值税政策。这种经济政策属于（　　）。

A. 人力政策　　　　　　　　B. 产业政策
C. 财政政策　　　　　　　　D. 货币政策

[答案] C

[解析] 财政政策是利用政府预算来影响总需求的一种政策，其主要手段是调整税率和政府支出水平。我国在新冠肺炎疫情期间制定的减免增值税是对税率的调整，属于财政政策。

【考点十一】最低工资立法及其影响

政府的最低工资立法对于收入分配的不平等程度的影响可能产生两种效应。

一、压缩效应

（1）在就业能够继续得以维持的情况下，最低工资立法提高了原来所获得的工资率低于最低工资的那些工人的收入水平。

（2）最低工资立法还有可能通过缩小其他低工资工人以及技术工人与监督管理人员之间的收入差距来压缩收入的不平等程度。

二、扩大效应

如果政府所规定的最低工资立法超过了当劳动力市场自由运行时所确定的均衡工资率，那么最低工资立法的实行必然会导致企业不愿意继续雇用生产率水平低于拿最低工资的那些工人，于是这些工人就会失去工作。这种影响过程就导致在实行最低工资立法之后，原来收入本来就处于最底层的工人的收入更低了。

三、最低工资立法的最终影响

最低工资立法对于收入分配不平等程度的最终影响，要取决于压缩效应和扩大效应的力量哪一个更大：

（1）若压缩效应＞扩大效应，则最低工资立法削弱了社会上的收入不平等程度。

（2）若扩大效应＞压缩效应，则社会上的不平等程度会进一步加剧。

【考点小贴士】上述最终影响可简记为"压缩即压缩不平等，扩大即扩大不平等"。

经典例题

[例题·单选题] 关于政府的最低工资立法对于收入分配不平等程度影响的表述，错误的是（　　）。

A. 压缩效应大于扩大效应，削弱了社会上的收入不平等程度
B. 扩大效应大于压缩效应，社会上的不平等程度会进一步加剧
C. 最低工资立法对于收入分配不平等程度的最终影响，要取决于压缩效应和扩大效应的力量哪一个更大
D. 压缩效应导致原来收入本来就处于最底层的工人的收入更低

[答案] D

[解析] 扩大效应导致收入本来就处于最底层的工人的收入更低了，D项错误。

本章易错易混考点

【易错易混考点一】劳动力相关弹性（如表11-12所示）

表11-12　劳动力相关弹性

弹性		内容
劳动力供给弹性	公式	劳动力供给弹性＝$\dfrac{\text{工时增加或减少数量/初始工时}}{\text{工资率上升或下降绝对数量/初始工资率}} \times 100\%$
	数值通常为正	
	分类	①弹性＞1，富有弹性；②弹性＜1，缺乏弹性；③弹性＝1，单位弹性；④弹性＝0，无弹性（垂直的供给曲线）；⑤弹性为∞，无限弹性（水平的供给曲线）
劳动力需求弹性	公式	劳动力需求弹性＝$\dfrac{\text{劳动力需求量减少数量/初始劳动力需求量}}{\text{工资率上升绝对数量/初始工资率}} \times 100\%$
	数值为负	
	分类	①｜弹性｜＞1，富有弹性；②｜弹性｜＜1，缺乏弹性；③｜弹性｜＝1，单位弹性
劳动力需求的交叉工资弹性		若为正值，二者为总替代关系；若为负值，二者为总互补关系

【易错易混考点二】劳动力需求的影响因素（如表11-13所示）

表11-13　劳动力需求的影响因素

项目	具体影响	
工资率变化对长期劳动力需求数量的影响	规模效应	工资率上升，规模效应导致劳动力需求量下降，替代效应也导致劳动力需求量下降
	替代效应	
产品需求变化对劳动力需求数量的影响	规模效应（或产出效应）	产品需求上升，规模效应增加，劳动力需求数量增加
资本价格变化对劳动力需求数量的影响	规模效应	资本价格上升的规模效应导致劳动力需求减少，替代效应使劳动力需求增加
	替代效应	

【考点小贴士】规模效应可简记为：无论资本还是劳动力谁变贵都会缩小规模；替代效应可简记为：资本和劳动力谁贵就少用谁。

[例题·多选题] 在其它条件不变的情况下，关于相关因素对劳动力需求的影响的说法，正确的有（　　）。

A. 资本价格上升的规模效应导致劳动力需求上升
B. 工资率上涨的替代效应导致劳动力需求下降

C. 资本价格上升的替代效应使劳动力需求增加

D. 产品需求下降导致劳动力需求下降

E. 工资率上涨的规模效应导致劳动力需求下降

[答案] BCDE

[解析] 资本价格上升的规模效应导致劳动力需求减少，A项错误。

====================== 历年经典真题回顾 ======================

一、单项选择题（每题1分，每题备选项中，只有1个最符合题意）

1. 关于劳动力需求的说法，错误的是（　　）。[2018年真题]

   A. 劳动力需求是一种派生需求

   B. 其他条件一定，工资率上升必然导致劳动力需求数量下降

   C. 劳动力需求与资本价格无关

   D. 在长期中，工资率变动会对劳动力需求同时产生规模效应和替代效应

   [答案] C

   [解析] 资本价格会影响劳动力需求，C项错误。

2. 在劳动力交易中，劳动者只是将自己的劳动力使用权转移，而并非将劳动力所有权转移给企业，这种情况说明了劳动力市场的（　　）特征。[2018年真题]

   A. 多样性　　　B. 不确定性　　　C. 特殊性　　　D. 交易延续性

   [答案] C

   [解析] 劳动力市场的特殊性是指在劳动力交易中，劳动力这种特殊商品的所有权并没有转移，转移的只是其使用权。

3. 劳动力市场上的摩擦力会导致劳动力市场非均衡，这种摩擦力不包括（　　）。[2018年真题]

   A. 企业调整雇佣人数会产生成本

   B. 市场工资水平会发生变化

   C. 有些企业支付超出市场通行水平的高工资率

   D. 劳动力流动会产生成本

   [答案] B

   [解析] 劳动力需求方遇到的摩擦力：①企业并非必须支付市场通行的工资率；②企业并非可以自由调整雇用量。劳动力供给方遇到的摩擦力：劳动力流动会产生成本。B项未涉及。

4. 劳动力市场的（　　）决定了企业通常需要利用受教育程度、工作经验等多种标准，以及面试、笔试、心理测试等多种手段甄选员工。[2015年真题]

   A. 特殊性　　　　　　　　　　B. 交易延续性

   C. 不确定性　　　　　　　　　D. 交易对象难以衡量性

   [答案] D

   [解析] 劳动力市场的交易对象的难以衡量性决定了企业通常需要利用受教育程度、工作经验等多种标准，以及面试、笔试、心理测试等多种手段甄选员工。

5. 某市人口普查结果表明，该市共有2 000万人，其中16岁以上的人口为1 500万，就业人口总数为1 000万，失业人口为200万，则该市的劳动力参与率为（　　）。[2015年真题]

   A. 50%　　　　　　　　　　　B. 60%

   C. 70%　　　　　　　　　　　D. 80%

   [答案] D

[解析] 该市的劳动力参与率 = $\dfrac{就业人口+失业人口}{16 岁以上的总人口}$ = (1 000+200) /1 500=80%。

6. 某市制鞋工人工资率为每小时 40 元,该市制鞋工人的劳动力总供给人数为 2 万人,当工资率提高到每小时 50 元时,该市制鞋工人的劳动力总供给人数上升到 3 万人,则该市制鞋工人的劳动力供给是（   ）。[2014 年真题]
    A. 缺乏弹性的
    B. 富有弹性的
    C. 单位弹性的
    D. 无弹性的
[答案] B
[解析] 劳动力供给弹性=（工时增加数量/初始工时）/（工资率上升绝对数量/初始工资率）×100%=［(3-2)/2］/［(50-40)/40］=2＞1,所以,该市制鞋工人的劳动力供给为富有弹性的。

7. 某地区汽车生产工人工资率从每小时 30 元上升到 33 元,该地区汽车制造商对汽车生产工人的劳动力需求将会从原来的 10 000 人减少到 8 000 人,则该地区汽车生产工人的劳动力需求弹性属于（   ）。[2013 年真题]
    A. 缺乏弹性
    B. 富有弹性
    C. 单位弹性
    D. 无弹性
[答案] B
[解析] 劳动力需求弹性=（劳动力需求量减少数量/初始劳动力需求量）/（工资率上升绝对数量/初始工资率）×100%=|［(8 000-10 000)/10 000］/［(33-30)/30］|=|-2|=2＞1,所以为富有弹性。

8. 在其他条件不变的情况下,某国青年劳动力的工资率上涨 2%会导致老年劳动力的就业量下降 0.8%,这表明该国这两种劳动力之间存在（   ）关系。[2013 年真题]
    A. 替代
    B. 互补
    C. 总替代
    D. 总互补
[答案] D
[解析] 根据题干可得出青年劳动力的工资率提高会促使老年劳动力的就业量下降,根据劳动力需求的交叉工资弹性,该国这两种劳动力之间存在总互补关系。注意这道题虽然有数字但是不涉及计算,不要被数字迷惑。

9. 其他条件不变时,工资率上升的（   ）效应会导致个人劳动力供给下降。[2013 年真题]
    A. 收入
    B. 替代
    C. 规模
    D. 产出
[答案] A
[解析] 工资率提高,劳动者即使不增加劳动时间,也会获得比原来更高的收入。或者说要想获得原来的收入水平,就可以比原来工作时间少,多享受闲暇。即从收入效应来看,工资率上升,劳动供给时间减少。反之,工资率下降,劳动者需要增加工作时间才可以维持原来的收入水平。即从收入效应来看,工资率下降,劳动供给时间增加。

10. 国外某经济学家指责本国政府不仅未能促进经济繁荣,而且在一定程度上掩盖了该国的真实失业水平,因为一部分劳动者由于找不到工作而不得不退出了劳动力市场。因此,尽管官方公布的失业率为 6%,但如果将隐性失业者考虑在内,真实的失业率将达到 10%。这位经济学家实际上指出了（   ）。[2013 年真题]
    A. 在经济衰退时期会出现附加的劳动者效应

B. 在经济繁荣期会出现附加的劳动者效应
C. 在经济衰退时期会出现灰心丧气的劳动者效应
D. 在经济繁荣期会出现灰心丧气的劳动者效应

[答案] C

[解析] 根据题干"一部分劳动者由于找不到工作而不得不退出了劳动力市场"可得出经济衰退时期，出现灰心丧气的劳动者效应。

11. 在其他条件不变的情况下，相关因素对劳动力需求的影响是（　　）。[2013年真题]
    A. 工资率上涨的规模效应导致劳动力需求下降
    B. 工资率上涨的替代效应导致劳动力需求上升
    C. 产品需求上升导致劳动力需求下降
    D. 产品需求下降导致劳动力需求上升

[答案] A

[解析] 工资率变动的替代效应和规模效应对劳动力需求的影响方向是相同的，工资率上升的替代效应和规模效应都使劳动力需求减少，A项正确，B项错误。产品需求上升的规模效应导致劳动力需求上升，产品需求下降的规模效应导致劳动力需求下降，C、D两项错误。

12. 实际劳动力人口与潜在劳动力人口之比称为（　　）。[2012年真题]
    A. 劳动力参与率   B. 失业率
    C. 就业率   D. 净人口流入率

[答案] A

[解析] 劳动力参与率为实际劳动力人口与潜在劳动力人口之比。

13. 个人劳动力供给曲线的形状表明，工资率上涨（　　）。[2011年真题]
    A. 必然导致个人的劳动力供给时间增加
    B. 必然导致个人的劳动力供给时间减少
    C. 会导致个人的劳动力供给时间先增加后减少
    D. 对个人的劳动力供给时间没有影响

[答案] C

[解析] 个人劳动力供给曲线的形状表明，工资率上涨会导致个人的劳动力供给时间先增加后减少。

二、多项选择题（每题2分，每题备选项中，有2个或2个以上符合题意，至少有1个错项。错选，本题不得分；少选，所选的每个选项得0.5分）

1. 关于内部劳动力市场的说法，正确的有（　　）。[2015年真题]
    A. 它是在某些特定行业内形成的有多家企业和大量劳动者参与的劳动力市场
    B. 它是在大型组织内形成的借助一系列规则和程序指导组织内部雇佣关系调整的有序管理体系
    C. 它是有助于企业对员工的生产率和工作动机等做出准确判断，保护企业的大量在职培训投资
    D. 它有可能会因为员工之间竞争不足而导致组织内部的激励水平下降
    E. 它是独立于外部劳动力市场的一种自我封闭型劳动力市场

[答案] BCD

[解析] A项是外部劳动力市场的定义。内部劳动力市场不能独立存在，E项错误。

三、案例分析题（每题2分。由单选和多选组成。错选，本题不得分；少选，所选的每个正确选项得0.5分）

小吕在大学毕业后，认为找工作时不仅要考虑工资水平，还要考虑职业发展前途，企业声誉等因素。他在求职过程中发现，有些企业坚持支付超过市场均衡工资水平的高工资，而不像教科书说的那样，按照通行市场水平支付工资。此外，他去求职的一些企业面对人工成本不断上涨的形势，开始用机器人代替一些人工操作。让他没想到的是，大学同班同学小王由于一时找不到好工作，家庭经济状况又不好，先选择去一家快递公司当快递员了。[2015年真题]

1. 小吕在找工作时考虑多种因素的情况表明，劳动力市场存在（ ）的特征。

   A. 交易对象难以衡量性

   B. 交易条件的复杂性

   C. 交易延续性

   D. 出售者地位不利性

   [答案] B

   [解析] 小吕在找工作时考虑多种因素，即劳动力市场上的交易往往受一整套条件的约束，这体现的是劳动力市场交易条件的复杂性的特征。

2. 关于企业支付的超过市场均衡水平高工资的说法，正确的是（ ）。

   A. 企业支付的这种高工资称为绩效工资

   B. 这种高工资有助于吸引生产率更高的员工

   C. 这种高工资有助于降低员工的离职率

   D. 这种做法在员工期望与企业保持长期雇佣关系的情况下更有意义

   [答案] BCD

   [解析] 效率工资是指某些企业提供的高于市场均衡水平的工资，A项错误。

3. 关于一些企业用机器人替代人工操作现象的说法，正确的是（ ）。

   A. 机器人价格下降的规模效应会导致企业的劳动力需求上升

   B. 机器人价格下降的替代效应会导致企业的劳动力需求上升

   C. 机器人对人工操作的替代反映了产品需求对劳动力需求产生的影响

   D. 机器人对人工操作的替代反映了两种生产要素之间的互补关系

   [答案] A

   [解析] 根据题干，企业用机器人替代人工操作，即考查资本价格变化对劳动力需求数量的影响，A项正确，C、D两项错误。机器人价格下降的替代效应会导致企业的劳动力需求下降，B项错误。

4. 关于小王选择当快递员的说法，正确的是（ ）。

   A. 小王不得不去次等劳动力市场就业

   B. 小王是通过劳动力市场实现就业的

   C. 小王领取的是效率工资

   D. 小王不可能再回到优等劳动力市场就业

   [答案] AB

   [解析] 根据案例内容，小王由于一时找不到好工作，家庭经济状况又不好，先选择去一家快递公司当快递员了，相对于小王，快递公司属于次等劳动力市场，A、B两项正确。

本章同步练习

一、单项选择题（每题1分，每题备选项中，只有1个最符合题意）

1. 劳动力市场以一定的（　　）将劳动者分配到不同的职业之中的。
   A. 生产利润　　　　　　　　　B. 劳动生产率
   C. 受教育程度　　　　　　　　D. 工资率

2. 在劳动力市场上，劳动力交易中转移的是（　　）。
   A. 劳动力的所有权
   B. 劳动力的需求者
   C. 劳动力的供给者
   D. 劳动力的使用权

3. 次等劳动力市场的特征不包括（　　）。
   A. 就业不稳定
   B. 工资率较低
   C. 工作条件较差
   D. 流动率、缺勤率和迟到率比较低

4. 下列不属于造成优等和次等劳动力市场之间出现相对隔离原因的是（　　）。
   A. 信息不对称　　　　　　　　B. 贫穷
   C. 歧视　　　　　　　　　　　D. 技能缺乏

5. 某城市共有350万人，其中不足16岁人口有80万人，就业人口200万人，失业人口20万人，则该市的劳动力参与率为（　　）。
   A. 81.5%　　　　　　　　　　 B. 62.8%
   C. 57.1%　　　　　　　　　　 D. 85.7%

6. 在其他条件不变动的情况下，非劳动收入的增加会导致（　　）。
   A. 个人劳动力供给时间减少
   B. 劳动收入的增加
   C. 工资水平的下降
   D. 工资水平的上升

7. 在以纵轴代表工资率，横轴代表雇用人数的坐标系中，反映欠发达国家具有无限劳动力供给情况的劳动力供给曲线是（　　）。
   A. 向后弯曲的劳动力供给曲线
   B. 水平形状的劳动力供给曲线
   C. 垂直形状的劳动力供给曲线
   D. 向上倾斜的劳动力供给曲线

8. 如果某市纺织工人的劳动力供给弹性为50%，由于工资水平上涨，这类劳动者的劳动力供给时间增加了15%，他们原来的工资水平是每小时25元，那么现在的工资水平是（　　）元。
   A. 26.88　　　　　　　　　　 B. 28.75
   C. 32.50　　　　　　　　　　 D. 35.50

9. 一国的平均工资率从10元/小时上升到15元/小时，该国总的劳动工时供给数量上升了50%，则该国的劳动力供给曲线是（　　）。
   A. 缺乏弹性的　　　　　　　　B. 富有弹性的

C. 单位弹性的 D. 无弹性的

10. 下列关于家庭生产理论的表述，不正确的是（　　）。
    A. 以家庭为单位来分析劳动力供给问题，劳动力供给的决策者不是劳动者个人
    B. 家庭产品的生产方式既可以是时间密集型的，也可以是商品密集型的
    C. 一个家庭可以将其利用的时间总和用于工作和闲暇两个方面
    D. 通过采用比较优势原理来确定每个成员的时间利用方式

11. 在长期内，工资率上升的替代效应和规模效应都使劳动力需求（　　）。
    A. 增加 B. 先减少，后增加
    C. 先增加，后减少 D. 减少

12. 若劳动力需求曲线不变，劳动力供给曲线向右移动，则（　　）。
    A. 新的均衡点左移
    B. 均衡工资率提高，均衡就业量降低
    C. 均衡工资率降低，均衡就业量提高
    D. 均衡工资率和均衡就业量不变

13. 劳动力市场均衡工资率和均衡就业量的大小取决于（　　）的位置。
    A. 劳动力供给曲线
    B. 劳动力供求曲线
    C. 劳动力需求曲线
    D. 劳动力边际收益曲线

14. 利用政府预算，通过调整税率和政府支出水平来影响总需求的一种政策是（　　）。
    A. 人力政策 B. 货币政策
    C. 财政政策 D. 收入政策

二、多项选择题（每题2分，每题备选项中，有2个或2个以上符合题意，至少有1个错项。错选，本题不得分；少选，所选的每个选项得0.5分）

1. 劳动者在劳动力市场上的议价能力取决于（　　）。
   A. 劳动者所属同种劳动力在市场上的供求状况
   B. 劳动者的劳动力供给意愿
   C. 劳动者个人的技术、能力和经验
   D. 劳动力需求者所提供的工资水平
   E. 市场工资水平

2. 关于内部劳动力市场的说法，错误的有（　　）。
   A. 存在于大企业内部
   B. 这种市场的高层级人员都是从外部雇用的
   C. 较低级岗位的劳动者从内部提供
   D. 可以脱离外部劳动力市场而存在
   E. 企业通常只从外部雇用填补较低级岗位的劳动者

3. 晋升竞赛的基本特点包括（　　）。
   A. 更高一级的职位通常是事先设计好的
   B. 晋升到更高职位的优势大小，不会影响到被晋升后得到的工资水平高低
   C. 设计合理的工资差距需要考虑晋升的综合价值
   D. 被晋升者将得到更高一级新职位对应的全部报酬，即工资水平上涨

E. 失败者将会因为参加竞赛而得到报酬
4. 劳动年龄外人口包括（　　）。
　　A. 未成年就业人口　　　　　　B. 老年就业人口
　　C. 非经济人口　　　　　　　　D. 经济人口
　　E. 劳动年龄外其他人口
5. 资本价格变化对劳动力需求数量的影响会同时带来（　　）。
　　A. 收入效应　　　　　　　　　B. 规模效应
　　C. 扩大效应　　　　　　　　　D. 压缩效应
　　E. 替代效应
6. 当劳动力供给曲线不变，而劳动力需求曲线右移，则（　　）。
　　A. 均衡工资率下降
　　B. 均衡工资率上升
　　C. 均衡就业量下降
　　D. 均衡工资率和均衡就业量不变
　　E. 均衡就业量上升

三、案例分析题（每题2分。由单选和多选组成。错选，本题不得分；少选，所选的每个正确选项得0.5分）

（一）

　　某大学课堂上，一位教授指出，劳动力供给涉及劳动力数量和劳动力质量两个方面的问题，一国的经济发展既取决于劳动力数量，也取决于劳动力质量。目前，我国的劳动力供给数量增长速度放慢，劳动力质量未能实现较快的提高。此外，一个国家的劳动力资源利用情况可以从就业中反映出来，教授指出，对中国劳动者就业产生影响的近期动向有以下两个：一是由于中国的劳动力成本不断上升，国际上一些知名的大公司已经开始将原来委托中国企业生产加工的很多产品收回到本国生产。二是随着技术水平的不断进步，很多资本设备的价格在不断下降。最后，教授还强调，影响劳动力需求弹性的因素对劳动力的就业产生影响。

1. 劳动力质量包括的内容有（　　）。
　　A. 劳动力队伍的身体健康状况　　B. 劳动者的平均工资水平
　　C. 劳动力队伍的受教育训练程度　D. 劳动力队伍的人数
2. 一国的劳动力数量主要取决于该国的（　　）。
　　A. 人口总量　　　　　　　　　B. 劳动力参与率
　　C. 人口的地域分布　　　　　　D. 周平均工作时间
3. 教授提出的两个动向会对中国劳动者的就业产生影响，关于这种影响的说法，正确的有（　　）。
　　A. 如果发达国家同类劳动者的工资率水平不变，而中国劳动者的工资率上涨，则很可能会出现前者对后者的替代，从而不利于中国劳动者的就业
　　B. 其他条件不变，资本价格下降的规模效应会导致中国劳动者的就业减少
　　C. 其他条件不变，资本价格下降的替代效应会导致中国劳动者的就业减少
　　D. 在长期中，其他条件不变，中国劳动者工资率上升的规模效应和替代效应都会导致其就业减少

（二）

　　小张在学习了劳动经济基本理论之后发现，很多理论与现实情况并不相符。比如，一般的劳动经济理论认为，在其他条件不变的情况下，工资率上涨会导致劳动力的需求量下降；但是在很

多时候，企业并没有在工资上涨的情况下解雇员工。理论上认为，当其他企业提供的工资水平更高时，员工会从工资水平低的企业跳槽去工资水平更高的企业，但是在现实中，很多员工明明知道另外一家企业工资水平更高一些，也不会从本单位辞职。此外，小张还发现，在部分城市已婚女性人群当中，劳动力参与率出现了下降的趋势，而在已经退休的劳动者当中却出现了劳动力参与率上升的趋势。

1. 导致很多企业不轻易解雇员工的原因是（　　）。
　A. 解雇员工会导致企业已经承担的搜寻和筛选成本流失
　B. 解雇员工会导致企业已经承担的培训成本流失
　C. 经常解雇员工不仅会使企业将来招人困难，而且可能会损害留任员工的生产率
　D. 这些企业支付给员工的工资水平已经高于市场水平

2. 很多员工不会因为其他企业提供的工资高就从本单位辞职，出现这种现象的原因是（　　）。
　A. 劳动者对工资水平方面的差别不是很敏感
　B. 劳动力流动是有成本的
　C. 劳动力流动可能会使劳动者在原单位掌握的部分技能失效
　D. 劳动力流动有可能导致劳动者在原单位积累的部分经济收益和非经济收益遭受损失

3. 可能导致女性的劳动力参与率下降的原因包括（　　）。
　A. 女性的配偶有着较高的经济收入
　B. 女性更加偏好家务劳动而不是市场工作
　C. 女性的相对工资水平较高
　D. 女性的家务劳动生产率较低

4. 关于已退休劳动者的劳动力参与率上升现象的说法，正确的是（　　）。
　A. 已退休者的非劳动收入比劳动适龄人口更多，因而导致其劳动参与率上升
　B. 已退休者的劳动力参与率上升可能是因为他们重新就业的机会较多
　C. 当退休者的实际养老收入明显下降时，可能导致已退休者的劳动力参与率上升
　D. 在工作期间工资水平越高的退休者，退休后劳动力参与率上升的趋势越明显

本章同步练习参考答案及解析

一、单项选择题

1. [答案] D
   [解析] 劳动力市场是对劳动力这种最为重要的生产型资源进行有效配置的根本手段。它以一定的工资率将一个国家的劳动力有效地分配到不同的行业、职业、地区和企业之中。

2. [答案] D
   [解析] 劳动力市场上，劳动力交易中转移的是劳动力的使用权，这也是劳动力市场的特殊性。

3. [答案] D
   [解析] 流动率、缺勤率和迟到率比较高是次等劳动力市场的特征，D项错误。

4. [答案] A
   [解析] 造成优等和次等两种劳动力市场之间出现相对隔离的主要原因有贫穷、歧视、技能缺乏等。

5. [答案] A
   [解析] 劳动力参与率指在16岁以上人口中，就业人口与失业人口之和所占的百分比。即：该市的劳动力参与率＝（就业人口＋失业人口）/（全部人口－16岁以下人口）×100％＝（200＋20）/（350－80）×100％≈81.5％。

6. [答案] A
   [解析] 在其他条件不变的情况下，非劳动收入的增加会导致个人劳动力供给时间的减少。

7. [答案] B
   [解析] 欠发达国家具有无限劳动力供给，在某工资率下劳动力需求者可获得任意数

量的劳动力，劳动力供给为无限弹性，劳动力供给曲线为水平形状。

8. [答案] C
   [解析] 假设现在的工资水平是W，则根据劳动力供给弹性＝（工时增加数量/初始工时）/（工资率上升绝对数量/初始工资率）×100％＝50％，可得15％/[（W－25）/25]＝50％，解得W为32.50元。

9. [答案] C
   [解析] 根据劳动力供给弹性＝（工时增加数量/初始工时）/（工资率上升绝对数量/初始工资率）×100％＝50％/[（15－10）/10]＝1，则该国的劳动力供给曲线是单位弹性。

10. [答案] C
    [解析] 家庭的可支配时间包括市场工作时间和家庭生产时间两部分，C项错误。

11. [答案] D
    [解析] 在长期内，工资率上升的替代效应和规模效应都使劳动力需求减少。

12. [答案] C
    [解析] 劳动力供给曲线向右移动，意味着劳动力供给增加，而此时劳动力需求曲线不变，则必然会导致均衡工资率降低和均衡就业量提高。也可通过画图得出答案。

13. [答案] B
    [解析] 劳动力市场均衡工资率和均衡就业量的大小取决于劳动力供给曲线和劳动力需求曲线的位置。

14. [答案] C
    [解析] 财政政策是利用政府预算来影响总需求的一种政策，其主要手段是调整税率和政府支出水平。

二、多项选择题

1. [答案] AC
   [解析] 根据劳动力市场特征，由于劳动力出售者地位的不利性，不同劳动者在劳动力市场上议价能力的大小取决于劳动者所属的同种劳动力在市场上的供求状况和个人的技术、能力和经验等劳动力质量要素的水平。

2. [答案] BCD
   [解析] 内部劳动力市场通常是指在大型组织内部存在，A项正确。企业通常只从外部雇用填补较低级岗位的劳动者，内部的中高层职位一般都是通过内部晋升来实现，B、C两项错误，E项正确。内部劳动力市场不能脱离外部劳动力市场而独立存在，D项错误。

3. [答案] ABD
   [解析] C项属于设计合理工资差距应考虑的因素，不符合题意。失败者将不会因为参加竞赛而得到任何报酬，E项错误。

4. [答案] ABE
   [解析] 劳动年龄外人口包括未成年就业人口、老年就业人口、劳动年龄外其他人口。

5. [答案] BE
   [解析] 资本价格变化对劳动力需求数量的影响会带来规模效应和替代效应。

6. [答案] BE
   [解析] 劳动力需求曲线右移，意味着劳动力需求增加，但劳动力供给曲线不变，则必会然导致均衡工资率和均衡就业量同时上升。

三、案例分析题

(一)

1. [答案] AC
   [解析] 劳动力质量指劳动力队伍的身体健康状况以及受教育和培训的程度。

2. [答案] ABD
   [解析] 一国的劳动力数量取决于人口总量、劳动力参与率、周平均工作时间。

3. [答案] ACD
   [解析] 一般情况下，工资率上涨，劳动力需求会下降，如果发达国家同类劳动者的工资率水平不变，而中国劳动者的工资率上涨，则很可能减少中国劳动者的需求，从而不利于中国劳动者的就业，A项正确。资本价格下降的规模效应会导致中国劳动者的就业增加，B项错误。其他条件不变，资本价格下降的替代效应会导致中国劳动者的就业减少，C项正确。在长期中，其他条件不变，中国劳动者工资率上升的规模效应和替代效应都会导致其就业减少，D项正确。

（二）

1. [答案] ABC

   [解析] 根据题干,得出该题考查劳动力需求方遇到的摩擦力。企业在雇用劳动者的过程中需要支付很多成本,包括搜寻成本以及对劳动者进行筛选的成本。在雇用劳动者之后,企业还要承担相应的培训成本。解雇员工的做法可能影响企业未来在市场上招募员工的能力,同时可能会损坏留用员工的生产率。

2. [答案] BCD

   [解析] 根据题干,得出该题考查劳动力供给方遇到的摩擦力。劳动力流动成本包括寻找就业信息的成本、利益损失、技能失效等。劳动者并非对工资水平方面的差别不是很敏感,A项错误。

3. [答案] AB

   [解析] 根据女性劳动力参与率下降可得出本题实质是考查导致女性劳动力不工作的原因,A、B两项符合题意。也可根据影响女性劳动力参与率上升的因素进行排除得出答案。从实际情况来看,家庭生产活动的生产率是逐渐提高的,注意不确定的不要选择。

4. [答案] BC

   [解析] 根据已退休劳动者的劳动力参与率上升可得出本题实质是考查导致已退休劳动者再次工作的原因,B、C两项符合题意。

第十二章 工资与就业理论

本章考情分析

年份	单项选择题	多项选择题	案例分析题	合计
2021 年	4 题 4 分	1 题 2 分	4 题 8 分	14 分
2020 年	4 题 4 分	—	—	4 分
2019 年	2 题 2 分	1 题 2 分	1 题 2 分	6 分
2018 年	5 题 5 分	2 题 4 分	—	9 分
2017 年	4 题 4 分	—	—	4 分

本章考点概览

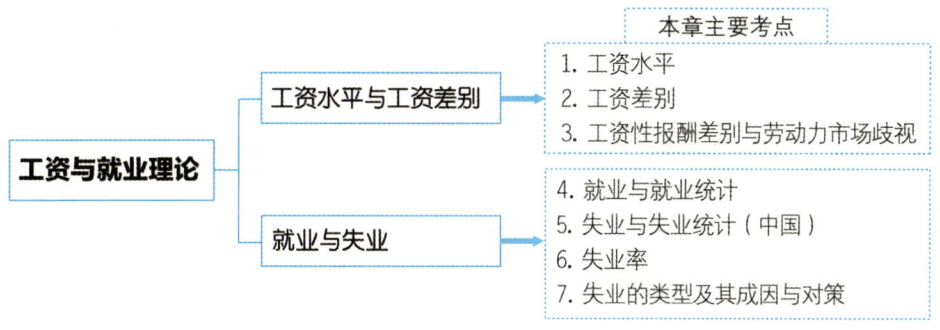

本章考点详解

【考点一】工资水平

一、货币工资与实际工资

（一）货币工资

货币工资，又称名义工资，是指雇主以货币形式支付给员工的劳动报酬。

（二）实际工资

实际工资是指货币工资所能购买到的商品和服务量。它可用来说明货币工资的购买能力。

实际工资的公式为：

$$实际工资 = 货币工资 / 物价指数$$

物价指数一般用消费品价格指数来表示，在现实中货币工资水平总是高于实际工资水平。

【考点小贴士】复习中需注意货币工资和实际工资的区别和联系。

二、确定工资水平的实际因素

(一) 决定企业最高工资水平估算的因素

决定企业最高工资水平估算的因素包括：①企业的经济实力、竞争能力；②由于劳动力费用增长而使企业进行贸易活动所要承担的风险。

(二) 决定企业最低工资水平估算的因素

决定企业最低工资水平估算的因素为劳动者对于降低生活标准的承受能力。

(三) 现实生活中影响工资水平确定的因素

(1) 劳动者个人及其家庭所需的生活费用。

(2) 同工同酬的原则，即对于完成同等价值工作的劳动者应支付同等水平的工资。

(3) 企业的工资支付能力。决定一个部门或企业的工资支付能力的主要因素是该部门或企业的生产率。

【考点小贴士】对最高工资水平的估算是从企业的角度出发的，主要看企业是否可以承担高水平工资；对最低工资水平的估算是从劳动者的角度出发的，主要看劳动力是否可以承受低水平工资的工作。确定工资水平的现实因素需综合考虑企业和劳动者的情况。

三、工资水平与生产率和企业规模的关系

(一) 工资水平与生产率的关系

关于较高的工资有助于提高员工生产率的两种解释：

(1) 较高的工资能够吸引较好的员工，这是因为高工资扩大了企业的求职者人才库，从而使企业在挑选员工时能够有更大的选择余地。

(2) 较高的工资能够从既定的员工那里获得较高生产率。这大都与员工对企业的认同感有很大的关系。此外，员工十分关注自己是否受到公平的对待。

【考点小贴士】对于这个内容，学习时可结合第十一章"效率工资"进行理解。

(二) 工资水平与企业规模的关系

通常情况下，在那些规模较大的企业中工作的员工，其工资随着经验的增加而增长的速度也要快得多。这是因为：

(1) 大企业付出了成本，为员工提供了更多的特殊培训机会。

(2) 高工资可以被看成是一种补偿性的工资差别，即由于要求员工接受严格的纪律约束从而导致工作对员工的吸引力较差，于是就需要对他们提供一种补偿。

(3) 大企业可以为员工提供一个在职业性"工作阶梯"中得到多层次晋升的机会。

(4) 较大的企业可能会发现，岗位空缺成本很高。

经典例题

[2020年真题·单选题] 关于实际工资的说法，错误的是（　　）。

A. 实际工资是企业支付给员工的货币工资

B. 政府在制定相关宏观经济政策时，应了解市场上的实际工资水平

C. 消费者价格指数越高，相同货币工资所代表的实际工资水平越低

D. 实际工资是劳动力供给决策的依据

[答案] A

[解析] 货币工资又称名义工资，指雇主以货币形式支付给员工的劳动报酬。实际工资是指货币工资所能购买到的商品和服务量，可用来说明货币工资的购买能力。其公式为：实际工资＝货币工资/物价指数。A项错误。

【考点二】工资差别

一、工资差别的概念

工资差别是指各类人员的工资在水平上的差异。

二、工资差别的本质原因

工资差别是同劳动相联系的。只要劳动者的素质和技能不能完全相同（即劳动力不同质），劳动条件的差别无法消除，工资差别就不可能消除。

三、工资差别对配置资源的影响（积极的作用）

工资差别在整个社会范围内不断重新配置资源。它会激励劳动者从低生产率工作岗位、职业、企业、行业或产业部门甚至国家向高生产率的地方转移。

> **经典例题**
>
> [2015年真题·单选题] 激励劳动者从低生产率的岗位、企业向高生产率的岗位、企业转移，从而在整个社会范围内不断重新配置劳动力资源的是（　　）。
> A. 劳动条件　　　　　　　　　B. 工资差别
> C. 劳动力供给　　　　　　　　D. 劳动力需求
> [答案] B
> [解题思路] 通过"从低生产率向高生产率转移、重新配置"可以得出工资差别。

四、不同产业部门间工资差别形成的原因

不同产业部门间工资差别形成的原因如表12-1所示。

表12-1　不同产业部门间工资差别形成的原因

原因	具体阐述
熟练劳动力所占比重	(1) 建筑业工人的报酬比较高。因为熟练的电工、木工、泥瓦工、管子工等所占的比例较大，由于这些工作的报酬高，所以整个行业的平均工资水平也高 (2) 零售业的报酬较低。部分原因是大多数员工都属于非熟练工人
技术经济特点	(1) 规模大、人均占有资本投资比例高的产业部门，人均工资水平也较高 (2) 对资本投资的要求低、新企业易于进入和以竞争性市场结构为特征的行业，其人工成本占总成本的比例也较高，所以一般属于低工资产业部门，这类行业有服装加工，纺织品、皮革制品生产行业等
发展阶段	(1) 当某产业部门或行业处于兴盛期时，工资的增长幅度高于其他部门 (2) 处于衰退期的产业部门，工资就很难增长 (3) 在生产兴旺的部门，有利的经济条件将使工资标准高于总体平均水平 (4) 在生产状况不景气的部门，其工资标准将会低于总体平均水平 (5) 经济结构会逐步达成新的协调，各部门的工资或迟或早地趋于相似的水平
工会化程度	传统的高工资产业一般具有较高的工会化程度
地理位置	制造业工资水平高，多集中在工资高的地区；反之亦然

【考点小贴士】这个表格中内容较多，考试中应注意细节内容，可以根据所划关键词进行理解。

五、不同职业之间工资差别形成的原因

亚当·斯密提出形成职业间工资差别的原因主要有五个因素。现代经济学家对职业间工资差别的研究主要体现在三种工资差别的形成。这三种工资差别分别为补偿性工资差别、竞争性工资

差别和垄断性工资差别。由于补偿性工资差别是针对知识技能无质差别的劳动者，而竞争性工资差别和垄断性工资差别是针对不同质劳动者。因此，竞争性工资差别和垄断性工资差别属于非补偿性工资差别。前述具体内容如图12-1所示。

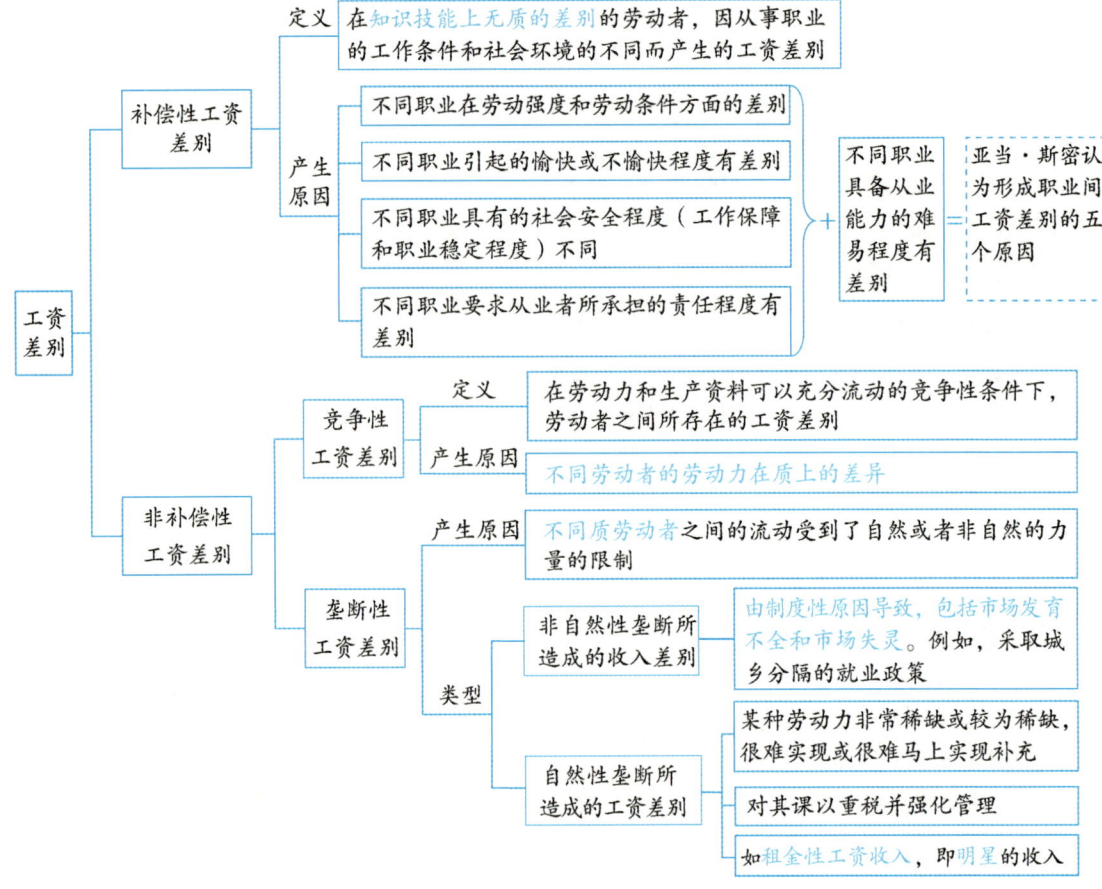

图 12-1 工资差别种类

【考点小贴士】补偿性工资差别对应的是"劳动力同质"，非补偿性工资差别对应的是"劳动力不同质"。可简记为"补偿"同质，竞争垄断即非补偿"不同质"。

经典例题

[2021年真题·多选题] 关于补偿性工资差别造成的原因有（　　）。
A. 劳动技能
B. 劳动强度
C. 愉快程度
D. 责任大小
E. 职业稳定保障程度
[答案] BCDE
[解析] 因劳动强度和劳动条件、从业时的愉快或不愉快程度、工作保障和职业稳定程度、承担的责任程度不同而引起的工资差别，均属于补偿性工资差别。

【考点三】工资性报酬差别与劳动力市场歧视

一、男性和女性之间的工资性报酬差别解释

男性和女性之间的工资性报酬差别解释如表12-2所示。

表 12-2　男性和女性之间的工资性报酬差别解释

方面	具体阐述
年龄和受教育程度	年纪较大的女性的受教育程度往往低于男性
	生育原因造成职业中断使女性所受到的平均在职培训时间少于男性
职业	女性和男性劳动者在高工资职业和低工资职业中所占的比例不同
工时和工作经验	女性的总体市场工作时间通常要比男性更少，这既会影响工资报酬水平，还会在未来因经验不足影响工资增长

二、劳动力市场歧视的界定及其分类

劳动力市场歧视是指不同人口群体的劳动者在劳动力市场中受到的对待存在差别的现象。

（一）劳动力市场歧视的类型（2 个）

1. 工资歧视

工资歧视是指雇主针对既定的生产率特征支付的价格因劳动者所属的人口群体不同而呈现系统性的差别。

2. 职业歧视

职业歧视是指对具有相同的受教育水平和其他生产率特征的不同类型的劳动者加以区别对待，将其中某一类或某些类别的劳动者有意安排到那些低工资的职业当中，或者是有意让这些类别的劳动者去承担工作责任要求较低的工作岗位，而把那些高工资岗位留给某些特定类型的劳动者。现实中女性和男性的职业分布存在很多差别，有多少是由于职业歧视导致，很难衡量。

职业隔离是指一个人口群体内部的职业分布与其他人口群体内部的职业分布存在很大差异的情况。职业隔离的一个衡量指标是差异指数。如果所有的职业都完全隔离，差异指数为 100；如果两种性别的劳动力在各种职业中的分布完全相同，差异指数为零。

（二）关于劳动力市场歧视的来源（3 个）

1. 个人歧视

个人歧视是指雇主、客户和员工当中至少有一方是对员工存在偏见的。其包括下列三种：

（1）雇主歧视。雇主因某些特定的原因对某些特定类型的员工产生歧视。最有可能实施歧视的雇主往往是具有垄断地位的那些企业。

（2）客户歧视。顾客可能更偏好于让某种类型的劳动者来为自己提供服务，这就迫使雇主不得不根据自己希望服务的客户的偏好来雇用员工。

（3）员工歧视。某种类型的员工可能希望刻意避开那些他们自己不喜欢的属于某些特定人口群体的同事。

2. 统计性歧视

当雇主利用求职者所属的特定群体的一般特征预测某一位求职者的未来生产率，当这些与生产率有关的可观察的群体特征并不能对求职者个人的实际生产率提供完善的预测时，便会出现统计性歧视。

3. 非竞争性歧视

非竞争性歧视是劳动力市场处于非竞争状态下产生的歧视。

如果由于企业具有某种垄断力量，不仅有能力制造出职业隔离的局面，而且可以控制自己支付给员工的工资水平，则会同时产生职业歧视和工资歧视。歧视的依据很可能是"关系"这样的独特因素。

【考点小贴士】复习中注意区分各种歧视的含义，需做到根据含义识别出歧视的名称。劳动力市场歧视的知识结构如图 12-2 所示。

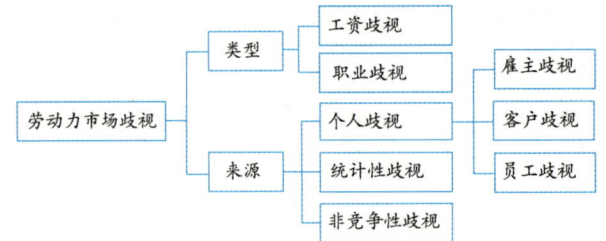

图 12-2 劳动力市场歧视

经典例题

[2021年真题·单选题] 在其他条件相同的情况下，如果为同一家企业工作的劳动者仅仅因为（　　）不同而呈现的系统性差别，称为工资歧视。
A. 工时　　　　B. 岗位　　　　C. 性别　　　　D. 工龄
[答案] C
[解析] 工资歧视是指雇主针对既定的生产率特征支付的价格因劳动者所属的人口群体不同而呈现系统性的差别。例如，性别。

[2020年真题·单选题] 下列做法中，属于工资歧视的是（　　）。
A. 对于生产率存在差异的劳动者支付不同水平的工资
B. 对于其他条件均相同且从事相同工作的不同性别劳动者支付不同的工资
C. 故意将女性劳动者安排到低工资的职业或岗位上去
D. 对于从事相同工作但所处地理位置不同的劳动者支付不同水平的工资
[答案] B
[解析] 工资歧视是指雇主针对既定的生产率特征支付的价格因劳动者所属的人口群体不同而呈现系统性的差别。

[例题·多选题] 个人歧视包括（　　）。
A. 雇主歧视　　B. 领导歧视　　C. 统计性歧视　　D. 员工歧视
E. 非竞争性歧视
[答案] AD
[解析] 个人歧视包括雇主歧视、客户歧视、员工歧视。

【考点四】就业与就业统计

一、就业的基本含义（3层）

一是劳动者必须要既有劳动能力，又有劳动意愿。
二是劳动者所参加的劳动必须是某种形式的社会劳动，而不是家庭劳动。
三是劳动必须能够获得报酬或收入，而不能是公益性或义务性的劳动。

二、国际劳工组织所定义的就业人口（规定年龄之内）

第一种人是正在工作的人，即在规定时期内正在从事有报酬的工作的人，包括私营企业员工以及政府雇员。

第二种人是虽然有工作，但是却由于某种特殊原因暂时脱离了工作状态的人。比如，因疾病、工伤、休假、劳资争议、旷工或者因气候不良、机器损坏等原因而临时停工的人。

第三种人是雇主与自雇用人员，或者是正在协助家庭经营企业或农场，但是却并不领取劳动报酬的人。

三、充分就业与非充分就业

2003年，就业人员是指男16—60岁，女16—55岁的法定劳动年龄内，从事一定的社会经济活动,并取得合法劳动报酬或经营收入的人员。其中,劳动者的劳动报酬达到和超过当地最低工资标准的,为充分就业;劳动者的劳动时间少于法定工作时间,且劳动报酬低于当地最低工资标准、高于城市居民最低生活保障标准,本人愿意从事更多工作的,为不充分就业。

经典例题

[例题·单选题] 关于就业含义的说法,错误的是( )。
A. 公益性劳动不属于就业　　　　B. 劳动者必须要既有劳动能力,还要有劳动意愿
C. 劳动必须能够获得报酬或收入　D. 家庭劳动也属于就业
[答案] D
[解析] 劳动者所参加的劳动必须是某种形式的社会劳动,而不是家庭劳动,D项错误。

【考点五】失业与失业统计(中国)

失业人员是指在规定的劳动年龄内,具有劳动能力,但在调查期内无职业并以某种方式寻找工作的人。

失业人员具体包括:①16周岁以上各类学校毕业或肄业的学生中,初次寻找工作但是尚未找到工作者;②企业宣告破产后尚未找到工作的人员;③被企业终止、解除劳动合同或辞退后,尚未找到工作的人员;④辞去原单位工作后尚未找到工作的人员;⑤符合失业人员定义的其他人员。

经典例题

[2017年真题·单选题] 关于我国在就业和失业方面规定的说法,错误的是( )。
A. 虽然从事一定社会劳动,但劳动报酬低于当地城市居民最低生活保障标准的情况视同失业
B. 超出法定劳动年龄的劳动者外出找工作,但没找到的情况,不属于失业
C. 16周岁以上各类学校毕业或肄业的学生,初次寻找工作但未找到,不属于失业人员
D. 劳动者获得的劳动报酬达到和超过当地最低工资标准的,属于充分就业
[答案] C
[解析] 16周岁以上各类学校毕业或肄业的学生,初次寻找工作但未找到的,属于失业人员。

【考点六】失业率

一、失业率的计算公式

失业率的计算公式为:

$$失业率 = \frac{失业人数}{劳动力人数} \times 100\% = \frac{失业人数}{总人口数 - 非劳动力人口数} \times 100\% = \frac{失业人数}{失业人数 + 就业人数} \times 100\%$$

上式中,总人口数=经济活动人口数(劳动力人口数)+非经济活动人口数(非劳动力人口数)=就业人数+失业人数+非劳动力人口数。

失业率反映了在一定年龄以上的人口当中,有多大比例的人想工作却无法实现就业的情况。

二、长期失业率

长期失业率是指失业时间满一年以及超过一年以上的失业者在劳动力总人口中所占的比例。长期失业率从另外一个角度反映了一国或一个地区的失业问题严重程度,如果劳动者一年以上无法实现就业,则将来就业的难度会越来越大。

三、中国的失业率统计问题

中国从1994开始用"失业人员"的概念替代"待业人员"的概念,同时开始用"城镇登记失业率"的概念取代了"城镇登记待业率"。城镇登记失业率的计算公式为:

$$城镇登记失业率 = \frac{城镇登记失业人数}{城镇从业人数 + 城镇登记失业人数} \times 100\%$$

上式中，城镇登记失业人员是指在劳动年龄（16周岁至退休年龄）内，有劳动能力，有就业要求，处于无业状态，并在公共就业服务机构进行失业登记的城镇常住人员。

经典例题

[2015年真题·单选题] 在其他条件相同的情况下，会导致失业率上升的情形是（　　）。
A. 因退休而退出劳动力市场的人数增加
B. 找到工作的失业者人数迅速上升
C. 绝大部分应届大中专毕业生都找到了工作
D. 一部分长时间找不到工作的失业者决定放弃寻找工作
[答案] A
[解析] 就业者由于退休等原因而决定退出劳动力市场，即就业者变成非劳动力，根据失业率的公式，可得出失业率的分母减小而分子不变，失业率上升，A项正确。找到工作的失业者人数迅速上升，根据失业率的公式，可得出失业率的分母不变而分子变小，失业率下降，B、C两项错误。一部分长时间找不到工作的失业者决定放弃寻找工作，即失业者变成非劳动力，劳动力减少，根据失业率的公式，可得出失业率的分母和分子同时减小，D项不符合题意。此题难度较高，考试中可采用排除法。

[例题·单选题] 某地区2017年总人口数为250万人，其中就业人数190万人，非劳动力人口数50万人，则该地区在2017年的失业率为（　　）。
A. 5%　　　　B. 4%　　　　C. 3%　　　　D. 2%
[答案] A
[解析] 失业率＝失业人数/（总人口数－非劳动力人口数）×100%＝（总人口数－非劳动力人口数－就业人数）/（总人口数－非劳动力人口数）＝（250－50－190）/（250－50）×100%＝5%。

【考点七】失业的类型及其成因与对策

失业的类型及其成因与对策如表12-3所示。

表12-3　失业的类型及其成因与对策

类型		具体内容
摩擦性失业	定义	摩擦性失业是指因劳动力市场存在"摩擦"或"不完善"而形成的失业，如有些人处于"工作之间"或刚进入劳动力市场，正在寻找工作或与雇主洽谈而一时又未确定工作；或因企业之间需求的随机波动而造成一些工人不得不暂时处在工作变换甚至职业变换状态之中
	特征	摩擦性失业是竞争性劳动力市场的一个自然特征。它不是由于工作岗位缺乏而造成的，而是由于寻找工作、达成就业协议的时滞所引起的一种正常性的失业
	形成原因	①劳动力市场的动态属性；②信息不完善性
	对策	（1）加强劳动力市场的情报工作 （2）加快劳动力市场的信息传递速度和加大其扩散范围，疏通信息渠道
周期性失业	定义	周期性失业是指由于经济周期或经济波动引起劳动力市场供求失衡造成的失业
	形成的基本原因	总量需求不足
	造成的影响	耐用消费品行业的劳动者受到周期性失业打击的可能性更大，非耐用品制造业的周期性波动较小

续表

类型		具体内容
结构性失业	定义	结构性失业是指<u>专业结构或产品结构</u>调整过程中，因<u>衰落部门的失业者与扩展部门的工作要求不相吻合，或现有的职位空缺同失业者在地理位置上失调</u>从而造成的失业
	主要类型	结构性失业中，最主要的是技术性失业，是指由于劳动力需求方需要的技术和劳动力供给方能够提供的技术之间存在差异或错位而导致的失业现象。技术性失业通常是由于生产技术变化引起的，即在生产中采用了节省劳动力的新技术后所造成的失业
	决定结构性失业严重程度的因素	①对劳动力需求转变的快慢；②劳动力供给能否适应需求的变化；③技术替代的灵活性大小；④人们重新学会另一种技术或职业的速度快慢；⑤地理状况的差异
	对策	（1）加强劳动力市场的情报工作，使求职人员及时了解劳动市场的供求情况 （2）由政府提供资金，向愿意从劳动力过剩地区迁到劳动力短缺地区的失业工人提供安置费 （3）制订各种培训计划，使工人的知识更新与技术发展同步进行，以适应新职业的需要 （4）提供更好的职业指导和职业供求预测
季节性失业	定义	季节性失业是指由于<u>季节变化</u>而导致的定期性劳动者就业岗位的丧失
	形成原因	（1）一些部门或行业对劳动力的需求随季节的变化而波动，如农业、旅游业、建筑业、航运业等 （2）一些行业会随季节的不同而遇到购买的高峰和低谷，如服装业、制鞋业、汽车业等，从而影响作为谋生需求的劳动力需求，造成季节性失业
	对策	（1）政府加强对季节性失业期的预测工作，以利于季节性工人尽早做出就业淡季的安排 （2）规定一个合理的失业补助期限，以减少季节性工人的生活困难

【考点小贴士】注意掌握各种失业的含义和对策。其中，<u>摩擦性失业、技术性失业、结构性失业，以及季节性失业属于</u>竞争性劳动力市场上的一种<u>不可避免</u>的较低水平的失业，即是<u>正常性的失业</u>。这也就是美国经济学家弗里德曼所说的"自然失业率"，即劳动力市场处于均衡状态时的失业率。自然失业率大约在4%—6%，它的存在并<u>不影响充分就业的实现</u>。上述四种失业，再加上周期性失业可简记为：正常的"季""结""摩擦"有不正常"周期"。

经典例题

[2021年真题·单选题] 关于不同失业类型的说法，错误的是（   ）。
A. 周期性失业是由总需求不足造成的
B. 技术性失业是结构性失业的一种
C. 摩擦性失业是由缺乏工作岗位造成的
D. 季节性失业是一种较低水平的失业
[答案] C
[解析] 摩擦性失业是竞争性劳动力市场的一个自然特征，它不是由于工作岗位缺乏而造成的，而是由寻找工作、达成就业协议的时滞所引起的，C项错误。

[2019年真题·单选题] 关于技术性失业的说法，错误的是（   ）。
A. 政府为失业者提供培训有助于应对技术性失业
B. 政府为失业者提供企业用工需求信息是解决技术性失业的有效手段
C. 技术性失业经常出现在产业结构调整时期
D. 技术性失业属于一种结构性失业

[答案] B

[解题思路] B项是对摩擦性失业采取的措施。

本章易错易混考点

【易错易混考点】职业间工资差别形成的原因对比(如表12-4所示)

表12-4 职业间工资差别形成的原因对比

补偿性工资差别形成的原因（4因素）	亚当·斯密认为形成职业间工资差别的原因（5因素）
（1）劳动强度和劳动条件 （2）从业时的不愉快程度 （3）职业稳定与保障程度 （4）责任大小程度	（1）不同职业在劳动强度和劳动条件方面的差别 （2）不同职业引起的愉快或不愉快程度有差别 （3）不同职业具备从业能力的难易程度有差别 （4）不同职业所具有的社会安全程度（工作保障和职业稳定程度）不同 （5）不同职业要求从业者所承担的责任程度是有差别的

【考点小贴士】亚当·斯密的观点比补偿性工资差别形成的原因多一个因素，即不同职业具备从业能力的难易程度。可简记为"职责劳愉难"。补偿性工资差别形成的原因可简记为"职责劳愉"。

[例题·单选题] 以下不属于补偿性工资差别的是（　　）。

A. 不同职业在劳动强度和劳动条件方面的差别

B. 不同职业引起的不愉快程度的差别

C. 不同职业劳动者自身技能高低程度的差别

D. 不同职业要求从业者所承担的责任程度的差别

[答案] C

[解题思路] 根据[考点小贴士]中相差的因素"不同职业具备从业能力的难易程度"，可得出C项符合题意。

历年经典真题回顾

一、单项选择题（每题1分，每题备选项中，只有1个最符合题意）

1. 关于结构性失业的说法，错误的是（　　）。[2021年真题]

   A. 政府提供培训和劳动力市场信息有助于减少结构性失业

   B. 最主要的结构性失业是技术性失业

   C. 职位空缺与失业者的地理位置不匹配造成的失业属于结构性失业

   D. 通过恰当的政府干预可以避免结构性失业的出现

   [答案] D

   [解析] 结构性失业可以缓和但不能避免，D项错误。

2. 关于工资的说法，错误的是（　　）。[2021年真题]

   A. 货币工资上升时，实际工资有可能下降

   B. 货币工资水平通常低于实际工资水平

   C. 实际工资等于货币工资与物价指数之比

   D. 一般用消费品物价指数来计算货币工资代表的实际工资水平

   [答案] B

   [解析] 货币工资水平通常高于实际工资水平，B项错误。

3. 导致不同产业部门之间形成工资差别的主要原因不包括（　　）。[2020年真题]

   A. 劳动力规模　　　　　　　　　B. 熟练劳动力所占的比重

   C. 技术经济特点　　　　　　　　D. 所处的发展阶段

[答案] A

[解析] 不同产业部门间工资差别形成的原因主要包括熟练劳动力所占的比重、技术经济特点、发展阶段、工会化程度和地理位置。

4. 在竞争性经济中，如果市场对企业的产品需求是稳定的，则决定一家企业工资支付能力的最主要因素是（　　）。[2018年真题]

   A. 市场工资水平高低　　　　　　B. 企业的劳动生产率
   C. 同工同酬的要求　　　　　　　D. 劳动者个人及其家庭的生活费用需求

   [答案] B

   [解析] 一个部门或企业的工资支付能力的主要因素是该部门或企业的劳动生产率。

5. 在劳动力均衡状态下存在的正常性失业不包括（　　）。[2018年真题]

   A. 季节性失业　　　　　　　　　B. 摩擦性失业
   C. 周期性失业　　　　　　　　　D. 结构性失业

   [答案] C

   [解析] 摩擦性失业、结构性失业、季节性失业属于正常失业。可通过排除法得出答案。

6. 同工同酬原则要求，对（　　）的劳动者支付同等水平的工资。[2017年真题]

   A. 工作年限相同　　　　　　　　B. 完成同等价值工作
   C. 具有相同人力资本　　　　　　D. 具有相同工龄

   [答案] B

   [解析] 根据同工同酬的原则，对于完成同等价值工作的劳动者应支付同等水平的工资。

7. 演艺明星的工资水平远超普通劳动者，这种工资差别是（　　）工资差别。[2015年真题]

   A. 补偿性　　　B. 竞争性　　　C. 技能性　　　D. 垄断性

   [答案] D

   [解析] 明星的收入也可叫作租金性工资收入，属于自然垄断性工资差别，D项符合题意。

二、多项选择题（每题2分，每题备选项中，有2个或2个以上符合题意，至少有1个错项。错选，本题不得分；少选，所选的每个选项得0.5分）

1. 关于工资差别的说法，正确的有（　　）。[2016年真题]

   A. 工资差别的存在不利于实现社会公平
   B. 工资差别是推动劳动力流动的重要因素
   C. 劳动者在素质和技能方面的差异是导致工资差别产生的原因之一
   D. 劳动条件方面的差异往往会体现在工资差别中
   E. 社会工资差别越小越好

   [答案] BCD

   [解析] 工资差别会导致劳动者流动，有利于实现社会公平，A项错误、B项正确。劳动者在素质和技能方面的差异、劳动条件可以导致工资差别，C、D两项正确。E项说法太绝对，错误。

2. 在我国关于失业人员的统计中，失业人员必须满足的条件包括（　　）。[2016年真题]

   A. 在法定劳动年龄之内　　　　　B. 有工作能力
   C. 有工作意愿　　　　　　　　　D. 尚未实现就业
   E. 正在领取失业保险金

   [答案] ABCD

   [解析] 失业人员是指在规定的劳动年龄内，具有劳动能力，但在调查期内无职业并以某种方式寻找工作的人。根据失业人员的含义，E项错误，其他选项正确。

三、案例分析题（每题2分。由单选和多选组成。错选，本题不得分；少选，所选的每个正确选项得0.5分）

某公司是一家以承接国外订单为主要业务的机械加工企业，近年来，由于全球经济不景气，公司的国外订单锐减，与此同时，国内人工成本却在不断上升，这导致该公司的财务状况陷入困境。针对这种情况，企业高层决定，一方面通过辞退一批员工来缩减成本，另一方面着眼于未来发展，逐渐更新设备，通过更多地采用自动化生产设备减少对人工的依赖。被裁减的一部分员工一直在积极地寻找新工作，但因为经济形势不好，还没有找到新的工作，另外一部分被裁减的员工则在找工作一段时间之后变得失望，决定在家里休息一段时间，等经济好转了再出去找工作。
[2016年真题]

1. 该公司员工遭遇的失业属于（　　）。
   A. 摩擦性失业　　B. 季节性失业　　C. 结构性失业　　D. 周期性失业
   [答案] CD
   [解析] 根据案例内容，全球经济不景气，公司的国外订单锐减，该公司通过辞退一批员工来缩减成本，可得出周期性失业；另外公司着眼于未来发展，逐渐更新设备，通过更多地采用自动化生产设备减少对人工的依赖，可得出结构性失业。

2. 该公司可以采取的有助于缓解员工遭受的失业打击的做法包括（　　）。
   A. 平时为员工提供多元化的技能培训
   B. 提高绩效工资所占比重
   C. 向被解雇的员工支付定额的经济补偿
   D. 在重新求职方面为员工提供辅导
   [答案] ACD
   [解析] 根据前一道题的失业类型判断也可得出答案，为员工提供技能培训和在重新求职方面为员工提供辅导可以提高员工的就业能力，有助于缓解员工遭受失业打击。

3. 在被该公司裁减的员工中，那些虽然在找工作但却没有找到新工作单位的人属于（　　）。
   A. 劳动者　　　　　　　　　B. 失业者
   C. 非劳动力　　　　　　　　D. 就业者
   [答案] AB
   [解析] 根据失业的含义，在找工作但却没有找到新工作单位的人属于失业者。失业者只是暂时未找到工作，仍旧有劳动能力，因此属于劳动者。

4. 被该公司裁减的部分员工因为长时间找不到工作而决定放弃寻找工作在家休息，关于这种情况的说法，正确的是（　　）。
   A. 他们的选择有助于降低当前的失业率
   B. 他们的选择有助于提高当前的劳动力参与率
   C. 这是一种典型的灰心丧气的劳动者效应
   D. 这是一种典型的附加的劳动者效应
   [答案] AC
   [解析] 被该公司裁减的部分员工因为长时间找不到工作而决定放弃寻找工作在家休息，意味着他们从失业者变成非劳动力，使失业人数减少，从而降低失业率。灰心丧气的劳动者效应是指在衰退时期，一些本来可以寻找工作的劳动者由于对在某一可行的工资率水平下找到工作变得非常悲观，因而停止寻找工作，临时成为非劳动力参与者的情况。

第二篇 考点精讲及同步练习

> 本章同步练习

一、单项选择题（每题1分，每题备选项中，只有1个最符合题意）

1. 关于货币工资和实际工资的说法，正确的是（　　）。
   A. 实际工资总是高于货币工资
   B. 实际工资是指以非货币形式发放的工资，其中主要是福利
   C. 在货币工资一定的情况下，实际工资的高低取决于物价指数
   D. 实际工资与物价指数相除就是货币工资

2. 雇主所能支付的最高工资水平的估算因素不包括（　　）。
   A. 企业的经济实力
   B. 竞争能力
   C. 由于劳动力费用增长而使企业进行贸易活动所要承担的风险
   D. 劳动者对于降低生活标准的承受能力

3. 不同质劳动者之间的流动受到了自然或者非自然的力量的限制而导致的工资差别是（　　）。
   A. 补偿性工资差别　　　　　　　　　B. 垄断性工资差别
   C. 竞争性工资差别　　　　　　　　　D. 技能性工资差别

4. 关于垄断性工资差别的说法，错误的是（　　）。
   A. 政府应当消除一切垄断性工资差别
   B. 因自然原因造成的工资差别有其存在合理性
   C. 在市场发育不完全情况下可能会出现因制度原因造成的垄断性工资差别
   D. 文体明星获得的高薪是垄断性工资差别的一种表现形式

5. （　　）是指一个人口群体内部的职业分布与其他人口群体内部的职业分布存在很大差异的情况。
   A. 职业隔离　　　　　　　　　　　　B. 职业歧视
   C. 个人歧视　　　　　　　　　　　　D. 非竞争性歧视

6. 某城市2017年年初的总人口数为10万人，其中非劳动力人口数2万人，就业人数7万人，到2017年年底，在人口总数和非劳动力人口数等不变的情况下，原来的失业人口中有5 000人找到了工作，则该城市在2017年年底的失业率为（　　）。
   A. 5％　　　　B. 6.25％　　　　C. 6.7％　　　　D. 12.5％

7. 那些失业后宁愿在家也不出去找工作的人属于（　　）。
   A. 就业者　　　B. 非劳动力　　　C. 失业者　　　D. 临时失业者

8. 关于摩擦性失业的说法，错误的是（　　）。
   A. 它不是由于寻找工作、达成就业协议的时滞所引起的
   B. 造成摩擦性失业的一个基本原因是劳动力市场的动态属性
   C. 它是一种正常性的失业，它的存在与充分就业并不矛盾
   D. 即便劳动力市场处在均衡状态，也会存在摩擦性失业

9. 由于季节变化而导致的定期性的劳动者就业岗位的丧失是（　　）。
   A. 隐性失业　　　　　　　　　　　　B. 季节性失业
   C. 周期性失业　　　　　　　　　　　D. 摩擦性失业

10. 不属于缓和结构性失业的对策是（　　）。
    A. 加强劳动力市场的情报工作，使求职人员及时了解劳动力市场的供求情况

B. 由政府提供资金，向愿意从劳动力过剩地区迁到劳动力短缺地区的失业工人提供安置费

C. 提供更好的职业指导和职业供求预测

D. 规定一个合理的失业补助期限

11. 关于不同类型失业的说法，正确的是（　　）。

A. 由于技术进步会带来失业，因而技术进步对就业是不利的

B. 季节性失业是无法预测的

C. 非耐用消费品制造业遭受周期性失业打击的可能性要高于耐用消费品制造业

D. 在社会处于充分就业状态时，仍存在摩擦性失业

12. 由于经济增长速度放缓，企业用人的需求疲软，很多大学生在毕业后很长一段时间内处于失业状态，此种失业属于（　　）。

A. 摩擦性失业　　B. 季节性失业　　C. 结构性失业　　D. 周期性失业

二、多项选择题（每题2分，每题备选项中，有2个或2个以上符合题意，至少有1个错项。错选，本题不得分；少选，所选的每个选项得0.5分）

1. 从歧视产生的根源的角度来看，经济学家们提出了（　　）可能的劳动力市场歧视来源。

A. 个人偏见
B. 统计性偏见
C. 竞争性力量
D. 非竞争性力量
E. 工资歧视

2. 导致摩擦性失业的原因有（　　）。

A. 劳动力市场的动态属性
B. 劳动力市场的静态属性
C. 信息不完善性
D. 信息完善性
E. 技术替代的灵活性

三、案例分析题（每题2分。由单选和多选组成。错选，本题不得分；少选，所选的每个正确选项得0.5分）

C公司为了强化产品的市场竞争力，从德国引进了一整套自动生产设备，原来靠手工方式生产的工人，由于不能掌握计算机控制的新设备，大部分将不能在企业里继续工作下去。此外，C公司目前正在进行改制，原有职能管理部门的管理人员与改制后新的管理理念、领导风格不吻合。

1. C公司的生产工人一旦失业，应属于（　　）。

A. 技术性失业
B. 结构性失业
C. 周期性失业
D. 政策性失业

2. C公司的管理人员一旦失业，应属于（　　）。

A. 技术性失业
B. 周期性失业
C. 季节性失业
D. 结构性失业

3. 决定C公司的管理人员失业严重程度的因素是（　　）。

A. 对劳动力需求转变的快慢
B. 劳动力供给能否适应需求的变化
C. 技术替代的灵活性大小
D. 行业的差别

本章同步练习参考答案及解析

一、单项选择题

1. [答案] C

[解析] 实际工资＝货币工资/物价指数，C项正确。

2. [答案] D

[解析] 从企业角度出发，最高工资水平的估

算取决于企业的经济实力、竞争能力以及由于劳动力费用增长而使企业进行贸易活动所要承担的风险。D项属于从劳动者角度出发进行最低工资水平估算的取决因素。

3. [答案] B
   [解析] 导致垄断性工资差别出现的主要原因是不同质劳动者之间的流动受到了自然或者非自然的力量的限制。

4. [答案] A
   [解析] 有一些垄断性工资收入是对社会有利的，同时也会提高部分特殊劳动者的劳动积极性。A项说法太绝对，错误。

5. [答案] A
   [解析] 职业隔离是指一个人口群体内部的职业分布与其他人口群体内部的职业分布存在很大差异的情况。

6. [答案] B
   [解析] 2017年初失业人数＝100 000－20 000－70 000＝10 000（人）；2017年年底的失业人数＝10 000－5 000＝5 000（人）；失业率＝失业人数/劳动力人数×100%＝失业人数/（失业人数＋就业人数）×100%＝5 000/（5 000＋75 000）×100%＝6.25%。

7. [答案] B
   [解析] 非劳动力不提供劳动力供给的原因包括由于某些原因不愿意工作。没有求职意愿不属于失业人员。

8. [答案] A
   [解析] 摩擦性失业是竞争性劳动力市场的一个自然特征。它不是由于工作岗位缺乏而造成的，而是由于寻找工作、达成就业协议的时滞所引起的。

9. [答案] B
   [解析] 季节性失业是由于季节变化而导致的定期性的劳动者就业岗位的丧失。

10. [答案] D
    [解析] D项属于解决季节性失业的对策。

11. [答案] D
    [解析] A、B两项说法太绝对，错误。耐用消费品制造业遭受周期性失业打击的可能性要高于非耐用消费品制造业，C项错误。摩擦性失业属于正常失业，D项正确。

12. [答案] D
    [解析] 周期性失业是指由于经济周期或经济波动引起劳动力市场供求失衡造成的失业。题干中，"经济增长速度放缓，企业用人的需求疲软"体现了经济波动这一条件。

二、多项选择题

1. [答案] ABD
   [解析] E项属于劳动力市场歧视的种类。

2. [答案] AC
   [解析] 摩擦性失业形成的原因包括：①劳动力市场的动态属性。这是造成摩擦性失业的一个基本原因。②信息不完善性。从获知信息到双方经过协商达成就业合同也需要一定的时间，从而也会造成一些暂时性的失业现象。

三、案例分析题

1. [答案] A
   [解析] 根据案例内容，C公司从德国引进了一整套自动生产设备，原来靠手工方式生产的工人，由于不能掌握计算机控制的新设备，大部分将不能在企业里继续工作下去，这是由于生产技术变化引起的失业，属于技术性失业。

2. [答案] D
   [解析] 根据案例内容，原有职能管理部门的管理人员与改制后新的管理理念、领导风格不吻合，即在专业结构或产品结构调整过程中，因衰落部门的失业者与扩展部门的工作要求不相符合，这属于结构性失业。

3. [答案] ABC
   [解析] 决定结构性失业严重程度的因素包括：①对劳动力需求转变的快慢；②劳动力供给能否适应需求的变化；③技术替代的灵活性大小；④人们重新学会另一种技术或职业的速度快慢；⑤地理状况的差异。

第十三章 人力资本投资理论

本章考情分析

年份	单项选择题	多项选择题	案例分析题	合计
2021年	5题5分	1题2分	—	7分
2020年	5题5分	1题2分	4题8分	15分
2019年	6题6分	1题2分	4题8分	16分
2018年	5题5分	2题4分	—	9分
2017年	4题4分	1题2分	4题8分	14分

本章考点概览

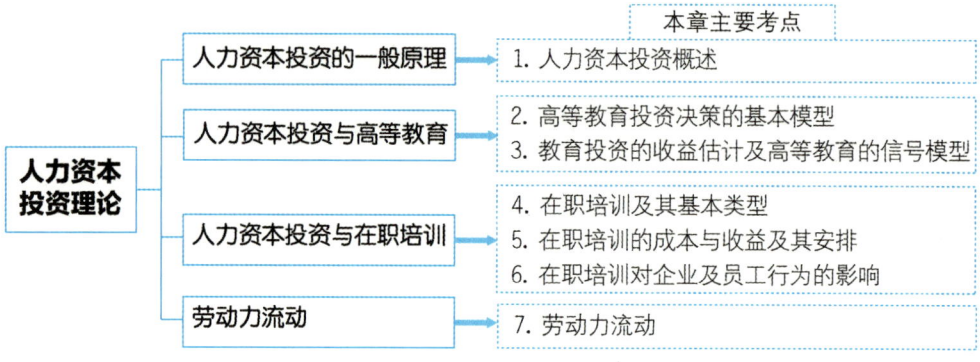

本章考点详解

【考点一】人力资本投资概述

人力资本投资是指任何就人力资本投资本身来说，用来提高人的生产能力从而提高人在劳动力市场上的收益能力的初始性投资。

人力资本投资包括**各级正规教育和在职培训活动所花费的支出、增进健康、加强学龄前儿童营养、寻找工作、工作流动等活动**。

人力资本投资的重点在于它的**未来导向性**，即人力资本投资的利益发生在未来，而其**成本产生在目前**。

人力资本投资的基本模型假定，人们在进行教育和培训选择时都是**以终身收入为依据来对近期的投资成本（C）和未来的收益现值进行比较**的。即当且仅当以下公式成立时，进行人力资本投资才是值得的：

$$B_1/(1+r)^1 + B_2/(1+r)^2 + B_3/(1+r)^3 + \cdots + B_n/(1+r)^n > C$$

上式中，r 表示利息率（在这里也称贴现率），只要 r 为正值，未来收入将会被进行累进贴现。r 越大，则未来收入的现值就越低。

【提示】贴现是指将未来货币折算为现在的价值。

衡量上述公式是否得到满足的方法包括：

第一，现值法。规定利率或贴现率 r 的值（通常可参考较为稳定的银行利率或其他物力资本的投资收益率），然后再比较等式两端的数值是否能够使公式成立。

第二，内部收益率法。如果最高贴现率大于其他投资的报酬率，则人力资本投资计划可行，否则就不可行。

【考点小贴士】此考点中关于贴现率的内容可简记为，贴现率越高，现值越低，同等条件下进行比较就越不划算。如果这点很难理解的话可以通过做题熟悉思路。

经典例题

[例题·单选题] 关于人力资本投资的说法，正确的是（　　）。
A. 人力资本投资的成本越高，则越有投资价值
B. 人力资本投资的收益越高，则越有投资价值
C. 工作流动方面的支出不属于人力资本投资
D. 人力资源投资的基本要求是投资收益直接相加必须超过成本
[答案] B
[解析] 人力资本投资价值的高低与投资成本的高低没有直接联系，A 项错误。根据人力资本投资的定义可知，工作流动的支出属于人力资本投资，C 项错误。D 项中的"直接相加"错误，应该是现值比较。

[2017 年真题·单选题] 关于人力资本投资的说法，正确的是（　　）。
A. 人力资本投资决策的基本要求是投资成本等于各年度获得的货币收益总和
B. 贴现率越高，则同等人力资本投资越有利可图
C. 内部收益率越高的人力资本的投资价值越大
D. 人力资本投资越多则获得的收益越大
[答案] C
[解析] 人力资本相联系的成本支出和收益取得是分别发生在不同的时间里的，货币在不同的时间点上有不同的价值，如果要使比较有意义，要通过贴现来计算，而非直接将收益加总，A 项错误。贴现率越高，则同等人力资本投资越不划算，B 项错误。人力资本投资越多未必获得的收益越大，D 项错误。

【考点二】高等教育投资决策的基本模型

一、高等教育投资的成本收益分析框架

高等教育投资的成本收益分析框架如图 13-1 所示。

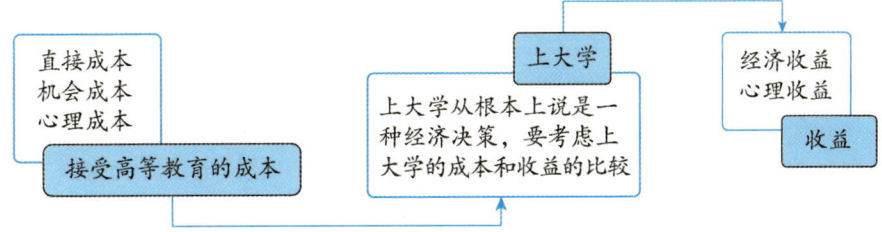

图 13-1　高等教育投资的成本收益分析框架

二、高等教育投资决策的几个基本推论

（1）在其他条件相同的情况下，投资后的收入增量流越长，则上大学的净现值越可能为正，从而上大学的可能性更大。

（2）在其他条件相同的情况下，上大学的成本越低，则上大学的人相对就会越多。

上大学的经济成本包括：①直接成本，即直接支出的学费以及其他与接受高等教育直接相关的成本；②机会成本，即某人因上大学导致无法工作而损失了四年的工资性报酬；或因为刚开始工作时因继续接受培训等原因导致工资性报酬在最初的一年或几年中低于已经有工作经验的高中毕业生。

（3）在其他条件相同的情况下，大学毕业生与高中毕业生之间的工资性报酬差距越大，则愿意投资于大学教育的人相对会越多。

上大学的总收益是指一个人在接受大学教育之后的终身职业生涯中获得的超过高中毕业生的工资性报酬。

（4）在其他条件相同的情况下，在折算上大学的未来收益时所使用的贴现率（此处的贴现率是指一个人对上大学的未来工资性报酬收入的实际价值打折扣的程度）越高，越不会为了获得未来的更大利益而放弃眼前利益，则上大学的可能性就越小。

【考点小贴士】关于更愿意上大学的原因可以简单理解为收益要大于成本。此外，上述的高等教育投资决策的几个基本推论既适用于高等教育，也适用于培训等其他一些人力资本投资活动。

经典例题

[2017年真题·多选题] 在其他条件相同的情况下，促使高中毕业生愿意上大学的情况包括（　　）。

A. 国家法定退休时间延迟
B. 国家针对需要上大学的高中毕业生推出了一项无息贷款计划
C. 大学毕业生和高中毕业生之间的工资差距缩小
D. 经济不景气，导致大学毕业生和高中毕业生找工作的难度都增加
E. 大学生中延期毕业或拿不到学位的学生比例上升

[答案] ABD

[解析] 根据题干中"愿意上大学"，需要选择"收益大于成本，更划算的情形"，A项符合投资后的收入增量流越长，符合题意。B项中的无息贷款，使上大学更划算，符合题意。C、E两项导致上大学不划算，不符合题意。找工作的难度大了，一是因为就业风险大，高中生就业率更低，二是因为上大学的机会成本低，所以更愿意上大学，D项符合题意。

【考点三】教育投资的收益估计及高等教育的信号模型

一、教育的社会收益

（1）教育投资直接导致国民收入水平的提高和社会财富的增长，从而提高整个国家和社会的福利水平。

（2）教育投资有助于降低失业率，减少失业福利支出，预防犯罪，减少执行法律的支出。

（3）较高的教育水平有助于提高政策决策过程的质量和决策效率。

（4）父母的受教育水平在很大程度上会影响下一代的健康及受教育情况。

（5）教育水平的提高有助于提高整个社会的道德水平和信用水平，降低社会以及经济中的交易费用，提高市场效率。

【考点小贴士】社会收益着眼于整个社会以及国家。

二、教育投资的私人收益估计偏差

（一）高估偏差

高估偏差，也称能力偏差，即经济学家们很可能会过高地估计一个人能够从教育投资中所能获得的收益。

虽然大学毕业生的工资性报酬通常会比高中毕业生高出一部分，但这并非完全是高等教育的作用，因为假如这些大学毕业生没有上大学，由于他们的能力本来就更强，即使他们高中毕业后也去参加工作获得的工资性报酬也会比那些实际上没上过大学的人更高。

（二）低估偏差

低估偏差是指低估了教育尤其是高等教育所产生的私人收益。

因为上大学的收益不仅仅表现为较高的生产率，还表现为心理上的收益和非货币收益。上大学所获得的超过高中毕业生的货币报酬不仅仅包括工资性报酬部分，还包括福利部分。

（三）选择性偏差

选择性偏差是指高估没有上大学的人因为没上大学放弃的那部分收益，同时低估大学毕业生通过上大学实际获得的收益。

三、高等教育信号模型

关于高等教育问题，一部分人认为，这种现象的存在是高等教育投资确实提高了被投资者的生产率。另一部分人认为，高等教育本身并没有导致生产率的提高，但是它却表明了一个受过高等教育的人是一个具有较高生产率的人，即高等教育只不过是一种高生产率的信号而已。

经典例题

[2020年真题·单选题] 下列情况中，会在高等教育投资收益估计中造成高估偏差的是（　　）。
A. 上大学者可能本来就比没上大学者能力更强
B. 在上大学的收益中包括无法被估算的心理收益
C. 在上大学的成本中包括心理成本
D. 假如大学毕业生不上大学，他们的工资性报酬比高中毕业生更低
[答案] A
[解析] 在对教育投资的回报率进行估计时，很可能会过高地估计一个人能够从教育投资中所能获得的收益，即把工资性报酬当中不应当归于教育的部分也认为是教育作出的贡献，这里最主要的是涉及一个人的能力问题。

[2019年真题·单选题] 关于教育投资产生的社会收益的说法，错误的是（　　）。
A. 它有助于提高受教育者的终身工资性报酬
B. 它有助于国民收入水平提高和社会财富增长
C. 它有助于降低失业率和减少国家的失业福利支出
D. 它有助于提高政策决策过程的质量和决策效率
[答案] A
[解析] A项属于对个人的收益，而不是社会收益。

【考点四】在职培训及其基本类型

对于工人的技能学习来说，在职培训是最普遍、最主要的方式。

在职培训包括：

(1) 一般在职培训。一般在职培训学到的职业技能对所有的行业和企业都有用。

(2) 特殊在职培训。特殊在职培训学到的职业技能只对提供培训的企业有用。

在实际中，许多在职培训都既包括一般培训因素，又包括特殊培训因素，因而有时很难将两种训练内容严格区分开来。

【考点五】在职培训的成本与收益及其安排

一、在职培训的成本与收益

在职培训的成本与收益如图13-2所示。

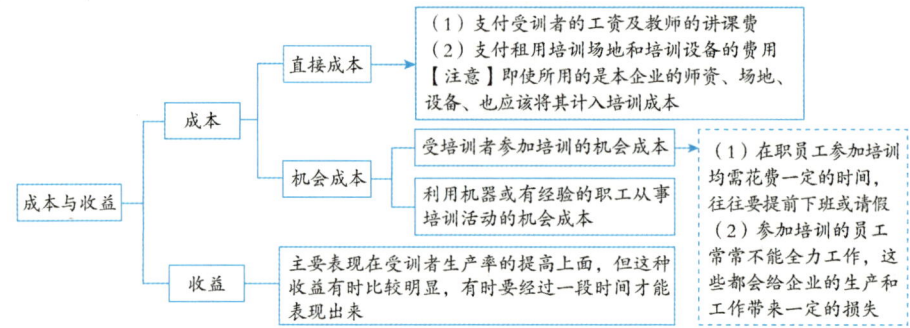

图13-2　在职培训的成本与收益

二、一般培训与特殊培训的成本和收益安排

（一）一般培训的成本和收益安排

通常情况下，一般培训成本由员工来承担，员工自己享有收益较为合理。

员工对成本的负担并不一定采取直接付费的方式，而往往是通过这种方式来对培训的成本和收益做出安排，即员工在接受培训期间接受一种与较低的生产率相对应的较低工资率（低于不接受培训时的市场工资率），同时在培训以后又获得与较高的生产率相对应的较高工资率（高于不接受培训情况下所可能获得的市场工资率）。

（二）特殊培训的成本和收益安排

1. 企业和员工共同分摊特殊培训的成本

在培训期间，受训者因接受培训会导致其生产率比不接受培训时要低，但是这时企业既不完全按员工在接受培训时的较低生产率来支付工资，也不完全按员工不接受培训时的生产率来支付与市场工资率相同的工资率，而是向员工支付一种介于市场工资率和低生产率工资率之间的工资率。这实际上意味着企业和员工共同分摊了特殊培训的成本。

2. 企业和员工共同分享收益

在特殊培训完成之后，企业既不会按照员工没有接受特殊培训时的生产率向他们支付较低的工资，也不会完全按照员工接受过培训之后所能够达到的高生产率来支付较高的工资，而是会向员工支付一种介于两者之间的工资率。

在实际的管理实践中，企业所进行的一般培训和特殊培训实际上是很难完全区分开的，因此先分摊成本然后再分享收益的方式应用较为普遍。

经典例题

[例题·多选题] 企业在职培训的机会成本不包括（　　）。

A. 在职培训支付的场地费

B. 邀请外部讲师培训的讲课费

C. 受训员工因为参加培训而无法全力工作的损失

D. 利用本企业的机器和资深员工培训而导致的工作效率损失
E. 在职员工参加培训需花费一定的时间，往往要提前下班或请假
[答案] AB
[解析] 题干中问的是"不包括"，注意审题。A、B两项属于直接成本，符合题意。

【考点六】在职培训对企业及员工行为的影响

（1）企业通过各种人力资源管理实践来降低受过特殊培训的这些员工的流动率或辞职率。

（2）大多数接受过特殊培训的员工可能都比较愿意在本企业中工作较长的时间，这样他们的流动倾向就会受到削弱。

（3）企业中资格越老的工人失业的可能性越小，在企业迫不得已裁减工人时，通常都是先解雇进企业年头短和时间最晚的那些人员。

（4）接受正规学校教育数量越多的人，越有可能接受更多的在职培训。

（5）随着员工年龄越来越大，他们进行在职培训投资的意愿也就越来越低。

【考点七】劳动力流动

一、概述

劳动力流动一般是指劳动力依据劳动力市场条件变化，在企业间、职业间、产业间以及地区间的移动。

劳动力流动对企业和员工的影响体现为：劳动力流动应该有个合理的度，劳动力流动对于企业和整个经济也可能会带来较高的代价。

二、劳动力流动的主要影响因素

劳动力流动的主要影响因素如表 13-1 所示。

表 13-1 劳动力流动的主要影响因素

因素	具体内容
企业因素	（1）企业规模。一般情况下，企业的规模越大，则员工的流动率越低 （2）企业所处的地理位置。如果企业位于企业数量很多的大型都市地区，员工的流动率比较高 （3）企业的组织文化以及领导风格。劳动者在一个组织中的心理成本过高或者心理收益太低，也会导致员工流失
劳动者因素	（1）劳动者的年龄。劳动者在年轻的时候流动的频率会高于他们在中年以后的流动频率 （2）劳动力的任职年限。其他条件相同的情况下，劳动者的任职年限越长，离职的可能性越低 （3）劳动者的性别。女性员工的辞职率比男性员工的离职率要高，而在职年限更短
市场周期因素	（1）当劳动力市场处于宽松状态（供大于求）时，已经就业的劳动者的流动动机显然会受到削弱 （2）当劳动力市场处于紧张状态（供小于求）时，已经就业的劳动者往往可以利用跳槽的机会要求新雇主增加工资，劳动力的流动率自然会上升 （3）衡量劳动力市场松紧程度的一个重要指标是失业率。在失业率高时离职率低，而在失业率低时离职率会比较高；在解雇率高时（经济衰退时期）离职率低，解雇率低时离职率高；在经济快速增长期，劳动力流动率会比较高，而在经济停滞期甚至衰退期，劳动力的流动率会比较低
社会因素	（1）社会对于流动的态度、流动的传统习惯 （2）不同国家的社会制度，如一个国家的住房制度

三、劳动力的跨地区流动

（一）劳动力跨地区流动的主要原因

（1）静态差异，即地区之间经济发展水平的不平衡。

(2) 动态差异,即地区之间发展速度的不同。

(二) 劳动力跨地区流动的主要考虑因素

(1) 地区间人均收入差别。
(2) 工作机会的多少。
(3) 迁移距离。
(4) 迁移成本。包括直接成本、机会成本、心理成本。
(5) 劳动力迁出地区和迁入地区的关系密切程度。

回归迁移是指劳动力从一地区迁移到另一地区,但经过一段工作时间后,又迁回到原地区。

四、劳动力的跨职业流动

(1) 国外经验表明,职业收入高于或接近中值水平的职业,存在劳动力净流入;而收入低于中值水平的职业,存在劳动力净流出。不过**服务业是例外**,原因是就业机会易得,吸纳劳动力速度超过流出的速度。

(2) 劳动力职业流动的方向。

按照职业等级差别,劳动力职业流动的方向分为向上流动、向下流动和水平流动。**自愿性流动基本上属于向上流动**;非自愿性流动也会追求向上的目标或要求水平流动,但是会有向下流动的情况。总的来看,向上流动会占较大的比例。

(3) 职业流动的特殊形式:家庭两代人之间的职业转移。

两代人从事相同职业的比例越多,非竞争性力量对职业选择的决定性越强,**劳动力配置中的不合理的成分越大**。

两代人职业**差异越明显**,竞争对职业选择的作用越大,**劳动力配置则越趋于合理**。

五、劳动力的跨产业流动及产业内流动

(一) 农业劳动力向工业部门的流动

(1) 从农业流入到工业部门的劳动者大多数首先进入所谓蓝领阶层。这是因为蓝领阶层和农业劳动者一样都是从事体力劳动,两者具有同一性。

(2) 农业劳动力要进入工业部门的白领职业,大都需要经过较长时间的训练,一般都要在下一代才更有可能办到。

(3) 农业劳动力流动比较普遍的两种情况:①离土又离乡,即与农业生产断绝联系(永久性)。②离土不离乡,即在从事工业部门劳动的同时还从事一些农业劳动(暂时性)。两种方式在一定时期内可以并存,最终前一种方式会取代后一种方式。

(二) 非农产业内部的劳动力流动

(1) 一般来说,某个产业部门劳动力工资水平越高,该部门作为就业源泉的吸引力就越强,自动辞职的劳动者就越少。

(2) 产业部门的劳动力与该部门失业率的关系:①高失业率说明非自愿性劳动力流动较高;②高失业率则部门劳动力流动率也较高。

经典例题

[2015年真题·案例分析题] 小罗2013年从一所工科大学硕士毕业,刚毕业时没有找到理想的工作,收入比原来本科毕业就参加工作的同学还低。积累了一些工作经验后,小罗在2014年换到一家薪酬水平较高的民营公司,但很快他就发现这家公司的文化不是很好,领导对知识型员工比较简单粗暴,不够尊重。于是,他在2015年跳槽去了第三家公司。这家公司尽管起薪不如第二家公

司高，但重视员工培训，除了正式培训课程外，工作经验丰富的同事也会在工作中给予小罗很多指导。另外，这家公司还鼓励有潜力的技术型员工在业余时间攻读 MBA 学位。公司规定，只要员工能够顺利拿到 MBA 学位，且承诺此后继续为公司服务三年，公司会给员工报销一半学费。

1. 关于小罗研究生刚毕业时工资不如本科就业的同学的说法，正确的是（　　）。
A. 攻读研究生的人力资源投资回报率低于攻读本科
B. 攻读研究生的收益体现在长期中，而不是短期内
C. 小罗应该本科毕业就直接就业，而不是攻读研究生
D. 研究生刚毕业时的工资都比有两年工作经验的本科毕业生低
[答案] B
[解析] 上大学的总收益是指一个人在接受大学教育之后的终身职业生涯中获得的超过高中毕业生的工资性报酬，由此可推知，攻读研究生的收益体现在长期中，而不是短期内，B 项符合题意。A、C、D 三项说法过于绝对，错误。

2. 关于小罗从第二家公司离职的说法，正确的是（　　）。
A. 劳动者在决定是否流动时并不把工资水平当成重要考虑因素
B. 决定劳动力流动的最重要因素是工资水平
C. 组织文化会对劳动力流动产生影响
D. 领导风格会对劳动力流动产生影响
[答案] CD
[解析] 根据案例内容，小罗发现第二家公司的文化不是很好，领导对知识型员工比较简单粗暴，不够尊重，由此可知企业的组织文化以及领导风格会影响劳动力流动，C、D 两项正确。

3. 关于小罗在第三家公司得到培训的说法，正确的是（　　）。
A. 这家公司提供的正式培训属于特殊培训
B. 资深同事对小罗的工作指导属于在职培训
C. 小罗在业余时间攻读 MBA 学位不属于人力资本投资
D. 小罗在业余时间攻读 MBA 学位属于人力资本投资
[答案] BD
[解析] 特殊培训学到的职业技能只对提供培训的企业有用，案例中提到的正式培训属于一般培训，A 项错误。在职培训中有的比较正规，如劳动者接受的正式培训课程，但大多数在职培训都是非正式的，通过有经验的技术工人与未受过训练的工人之间的信息和技能的传递也可以提高新工人的技术，B 项正确。人力资本投资是用来提高人的生产能力从而提高人在劳动力市场上的收益能力的初始性投资，小罗在业余时间攻读 MBA 学位符合这一定义，C 项错误、D 项正确。

[2015 年真题·多选题] 关于劳动力流动的说法，正确的有（　　）。
A. 工农业之间的收入差异是吸引农村劳动力向工业部门流动的原因之一
B. 回归迁移是一种跨产业劳动力流动现象
C. 自愿性职业流动基本上属于向上流动
D. 一个产业部门的失业率高则意味着该部门的非自愿流动率较高
E. 从农业部门流入工业部门的劳动者大多因所受训练不足而进入蓝领阶层
[答案] ACDE
[解析] 回归迁移属于跨地区劳动力流动，B 项错误。

本章易错易混考点

【易错易混考点】上大学的成本收益和在职培训的成本收益（如表13-2所示）

表13-2 上大学的成本收益和在职培训的成本收益

项目	上大学	在职培训
成本	(1) 直接成本：学费 (2) 机会成本：某人因上大学而不得不放弃的收入，如高中生毕业的工资 (3) 心理成本	(1) 直接成本：支付受训者的工资及教师的讲课费；支付租用培训场地和培训设备的费用 (2) 机会成本：受训练者参加培训的机会成本；利用机器或有经验的职工从事培训活动的机会成本
收益	上大学的总收益是指一个人在接受大学教育之后的终身职业生涯中获得的超过高中毕业生的工资性报酬	收益表现在受训者生产率的提高

[例题·单选题] 导致上大学的机会成本上升的因素是（　　）。
A. 高中毕业生的市场工资水平上涨
B. 大学学费上涨
C. 大学毕业生的市场工资水平上涨
D. 利用机器或有经验的职工从事培训活动

[答案] A

[解析] 机会成本是指某人因上大学而不得不放弃的收入。它在数量上等于此人高中毕业后不上大学而是去劳动力市场谋求就业后所可能赚得的收入。所以高中毕业生的市场工资水平上涨意味着上大学的机会成本上升。D项属于在职培训的机会成本。

历年经典真题回顾

一、单项选择题（每题1分，每题备选项中，只有1个最符合题意）

1. 关于高等教育的信号模型的说法，错误的是（　　）。[2021年真题]
   A. 大学文凭可以表明文凭持有者具有较高的生产率
   B. 高等教育投资没有为接受高等教育者提供任何有价值的信号
   C. 利用高等教育文凭这种信号来筛选员工是有道理的
   D. 高等教育投资没有提高高等教育接受者的劳动生产率

   [答案] B

   [解析] 目前关于高等教育问题在世界上还存在一些争论，一部分人认为，这种现象的存在使高等教育投资确实提高了被投资者的生产率，另外一部分人则认为，高等教育本身并没有导致生产率的提高，但是它却表明了一个受过高等教育的人是一个具有较高生产率的人，即高等教育只不过是一种高生产率的信号而已，它表明，能够完成高等教育的人通常是生产率较高的人。B项错误。

2. 关于影响劳动力流动的市场周期因素的说法，错误的是（　　）。[2018年真题]
   A. 一个国家的住房制度是影响劳动力流动的市场周期因素
   B. 解雇率高时往往离职率低
   C. 失业率高时往往离职率低
   D. 大多数时候劳动力市场周期是与经济周期同步的

   [答案] A

   [解析] 一个国家的住房制度属于社会因素，A项错误。

3. 关于劳动力流动对企业和劳动者产生的影响的说法，错误的是（　　）。[2018年真题]
   A. 有经验员工的离职通常导致企业增加培训新员工的成本

B. 有自愿离职的情况下，员工的劳动力流失是没有成本的

C. 劳动力流动对于企业和劳动者都有利有弊

D. 资深员工离职会导致企业的一部分培训成本无法回收

[答案] B

[解析] 劳动者的劳动力流动是有成本的，B项错误。

4. 衡量劳动力市场松紧程度的重要指标之一是（　　）。[2018年真题]

A. 工资率　　　B. 失业率　　　C. 就业人数　　　D. 失业人数

[答案] B

[解析] 衡量劳动力市场松紧程度的一个重要指标是失业率。

5. 人力资本投资的（　　）越大，则投资价值越大。[2016年真题]

A. 直接成本　　B. 机会成本　　C. 收益率　　D. 边际成本

[答案] C

[解析] 人力资本投资的收益率越大，则投资价值越大。

6. 在其他条件一定的情况下，一个人在大学毕业后工作的时间越长，则其进行高等教育投资的（　　）越高。[2016年真题]

A. 直接成本　　B. 间接成本　　C. 总收益　　D. 总成本

[答案] C

[解析] 在其他条件相同的情况下，一个人在大学毕业后工作的时间越长，则其进行高等教育投资的总收益越高。

7. 在高等教育投资决策的基本模型中，上大学的总收益是指（　　）。[2016年真题]

A. 大学毕业生在一生中获得的全部工资性报酬

B. 大学毕业生在劳动年龄内工作时获得的全部工资报酬

C. 大学毕业生比高中毕业生在一生中多获得的那部分工资性报酬

D. 大学毕业生在一生中获得的总收入

[答案] C

[解析] 上大学的总收益是指一个人在接受大学教育之后的终身职业生涯中获得的超过高中毕业生的工资性报酬。

8. 人力资本投资成本在企业和员工之间共同分摊，而收益由双方共同分享，这种做法常见于（　　）时。[2016年真题]

A. 企业实施一般培训　　　　B. 企业实施特殊培训

C. 劳动者在企业间流动　　　D. 劳动者在企业内流动

[答案] B

[解析] 人力资本投资成本在企业和员工之间共同分摊，而收益由双方共同分享，这种做法常见于企业实施特殊培训时。

9. 关于劳动力跨产业流动和产业内部流动的说法，正确的是（　　）。[2016年真题]

A. 劳动者因工厂倒闭而回家乡务农的情况不属于劳动力跨产业流动

B. 从农业部门流入工业部门的劳动者通常一开始只能从事蓝领工作

C. 在劳动力跨产业流动中，相对工资水平高的产业往往呈现人员净流出状态

D. 失业率较高的产业部门往往面临更低的劳动力流动率

[答案] B

[解析] 劳动者因工厂倒闭而回家乡务农的情况属于劳动力跨产业流动，A项错误。在劳动力

跨产业流动中，工资水平与劳动力流出呈相反方向变化，与劳动力流入呈相同方向变动，C 项错误。失业率较高的产业部门往往面临更高的劳动力流动率，D 项错误。

10. 在其他条件相同的情况下，上大学的成本越低，则愿意上大学的人越多，符合这种推论现象的是（　　）。[2015 年真题]

    A. 在经济衰退时期选择上大学的高中毕业生所占的比例更大

    B. 在经济繁荣时期选择上大学的高中毕业生所占的比例更大

    C. 大学毕业后可以工作的年限越长，愿意上大学的人越多

    D. 大学毕业生的工资超出高中毕业生越多，愿意上大学的人越多

    [答案] A

    [解析] 根据高等教育投资决策的推论，在其他条件相同的情况下，上大学的成本越低，则愿意上大学的人相对就会越多。通常情况下，当经济处于衰退期时，高中毕业生不仅找到工作的可能性更小，而且找到工作之后所能赚到的收入更低，这样上大学的成本下降，从而有更大比例的高中生愿意上大学，故 A 项正确。

11. 人力资本投资理论认为，在其他条件相同的情况下，上大学后的收入增量流越长，高中毕业生上大学的愿望越强，能够支持这一理论的社会现象是（　　）。[2014 年真题]

    A. 上大学的基本上都是年轻人

    B. 女性上大学的积极性比男性高

    C. 大学毕业生与高中毕业生的工资性报酬差距较大时，愿意上大学的高中毕业生比例上升

    D. 经济危机时期愿意上大学的高中毕业生比例有所上升

    [答案] A

    [解析] 高等教育投资决策的基本推论之一是：在其他条件相同的情况下，上大学后的收入增量流越长，上大学的可能性更大。这有助于解释为什么上大学的主要是年轻人。

12. 关于一般在职培训和特殊在职培训的说法，正确的是（　　）。[2014 年真题]

    A. 一般在职培训需要离岗完成

    B. 特殊在职培训需要离岗完成

    C. 一般在职培训和特殊在职培训都能带来员工生产率的提高

    D. 一般在职培训和特殊在职培训不可能同时发生在一次培训中

    [答案] C

    [解析] A、B 两项未涉及，错误。在职培训的收益主要表现在受训者生产率的提高，C 项正确。在职培训可以分为一般在职培训和特殊在职培训。实际中，许多在职培训都是既包括一般培训因素，也包括特殊培训因素，D 项错误。

13. 关于劳动力职业流动的说法，正确的是（　　）。[2014 年真题]

    A. 经济不景气时期，一些劳动者失去了原来较好的职业，不得不接受条件较差的职业，这属于跨职业流动中的水平流动

    B. 家庭两代人之间的职业相似性越高，则表明竞争对于职业选择的作用越大

    C. 劳动者进行跨职业流动的主要目的在于获得更多的报酬以及更高的职业地位

    D. 只有职业收入高于或接近中值水平的职业才会有劳动力的净流入

    [答案] C

    [解析] A 项属于向下流动。两代人从事相同职业的比例越高，表明非竞争性力量对职业选择的决定性越强，劳动力配置中的不合理的成分越大，B 项错误。D 项说法过于绝对，错误。

14. 其他条件一定，不利于受训者从培训中获益的是（　　）。[2012年真题]
   A. 培训者接受培训时的年龄大
   B. 受训后获得更高工资性报酬的时间长
   C. 受训前后的工资性报酬差异大
   D. 受训者本人需要承担的培训成本低
   [答案] A
   [解析] 与高等教育投资一样，在职培训投资与人的生命周期也同样是有一定联系的。前面的分析已经揭示出，个人的人力资本投资是随着年龄的增加而减少的，因此，随着员工年龄的增长，他们进行在职培训投资的意愿也就越来越低。故本题选择 A 项。

二、多项选择题（每题2分，每题备选项中，有2个或2个以上符合题意，至少有1个错项。错选，本题不得分；少选，所选的每个选项得0.5分）

1. 对教育投资的私人收益进行估计的选择性偏差表现为（　　）。[2015年真题]
   A. 低估了上大学的人通过上大学而获得的收益
   B. 高估了那些没上大学的人因为未上大学而遭受的损失
   C. 高估了那些上大学的人因为上大学而产生的成本和收益
   D. 低估了上大学的成本，高估了上大学的收益
   E. 高估了上大学的成本，低估了上大学的收益
   [答案] AB
   [解析] 教育投资的选择性偏差表现为高估没有上大学的人因为没上大学放弃的那部分收益，同时低估大学毕业生通过上大学实际获得的收益。

本章同步练习

一、单项选择题（每题1分，每题备选项中，只有1个最符合题意）

1. 人力资本投资的一个重要特征是（　　）。
   A. 投资者与获益者是同一主体　　B. 具有未来导向性
   C. 具有低成本性　　　　　　　　D. 当前投资，当前获益

2. 小张高中毕业之后，去上了四年大学；如果他当时没有上大学，而是去上班，四年下来，他能够获得的劳动报酬大概为7.5万元，则小张（　　）是7.5万元。
   A. 上大学的成本　　　　　　　　B. 不上大学的成本
   C. 上大学的机会成本　　　　　　D. 上大学的心理成本

3. 在美国等一些国家，公立大学的学费往往低于私立大学，从这方面来说，如果高中毕业生选择上公立大学，则会降低上大学的（　　）。
   A. 直接成本　　　　　　　　　　B. 机会成本
   C. 心理成本　　　　　　　　　　D. 心理收益

4. 是否拥有大学毕业证书与一个人是否具有高生产率之间存在一定的联系，因而，企业把大学毕业文凭作为筛选员工的工具之一是有一定道理的，这种观点与关于高等教育作用的（　　）是一致的。
   A. 成本分析模型　　　　　　　　B. 收益分析模型
   C. 信号模型　　　　　　　　　　D. 投资回报率模型

5. 教育投资的私人收益表现为（　　）。
   A. 教育投资能够带来整个社会财富的增长

B. 教育投资有助于降低失业率和预防犯罪

C. 教育投资有助于提高政策决策的质量和决策效率

D. 教育投资能够提高被投资者在未来的收入能力

6. 关于在职培训与企业行为和员工行为的说法，正确的是（   ）。

   A. 在职培训对于企业行为和员工行为没有影响

   B. 在职培训对企业行为有影响，但是对员工个人的行为没有影响

   C. 在职培训中包含的特殊培训内容有助于抑制员工的离职倾向

   D. 在职培训中包含的一般培训内容有助于抑制员工的离职倾向

7. 关于在职培训的说法，错误的是（   ）。

   A. 大部分在职培训都同时具有一般培训和特殊培训的特征

   B. 在职培训是一种人力资本投资

   C. 在职培训的成本应当全部由企业承担

   D. 在职培训投资的成本包括直接成本和机会成本两个部分

8. 关于在职培训收益的说法，正确的是（   ）。

   A. 在职培训的收益不仅仅体现在受训者的生产率提高方面

   B. 在职培训的收益应当在培训后马上体现出来

   C. 在职培训的收益只能归企业或员工中的一方所有

   D. 在职培训的收益总能够超过其成本

9. 关于劳动力流动的说法，错误的是（   ）。

   A. 劳动力流动有助于纠正地区间的就业不平衡

   B. 劳动力流动对于劳动者来说是好事，但对企业来说是坏事

   C. 劳动力流动应该有个合理的限度，过多的劳动力流动对于企业和劳动者来说都不利

   D. 劳动力流动有利于提高整个社会的劳动力资源配置效率

10. 如果劳动者从单位离职，不是由于该单位提供的工资报酬过低，而是因为对该单位的文化或领导风格不满意，这种情况表明（   ）。

    A. 劳动力流动的主要目的是获得工资福利的增加

    B. 劳动力流动的唯一目的是获得心理收益或降低心理成本

    C. 劳动力流动的原因之一是在一个组织中的工资很高但福利过低

    D. 劳动力流动的原因之一是在一个组织中的心理成本过高或心理收益过低

11. 下列说法正确的是（   ）。

    A. 在劳动力市场处于宽松状态时，劳动力流动率上升

    B. 在劳动力市场处于紧张状态时，劳动力流动率上升

    C. 离职率和失业率之间存在正相关关系

    D. 在解雇率较高时，离职率也较高

二、多项选择题（每题2分，每题备选项中，有2个或2个以上符合题意，至少有1个错项。错选，本题不得分；少选，所选的每个选项得0.5分）

1. 关于人力资本投资的说法，错误的有（   ）。

   A. 人力资本投资只有收益，没有成本

   B. 人力资本投资的成本产生在当前，收益却产生在未来

   C. 无论是对国家还是对个人来说，人力资本投资都是越多越好

   D. 人力资本投资的投资者和获益者是同一主体

E. 人力资本投资是可有可无的
2. 下列关于一般培训和特殊培训的说法，正确的有（   ）。
   A. 企业更愿意投资于一般培训
   B. 一般培训所培养的技能对所有企业都有用
   C. 企业不愿意投资于特殊培训
   D. 特殊培训可以使受训者在其他企业中的劳动生产率提高
   E. 特殊培训所产生的技能只对提供培训的企业有用

三、案例分析题（每题2分。由单选和多选组成。错选，本题不得分；少选，所选的每个正确选项得0.5分）

据新闻媒体报道，目前我国高等教育领域存在以下三种现象：第一，一部分家庭条件较好的大学生在大学期间花费较高，而另一部分家庭条件较差的大学生则非常节俭。有些家庭条件优越的大学生在校期间学习成绩很一般甚至很差，但借助父母的关系找到了工资水平较高的工作；而有些很优秀的大学生在刚毕业时工资水平却不高。第二，受美国金融危机的影响，国内很多企业开始降薪甚至裁员，一些在职人员选择回到学校全职攻读硕士或博士学位。第三，本科毕业直接就业的学生比例有所下降，希望读研究生的学生比例有所上升。

1. 对于大学生在大学期间的花费的说法，正确的有（   ）。
   A. 家境好的学生比家境差的学生上大学的直接成本更高
   B. 上大学的直接成本主要体现在学费及与学习直接有关的其他费用方面
   C. 在大学期间的奢侈性消费不属于上大学的直接成本
   D. 在大学期间的奢侈性消费属于上大学的机会成本
2. 案例中，关于在职人员回到学校攻读硕士或博士学位的说法，正确的有（   ）。
   A. 在经济不景气时期进行人力资本投资的机会成本比较低
   B. 在职人员全职攻读研究生学位的机会成本高于没工作过的年轻学生
   C. 在经济不景气时期攻读学位的直接成本比较低
   D. 在经济不景气时期攻读学位不属于人力资本投资活动
3. 促使本科毕业生继续攻读硕士学位而不是马上就业的情形有（   ）。
   A. 毕业研究生和本科生之间的工资差距扩大
   B. 政府提高了研究生在校期间的助学金水平
   C. 研究生找到好工作的机会大大超过本科生
   D. 本科生的就业形势非常好

本章同步练习参考答案及解析

一、单项选择题

1. [答案] B
   [解析] 人力资本投资的重点在于它的未来导向性，即人力资本投资的利益在未来，其成本则产生在目前。
2. [答案] C
   [解析] 机会成本是指某人因上大学而不得不放弃的收入。它在数量上等于此人高中毕业后不上大学而是去劳动力市场谋求就业后所可能赚得的收入。因此题干中的7.5万元指的是小张上大学的机会成本。
3. [答案] A
   [解析] 学费属于上大学的直接成本。
4. [答案] C
   [解析] 高等教育的信号模型认为，由于高等教育文凭与高生产率之间存在一定联系，因此企业可以利用文凭作为筛选员工的工具。

5. [答案] D

[解析] 教育不仅能够产生较高的私人收益，还能带来较高的社会收益或外部收益。其中，A、B、C 三项都属于社会收益。私人收益表现为一个人能够从教育投资中所获得的收益，提高被投资者在未来的收入能力。

6. [答案] C

[解析] 特殊培训是指培训所产生的技能只对提供培训的企业有用，而对其他企业则没有用处的情况。大多数接受过特殊培训的员工可能愿意在本企业中工作较长的时间。

7. [答案] C

[解析] 一般在职培训的成本由员工承担，特殊在职培训的成本由企业和员工共同承担，C 项错误。

8. [答案] A

[解析] 在职培训的收益主要表现为受训者生产率的提高。A 项正确。在职培训的收益有时比较明显，有时要经过一段时间才能表现出来，B 项错误。C、D 两项说法绝对，错误。

9. [答案] B

[解析] 劳动力流动对于劳动者和企业来说有利也有弊，B 项说法绝对，错误。

10. [答案] D

[解析] 劳动者在一个组织中的心理成本过高或者心理收益太低，如对组织的文化或领导风格不满意，也会成为员工流失的一个重要因素。

11. [答案] B

[解析] 劳动力市场处于宽松状态（供大于求）时，已经就业的劳动者的流动动机显然会受到削弱。当劳动力市场处于紧张状态（供小于求）时，已经就业的劳动者往往可以利用跳槽的机会要求新雇主增加工资，劳动力的流动率自然会上升，A 项错误，B 项正确。离职率和失业率之间存在负相关关系，C 项错误。离职率和临时解雇率之间存在负相关关系，在解雇率高（经济衰退时期）时离职率低，D 项错误。

二、多项选择题

1. [答案] ACDE

[解析] 人力资本投资的重点在于它的未来导向性，即人力资本投资的利益在未来，其成本则产生在目前，B 项正确。

2. [答案] BE

[解析] 一般培训所培养的技能对所有企业都有用，特殊培训所产生的技能只对提供培训的企业有用，B、E 两项正确。

三、案例分析题

1. [答案] BC

[解析] 上大学的直接成本是学费以及和学习有关的其他费用，机会成本是某人因上大学而不得不放弃的收入，如高中生毕业的工资。根据直接成本和机会成本的含义，A、D 两项错误，B、C 两项正确。

2. [答案] AB

[解析] 根据高等教育投资决策的基本推论，人力资本投资的机会成本可以理解为：某人因进行人力资本投资而不得不放弃的收入。所以，在经济不景气时期进行人力资本投资的机会成本比较低，有工作有收入的在职人员全职攻读研究生学位的机会成本会高于没工作过的年轻学生。直接成本是和学习有关的直接费用，C 项错误。人力资本投资活动包括各级正规教育和在职培训活动所花费的支出、增进健康、加强学龄前儿童营养、寻找工作、工作流动等活动，D 项错误。

3. [答案] ABC

[解析] 根据高等教育投资决策的基本推论，毕业研究生和本科生之间的工资差距扩大，研究生找到好工作的机会大大超过本科生，会促使本科毕业生继续攻读硕士学位。政府提高了研究生在校期间的助学金水平，攻读研究生期间的收入增加，也会促使本科毕业生继续攻读硕士学位。

第四部分 人力资源与社会保险政策

考情分析

年份	单项选择题		多项选择题		案例分析题		合计分值	平均分值
	题量	分值	题量	分值	题量	分值		
2014—2021	71	71	36	72	32	64	207	25.9

知识脉络

- **劳动合同管理与特殊用工**
  - 劳动合同履行与变更
  - 劳动合同解除与终止
  - 用人单位劳动规章制度
  - 特殊用工

- **社会保险法律**
  - 社会保险法律关系
  - 社会保险法律适用
  - 《中华人民共和国社会保险法》的基本内容

- **社会保险体系**
  - 基本养老保险
  - 基本医疗保险
  - 工伤保险
  - 失业保险
  - 生育保险
  - 补充保险

- **劳动争议调解仲裁**
  - 劳动争议
  - 劳动争议处理的原则和范围
  - 劳动争议处理的基本程序
  - 劳动争议当事人和举证责任
  - 劳动争议诉讼

- **法律责任与行政执法**
  - 劳动法律责任
  - 社会保险法律责任
  - 劳动保障监察
  - 行政争议处理

- **人力资源开发政策**
  - 评价发现
  - 激励保障
  - 管理使用
  - 教育培训
  - 流动配置

学习提示

相信看到这里，现在的你应该可以很有自信地说人力资源管理的基础已经打牢了，那么，有了理论和专业性就可以"管人"了吗？显然不够，还必须在法律的约束内进行，和"管理人"有关的法律在本部分都会涉及，主要包括劳动合同管理与特殊用工、社会保险法律、社会保险体系、劳动争议调解仲裁、法律责任与行政执法、人力资源开发政策。近五年考试中，第十四章和第十六章除了单选题和多选题，涉及的案例分析题也较多，其他章节涉及单选题和多选题较多。本部分章节看着数量不少，第十五章和第十八章内容相对少一些，但是需要注意理解一些细节内容，如第十四章劳动合同的订立、变更、解除和终止内容，第十六章社会保险各类型的缴费和享受待遇及条件，第十七章的劳动争议处理程序。很生硬地背下这些知识比较困难，所以建议还是以理解为主，可以通过做题掌握规律。当然也可以继续参考"学习层次三步走"，对难理解的知识点一般都配有二维码微课，可以扫二维码进行听课，或者看看【考点小贴士】中的关键词，或者读出声音来进行文字熟悉。学完本部分内容，你将大功告成！这场备考战役接近尾声，感谢你的坚持！相信你必胜！

第十四章　劳动合同管理与特殊用工

本章考情分析

年份	单项选择题	多项选择题	案例分析题	合计
2021 年	4 题 4 分	1 题 2 分	4 题 8 分	14 分
2020 年	1 题 1 分	—	—	1 分
2019 年	2 题 2 分	1 题 2 分	—	4 分
2018 年	2 题 2 分	—	1 题 2 分	4 分
2017 年	4 题 4 分	1 题 2 分	4 题 8 分	14 分

本章考点概览

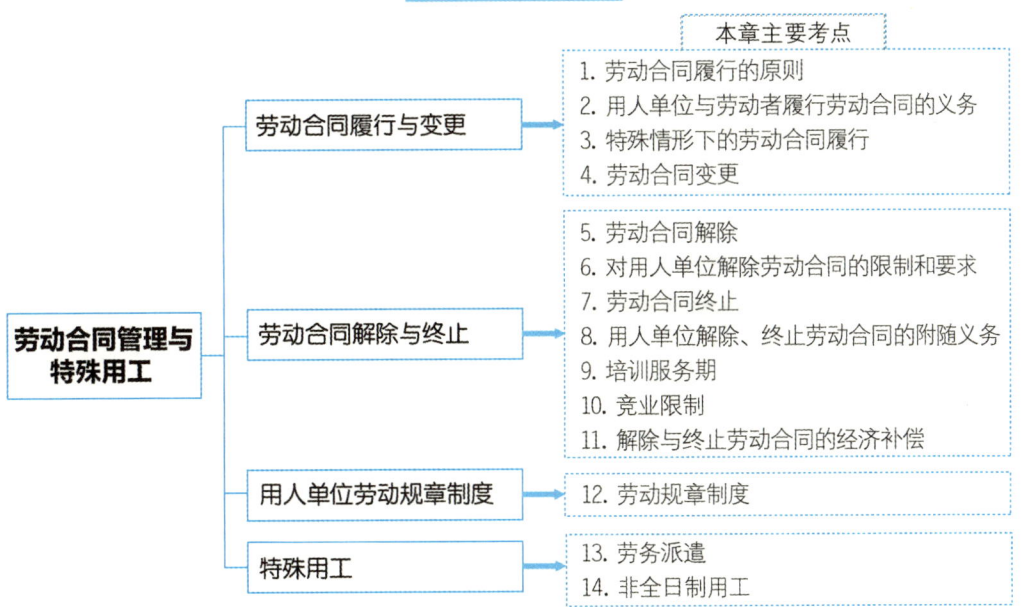

本章考点详解

【考点一】劳动合同履行的原则

一、全面履行原则

劳动合同双方当事人在任何时候，均应当履行劳动合同约定的全部义务。

二、合法

劳动合同双方当事人在履行劳动合同过程中,必须遵守法律法规,不得有违法行为。

【考点二】用人单位与劳动者履行劳动合同的义务

用人单位与劳动者履行劳动合同的义务如表 14-1 所示。

表 14-1 用人单位与劳动者履行劳动合同的义务

义务	具体内容
用人单位的义务	(1) 用人单位应当按照劳动合同约定和国家规定,向劳动者及时足额支付劳动报酬 (2) 用人单位应当严格执行劳动定额标准,不得强迫或者变相强迫劳动者加班。用人单位安排加班的,应当按照国家有关规定向劳动者支付加班费 (3) 用人单位应当保护劳动者的生命安全和身体健康。如果劳动者拒绝用人单位管理人员违章指挥、强令冒险作业的,不视为违反劳动合同。劳动者对危害生命安全和身体健康的劳动条件,也有权对用人单位提出批评、检举和控告
劳动者的义务	(1) 遵守国家法律法规,遵守用人单位的规章制度 (2) 应当完成劳动合同约定的工作内容,如果从事兼职,不能影响本单位的工作任务 (3) 遵守劳动合同中约定的特定事项的义务。主要包括约定服务期和约定保守用人单位的商业秘密与知识产权相关的保密事项

【考点小贴士】可简记为"用人单位的义务即支付保护,劳动者的义务即遵守完成"。

经典例题

[2016 年真题·多选题] 关于用人单位义务的说法,错误的有( )。

A. 用人单位安排劳动者加班,应当按照本单位规定的标准向劳动者支付加班费
B. 用人单位应当保护劳动者的生命安全和身体健康
C. 用人单位应当按照劳动合同约定和国家规定,向劳动者及时足额支付劳动报酬
D. 用人单位应当严格执行劳动定额标准
E. 用人单位应当按照劳动者要求提供劳动条件和劳动工具

[答案] AE

[解析] 根据【考点小贴士】中"支付保护",B、C、D 三项说法正确。A 项中"按照本单位规定的标准"说法错误。E 项中"按照劳动者要求提供劳动条件和劳动工具"说法错误。

【考点三】特殊情形下的劳动合同履行

《劳动合同法》第三十三条规定,"用人单位变更名称、法定代表人、主要负责人或者投资人等事项,不影响劳动合同的履行"。相关事项依法进行变更登记后,劳动合同继续有效,双方当事人应当按照劳动合同的约定继续履行,也不需要重新签订劳动合同。

《劳动合同法》第三十四条规定,"用人单位发生合并或者分立等情况,原劳动合同继续有效,劳动合同由承继其权利义务的用人单位继续履行"。《中华人民共和国民法典》第六十七条规定,法人合并的,其权利和义务由合并后的法人享有和承担;法人分立的,其权利和义务由分立后的法人享有连带债权,承担连带债务,但是债权人和债务人另有约定的除外。

经典例题

[2017 年真题·单选题] 符合法律规定的劳动合同处理方式是( )。

A. 甲公司更改名称为乙公司,甲公司为劳动者签订的劳动合同不再有效
B. 甲公司分立为乙公司和丙公司,甲公司与劳动者签订的劳动合同不受分立影响继续履行
C. 甲公司更换法定代表人后,新的法定代表人应与劳动者重新签订劳动合同
D. 甲公司和乙公司合并为丙公司后,丙公司应与甲乙公司的劳动者重新签订劳动合同

[答案] B
[解析]《劳动合同法》第三十四条规定，用人单位发生合并或者分立等情况，原劳动合同继续有效，劳动合同由承继其权利义务的用人单位继续履行。B项正确。

【考点四】劳动合同变更

一、概念
劳动合同变更是指劳动合同双方对已生效的劳动合同条款达成修改或补充协议的行为。

二、相关规定
《劳动合同法》规定，用人单位与劳动者协商一致，可以变更劳动合同约定的内容。
（1）变更劳动合同，应当采用书面形式。
（2）变更后的劳动合同文本由用人单位和劳动者各执一份。
（3）劳动合同变更时，如在协商过程中无法达成一致，若发生争议，任何一方都可以向劳动人事争议仲裁委员会申请仲裁。

三、变更情形
（1）双方当事人经协商，就变更劳动合同达成一致。
（2）订立劳动合同时所依据的法律法规已经修改或废止，导致劳动合同中的部分条款内容与之相悖而必须修改。
（3）企业受有关产业政策影响或根据市场变化决定转产或调整生产任务等经济因素影响，导致劳动合同需要变更。
（4）劳动合同订立时所依据的客观情况发生重大变化，致使劳动合同无法履行，导致劳动合同需要变更。
（5）劳动者患病或者非因工负伤，在规定的医疗期满后不能从事原工作，由用人单位另行安排工作，需要变更劳动合同。
（6）劳动者不能胜任工作，被调整了工作岗位，需要变更劳动合同。

【考点小贴士】上述变更情形可简单理解为"协商一致、合同、法律、劳动者或企业有变动则可变更"。

四、需要注意的问题
变更劳动合同未采用书面形式，但已经实际履行了口头变更的劳动合同超过一个月，变更后的劳动合同内容不违反法律、行政法规且不违背公序良俗，当事人以未采用书面形式为由主张劳动合同变更无效的，人民法院不予支持。

【考点五】劳动合同解除

一、概念
劳动合同解除是指劳动合同签订以后，没有履行完毕之前，提前终止合同。

二、分类
劳动合同解除主要分为协商解除和法定解除。

三、用人单位解除劳动合同（3种类型）
（1）用人单位因劳动者过失可以随时解除劳动合同。
《劳动合同法》第三十九条规定，劳动者有下列情形之一的，用人单位可以解除劳动合同：①在试用期间被证明不符合录用条件的；②严重违反用人单位的规章制度的；③严重失职、营私舞弊，对单位造成重大损害的；④劳动者同时与其他用人单位建立劳动关系，对完成本单位工作造成严重影响，或经用人单位提出，拒不改正的；⑤因劳动者以欺诈、胁迫的手段或者乘人之危，使用人单位在违背真实意思的情况下订立或者变更劳动合同致使劳动合同无效的；⑥被依法追究刑事责任的。

【考点小贴士】这种情况可简记为"劳动者做错事，用人单位可以随时解除劳动合同"。

（2）用人单位提前通知无过失的劳动者后与劳动者解除劳动合同。

《劳动合同法》第四十条规定，有以下情形之一的，用人单位提前30日以书面形式通知劳动者本人或者额外支付劳动者一个月工资后，可以解除劳动合同：①劳动者患病或者非因工负伤，在规定的医疗期满后不能从事原工作，也不能从事由用人单位另行安排的工作的；②劳动者不能胜任工作，经过培训或者调整工作岗位，仍不能胜任工作的；③劳动合同订立时所依据的客观情况发生重大变化，致使劳动合同无法履行，经用人单位与劳动者协商，未能就变更劳动合同内容达成协议的。

（3）用人单位因实施裁员解除劳动合同。

《劳动合同法》第四十一条规定，有下列情形之一，需要裁减人员二十人以上或者裁减不足二十人但占企业职工总数百分之十以上的，用人单位提前三十日向工会或者全体职工说明情况，听取工会或者职工意见后，裁减人员方案经向劳动行政部门报告：①依照企业破产法规定进行重整的；②生产经营发生严重困难的；③企业转产、重大技术革新或者经营方式调整，经变更劳动合同后，仍需裁减人员的；④其他因劳动合同订立时所依据的客观经济情况发生重大变化，致使劳动合同无法履行的。

用人单位裁减人员时，应当优先留用下列人员：①与本单位订立较长期限的固定期限劳动合同的；②与本单位订立无固定期限劳动合同的；③家庭无其他就业人员，有需要扶养的老人或者未成年人的。

用人单位依照《劳动合同法》第四十一条第一款规定裁减人员，在六个月内重新招用人员的，应当通知被裁减的人员，并在同等条件下优先招用被裁减的人员。

【考点小贴士】关于"法律条款的序号"不用死记硬背，重点在于理解条款具体内容。

四、劳动者解除劳动合同（2种类型）

（1）提前三十日书面通知单位。

《劳动合同法》第三十七条规定，劳动者提前三十日以书面形式通知用人单位，可以解除劳动合同。劳动者在试用期内提前三日通知用人单位，可以解除劳动合同。

（2）无须提前通知用人单位。

《劳动合同法》第三十八条规定，用人单位有下列情形之一的，劳动者可以解除劳动合同：①未按照劳动合同约定提供劳动保护或者劳动条件的；②未及时足额支付劳动报酬的；③未依法为劳动者缴纳社会保险费的；④用人单位的规章制度违反法律法规的规定，损害劳动者权益的；⑤因用人单位以欺诈、胁迫的手段或者乘人之危，使劳动者在违背真实意思的情况下订立或者变更劳动合同致使劳动合同无效的；⑥法律、行政法规规定劳动者可以解除劳动合同其他情形。

用人单位以暴力、威胁或者非法限制人身自由的手段强迫劳动者劳动的，或者用人单位违章指挥、强令冒险作业危及劳动者人身安全的，劳动者可以立即解除劳动合同，不需事先告知用人单位。

【考点小贴士】可简记为"用人单位做错事，劳动者无须提前通知用人单位就可解除劳动合同"。

> **经典例题**
>
> [2017年真题·单选题] 劳动者因（　　）而解除劳动合同是不符合法律规定的。
> A. 用人单位没有在劳动者加班后立即支付加班费
> B. 用人单位未及时足额向劳动者支付工资

C. 用人单位以威胁手段强迫劳动者劳动
D. 用人单位没有为劳动者缴纳社会保险费
[答案] A
[解题思路] 根据题干的问法先要确定该题考查的考点，首先确定劳动者解除劳动合同的法律规定，由此进行排除，即可倒推出不符合规定的情形。A项中"加班后立即支付加班费"说法不准确，符合题意。

[2019年真题·多选题] 劳动者可以立即通知用人单位解除劳动合同的情形有（　　）。
A. 用人单位未及时足额支付劳动报酬的
B. 用人单位规章制度违反法律法规的规定，损害劳动者权益的
C. 用人单位未按合同约定提供劳动保护的
D. 用人单位合并或者分立的
E. 用人单位安排劳动者加班未与工会协商的
[答案] ABC
[解析]《劳动合同法》第三十八条规定，用人单位有下列情形之一的，劳动者可以解除劳动合同：①未按照劳动合同约定提供劳动保护或者劳动条件的；②未及时足额支付劳动报酬的；③未依法为劳动者缴纳社会保险费的；④用人单位的规章制度违反法律法规的规定，损害劳动者权益的；⑤因用人单位以欺诈、胁迫的手段或者乘人之危，使劳动者在违背真实意思的情况下订立或者变更劳动合同致使劳动合同无效的；⑥法律、行政法规规定劳动者可以解除劳动合同的其他情形。

【考点六】对用人单位解除劳动合同的限制和要求

一、对用人单位解除劳动合同的限制

（1）劳动者有下列情形之一的，用人单位不得依照《劳动合同法》第四十条、第四十一条规定解除劳动合同：①从事接触职业病危害作业的劳动者未进行离岗前职业健康检查，或者疑似职业病病人在诊断或者医学观察期间的；②在本单位患职业病或者因工负伤并被确认丧失或者部分丧失劳动能力的；③患病或者非因工负伤，在规定的医疗期内的；④女职工在孕期、产期、哺乳期的；⑤在本单位连续工作满十五年，且距法定退休年龄不足五年的；⑥法律、行政法规规定的其他情形。

【考点小贴士】这些情形可简单理解为：劳动者处于弱势情形，如职业病、生病医疗期内、女职工三期或本单位年限较长的老员工，不得轻易解除劳动合同。《劳动合同法》第四十条、第四十一条规定分别为提前三十日或支付一个月工资解除劳动合同、裁员解除劳动合同的情形。

（2）企业职工非因工致残和经医生或医疗机构认定患有难以治疗的疾病在医疗期内医疗终结，不能从事工作，也不能从事用人单位另行安排的工作的，应当由劳动鉴定委员会参照工伤与职业病致残程度鉴定标准进行劳动能力的鉴定：①被鉴定为一至四级的，应当退出劳动岗位，终止劳动关系，办理退休、退职手续，享受退休、退职待遇；②被鉴定为五至十级的，医疗期内不得解除劳动合同。

（3）医疗期。
医疗期是指企业职工因患病或非因工负伤停止工作治疗休息不得解除劳动合同的时限。
医疗期的期限如表14-2所示。

表14-2　医疗期的期限

劳动者实际工作年限	劳动者在本单位工作年限	医疗期期限（月）
10年以下	5年以下	3
	5年以上	6

续表

劳动者实际工作年限	劳动者在本单位工作年限	医疗期期限（月）
10年以上	5年以下	6
	5年以上10年以下	9
	10年以上15年以下	12
	15年以上20年以下	18
	20年以上	24

医疗期内，公休、假日和法定节日包括在内对某些患特殊疾病（如癌症、精神病、瘫痪等）的职工，在二十四个月内尚不能痊愈的，经企业和劳动主管部门批准，可以适当延长医疗期。医疗期满尚未痊愈者，被解除劳动合同的经济补偿依法执行。

《中华人民共和国妇女权益保障法》规定，任何单位不得因结婚、怀孕、产假、哺乳等情形，降低女职工的工资，辞退女职工，单方解除劳动（聘用）合同或者服务协议。但是，女职工要求终止劳动（聘用）合同或者服务协议的除外。

二、对用人单位解除劳动合同的要求

用人单位单方解除劳动合同，应当事先将理由通知工会。

用人单位违反法律、行政法规规定或者劳动合同约定的，工会有权要求单位纠正。

经典例题

[2015年真题·单选题]《劳动合同法》规定，用人单位单方解除劳动合同，应当事先将理由通知（　　）。

A. 工会

B. 劳动者

C. 劳动行政部门

D. 劳动争议仲裁委员会

[答案] A

[解题思路] 根据"对用人单位解除劳动合同的要求"，A项正确。

【考点七】劳动合同终止

一、概念

劳动合同终止是指劳动合同双方当事人在劳动合同中约定的合同期限届满或达到其他法定终止条件的情形。

二、劳动合同终止的规定

《劳动合同法》第四十四条规定，有下列情形之一，劳动合同终止：①劳动合同期满的；②劳动者开始依法享受基本养老保险待遇的；③劳动者死亡，或者被人民法院宣告死亡或者宣告失踪的；④用人单位被依法宣告破产的；⑤用人单位被吊销营业执照、责令关闭、撤销或者用人单位决定提前解散的；⑥法律、行政法规规定的其他情形。针对第②条，补充规定为：劳动者达到法定退休年龄，劳动合同终止。

根据《劳动合同法》第四十五条规定，劳动合同期满的，且有《劳动合同法》第四十二条规定情形之一的，劳动合同应当续延至相应的情形消失时终止。

经典例题

[例题·单选题] 根据《劳动合同法》规定，不属于劳动合同终止的情形的是（　　）。
A. 劳动者开始依法享受基本养老保险待遇　　B. 劳动合同期满
C. 用人单位被依法宣告破产的　　D. 在本单位患职业病被确认丧失劳动能力的
[答案] D
[解析] D项属于劳动合同期满的，劳动合同应当续延至相应的情形消失时终止。

【考点八】用人单位解除、终止劳动合同的附随义务

用人单位应当在解除或者终止劳动合同时出具解除或者终止劳动合同的证明，并在15日内为劳动者办理档案和社会保险关系转移手续。

用人单位出具的解除、终止劳动合同的证明，应当写明劳动合同期限、解除或者终止劳动合同的日期、工作岗位、在本单位的工作年限。

用人单位对已经解除或者终止的劳动合同的文本，至少保存2年备查。

经典例题

[2016年真题·单选题] 甲公司与小张订立的劳动合同期满终止后，甲公司应保存劳动合同文本至少（　　）。
A. 2年　　B. 1年
C. 6个月　　D. 30日
[答案] A
[解析] 本题考查用人单位解除、终止劳动合同的附随义务。用人单位对已经解除或者终止的劳动合同的文本，至少保存2年备查。

【考点九】培训服务期

（1）用人单位为劳动者提供专项培训费用，对其进行专业技术培训的，可以与该劳动者订立协议，约定服务期。

劳动者违反服务期约定，应当按照约定向用人单位支付违约金。

违约金数额不得超过用人单位提供的培训费用。

用人单位要求劳动者支付的违约金不得超过服务期尚未履行部分所应分摊的培训费用。

培训费用包括：①用人单位对劳动者进行专业技术培训而支付的有凭证的培训费用；②培训期间的差旅费用；③因培训产生的用于该劳动者的其他直接费用。

（2）用人单位与劳动者约定服务期的，不影响按照正常的工资调整机制提高劳动者在服务期期间的劳动报酬。

劳动合同期满，但约定的服务期尚未到期的，劳动合同应当续延至服务期满。双方另有约定的，从其约定。

经典例题

[例题·单选题] 关于培训服务期的说法，正确的是（　　）。
A. 劳动者违反服务期约定，应当按照约定向用人单位支付违约金
B. 培训期间的差旅费用不属于培训费用
C. 用人单位要求劳动者支付的违约金可以超过服务期尚未履行部分所应分摊的培训费用
D. 用人单位与劳动者约定服务期的，对于劳动者不需要按照正常的工资调整机制提高报酬
[答案] A

[解析]培训费用包括用人单位对劳动者进行专业技术培训而支付的有凭证的培训费用、培训期间的差旅费用以及因培训产生的用于该劳动者的其他直接费用，B项错误。用人单位要求劳动者支付的违约金不可以超过服务期尚未履行部分所应分摊的培训费用，C项错误。用人单位与劳动者约定服务期的，不影响按照正常的工资调整机制提高劳动者在服务期期间的劳动报酬，D项错误。

【考点十】竞业限制

(1) 用人单位与劳动者可以在劳动合同中约定保守用人单位的商业秘密和与知识产权相关的保密事项，并约定在解除或者终止劳动合同后，在竞业限制期限内按月给予劳动者经济补偿。劳动者违反竞业限制约定的，应当按照约定向用人单位支付违约金。

(2) 竞业限制的人员限于用人单位的高级管理人员、高级技术人员和其他负有保密义务的人员。

竞业限制的范围、地域、期限由用人单位与劳动者约定，竞业限制的约定不得违反法律法规的规定。

在解除或者终止劳动合同后，约定竞业限制的人员到与本单位生产或者经营同类产品、从事同类业务的有竞争关系的其他用人单位，或者自己开业生产或者经营同类产品、从事同类业务的，竞业限制期限不得超过2年。

除约定培训服务期和约定竞业限制的情形外，用人单位不得与劳动者约定由劳动者承担违约金。

(3)《最高人民法院关于审理劳动争议案件适用法律问题的解释（一）》关于竞业限制的规定：

1) 当事人在劳动合同或者保密协议中约定了竞业限制，但未约定解除或者终止劳动合同后给予劳动者经济补偿，劳动者履行了竞业限制义务，要求用人单位按照劳动者在劳动合同解除或者终止前12个月平均工资的30%按月支付经济补偿的，人民法院应予支持。如月平均工资的30%低于劳动合同履行地最低工资标准的，按照劳动合同履行地最低工资标准支付。

2) 当事人在劳动合同或者保密协议中约定了竞业限制和经济补偿，当事人解除劳动合同时，除另有约定外，用人单位要求劳动者履行竞业限制义务，或者劳动者履行了竞业限制义务后要求用人单位支付经济补偿的，人民法院应予支持。

3) 当事人在劳动合同或者保密协议中约定了竞业限制和经济补偿，劳动合同解除或者终止后，因用人单位的原因导致3个月未支付经济补偿，劳动者请求解除竞业限制约定的，人民法院应予支持。

4) 在竞业限制期限内，用人单位请求解除竞业限制协议时，人民法院应予支持。在解除竞业限制协议时，劳动者请求用人单位额外支付劳动者3个月的竞业限制经济补偿的，人民法院应予支持。

5) 劳动者违反竞业限制约定，向用人单位支付违约金后，用人单位要求劳动者按照约定继续履行竞业限制义务的，人民法院应予支持。

【考点小贴士】此考点文字较多，可简单理解为：劳动者履行竞业限制的义务和劳动者获得用人单位支付经济补偿的权利是对等关系，即劳动者履行竞业限制义务，用人单位就需要支付经济补偿；用人单位支付了经济补偿，劳动者就需要履行竞业限制义务。反之，没有享受权利就不能要求履行义务。

经典例题

[2016年真题·单选题]关于竞业限制的说法，正确的是（　　）。
A. 竞业限制的人员限于用人单位的普通管理人员

B. 竞业限制期限应当超过 3 年
C. 竞业限制的范围由用人单位自行确定
D. 劳动者违反竞业限制约定的，应当按照约定向用人单位支付违约金
[答案] D
[解析] 竞业限制的人员限于用人单位的高级管理人员、高级技术人员和其他负有保密义务的人员，A 项错误。竞业限制期限不得超过 2 年，B 项错误。竞业限制的范围由用人单位与劳动者约定，C 项错误。

【考点十一】解除与终止劳动合同的经济补偿

一、经济补偿的范围

（1）有下列情形之一的，用人单位应当给予劳动者经济补偿：

1）劳动者依照《劳动合同法》第三十八条规定解除劳动合同的（无需提前通知用人单位）。

2）用人单位向劳动者提出解除劳动合同并与劳动者协商一致解除劳动合同的。

3）用人单位依照《劳动合同法》第四十条规定解除劳动合同的（提前 30 日或额外支付一个月工资）。

4）用人单位依照《劳动合同法》实施裁减人员而解除劳动合同的。

5）除用人单位维持或者提高劳动合同约定条件续订劳动合同，劳动者不同意续订的情形外，因劳动合同期满而终止固定期限劳动合同的。

6）用人单位被依法宣告破产或用人单位被吊销营业执照、责令关闭、撤销或者用人单位决定提前解散而终止劳动合同的。

7）以完成一定工作任务为期限的劳动合同因任务完成而终止的。

（2）《最高人民法院关于审理劳动争议案件适用法律问题的解释（一）》的规定。

劳动合同法施行后，因用人单位经营期限届满不再继续经营导致劳动合同不能继续履行，劳动者请求用人单位支付经济补偿的，人民法院应予支持。

二、经济补偿的特殊情形

劳动者非因本人原因从原用人单位被安排到新用人单位工作的，劳动者在原用人单位的工作年限合并计算为新用人单位的工作年限。原用人单位已经向劳动者支付经济补偿的，新用人单位在依法解除、终止劳动合同计算支付经济补偿的工作年限时，不再计算劳动者在原用人单位的工作年限。

三、经济补偿的计算标准

（1）经济补偿按劳动者在本单位工作的年限，每满 1 年按支付 1 个月工资的标准向劳动者支付经济补偿；6 个月以上不满 1 年的，按 1 年计算；不满 6 个月的，向劳动者支付半个月工资的经济补偿。

（2）劳动者在劳动合同解除或者终止前 12 个月的平均工资，高于用人单位所在直辖市、设区的市级人民政府公布的本地区上年度职工月平均工资 3 倍的，向其支付经济补偿的标准按职工月平均工资 3 倍的数额支付，向其支付经济补偿的年限最高不超过 12 年。

（3）劳动者在劳动合同解除或者终止前 12 个月的平均工资低于当地最低工资标准的，按照当地最低工资标准计算。

（4）经济补偿的月工资按照劳动者应得工资计算，包括：计时工资或者计件工资以及奖金、津贴和补贴等货币性收入。

（5）劳动者工作不满 12 个月的，按照实际工作的月数计算平均工资。

四、经济补偿的支付时间

用人单位依法应当向劳动者支付经济补偿的，在办结工作交接时支付。

经典例题

[2017年真题·案例分析题] 甲公司有职工 500 名，2016 年该公司生产经营发生严重困难，准备裁减人员。同年 6 月 1 日甲公司向职工公布了裁减人员方案，并宣布一周后解除 50 名职工的劳动合同。6 月 2 日，甲公司将方案送给本公司工会征求意见，当地劳动行政部门指出，甲公司裁减人员方案，没有向该部门报告，存在程序问题。公司工会也提出，公司应当在裁员前三十日向工会说明情况。同时，公司工会反映在收集职工意见时，职工表示，公司在既没有破产也没有转产的情况下，不应当实施裁员，还有职工希望公司遵守劳动合同法，优先留用签订较长期限劳动合同、无固定期限劳动合同、家庭无其他就业人员且有未成年人需要扶养和被评过先进的职工。于是，甲公司重新制订了裁员方案，在经过规定程序后公布了裁员方案，将因裁员被解除劳动合同职工的经济补偿金标准定为在本公司工作每满 1 年支付半个月工资。

1. 关于甲公司裁减人员方案的说法，正确的是（   ）。
    A. 甲公司应当在裁减人员前三十日向工会或全体职工说明情况，听取工会或职工意见
    B. 甲公司应当向当地劳动行政部门报告裁减人员方案后，再裁减人员
    C. 甲公司裁减人员数未达到职工总人数的 10%，可以随时实施裁员
    D. 甲公司裁减人员方案应当经当地劳动行政部门批准方能实施
    [答案] AB
    [解析]《劳动合同法》第四十一条规定，有相关情形的，需要裁减人员 20 人以上或者裁减不足 20 人但占企业职工总数 10% 以上的，用人单位需提前 30 日向工会或者全体职工说明情况，听取工会或者职工意见后，并将裁减人员方案向劳动行政部门报告后，可以裁减人员。

2. 甲公司依法可以实施裁员的情形包括（   ）。
    A. 甲公司生产经营发生严重困难
    B. 甲公司可能破产
    C. 甲公司决定转产
    D. 甲公司富余职工较多
    [答案] AC
    [解析] 根据可以裁减人员的情形规定，A、C 两项正确。

3. 甲公司裁员时应优先留用的职工有（   ）。
    A. 与甲公司签订较长期限劳动合同的职工
    B. 与甲公司签订无固定期限劳动合同的职工
    C. 家庭无其它就业人员且有未成年人需要扶养的职工
    D. 曾被评为先进的职工
    [答案] ABC
    [解析] 根据用人单位裁减人员时应当优先留用人员的规定，A、B、C 三项正确。

4. 关于甲公司支付经济补偿，说法正确的是（   ）。
    A. 甲公司因生产经营严重困难实施裁员，可以不支付经济补偿金
    B. 甲公司应当支付的经济补偿金标准为在本公司工作每满 1 年支付半个月工资
    C. 甲公司应当支付的经济补偿金标准为在本公司工作每满 1 年支付 1 个月工资
    D. 甲公司应当按本地区上年度职工月平均工资 3 倍的标准支付经济补偿金
    [答案] C
    [解析] 甲公司因生产经营严重困难实施裁员，需要支付经济补偿金，A 项错误。根据员工在本单位工作年限，每满 1 年支付 1 个月工资标准向劳动者支付经济补偿，B 项错误、C 项正

确。劳动者在劳动合同解除或者终止前12个月的平均工资，高于用人单位所在直辖市、设区的市级人民政府公布的本地区上年度职工月平均工资3倍的，向其支付经济补偿的标准按职工月平均工资3倍的数额支付，向其支付经济补偿的年限最高不超过12年，D项错误。

【考点十二】劳动规章制度

一、劳动规章制度制定的程序

用人单位在制定、修改或者决定有关劳动方面的直接涉及劳动者切身利益的规章制度或者重大事项时，应当经职工代表大会或者全体职工讨论，提出方案和意见，与工会或者职工代表平等协商确定。

在规章制度和重大事项决定实施过程中，工会或者职工认为不适当的，有权向用人单位提出，通过协商予以修改完善。

二、劳动规章制度的公示

《劳动合同法》规定，用人单位应当将直接涉及劳动者切身利益的规章制度和重大事项决定公示，或者告知劳动者。

三、劳动规章制度具备效力应满足的条件

劳动规章制度具备法律效力应满足三个条件：①内容合法、不违背有关法律法规及政策；②经过民主程序制定；③要向劳动者公示。

四、违法劳动规章制度的处理

（1）允许劳动者以此为由随时提出解除劳动合同，并有获得经济补偿的权利。

《劳动合同法》规定，用人单位的规章制度违反法律、法规的规定，损害劳动者权益的，劳动者可以解除劳动合同，用人单位应当向劳动者支付经济补偿。

（2）由劳动行政部门责令改正。

《劳动合同法》规定，用人单位直接涉及劳动者切身利益的规章制度违反法律、法规规定的，由劳动行政部门责令改正，给予警告；给劳动者造成损害的，应当承担赔偿责任。

经典例题

[2018年真题·单选题] 用人单位规章具有法律效力的前提条件不包括（　　）。
A. 经过民主程序　　　　　　　　B. 经劳动者同意
C. 公示或者公告劳动者　　　　　D. 不违反法律、行政法规及政策
[答案] B
[解析] 劳动规章制度具备法律效力应满足3个条件：①内容合法、不违背有关法律法规及政策；②经过民主程序制定；③要向劳动者公示。

【考点十三】劳务派遣

一、经营劳务派遣业务的条件

经营劳务派遣业务，应当向劳动行政部门依法申请行政许可；经许可的，依法办理相应的公司登记。未经许可，任何单位和个人不得经营劳务派遣业务。劳务派遣经营许可证有效期为3年。

经营劳务派遣业务应当具备下列条件：①注册资本不得少于人民币二百万元；②有与开展业务相适应的固定的经营场所和设施；③有符合法律、行政法规规定的劳务派遣管理制度；④法律、行政法规规定的其他条件。用人单位不得设立劳务派遣单位向本单位或所属单位派遣劳动者。

根据《国务院关于深化"证照分离"改革进一步激发市场主体发展活力的通知》及人力资源

和社会保障部相关规定，在全国范围内，劳务派遣许可按照"优化审批服务"方式改革，有条件的地区将省、设区的市级人力资源社会保障部门的审批权限下放至县级人力资源社会保障部门，实现申请、审批全程网上办理，不再要求申请人提供营业执照、企业名称预先核准通知书、法定代表人身份证明等材料。在自由贸易实验区，按照"实行告知承诺"方式改革，许可机关制定并公布告知承诺书格式文本，一次性告知申请人许可条件和所需材料。对申请人自愿承诺符合许可条件并按要求提交材料的，当场作出许可决定，做好事中事后监管。

劳务派遣单位分立、合并后设立新公司的，应当依法重新申请劳务派遣行政许可。劳务派遣单位需要延续行政许可有效期的，应当在有效期届满 60 日前向许可机关提出延续行政许可的书面申请，并提交 3 年以来的基本经营情况；劳务派遣单位逾期提出延续行政许可的书面申请的，按照新申请经营劳务派遣行政许可办理。

二、劳务派遣的劳动合同

劳动合同中应当载明用工单位、派遣期限、工作岗位等。

劳务派遣单位与劳动者签订2年以上的固定期限劳动合同，按月支付劳动报酬。

被派遣劳动者在无工作期间，劳务派遣单位应当按照所在地人民政府规定的最低工资标准，向其按月支付报酬。

劳务派遣单位可以依法与被派遣劳动者约定试用期。劳务派遣单位与同一被派遣劳动者只能约定一次试用期。

三、劳务派遣协议

劳务派遣单位派遣劳动者应当与用工的单位订立劳务派遣协议。

用工单位应当根据工作岗位的实际需要与劳务派遣单位确定派遣期限，不得将连续用工期限分割订立数个短期劳务派遣协议。

【考点小贴士】注意区分"劳务派遣的劳动合同"和"劳务派遣协议"。两者签订的双方主体不一致。

四、劳务派遣单位的法定义务和用工单位的法定义务

劳务派遣单位的法定义务和用工单位的法定义务如表 14-3 所示。

表 14-3　劳务派遣单位的法定义务和用工单位的法定义务

劳务派遣单位的法定义务	用工单位的法定义务
(1) 建立培训制度，对被派遣劳动者进行上岗知识、安全教育培训 (2) 按照国家规定和劳务派遣协议约定，依法支付被派遣劳动者的劳动报酬和相关待遇，依法为被派遣劳动者缴纳社会保险费，并办理社会保险相关手续 (3) 督促用工单位依法为被派遣劳动者提供劳动保护和劳动安全卫生条件 (4) 依法出具解除或者终止劳动合同的证明 (5) 协助处理被派遣劳动者与用工单位的纠纷 (6) 劳务派遣单位不得克扣用工单位按照劳务派遣协议支付给被派遣劳动者的劳动报酬。劳动派遣单位与被派遣劳动者订立的劳动合同和与用工单位订立的劳务派遣协议，载明或者约定的向被派遣劳动者支付的劳动报酬应当符合同工同酬规定 (7) 劳务派遣单位不得向被派遣劳动者收取费用 (8) 在跨地区派遣劳动者时，劳务派遣单位应当保证被派遣劳动者享有的劳动报酬和劳动条件，符合用工单位所在地规定的标准 (9) 因劳务派遣单位存在违法行为，给被派遣劳动者造成损害的，劳务派遣单位与用工单位承担连带赔偿责任 (10) 劳务派遣单位不得以非全日制用工形式招用被派遣劳动者	(1) 执行国家劳动标准，提供相应的劳动条件和劳动保护 (2) 告知被派遣劳动者的工作要求和劳动报酬 (3) 支付加班费、绩效奖金，提供与工作岗位相关的福利待遇 (4) 对在岗被派遣劳动者进行工作岗位所必需的培训 (5) 连续用工的，实行正常的工资调整机制

【考点小贴士】可以简单理解为：劳务派遣单位是劳动者的"用人单位"，可以从这个角度理

解劳务派遣单位的法定义务。

五、被派遣劳动者的权利

（1）享有与用工单位的劳动者同工同酬的权利。
（2）有权在劳务派遣单位或用工单位依法参加或组织工会，维护自身的合法权益。
（3）可以与劳务派遣单位协商一致解除劳动合同，也可以在劳务派遣单位存在《劳动合同法》第 38 条规定的情形下，与其解除劳动合同（无须提前通知用人单位）。
（4）被派遣劳动者提前 30 日以书面形式通知劳务派遣单位，可以解除劳动合同。
（5）被派遣劳动者在试用期内提前 3 日通知劳务派遣单位，可以解除劳动合同。
（6）劳务派遣单位应当将被派遣劳动者通知解除劳动合同的情况及时告知用工单位。

六、用工单位退回被派遣劳动者与劳务派遣单位解除或终止劳动合同

（1）被派遣劳动者有以下情形之一，用工单位可以将被派遣劳动者退回劳务派遣单位，劳务派遣单位可以依法解除劳动合同：
1）在试用期间被证明不符合录用条件的。
2）严重违反用人单位的规章制度的。
3）严重失职、营私舞弊，对用人单位造成重大损害的。
4）劳动者同时与其他用人单位建立劳动关系，对完成本单位的工作任务造成严重影响，或者经用人单位提出，拒不改正的。
5）因劳动者以欺诈、胁迫的手段或者乘人之危，使用人单位在违背真实意思的情况下订立或者变更劳动合同致使劳动合同无效的。
6）被依法追究刑事责任的。
7）劳动者患病或者非因工负伤，在规定的医疗期满后不能从事原工作，也不能从事由用人单位另行安排的工作的。
8）劳动者不能胜任工作，经过培训或者调整工作岗位，仍不能胜任工作的。

【考点小贴士】可结合"因劳动者过失用人单位可随时解除劳动合同"和"用人单位因客观原因提前 30 日以书面形式通知劳动者解除劳动合同或者额外支付劳动者一个月工资后解除劳动合同"中有关劳动者的情形进行理解。

（2）用工单位有下列情形之一，可以将被派遣劳动者退回劳务派遣单位：
1）劳动合同订立时所依据的客观情况发生重大变化，致使劳动合同无法履行，经用人单位与劳动者协商，未能就变更劳动合同内容达成协议的。
2）依照企业破产法规定进行重整的。
3）生产经营发生严重困难的。
4）企业转产、重大技术革新或者经营方式调整，经变更劳动合同后，仍需裁减人员的。
5）其他因劳动合同订立时所依据的客观经济情况发生重大变化，致使劳动合同无法履行的。
6）用工单位被依法宣告破产、吊销营业执照、责令关闭、撤销、决定提前解散或者经营期限届满不再继续经营。
7）劳务派遣协议期满终止。

被派遣劳动者被用工单位退回后，劳务派遣单位重新派遣时维持或者提高劳动合同约定条件，被派遣劳动者不同意的，劳务派遣单位可以解除劳动合同；劳务派遣单位重新派遣时降低劳动合同约定条件，被派遣劳动者不同意的，劳务派遣单位不得解除劳动合同。但被派遣劳动者提出解除劳动合同的除外。

被派遣劳动者退回后的无工作期间，劳务派遣单位应当按照不低于所在地人民政府规定的最

低工资标准，向其按月支付报酬。

【考点小贴士】可结合"劳动者解除劳动合同无须提前通知用人单位"和"用人单位因客观原因提前30日以书面形式通知劳动者解除劳动合同或者额外支付劳动者一个月工资后解除劳动合同"中有关单位的情形进行理解。

（3）劳务派遣单位行政许可有效期未延续或者《劳务派遣经营许可证》被撤销、吊销的，已经与被派遣劳动者依法订立的劳动合同应当履行至期限届满。双方经协商一致，可以解除劳动合同。

（4）劳务派遣单位被依法宣告破产、吊销营业执照、责令关闭、撤销、决定提前解散或者经营期限届满不再继续经营的，劳动合同终止。用工单位应当与劳务派遣单位协商妥善安置被派遣劳动者。

（5）劳务派遣单位与被派遣劳动者解除或者终止劳动合同时，应当依法向被派遣劳动者支付经济补偿。

（6）劳务派遣单位违法解除或终止被派遣劳动者劳动合同，应按照《劳动合同法》规定的经济补偿标准的2倍向劳动者支付赔偿金。

七、劳务派遣岗位的范围和比例

劳动合同用工是我国的企业基本用工形式。劳务派遣用工是补充形式，只能在临时性、辅助性或者替代性的工作岗位上实施。其中：

（1）临时性工作岗位，是指存续时间不超过6个月的岗位。

（2）辅助性工作岗位，是指为主营业务岗位提供服务的非主营业务岗位。

（3）替代性工作岗位，是指用工单位的劳动者因脱产学习、休假等原因无法工作的一定期间内，可以由其他劳动者替代工作的岗位。

用工单位应当严格控制劳务派遣用工数量，使用的被派遣劳动者数量不得超过其用工总量的10%。用工总量是指用工单位订立劳动合同人数与使用的被派遣劳动者人数之和。

用工单位在2014年3月1日前使用被派遣劳动者数量超过其用工总量10%的，应当制订调整用工方案，于2014年3月1日起2年内降至规定比例。但是，《全国人民代表大会常务委员会关于修改〈中华人民共和国劳动合同法〉的决定》公布前已依法订立的劳动合同和劳务派遣协议期限届满日期在2年后的，可以依法继续履行至期限届满。

用工单位未在2014年3月1日前将使用的被派遣劳动者数量降至不超过其用工总量的10%之前，不得新用被派遣劳动者。

八、违反劳务派遣规定的法律责任

违反规定，未经许可擅自经营劳务派遣业务的，由劳动行政部门责令停止违法行为，没收违法所得，并处违法所得1倍以上5倍以下的罚款。没有违法所得的，可以处50 000元以下的罚款。

劳务派遣单位、用工单位违反有关劳务派遣规定的，由劳动行政部门责令限期改正；逾期不改正的，以每人5 000元以上10 000元以下的标准处以罚款，对劳务派遣单位，吊销其劳务派遣业务经营许可证。

用工单位给被派遣劳动者造成损害的，劳务派遣单位与用工单位承担连带赔偿责任。

经典例题

[2020年真题·单选题] 根据我国有关规定，关于劳务派遣的说法，错误的是（　　）。

A．劳务派遣单位注册资本发生变化，应当向许可机关提出变更申请

B．经营劳务派遣业务，注册资本不少于200万元

C．劳务派遣许可证有效期限为3年

D．劳务派遣单位与劳动者、用工单位与劳动者之间均建立劳动关系

[答案] D
[解析] 劳动派遣单位与劳动者签订劳动合同；劳务派遣单位与用工单位之间签订劳务派遣协议。D项错误。

【考点十四】非全日制用工

一、概念

非全日制用工是指以小时计酬为主，劳动者在同一用人单位一般平均每日工作时间不超过4小时，每周工作时间累计不超过24小时的用工形式。

二、特征

非全日制用工以小时计酬为主、每周工作时间累计不能超过24小时。

三、有关规定

（1）非全日制用工的劳动者可以与一个或一个以上用人单位订立劳动合同，但后订立的劳动合同不得影响先订立的劳动合同的履行。

（2）非全日制用工双方当事人可以订立口头协议。

（3）非全日制用工双方当事人不得约定试用期。

（4）非全日制用工双方当事人任何一方都可以随时通知对方终止用工；终止用工，用人单位不向劳动者支付经济补偿。

（5）非全日制用工小时计酬标准不得低于用人单位所在地人民政府规定的最低小时工资标准。

（6）非全日制用工劳动报酬结算支付周期最长不得超过15日。

> **经典例题**
>
> [2016年真题·单选题] 关于非全日制用工的说法，正确的是（　　）。
> A. 非全日制用工双方当事人应当订立书面劳动合同
> B. 非全日制用工双方当事人不得约定试用期
> C. 终止非全日制用工，用人单位应当向劳动者支付经济补偿金
> D. 非全日制用工周工作时间累计不能超过20小时
> [答案] B
> [解析] 非全日制用工双方当事人可以订立口头协议，A项错误。终止非全日制用工，用人单位不向劳动者支付经济补偿金，C项错误。非全日制用工周工作时间累计不能超过24小时，D项错误。

本章易错易混考点

【易错易混考点一】用人单位解除劳动合同和劳动者解除劳动合同的对比（如表14-4所示）

表14-4 用人单位解除劳动合同和劳动者解除劳动合同的对比

项目	用人单位解除劳动合同（3种）	劳动者解除劳动合同（2种）
情况	（1）用人单位因劳动者过失可以随时解除劳动合同 （2）用人单位因客观原因提前30日以书面形式通知劳动者解除劳动合同；或者额外支付劳动者一个月工资后，解除劳动合同 （3）用人单位实施裁员解除劳动合同	（1）提前30日书面通知单位 （2）无须提前通知用人单位

【易错易混考点二】劳动合同终止和劳动合同解除的关系（如图 14-1 所示）

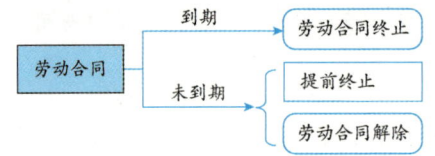

图 14-1 劳动合同终止和劳动合同解除的关系

【易错易混考点三】劳务派遣的劳动合同和劳务派遣协议的对比（如图 14-2 所示）

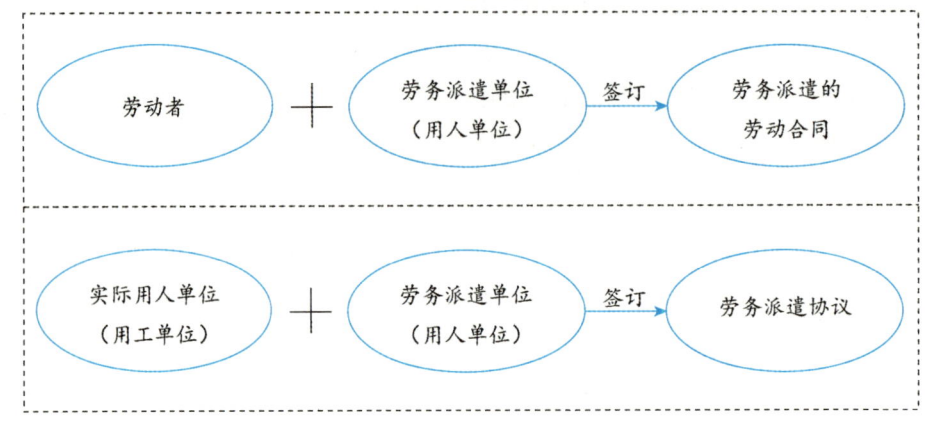

图 14-2 劳务派遣的劳动合同和劳务派遣协议的对比

---------- 历年经典真题回顾 ----------

一、单项选择题（每题 1 分，每题备选项中，只有 1 个最符合题意）

1. 企业与某员工签订 5 年的工作合同，公司支付培训费用 5 万元，该员工在工作到第 3 年主动提出离职，则需支付违约金（　　）万元。[2021 年真题]
   A. 1　　　　　　　　　　　　B. 2
   C. 3　　　　　　　　　　　　D. 5
   [答案] B
   [解析] 该员工和公司签订了 5 年的工作合同，公司支付了 5 万元的培训费用，则每年 1 万元，第 3 年离职即还有 2 年合同未履行，因此应支付 2 年的违约金，即 2 万元。

2. 某员工的实际工作年限为 20 年，其中在本企业的工作年限为 12 年，则该员工的医疗期为（　　）个月。[2021 年真题]
   A. 12　　　　　　　　　　　B. 9
   C. 18　　　　　　　　　　　D. 6
   [答案] A
   [解析] 实际工作年限 10 年以上的，在本单位工作年限 10 年以上 15 年以下的，医疗期为 12 个月。

3. 关于劳动者解除劳动合同的说法，错误的是（　　）。[2015 年真题]
   A. 劳动者提前 30 日书面通知用人单位，即可解除劳动合同
   B. 劳动者在试用期内提前 3 日书面通知用人单位，可解除劳动合同
   C. 用人单位未及时足额支付劳动报酬，劳动者可以随时解除劳动合同
   D. 未经用人单位批准，劳动者不得解除劳动合同
   [答案] D

[解析] 根据劳动者解除劳动合同的情形，D项说法太绝对，错误。

4. 关于用人单位解除劳动合同的说法，错误的是（　　）。[2015年真题]

   A. 用人单位与劳动者协商一致，可以解除劳动合同

   B. 用人单位无法缴纳社会保险费时，可以解除劳动合同

   C. 劳动者在试用期间被证明不符合录用条件，用人单位可以解除劳动合同

   D. 劳动者被依法追究刑事责任，用人单位可以解除劳动合同

   [答案] B

   [解析] 根据用人单位解除劳动合同的情形，用人单位无法缴纳社会保险费不属于可以解除劳动合同的情形。

5. 关于用人单位劳动规章制度的说法，正确的是（　　）。[2015年真题]

   A. 用人单位制定的劳动规章制度公布后，即对职工具有法律约束力

   B. 用人单位制定的劳动规章制度，无须告知职工即可实施

   C. 在劳动规章制度实施过程中，工会认为不适当的内容，用人单位应当按工会要求予以修改

   D. 用人单位制定的劳动规章制度违反法律规定，应当由劳动行政部门责令改正

   [答案] D

   [解析] 用人单位在制订劳动规章制度时，关于劳动报酬、工作时间等重大事项时，应当经职工代表大会或者全体职工讨论，提出方案和意见，与工会或者职工代表平等协商确定。在劳动规章制度实施过程中，工会认为不适当的内容，有权向用人单位提出，通过协商予以修改完善。

二、多项选择题（每题2分，每题备选项中，有2个或2个以上符合题意，至少有1个错项。错选，本题不得分；少选，所选的每个选项得0.5分）

1. 关于非全日制用工的说法，正确的有（　　）。[2021年真题]

   A. 薪酬发放周期最长不得超过半年

   B. 劳动者可以选择是否约定试用期

   C. 劳动者可以在三个用人单位工作

   D. 双方可随时终止用工

   E. 必须订立书面劳动合同

   [答案] CD

   [解析] 薪酬发放周期最长不得超过15日，A项错误；非全日制用工双方当事人不得约定试用期，B项错误；非全日制用工双方当事人可以订立口头协议，E项错误。

2. 可以约定竞业限制的人员包括（　　）。[2018年真题]

   A. 保洁员

   B. 高级管理人员

   C. 高级技术人员

   D. 门卫

   E. 负有保密义务的人员

   [答案] BCE

   [解析] 竞业限制的人员限于用人单位的高级管理人员、高级技术人员和其他负有保密义务人员。

三、案例分析题（每题2分。由单选和多选组成。错选，本题不得分；少选，所选的每个正确选项得0.5分）

（一）

2013年8月3日，甲公司与乙劳务派遣公司开始商洽订立劳务派遣协议事宜。甲公司人力资源部张经理对乙劳务派遣公司是否具有订立劳务派遣协议资格提出异议。乙劳务派遣公司李经理当场表态，乙劳务派遣公司从2005年就开展劳务派遣业务，所订立的劳务派遣协议至今履行良好。李经理请张经理放心，乙劳务派遣公司从事劳务派遣业务一向守法合规。[2015年真题]

1. 关于甲公司与乙劳务派遣公司订立劳务派遣协议的说法，正确的是（　　）。

　　A. 乙劳务派遣公司派遣劳动者到甲公司应当订立劳务派遣协议
　　B. 甲公司与乙劳务派遣公司订立的劳务派遣协议应当约定派遣岗位和人员数量等内容
　　C. 乙劳务派遣公司与被派遣劳动者订立的劳动合同可以替代劳务派遣协议
　　D. 甲公司应当根据工作岗位的实际需要与乙劳务派遣公司确定派遣期限，不得将连续用工期限分割订立数个短期劳务派遣协议

　　[答案] ABD
　　[解析] 劳务派遣公司与被派遣劳动者订立的劳动合同和劳务派遣协议是不同的，不能替代。

2. 乙劳务派遣公司派遣劳动者到甲公司须（　　）。

　　A. 经工商行政部门审批　　　　B. 获得乙劳务派遣公司工会同意
　　C. 经甲公司职工代表大会批准　　D. 取得经营劳务派遣业务行政许可

　　[答案] D
　　[解析] 经营劳务派遣业务的条件之一为：经营劳务派遣业务，应当向劳动行政部门依法申请行政许可；经许可的，依法办理相应的公司登记。未经许可，任何单位和个人不得经营劳务派遣业务。

3. 甲公司只能在（　　）工作岗位上使用被派遣劳动者。

　　A. 临时性　　　　　　　　　　B. 灵活性
　　C. 辅助性　　　　　　　　　　D. 替代性

　　[答案] ACD
　　[解析] 劳务派遣用工是补充形式，只能在临时性、辅助性或者替代性的工作岗位上实施。

（二）

甲投资公司（以下简称甲公司）与乙国有企业（以下简称乙企业）以甲公司出资金、乙企业提供场地的方式成立了一家大型超市。超市成立后，与丙劳务派遣公司（以下简称丙公司）签订劳务派遣协议，由丙公司派遣李某到超市工作。不久，甲公司与乙企业产生纠纷，导致超市停业。超市于是将李某退回丙公司，丙公司以李某经过调整工作岗位仍不胜任工作为由解除了李某的劳动合同。李某认为，其在超市的工作属于法律规定禁止实施劳务派遣的范围，遂向劳动行政部门投诉，要求追究甲乙丙三家公司的法律责任。[2014年真题]

1. 李某的用人单位是（　　）。

　　A. 甲公司　　　　　　　　　　B. 乙企业
　　C. 丙公司　　　　　　　　　　D. 超市

　　[答案] C
　　[解析] 劳务派遣单位属于用人单位，根据案例内容，丙公司是李某的用人单位。

2. 关于超市将李某退回丙公司的说法，正确的是（　　）。

　　A. 超市可以因决定提前解散而将李某退回丙公司

B. 超市可以因甲公司拒绝承担出资责任而将李某退回丙公司
C. 超市可以因乙企业收回场地而将李某退回丙公司
D. 超市可以自行决定将李某退回丙公司

[答案] A

[解析] 本题考查用工单位退回被派遣劳动者与劳务派遣单位解除或终止劳动合同。用工单位被依法宣告破产、吊销营业执照、责令关闭、撤销、决定提前解散或者经营期限届满不再继续经营，可以将被派遣劳动者退回。

3. 丙公司解除李某劳动合同，符合法律规定的做法是（   ）。
   A. 李某因被超市退回，丙公司在解除与李某的劳动合同时无须支付经济补偿
   B. 丙公司解除与李某的劳动合同时，无须考虑李某被退回的原因
   C. 李某经调整工作岗位仍不胜任工作而被退回，丙公司可以解除与李某的劳动合同
   D. 丙公司只可在与李某协商一致的情况下才能解除劳动合同

[答案] C

[解析] 本题考查因劳动者原因，劳动者被用工单位退回的情形。劳动者不能胜任工作，经过培训或者调整工作岗位，仍不能胜任工作的，用人单位可以将其退回，C 项正确。

4. 超市在（   ）岗位上使用李某不符合劳动合同法的规定。
   A. 临时性工作 B. 辅助性工作
   C. 主营业务工作 D. 替代性工作

[答案] C

[解析] 劳务派遣用工是补充形式，只能在临时性、辅助性或者替代性的工作岗位上实施，C 项错误。

本章同步练习

一、单项选择题（每题1分，每题备选项中，只有1个最符合题意）

1. 《劳动合同法》第三十四条规定，"用人单位发生合并或者分立等情况，原劳动合同（   ）有效，劳动合同由承继其权利义务的用人单位继续履行"。
   A. 不再 B. 停止
   C. 继续 D. 保留

2. 需要变更劳动合同的情形一般不包括（   ）。
   A. 双方当事人经协商，达成一致
   B. 劳动者患病在规定的医疗期满后不能从事原工作而由用人单位另行安排工作
   C. 劳动合同订立时所依据的客观情况发生重大变化
   D. 劳动合同订立时所依据的主观情况发生重大变化

3. 用人单位因劳动者过失可以随时解除劳动合同的情形一般不包括（   ）。
   A. 在试用期间被证明不符合录用条件的
   B. 严重失职、营私舞弊，对用人单位造成重大损害的
   C. 劳动者不能胜任工作，经过培训仍不能胜任工作的
   D. 严重违反用人单位的规章制度的

4. 劳动合同终止的情形不包括（   ）。
   A. 劳动合同期满的 B. 劳动者开始依法享受基本养老保险待遇的
   C. 劳动者被人民法院宣告死亡的 D. 劳动者患病在规定的医疗期内的

5. 用人单位要求劳动者支付的违约金不得超过服务期（　　）所应分摊的培训费用。
   A. 完全履行部分　　　　　　　B. 已经履行部分
   C. 尚未履行部分　　　　　　　D. 部分履行部分

6. 在解除或者终止劳动合同后，约定竞业限制的人员到与本单位从事同类业务的有竞争关系的其他用人单位的竞业限制期限，不得超过（　　）年。
   A. 0.5　　　B. 1　　　C. 2　　　D. 2.5

7. 劳务派遣中的临时性工作岗位是存续时间不超过（　　）个月的岗位。
   A. 12　　　　　　　　　　　　B. 4
   C. 3　　　　　　　　　　　　　D. 6

8. 劳务派遣单位在跨地区派遣劳动者时，被派遣劳动者享有的劳动报酬和劳动条件应当按照（　　）规定的标准执行。
   A. 劳动者户口所在地　　　　　B. 劳务派遣单位所在地
   C. 用工单位所在地　　　　　　D. 劳务派遣单位规章制度

9. 从事非全日制用工的劳动者，在同一用人单位每周工作时间累计不得超过（　　）小时。
   A. 24　　　　　　　　　　　　B. 28
   C. 36　　　　　　　　　　　　D. 48

二、多项选择题（每题2分，每题备选项中，有2个或2个以上符合题意，至少有1个错项。错选，本题不得分；少选，所选的每个选项得0.5分）

1. 下列不属于劳动合同履行的原则的有（　　）。
   A. 全面履行原则　　　　　　　B. 合法原则
   C. 合理原则　　　　　　　　　D. 重点原则
   E. 普遍履行原则

2. 关于制定劳动规章制度的说法，不正确的有（　　）。
   A. 劳动规章制度应当由工会制定
   B. 劳动规章制度应当经过民主程序制定
   C. 劳动规章制度应当在劳动行政部门领导下制定
   D. 劳动规章制度必须经劳动者同意方可制定
   E. 劳动规章制度要向劳动者公示

3. 在规章制度和重大事项决定实施过程中，（　　）认为不适当的，有权向用人单位提出，通过协商予以修改完善。
   A. 劳动行政部门　　　　　　　B. 工会
   C. 职工　　　　　　　　　　　D. 人事部门
   E. 人民法院

4. 用人单位制定劳动规章制度出现违法情形时，处理方式包括（　　）。
   A. 由劳动行政部门责令改正　　B. 由法院处理
   C. 由公安机关处理　　　　　　D. 允许劳动者解除劳动合同
   E. 由工会处理

5. 经营劳务派遣业务应当具备的条件有（　　）。
   A. 具备临时用工人员
   B. 有与开展业务相适应的固定的经营场所和设施
   C. 有符合法律、行政法规规定的劳务派遣管理制度

D. 法律、行政法规规定的其他条件

E. 注册资本不得少于人民币二百万元

6. 关于劳务派遣协议期满终止，被派遣劳动者被重新派遣时的说法，不正确的有（　　）。

A. 维持劳动合同约定条件，被派遣劳动者不同意的可以解除劳动合同

B. 提高劳动合同约定条件，被派遣劳动者不同意的可以解除劳动合同

C. 降低劳动合同约定条件，被派遣劳动者不同意的可以解除劳动合同

D. 降低劳动合同约定条件，被派遣劳动者不同意的不得解除劳动合同

E. 被派遣劳动者退回后在无工作期间，劳务派遣单位无须支付报酬

7. 劳务派遣单位的法定义务包括（　　）。

A. 协助处理被派遣劳动者与用工单位的纠纷

B. 依法出具解除或者终止劳动合同的证明

C. 无须建立培训制度

D. 依法为被派遣劳动者缴纳社会保险费

E. 节假日为企业无偿服务

8. 关于非全日制用工双方当事人的说法，不正确的有（　　）。

A. 不得订立口头协议
B. 应提前30日通知对方终止用工
C. 不得约定试用期
D. 应提前3日通知对方终止用工
E. 任何一方都可以随时通知对方终止用工

本章同步练习参考答案及解析

一、单项选择题

1. [答案] C

   [解析]《劳动合同法》第三十四条规定，"用人单位发生合并或者分立等情况，原劳动合同继续有效，劳动合同由承继其权利义务的用人单位继续履行"。

2. [答案] D

   [解析] 变更劳动合同应不以个人意志为影响，D项中的"主观情况"说法错误。

3. [答案] C

   [解析] "因劳动者过失随时解除"即劳动者做错事，则A、B、D三项说法正确，C项不符合题意。

4. [答案] D

   [解析] 劳动者患病在规定的医疗期内的，劳动合同需要延续到情形消失。

5. [答案] C

   [解析] 用人单位要求劳动者支付的违约金不得超过服务期尚未履行部分所应分摊的培训费用。

6. [答案] C

[解析] 在解除或者终止劳动合同后，约定竞业限制的人员到与本单位生产或者经营同类产品、从事同类业务的有竞争关系的其他用人单位，或者自己开业生产或者经营同类产品、从事同类业务的竞业限制期限，不得超过2年。

7. [答案] D

   [解析] 临时性工作岗位指存续时间不超过6个月的岗位。

8. [答案] C

   [解析] 在跨地区派遣劳动者时，劳务派遣单位应当保证被派遣劳动者享有的劳动报酬和劳动条件，符合用工单位所在地规定的标准。

9. [答案] A

   [解析] 从事非全日制用工的劳动者，在同一用人单位每周工作时间累计不得超过24小时。

二、多项选择题

1. [答案] CDE

   [解析] 劳动合同履行的原则包括全面履行

原则、合法原则。

2. [答案] ACD

[解析] 劳动规章制度由用人单位制定，A、C 两项错误。用人单位在制定、修改或者决定有关劳动方面的直接涉及劳动者切身利益的规章制度或者重大事项时，应当经职工代表大会或者全体职工讨论，提出方案和意见，与工会或者职工代表平等协商确定，D 项错误。劳动规章制度具有法律效力的条件包括：①内容合法，不违背有关法律法规及政策；②经过民主程序制定，B 项正确；③要向劳动者公示，E 项正确。

3. [答案] BC

[解析] 在规章制度和重大事项决定实施过程中，工会或者职工认为不适当的，有权向用人单位提出，通过协商予以修改完善。

4. [答案] AD

[解析]《劳动合同法》规定，用人单位的规章制度违反法律、法规的规定，损害劳动者权益的，劳动者可以解除劳动合同，用人单位应当向劳动者支付经济补偿。用人单位直接涉及劳动者切身利益的规章制度违反法律、法规规定的，由劳动行政部门责令改正，给予警告；给劳动者造成损害的，应当承担赔偿责任。

5. [答案] BCDE

[解析] 经营劳务派遣业务应当具备下列条件：①注册资本不得少于人民币二百万元；②有与开展业务相适应的固定的经营场所和设施；③有符合法律、行政法规规定的劳务派遣管理制度；④法律、行政法规规定的其他条件。

6. [答案] CE

[解析] 本题考查劳务派遣协议期满终止的相关规定。注意审题，题干问的是"不正确的"。被派遣劳动者被用工单位退回后，劳务派遣单位重新派遣时维持或者提高劳动合同约定条件，被派遣劳动者不同意的，劳务派遣单位可以解除劳动合同；劳务派遣单位重新派遣时降低劳动合同约定条件的，被派遣劳动者不同意的，劳务派遣单位不得解除劳动合同。但被派遣劳动者提出解除劳动合同的除外。被派遣劳动者退回后在无工作期间，劳务派遣单位应当按照不低于所在地人民政府规定的最低工资标准，向其按月支付报酬。C、E 两项不正确。

7. [答案] ABD

[解题思路] 注意审题，题干问的是"劳务派遣单位"而非用工单位，劳务派遣单位是劳动者的用人单位，以此来看，A、B、D 三项正确。注意区分劳务派遣单位的义务和用工单位的义务。

8. [答案] ABD

[解析] 非全日制用工的主要规定中，双方当事人可以订立口头协议，A 项错误；双方当事人任何一方都可以随时通知对方终止用工，B、D 两项错误。

第十五章 社会保险法律

本章考情分析

年份	单项选择题	多项选择题	案例分析题	合计
2021年	—	1题2分	—	2分
2020年	2题2分	—	—	2分
2019年	1题1分	1题2分	—	3分
2018年	1题1分	1题2分	—	3分
2017年	1题1分	1题2分	—	3分

本章考点概览

社会保险法律
- 社会保险法律关系
- 社会保险法律适用
- 《中华人民共和国社会保险法》的基本内容

本章主要考点
1. 社会保险法律关系（概念、主客体、法律事实）
2. 社会保险法律适用（基本原则、基本要求、基本规则）
3. 《中华人民共和国社会保险法》的基本内容

本章考点详解

【考点一】社会保险法律关系

一、社会保险法律关系的概念

社会保险是指国家通过立法设立社会保险基金，并在一定范围内对社会保险基金实行统筹调剂，对遭遇劳动风险的劳动者给予必要的物质帮助和补偿的一种社会保障制度。

社会保险法律关系是指社会保险各主体间，如国家与劳动者之间、社会保险经办机构与劳动者之间、社会保险经办机构之间、社会保险经办机构与用人单位之间、用人单位与劳动者之间，就社会保险的权利义务所产生的法律关系。我国社会保险方面的法律规范属于社会法。

二、社会保险法律关系的主体

（一）从社会保险责任划分的主体

从社会保险责任划分，社会保险法律关系的主体包括：
（1）国家。
（2）社会保险的管理和经办机构。我国征缴社会保险费的法定机构有两个，即税务机关和社会保险经办机构。

(3) 用人单位。用人单位是社会保险基金的主要缴纳者。

(4) 劳动者及其家庭。劳动者及其家庭既是社会保险的受益人，同时又要承担相应的缴费义务。

(二) 从保险业务划分的主体

根据保险业务划分，社会保险法律关系的主体包括保险人、投保人、被保险人、受益人、管理人、监督人。

三、社会保险法律关系的客体

社会保险法律关系的客体是社会保险法律关系主体的权利和义务所指向的对象，包括资金、物、服务行为。

四、社会保险法律事实

社会保险法律事实是指社会保险法律规定的，能引起社会保险法律关系产生、变更、消灭的客观情况。

社会保险法律规定是产生、变更、消灭社会保险关系的前提，社会保险法律事实是引起社会保险法律关系产生、变更、消灭的原因和条件。

经典例题

[2017年真题·单选题] 社会保险法律关系的主体不包括（　　）。

A. 承担社会保险费缴纳义务的用人单位
B. 参与社会保险并履行缴纳社会保险费义务的劳动者
C. 依法裁判社会保险争议的人民法院
D. 向劳动者发放社会保险待遇的社会保险经办机构

[答案] C

[解析] 人民法院不属于社会保险法律关系的主体。

【考点二】社会保险法律适用

一、社会保险法律适用的基本原则

(1) 以事实为依据、以法律为准绳。

(2) 公民在法律面前一律平等。

(3) 实事求是，有错必纠。

二、社会保险法律适用的基本要求

社会保险法律适用的基本要求包括合法、准确、及时。

三、社会保险法律适用的基本规则

(1) 上位法的效力高于下位法（《中华人民共和国宪法》具有最高的法律效力）。

(2) 同位法中特别规定与一般规定不一致时，适用特别规定。

(3) 同位法中新的规定与旧的规定不一致时，适用新的规定。

(4) 原则上不溯及既往（特殊规定除外）。

【考点小贴士】上述基本规则可简记为"上特新不"。

【考点三】《中华人民共和国社会保险法》的基本内容

一、关于我国社会保险法立法原则

(1) 贯彻落实党中央的重大决策部署，特别是"广覆盖、保基本、多层次、可持续"等带有根本性、管长远的基本方针。

(2) 使广大人民群众共享改革发展成果。

(3) 公平与效率相结合，权利与义务相适应（优先体现公平和普惠性原则，同时体现激励和引导原则）。

(4) 确立框架，循序渐进。

二、《中华人民共和国社会保险法》确立了保险体系的基本框架

(1) 基本养老保险：职工基本养老保险和城乡居民基本养老保险。

(2) 基本医疗保险：职工基本医疗保险和城乡居民基本医疗保险。

(3) 工伤保险。

(4) 失业保险。

(5) 生育保险。

三、《中华人民共和国社会保险法》明确了各项社会保险制度的覆盖范围

(1) 基本养老保险和基本医疗保险覆盖了我国城乡全体居民。

(2) 工伤保险、失业保险和生育保险制度覆盖了所有用人单位及其职工。

(3) 被征地农民按照国务院规定纳入相应的社会保险制度。

(4) 在中国境内就业的外国人也应当参照规定参加我国的社会保险。

1) 具有与我国签订社会保险缴费双边或多边协议的国家国籍的就业人员，在其依法获得在我国境内就业证件3个月内提供协议国出具参保证明的，应按协议规定免除其规定险种在规定期限内的缴费义务。

2) 对于依法获得在我国境内就业证件3个月后不能提供协议国出具的参保证明的，应按规定征收社会保险费并收取相应的滞纳金。

3) 对于协议之外的险种以及协议规定险种超过规定期限的，应要求其按规定缴纳社会保险费。

经典例题

[2020年真题·单选题] 2019年3月1日，迈克尔（K国国籍，K国与中国签订有社保缴费协议）取得中国境内就业证书，迈克尔希望按照协议免除规定险种在规定期限的缴费义务，其应当提供K国参保证明的日期不得晚于（　　）。

A. 2020年9月1日

B. 2020年6月1日

C. 2019年6月1日

D. 2019年9月1日

[答案] C

[解析]《社会保险法》规定，具有与我国签订社会保险缴费双边或多边协议国家国籍的就业人员，在其依法获得在我国境内就业证件3个月内提供协议国出具参保证明的，应按协议规定免除其规定险种在规定期限内的缴费义务。根据题干，时间应不得晚于2019年6月1日。

本章易错易混考点

【易错易混考点】 社会保险法律适用的基本原则及基本规则的区分（如表15-1所示）

表15-1 社会保险法律适用的基本原则及基本规则的区分

社会保险法律适用的基本原则	社会保险法律适用的基本规则
（1）以事实为依据、以法律为准绳 （2）公民在法律面前一律平等 （3）实事求是，有错必纠	（1）上位法的效力高于下位法（《中华人民共和国宪法》具有最高的法律效力） （2）同位法中特别规定与一般规定不一致时，适用特别规定 （3）同位法中新的规定与旧的规定不一致时，适用新的规定 （4）原则上不溯及既往（特殊规定除外）

历年经典真题回顾

一、单项选择题（每题1分，每题备选项中，只有1个最符合题意）

1. 关于社会保险的说法，正确的是（　　）。[2016年真题]
    A. 在中国境内就业的外国人应当参照社会保险法参加社会保险
    B. 社会保险法确立了企业职工参加商业养老保险的基本模式
    C. 社会保险法是依据1994年颁布的劳动法制定的
    D. 职工自愿参加社会保险是社会保险的一项立法原则
    [答案] A
    [解析] 在中国境内就业的外国人应当参照社会保险法参加社会保险，A项正确。

2. 关于社会保险的说法，错误的是（　　）。[2014年真题]
    A. 在中国境内从业的外国人应当参加社会保险
    B. 职工基本养老保险属于社会保险
    C. 灵活就业人员可以参加职工基本医疗保险
    D. 非全日制用工从业人员不得在用人单位参加社会保险
    [答案] D
    [解析] 基本养老保险和基本医疗保险覆盖了我国城乡全体居民，非全日制用工从业人员可以在用人单位参加社会保险，D项错误。

二、多项选择题（每题2分，每题备选项中，有2个或2个以上符合题意，至少有1个错项。错选，本题不得分；少选，所选的每个选项得0.5分）

下列法律关系中，属于社会保险法律关系的有（　　）。[2015年真题]
    A. 征收社会保险费的机构与劳动者因征收失业保险费产生的法律关系
    B. 企业与劳动者因建立企业年金产生的法律关系
    C. 社会保险经办机构与退休职工因支付基本养老金产生的法律关系
    D. 社会保险行政部门与企业认定工伤产生的法律关系
    E. 商业保险公司参与意外伤害险的职工因支付住院津贴产生的法律关系
    [答案] ACD
    [解析] 社会保险法律是指社会保险各主体间，如国家与劳动者之间、社会保险经办机构与劳动者之间、社会保险经办机构之间、社会保险经办机构与用人单位之间、用人单位与劳动者之间，就社会保险的权利义务所产生的法律关系。故A、C、D三项正确，B、E两项中主体不符合，说法错误。

本章同步练习

一、单项选择题（每题1分，每题备选项中，只有1个最符合题意）

1. 在劳动和社会保险法的使用中，如果同位法中特别规定与一般规定不一致，应该（   ）。
   A. 适用地方政府规定
   B. 适用一般规定
   C. 适用下位法的规定
   D. 适用特别规定

2. 在中国境内就业的外国人，具有与我国签订社会保险缴费双边或多边协议的国家国籍的就业人员，关于参加我国的社会保险的说法，错误的是（   ）。
   A. 应当参照规定参加我国的社会保险
   B. 依法获得在我国境内就业证件3个月内提供协议国出具参保证明的，免除其规定险种在规定期限内的缴费义务
   C. 对于协议之外的险种以及协议规定险种超过规定期限的，不需要缴纳社会保险费
   D. 依法获得在我国境内就业证件3个月后不能提供协议国出具的参保证明的，征收社会保险费并收取相应的滞纳金

二、多项选择题（每题2分，每题备选项中，有2个或2个以上符合题意，至少有1个错项。错选，本题不得分；少选，所选的每个选项得0.5分）

1. 社会保险法律关系的主体根据社会保险责任划分，包括（   ）。
   A. 保险人
   B. 社会保险的管理和经办机构
   C. 用人单位
   D. 劳动者及其家庭
   E. 保险人权利与义务

2. 我国征缴社会保险费的法定机构包括（   ）。
   A. 劳动保障行政部门
   B. 社会保险经办机构
   C. 税务机关
   D. 人民银行
   E. 保险公司

3. 关于我国社会保险法立法原则的说法，正确的有（   ）。
   A. 确立框架，循序渐进
   B. 公平与效率相结合
   C. 权利与义务相适应
   D. 优先体现激励原则，同时体现公平原则
   E. 广大人民群众共享改革发展成果

本章同步练习参考答案及解析

一、单项选择题

1. [答案] D
   [解题思路] 根据社会保险法律适用基本规则的简记口诀"上特新不"，D项正确。

2. [答案] C
   [解析] 具有与我国签订社会保险缴费双边或多边协议的国家国籍的就业人员，对于协议之外的险种以及协议规定险种超过规定期限的，应要求其按规定缴纳社会保险费。

二、多项选择题

1. [答案] BCD
   [解析] 根据社会保险责任划分，社会保险法律关系的主体包括国家、社会保险的管理和经办机构、用人单位、劳动者及其家庭。A项属于从保险业务划分的社会保险法律关系主体。

2. [答案] BC
   [解析] 目前我国征缴社会保险费的法定机构有2个，即税务机关、社会保险经办机构。

3. [答案] ABCE
   [解析] D项应为优先体现公平和普惠性原则，同时体现激励和引导原则。

第十六章 社会保险体系

本章考情分析

年份	单项选择题	多项选择题	案例分析题	合计
2021 年	2 题 2 分	3 题 6 分	—	8 分
2020 年	1 题 1 分	—	—	1 分
2019 年	1 题 1 分	1 题 2 分	—	3 分
2018 年	2 题 2 分	—	3 题 6 分	8 分
2017 年	1 题 1 分	1 题 2 分	—	3 分

本章考点概览

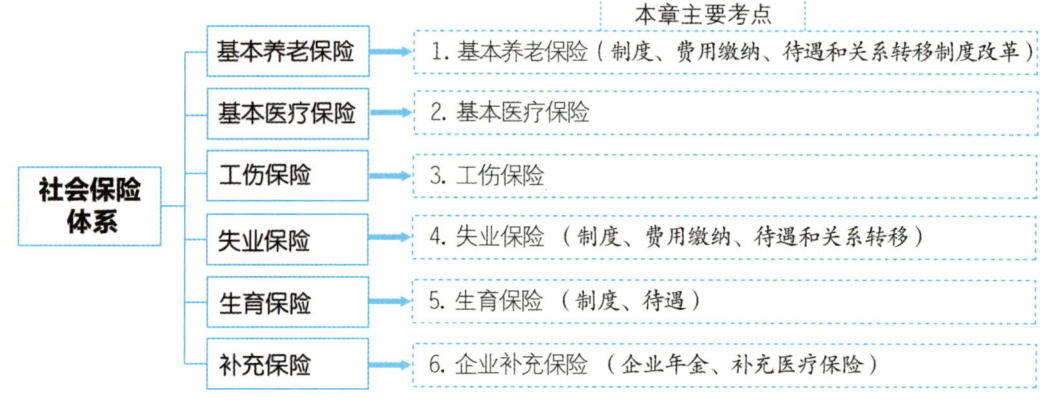

本章考点详解

【考点一】基本养老保险

一、基本养老保险制度

基本养老保险制度是指国家通过立法，保障劳动者在达到法定退休年龄后，从基本养老保险基金获得一定的经济补偿、物质帮助和服务，以保证其晚年基本生活的一项社会保险制度。

我国基本养老保险制度采用社会统筹和个人账户相结合的模式。

职工应当参加基本养老保险，由用人单位和职工共同缴纳基本养老保险费。无雇工的个体工商户、未在用人单位参加基本养老保险的非全日制从业人员以及其他灵活就业人员可以参加基本养老保险，由个人缴纳基本养老保险费。公务员和参照公务员法管理的工作人员，按照《国务院关于机关事业单位工作人员养老保险制度改革的决定》有关要求，参加基本养老保险制度。

二、基本养老保险费的缴纳

用人单位应当按照国家规定的本单位职工工资总额的比例缴纳基本养老保险费，计入基本养老保险统筹基金。

职工按照国家规定的本人工资的一定比例缴纳基本养老保险费，计入个人账户。无雇工的个体工商户、未在用人单位参加基本养老保险的非全日制从业人员以及其他灵活就业人员参加基本养老保险的，应当按照国家规定缴纳基本养老保险费，分别计入基本养老保险统筹基金和个人账户。

三、基本养老保险待遇及其享受条件

（一）基本养老保险待遇

基本养老金由基础养老金和个人账户养老金组成。

基础养老金标准以当地上年度在岗职工月平均工资和本人指数化月平均缴费工资的平均值为基数，缴费每满 1 年发 1%。个人账户养老金月标准为个人账户储存额除以计发月数。

参加基本养老保险的个人，因病或者非因工死亡的，其遗属可以领取丧葬补助金和抚恤金；在未达到法定退休年龄时因病或者非因工致残完全丧失劳动能力的，可以领取病残津贴。所需资金从基本养老保险基金中支付。

（二）享受基本养老保险待遇的条件

享受基本养老保险待遇的条件应同时满足：①达到法定退休年龄；②累计缴纳基本养老保险费满 15 年。

1. 退休年龄

（1）男年满 60 周岁，女工人年满 50 周岁，女干部年满 55 周岁。

（2）从事井下、高空、高温、特别繁重体力劳动或其他有害身体健康工作达到一定年限的，退休年龄为男满 55 周岁，女工人年满 45 周岁。

（3）因病或因工致残，由医院证明并经劳动鉴定委员会确认完全丧失劳动能力的，退休年龄为男年满 50 周岁，女年满 45 周岁。

2. 缴费不足 15 年的处理

（1）参加基本养老保险的个人，达到法定退休年龄时累计缴费不足 15 年的，可以缴费至满 15 年，按月领取基本养老金，也可以转入城乡居民社会保险，按照国务院规定享受相应的养老保险待遇。

（2）参加城镇职工基本养老保险的个人达到法定退休年龄后，累计缴费不足 15 年（含延长缴费），且未转入城乡居民社会保险的，个人可以书面申请终止职工基本养老保险关系。社会保险经办机构收到申请后，应当书面告知其转入后的权利以及终止城镇职工基本养老保险关系的后果，经本人书面确认后，终止其城镇职工基本养老保险关系，并将个人账户储存额一次性支付给本人。

（3）参加城镇职工基本养老保险的个人跨省流动就业，达到法定退休年龄时累计不足 15 年的，按照关于待遇领取地的相关规定确定继续缴费地后，可按照规定延长缴费。

【考点小贴士】缴费不足 15 年的处理可简单理解为：可继续交也可以转，不继续交也不转的需要经过三次书面申请才可领取个人账户储存额。

四、基本养老保险的发放和调整机制

（一）养老金社会化发放的内容

（1）委托银行发放。这是较为普遍的一种做法，银行代发养老金免收手续费。

（2）通过邮局寄发。对异地安置或居住在偏远农村的离退休人员多采用这样的做法。

（3）社会保险机构直接发放。包括两种情况：一种是只对少数高龄孤老、行动不便以及有特殊困难的离退休人员上门直接发放；另一种是采取与银行联办储蓄所等形式发放。

（4）依托社区发放。社会保险经办机构委托社区现有组织机构、人员及服务设施发放养老金。

（5）设立派出机构发放。

（二）基本养老金的调整机制

国家建立基本养老金正常调整机制。

五、基本养老保险关系转移

个人跨统筹地区就业的，其基本养老保险关系随本人转移，缴费年限累计计算。

六、近年来养老保险制度改革

（一）城乡居民养老保险制度

城乡居民养老保险由个人缴费、集体补助、政府补贴构成。

（二）机关事业单位工作人员养老保险

基本养老保险制度实行社会统筹与个人账户相结合的形式。

（三）降低社会保险费率

降低社会保险费率的主要内容包括降低养老保险单位缴费比例、调整社会保险缴费基数政策。

经典例题

[2020年真题·单选题] 关于基本养老保险制度的说法，错误的是（　　）。

A. 养老保险待遇只能在达到法定退休年龄后才能享受

B. 灵活就业人员参加基本养老保险，由当地政府和个人共同缴纳

C. 实行社会统筹和个人账户相结合的模式

D. 基金主要由用人单位和个人缴费以及政府补贴等组成

[答案] B

[解析] 无雇工的个体工商户、未在用人单位参加基本养老保险的非全日制从业人员以及其他灵活就业人员参加基本养老保险的，应当按照国家规定缴纳基本养老保险费，分别计入基本养老保险统筹基金和个人账户。B项错误。

【考点二】基本医疗保险

一、基本医疗保险制度

基本医疗保险是为了抗御疾病风险而建立的一种社会保险。被保险人患病就诊发生医疗费用后，由医疗保险机构对其给予一定的经济补偿。

职工应当参加职工基本医疗保险，由用人单位和职工按照国家规定共同缴纳基本医疗保险费。无雇工的个体工商户、未在用人单位参加职工基本医疗保险的非全日制从业人员以及其他灵活就业人员可以参加职工基本医疗保险，由个人按照国家规定缴纳基本医疗保险费。

二、基本医疗保险覆盖范围

基本医疗保险的实施范围，包括了城镇所有的用人单位及其职工和退休人员。各类机关企事业单位的城镇全体从业人员都要参加基本医疗保险。

三、基本医疗保险费的缴纳

基本医疗保险费由用人单位（职工工资总额6%）和个人（本人工资2%）共同缴纳。

参加职工基本医疗保险的个人，达到法定退休年龄时累计缴费达到国家规定年限的，退休后

不再缴纳基本医疗保险费,按照国家规定享受基本医疗保险待遇;未达到国家规定年限的,可以缴费至国家规定年限。

目前,基本医疗保险费的缴纳实行的是统账结合的制度模式,即统筹基金和个人账户两部分。具体内容如下:

(1) 个人参保缴费基数的 2% 计入个人账户。

(2) 单位缴纳的基本医疗保险费全部计入统筹资金。

(3) 退休人员个人账户原则上由统筹基金按定额划入,划入额度逐步调整到统筹地区根据本意见实施改革当年基本养老金平均水平的 2% 左右。

四、基本医疗保险基金的支付

医疗费用依法应由第三人负担,第三人不支付或者无法确定第三人的,由基本医疗保险基金先行支付。基本医疗保险基金先行支付后,有权向第三人追偿。

下列医疗费用**不纳入**基本医疗保险基金的支付范围:①应当从工伤保险基金中支付的;②应当由第三人负担的;③应当由公共卫生负担的;④在境外就医的。

根据目前执行的政策,统筹基金和个人账户支付的范围各不相同。个人账户主要支付门诊(小额)医疗费用。统筹基金主要支付住院(大额)医疗费用。统筹基金一般控制在当地职工年平均工资的 4 倍左右。

五、基本医疗保险关系的转移

个人跨统筹地区就业的,其基本医疗保险关系**随本人转移,缴费年限累计计算**。

经典例题

[2016年真题·单选题] 下列医疗费用中,纳入基本医疗保险基金支付范围的是( )。

A. 应当由第三人负担的医疗费用　　　　B. 抢救的医疗费用

C. 治疗工伤的医疗费用　　　　　　　　D. 在境外就医的费用

[答案] B

[解析] 根据不纳入基本医疗保险基金支付范围的内容,运用排除法,B 项正确。

【考点三】工伤保险

一、工伤保险制度

工伤保险,又称职业伤害保险,是指职工在工作过程中因工作原因受到事故伤害或者患职业病,由社会保险经办机构对其本人或供养亲属给予物质帮助和经济补偿的一项社会保险制度。

【考点小贴士】可简记为"工伤即因工作原因受伤"。

二、工伤保险的原则和覆盖范围

(一) 工伤保险的原则

1. 无过失责任原则

无过失责任是指劳动者在各种伤害事故中受的伤,只要不是受害者本人故意行为所致,就应该按照规定标准对其进行伤害赔偿。

2. 损害补偿原则

工伤保险损害补偿原则除了要考虑劳动者维持原来本人及其家庭基本生活,进行劳动力生产和再生产的最直接、最重要的费用来源的损失外,同时还要考虑对伤害程度、伤害性质及职业康复等因素进行适当经济补偿。

3. 预防、补偿和康复相结合的原则

为保障工伤职工的合法权益，维护、增进和恢复劳动者的身体健康，工伤保险必须把单纯的经济补偿和医疗康复以及工伤预防有机结合起来。

（二）用人单位的责任

（1）用人单位应当将参加工伤保险的有关情况在本单位内进行公示。职工发生工伤时，用人单位应当采取措施使受工伤职工得到及时救治。

（2）用人单位分立、合并、转让的，承继单位应当承担原用人单位的工伤保险责任；原用人单位已经参加工伤保险的，承继单位应当到当地经办机构办理工伤保险变更登记。

（3）用人单位实行承包经营的，工伤保险责任由职工劳动关系所在单位承担。

（4）职工被借调期间受到工伤事故伤害的，由原用人单位承担工伤保险责任，但原用人单位与借调单位可以约定补偿办法。

（5）职工被派遣出境工作，依据前往国家或地区的法律应当参加当地工伤保险的，参加当地工伤保险，其国内工伤保险关系中止；不能参加当地工伤保险的，其国内工伤保险关系不中止。

（6）职工（包括非全日制从业人员）在两个或两个以上用人单位同时就业的，各用人单位应当分别为职工缴纳工伤保险费。职工发生工伤，由职工受到伤害的工作单位依法承担工伤责任。

三、工伤保险费的缴纳

《社会保险法》规定，职工应当参加工伤保险，由用人单位缴纳工伤保险费，职工不缴纳工伤保险费。

统筹地区经办机构根据用人单位工伤保险费使用、工伤发生率等情况，适用所属行业内相应的费率档次确定单位缴费费率。工伤保险费的数额为本单位职工工资总额与单位缴费费率之积。不同行业实行差别费率。

四、工伤认定

（一）认定工伤的七种情形

（1）在工作时间和工作场所内，因工作原因受到事故伤害的。

（2）工作时间前后在工作场所内，从事与工作有关的预备性或收尾性工作受到事故伤害的。

（3）在工作时间和工作场所内因履行工作职责受到暴力等意外伤害的。

（4）患职业病的。

（5）因工外出期间，由于工作原因受到伤害或者发生事故下落不明的。

（6）在上下班途中，受到非本人主要责任的交通事故或者城市轨道交通、客运轮渡、火车事故伤害的。

（7）法律、行政法规规定应当认定为工伤的其他情形。

【考点小贴士】可简单理解为"认定工伤更为严格，必须和工作密切相关。"

（二）视同工伤的三种情形

（1）在工作时间和工作岗位，突发疾病死亡或在48小时之内经抢救无效死亡的。

（2）在抢险救灾等维护国家利益、公共利益的活动中受到伤害的。

（3）职工原在军队服役，因战、因公负伤致残，已取得革命伤残军人证，到用人单位后旧伤复发的。

【考点小贴士】可简单理解为"视同工伤一般为做出突出贡献的情形"。

（三）不得认定为工伤或者视同工伤的三种情形

（1）故意犯罪的。

（2）醉酒或吸毒的。

(3) 自残或自杀的。

【考点小贴士】 可简单理解为"自作孽和工作无关,即和工伤无关"。

(四) 工伤认定申请

(1) 职工发生事故伤害或者按照职业病防治法规定被诊断、鉴定为职业病,所在单位应当自事故伤害发生之日或被诊断、鉴定为职业病之日起30日内,向统筹地区社会保险行政部门提出工伤认定申请。

(2) 用人单位未按规定提出工伤认定申请的,工伤职工或其近亲属、工会组织在事故伤害发生之日或被诊断、鉴定为职业病之日起1年内,可以直接向用人单位所在地统筹地区社会保险行政部门提出工伤认定申请。

(3) 用人单位未按照规定提交认定申请,在此期间发生费用由用人单位负担。

(4) 职工或其近亲属认为是工伤,用人单位不认为是工伤的,由用人单位承担举证责任。

(5) 社会保险行政部门应当自受理工伤认定申请之日起60日内做出工伤认定的决定,并书面通知申请工伤认定的职工或其近亲属和该职工所在单位。

五、劳动能力鉴定

劳动功能障碍分为10个伤残等级,最重的为一级,最轻的为十级。生活自理障碍分为3个等级。

设区的市级劳动能力鉴定委员会应当自收到劳动能力鉴定申请之日起60日内做出劳动能力鉴定结论,必要时,劳动能力鉴定结论的期限可延长30日。申请鉴定的单位或个人对设区的市级劳动能力鉴定委员会做出的鉴定结论不服的,可在收到该鉴定结论之日起15日内向省、自治区、直辖市劳动能力鉴定委员会提出再次鉴定申请。

自劳动能力鉴定结论做出之日起1年后,工伤职工或其近亲属、所在单位或经办机构认为伤残情况发生变化的,可以申请劳动能力复查鉴定。

六、工伤保险待遇

(1) 职工因工作遭受事故伤害或者患职业病进行治疗需要暂停工作接受工伤医疗的,在停工留薪期内,原工资福利待遇不变,由所在单位按月支付。停工留薪期一般不超过12个月。伤情严重或情况特殊,经市级劳动能力鉴定委员会确认,可适当延长,但延长不得超过12个月。

(2) 工伤职工评定伤残等级后,停发原待遇,按规定享受伤残待遇。

(3) 工伤职工在停工留薪期满后仍需治疗的,继续享受工伤医疗待遇。

(4) 不能自理的工伤职工在停工留薪期内需要护理的,由所在单位负责。

(5) 工伤职工已经评定伤残等级并经劳动能力鉴定委员会确认需要生活护理的,从工伤保险基金按月支付生活护理费。

(6) 伤残待遇标准。

伤残待遇标准如表16-1所示。

表16-1 伤残待遇标准

级别	内容	一次性伤残补助金标准 (本人工资)	按月支付的伤残津贴 (本人工资)
一级伤残	职工因工致残被鉴定为一级至四级伤残的,保留劳动关系,退出工作岗位。从工伤保险基金按伤残等级支付一次性伤残补助金,按月支付伤残津贴	27个月	90%
二级伤残		25个月	85%
三级伤残		23个月	80%
四级伤残		21个月	75%

续表

级别	内容	一次性伤残补助金标准（本人工资）	按月支付的伤残津贴（本人工资）
五级伤残	（1）职工因工致残被鉴定为五级至六级伤残的，从伤残保险基金按伤残等级支付一次性伤残补助金，保留劳动关系，由用人单位安排适当工作，难以安排工作的，由用人单位按月发放伤残津贴。伤残津贴实际金额低于当地最低工资标准的，由用人单位补足差额	18个月	70％
六级伤残	（2）由用人单位按照规定为其缴纳应缴纳的各项社会保险费 （3）经工伤职工本人提出，该职工可以与用人单位解除或者终止劳动关系，由工伤保险基金支付一次性工伤医疗补助金，由用人单位支付一次性伤残就业补助金	16个月	60％
七级伤残	职工因工致残被鉴定为七级至十级伤残的，从伤残保险基金按伤残等级支付一次性伤残补助金，劳动、聘用合同期满终止；或者职工本人提出解除劳动、聘用合同的，由工伤保险基金支付一次性工伤医疗补助金，由用人单位支付一次性伤残就业补助金	13个月	无
八级伤残	^	11个月	无
九级伤残	^	9个月	无
十级伤残	^	7个月	无

（7）职工再次发生工伤的伤残待遇。

1）职工再次发生工伤，根据规定应当享受伤残津贴的，按照新认定的伤残等级享受伤残津贴待遇。

2）上述工伤保险待遇涉及的本人工资，是指工伤职工因工作遭受事故伤害或者患职业病前12个月平均月缴费工资。本人工资高于统筹地区职工平均工资300％的，按照统筹地区职工平均工资的300％计算；本人工资低于统筹地区职工平均工资60％的，按照统筹地区职工平均工资的60％计算。

（8）职工因工死亡，其近亲属的待遇。

职工因工死亡，其近亲属可从工伤保险基金领取丧葬补偿金、供养亲属抚恤金和一次性工亡补助金：

1）丧葬补助金为6个月的统筹地区上年度职工月平均工资。

2）供养亲属抚恤金按照职工本人工资的一定比例发放。

3）一次性工亡补助金标准为上一年度全国城镇居民人均可支配收入的20倍。

（9）因工外出发生事故或下落不明的处理。

1）从事故发生当月起3个月内照发工资，从第四个月起停发工资，由工伤保险基金向其供养亲属按月支付供养亲属抚恤金。

2）生活有困难的，可预支一次性伤亡补助金的50％。

3）职工被人民法院宣告死亡的，按照职工因工死亡的待遇规定处理。

（10）停止享受工伤保险待遇的情形。

停止享受工伤保险待遇的情形包括：①丧失享受待遇条件的；②拒不接受劳动能力鉴定的；③拒绝接受治疗的。

（11）符合领取基本养老保险条件的工伤职工的待遇。

工伤职工符合领取基本养老保险条件的，停发伤残津贴，享受基本养老保险待遇。基本养老保险待遇低于伤残津贴的，从工伤保险基金中补足差额。

【考点小贴士】工伤保险待遇内容较多，可以多读熟悉，通过加色的关键词进行把握。

七、特殊情况

（一）先行支付

（1）职工所在用人单位未依法缴纳工伤保险费，发生工伤事故的，由用人单位支付工伤保险待遇。

（2）用人单位不支付的，从工伤保险基金中先行支付。从工伤保险基金中先行支付的工伤保险待遇应当由用人单位偿还。

（3）职工被认定为工伤后，有下列情形之一的，职工或者其近亲属可以持工伤认定决定书和有关材料向社会保险经办机构书面申请先行支付工伤保险待遇：①用人单位被依法吊销营业执照或者撤销登记、备案的；②用人单位拒绝支付全部或者部分费用的；③依法经仲裁、诉讼后仍不能获得工伤保险待遇，法院出具中止执行文书的；④职工认为用人单位不支付的其他情形。

（二）不合法单位的职工的工伤保险待遇

无营业执照或者未依法登记、备案的单位以及被依法吊销营业执照或者撤销登记、备案的单位的职工受到事故伤害或者患职业病的，由该单位向伤残职工或死亡职工的近亲属给予一次性赔偿。用人单位不得使用童工，用人单位使用童工造成童工伤残、死亡的，由该单位向童工或者童工的近亲属给予一次性赔偿。

（三）用人单位未参加工伤保险承担的责任

（1）《工伤保险条例》规定，应当参加工伤保险而未参加工伤保险的用人单位职工发生工伤，由该用人单位按照本条例规定的工伤保险待遇项目和标准支付费用。

（2）用人单位参加工伤保险并补缴应当缴纳的工伤保险费、滞纳金后，由工伤保险基金和用人单位依照本条例规定支付新发生的费用。

（3）《职业病防治法》规定，劳动者被诊断患有职业病，但用人单位没有依法参加工伤保险的，其医疗和生活保障由该用人单位承担。

（四）多次发生工伤的待遇领取

职工在同一用人单位连续工作期间多次发生工伤的，符合《工伤保险条例》的规定领取相关待遇时，按照其在同一用人单位工伤的最高伤残级别，计发一次性伤残就业补助金和一次性工伤医疗补助金。

经典例题

[2017年真题·单选题] 关于工伤保险费缴纳的说法，正确的是（　　）。
A. 职工无须缴纳工伤保险费
B. 用人单位和职工共同缴纳工伤保险费
C. 用人单位代替职工缴纳工伤保险费
D. 工伤保险费由国家承担
[答案] A
[解析] 职工无须缴纳工伤保险费。
[2016年真题·多选题] 下列情形中，不应当被认定为工伤的有（　　）。
A. 职工因工外出期间，由于工作原因受到伤害的
B. 职工下班后在工作场所从事收尾性工作受到事故伤害的

C. 职工在上班途中受到暴力伤害的
D. 职工在工作时间内因私外出发生交通事故受到伤害的
E. 职工患职业病的
[答案] CD
[解析] 认定工伤更为严格，必须和工作密切相关。A、B、E 三项属于认定工伤的情形。

【考点四】失业保险

一、失业保险制度

失业保险制度是国家通过立法强制实行，由社会集中建立基金，对非因本人意愿中断就业而失去工资的劳动者提供一定时期的物质帮助和就业服务的制度。

二、失业保险费的缴纳

城镇企事业单位职工按照个人工资的 1% 缴纳失业保险费；城镇企事业单位按照本单位工资总额的 2% 缴纳失业保险费。

三、失业保险待遇

（一）领取失业保险金的条件

(1) 失业前用人单位和本人已经缴纳失业保险费满 1 年。
(2) 非因本人意愿中断就业。
(3) 已经进行失业登记，并有求职要求（失业登记是失业人员领取失业保险金的必经程序）。

（二）停止领取失业保险待遇的情形

失业人员在领取失业保险金期间有下列情形之一，停止领取失业保险金，并同时停止享受其他失业保险待遇：①重新就业的；②应征服兵役的；③移居境外的；④享受基本养老保险待遇的；⑤无正当理由，拒不接受介绍的工作或提供的培训的。

（三）失业保险待遇

(1) 失业前用人单位和本人累计缴费满 1 年不足 5 年的，领取保险金的期限最长为 12 个月。
(2) 累计缴费满 5 年不足 10 年的，领取保险金的期限最长为 18 个月。
(3) 累计缴费 10 年以上的，领取保险金的期限最长为 24 个月。
(4) 重新就业再失业，缴费时间重新算，领取期限与前次失业应当领取而尚未领取的期限合并计算，最长不超过 24 个月。
(5) 失业保险金的标准，由省、自治区、直辖市人民政府规定，不得低于城市居民最低生活保障标准。
(6) 失业人员在领取保险金期间，参加职工基本医疗保险，享受基本医疗保险待遇。

领取失业保险金人员参加职工医保应缴纳的基本医疗保险费从失业保险基金中支付，个人不缴费。

社会保险经办机构为领取失业保险金人员缴纳基本医疗保险费的期限与领取失业保险金期限相一致，领取失业保险金人员参加职工医保的缴费年限与其失业前参加职工医保的缴费年限累计计算。

（四）遗属待遇

在领取失业保险金期间死亡的，参照当地对在职职工死亡的规定，向其遗属发给一次性丧葬补助金和抚恤金，所需资金从失业保险基金中支付。

四、失业登记和失业保险关系转移

(一) 失业登记

失业登记的具体内容如图 16-1 所示。

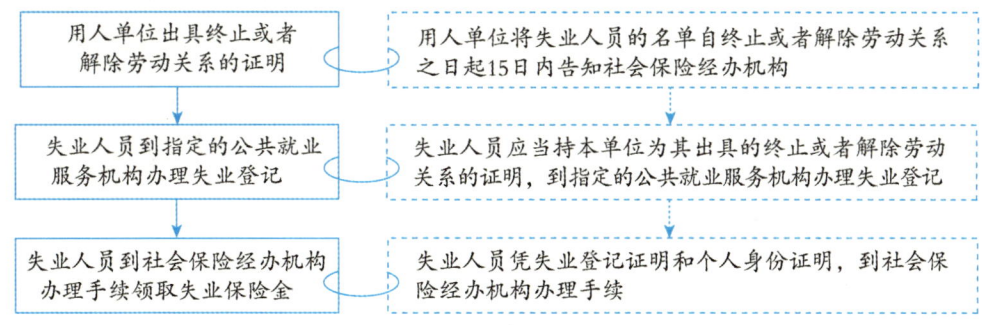

图 16-1　失业登记

失业保险金领取期限自办理失业登记之日起计算。

【考点小贴士】上述内容可通过"失业保险离不开失业登记"理解。

(二) 失业保险关系转移

失业保险关系随本人转移，缴费年限累计计算。

经典例题

[2021 年真题·多选题] 领取失业保险金的条件包括（　　）。

A. 家中有需要赡养的老人
B. 非因本人意愿中断就业
C. 年满 18 周岁以上
D. 失业前用人单位和本人已经缴纳失业保险费满 1 年
E. 已经进行失业登记，并有求职要求

[答案] BDE

[解析] 从失业保险基金中领取失业保险金的条件包括：①失业前用人单位和本人已经缴纳失业保险费满 1 年；②非因本人意愿中断就业；③已经办理失业登记，并有求职要求。

【考点五】生育保险

一、生育保险制度

生育保险制度是指国家通过社会保险立法，对女职工因生育子女而暂时丧失劳动能力和正常收入时，由国家或社会提供物质等方面帮助的一项社会保险制度。

目前，生育保险费按照不超过职工工资总额的 1‰ 由用人单位缴纳。职工不缴纳生育保险费。2019 年 3 月，国务院办公厅下发《关于全面推进生育保险和职工基本医疗保险合并实施的意见》，提出两项保险要统一参保登记，统一基金征缴和管理，统一经办和信息服务，确保职工生育期间的生育保险待遇不变，确保制度可将续，并明确要求各地区在 2019 年年底前实现两项保险合并实施。

二、生育保险待遇

(一) 生育保险待遇的构成

已经缴纳生育保险费的用人单位的职工，可以享受生育保险待遇。

生育保险待遇包括生育医疗费用和生育津贴。

职工未就业的配偶生育子女，可以按照国家规定享受生育医疗费用待遇，所需资金从生育保险基金中支付。未就业职工配偶不享受生育津贴待遇。

（二）生育津贴

生育津贴是指在职妇女因生育而离开工作岗位中断收入时，给予定期的现金补助。

生育津贴的标准是按照职工所在用人单位上年度职工月平均工资计算的。

可以享受生育津贴的情形：①女职工生育享受产假；②享受计划生育手术休假；③法律、法规规定的其他情形。

《女职工劳动保护特别规定》，女职工产假期间的生育津贴：①已参加生育保险的按照用人单位上年度职工月平均工资的标准由生育保险基金支付。②未参加生育保险的，按照女职工产假前工资标准由用人单位支付。

> **经典例题**
>
> [2015年真题·单选题] 女职工生育津贴的计发标准是（　　）。
> A. 按照职工本人上年度月平均工资计发
> B. 按照用人单位所在地最低工资标准计发
> C. 按照劳动合同约定的职工月工资计发
> D. 按照职工所在用人单位上年度职工月平均工资计发
> [答案] D
> [解析] 生育津贴的标准是按照职工所在用人单位上年度职工月平均工资计算的。

【考点六】企业补充保险

一、企业年金

（一）概念

企业年金，又称企业补充养老保险，是指企业及其职工在依法参加基本养老保险的基础上，在国家规定的税收优惠等政策和条件下，自愿建立的补充养老保险制度，是多层次养老保险制度的重要组成部分，是一种辅助性的养老保险形式。国家鼓励建立企业年金。

（二）设立企业年金的原则

由国家宏观指导、企业内部决策执行，费用由企业和职工个人缴纳，企业缴费在工资总额4%以内的部分，可从成本中列支。

（三）企业年金的缴费

（1）企业年金所需费用由企业和职工个人共同缴纳。

（2）职工个人缴费可以由企业从职工个人工资中代扣。

（3）《企业年金办法》规定，企业缴费每年不超过本企业职工工资总额的8%、企业和职工个人缴费合计不超过本企业职工工资总额的12%。

（四）现行企业年金的主要政策

1. 建立企业年金的范围

企业符合下列条件，可以建立企业年金：①依法参加基本养老保险并履行缴费义务；②具有相应的经济负担能力。

2. 建立企业年金的程序

企业应当与职工一方通过集体协商确定，并制定企业年金方案。企业年金方案应当提交职工代表大会或全体职工讨论通过，企业应当将企业年金方案报送所在地县级以上人民政府人力资源社会保障行政部门。人力资源社会保障行政部门自收到企业年金方案文本之日起15日内未提出异议的，企业年金方案即行生效。

3．企业年金方案的内容

企业年金方案的内容包括：①参加人员；②资金筹集与分配的比例和办法；③账户管理；④权益归属；⑤基金管理；⑥待遇计发和支付方式；⑦方案的变更和终止；⑧组织管理和监督方式；⑨双方约定的其他事项。

企业年金方案适用于企业试用期满的职工。

4．企业年金的发放

职工在达到国家规定的退休年龄或者完全丧失劳动能力时，可以从本人企业年金个人账户中按月、分次或者一次性领取企业年金，也可以将本人企业年金个人账户资金全部或者部分购买商业养老保险产品，依据保险合同领取待遇并享受相应的继承权。出国（境）定居人员的企业年金个人账户资金，可以根据本人要求一次性支付给本人。职工或者退休人员死亡后，其企业年金个人账户余额可以继承。

（五）领取企业年金和职业年金的个人所得税的处理

根据国家有关规定，个人达到国家规定的退休年龄，在2014年1月1日后按月领取的年金，全额按照"工资、薪金所得"项目适用的税率，计征个人所得税；在2014年1月1日后按年或按季取得的年金，平均分摊计入各月，每月领取全额按照"工资、薪金所得"项目适用的税率，计征个人所得税。

（六）企业年金合同争议的处理

（1）因履行企业年金合同发生争议的，当事人可以依法提请仲裁或者诉讼。

（2）因订立或者履行企业年金方案发生争议的，按国家有关集体合同争议处理规定执行。

二、补充医疗保险

（一）概念

补充医疗保险是指单位或特定人群，根据自己的经济收入水平和疾病的严重程度，自愿参加的一种辅助性医疗保险，是基本医疗保险的补充和完善。

（二）类型

（1）职工大额医疗费用补助。

（2）企业补充医疗保险。

企业补充医疗保险是企业在参加基本医疗保险的基础上，国家给予政策鼓励，由企业自主举办或参加的一种补充性医疗保险形式。

参加企业补充医疗保险的条件是参加了基本医疗保险，足额发放职工工资和缴纳社会保险费用，有能力主办或参加企业补充医疗保险。

企业补充医疗保险基金主要用于解决企业职工基本医疗保险待遇以外的医疗费用负担。

建立企业补充医疗保险的形式有：①商业医疗保险机构举办；②社会医疗保险机构经办；③大集团、大企业自办。

企业为职工缴纳的补充医疗保险费，按国家规定的列支渠道列支：企业补充医疗保险费在工资总额4%以内的部分列入成本；超出4%的部分由企业税后利润负担。

（3）商业医疗保险。

商业医疗保险由商业保险公司经办，多以营利为目的，企业或职工自愿参加。

目前我国商业医疗保险的险种主要有：①基础医疗保险；②大病保险；③伤残保险；④与基本医疗保险衔接的大病保险。

（4）社会医疗救助。

经典例题

[例题·多选题] 补充医疗保险类型包括（　　）。
A. 职工大额医疗费用补助
B. 工伤保险
C. 企业补充医疗保险
D. 商业医疗保险
E. 养老保险
[答案] ACD
[解析] 补充医疗保险类型包括职工大额医疗费用补助、企业补充医疗保险、社会医疗救助和商业医疗保险。

本章易错易混考点

【易错易混考点】社会保险各险种的相关内容（如表16-2所示）

表16-2　社会保险各险种的相关内容

险种	考点提示	缴费	转移
养老保险	享受待遇应同时满足：达到法定退休年龄＋累计缴纳基本养老保险费满15年	用人单位和职工共同缴纳	保险关系随本人转移，缴费年限累计计算
医疗保险	下列医疗费用不纳入基本医疗保险基金的支付范围： (1) 应当从工伤保险基金中支付的 (2) 应当由第三人负担的 (3) 应当由公共卫生负担的 (4) 在境外就医的		
失业保险	享受待遇应满足： (1) 失业前用人单位和本人已经缴纳失业保险费满1年 (2) 非因本人意愿中断就业 (3) 已经进行失业登记，并有求职要求		
工伤保险	认定工伤的七种情形 视同工伤的三种情形 不得认定为工伤或者视同工伤的三种情形	职工不缴纳	无
生育保险	已经缴纳生育保险费的用人单位的职工，可以享受生育保险待遇；未就业职工配偶不享受生育津贴待遇		

【考点小贴士】表16-2最后两列的内容可简单理解为"职工参与缴费的保险，其关系可随本人转移，缴费年限累计计算"。

历年经典真题回顾

一、单项选择题（每题1分，每题备选项中，只有1个最符合题意）

1. 下列情形中，属于领取基本养老保险病残津贴条件的是（　　）。[2016年真题]
    A. 因工伤部分丧失劳动能力
    B. 因工伤完全丧失劳动能力
    C. 因病部分丧失劳动能力
    D. 因病完全丧失劳动能力
    [答案] D
    [解析] 参加基本养老保险的个人，在未达到法定退休年龄时因病或者非因工致残完全丧失劳

动能力的，可以领取病残津贴，所需资金从基本养老保险基金中支付。
2. 城镇职工基本医疗保险基金的统筹方式是（　　）。[2016年真题]
   A. 国家与用人单位共同负担
   B. 用人单位负担
   C. 用人单位和劳动者共同负担
   D. 劳动者负担
   [答案] C
   [解析] 职工参加基本医疗保险，由用人单位和职工按照国家规定共同缴纳基本医疗保险费。
3. 职工在两个用人单位同时就业的，发生工伤后，由（　　）承担工伤保险责任。[2016年真题]
   A. 职工受到伤害时工作的单位
   B. 两个用人单位共同承担
   C. 职工个人
   D. 先建立劳动关系的单位
   [答案] A
   [解析] 职工在两个用人单位同时就业的，各用人单位应当分别为职工缴纳工伤保险费。职工发生工伤后，由受到伤害时工作的单位承担工伤保险责任。
4. 关于工伤保险责任的说法，错误的是（　　）。[2015年真题]
   A. 用人单位分立的，承继单位应当承担原用人单位的工伤保险责任
   B. 用人单位实行承包经营的，工伤保险责任由职工劳动关系所在单位承担
   C. 职工被借调期间受到工伤事故伤害的，由原用人单位承担工伤保险责任
   D. 职工在两个用人单位同时就业的，职工发生工伤后，由与职工先建立劳动关系的单位承担工伤保险责任
   [答案] D
   [解析] 职工（包括非全日制从业人员）在两个或两个以上用人单位同时就业的，各用人单位应当分别为职工缴纳工伤保险费。职工发生工伤，由职工受到伤害的工作单位依法承担工伤责任。
5. 关于工伤保险待遇的说法，正确的是（　　）。[2015年真题]
   A. 工伤职工在停工留薪期内，原工资福利待遇不变，由工伤保险基金按月支付
   B. 工伤职工拒不接受劳动能力鉴定，将停止享受工伤保险待遇
   C. 工伤职工符合领取基本养老金条件时，可同时领取伤残津贴和基本养老金
   D. 职工因工死亡，其近亲属可以从养老保险金领取供养亲属抚恤金
   [答案] B
   [解析] 工伤职工在停工留薪期内，原工资福利待遇不变，由所在单位按月支付，A项错误。工伤职工符合领取基本养老保险条件的，停发伤残津贴，享受基本养老保险待遇；基本养老保险待遇低于伤残津贴的，从工伤保险基金中补足差额，C项错误。职工因工死亡，其近亲属可从工伤保险基金领取丧葬补偿金、供养亲属抚恤金和一次性工亡补助金，D项错误。
6. 参加基本医疗保险的职工的医疗费用依法应由第三人负担，但第三人不支付或者无法确定第三人的，由（　　）先行支付。[2014年真题]
   A. 基本医疗保险基金
   B. 用人单位
   C. 职工个人
   D. 医疗机构
   [答案] A
   [解析] 医疗费用依法应由第三人负担，第三人不支付或者无法确定第三人的，由基本医疗保

险基金先行支付。基本医疗保险基金先行支付后，有权向第三人追偿。

7. 关于生育保险的说法，错误的是（　　）。[2014年真题]
   A. 生育保险待遇包括生育医疗费用和生育津贴
   B. 已经参加生育保险的职工，其未就业的配偶可以享受生育津贴待遇
   C. 生育保险费由用人单位缴纳
   D. 生育津贴按照职工所在用人单位上年度职工月平均工资支付
   [答案] B
   [解析] 未就业的配偶不可以享受生育津贴待遇，B项错误。

二、多项选择题（每题2分，每题备选项中，有2个或2个以上符合题意，至少有1个错项。错选，本题不得分；少选，所选的每个选项得0.5分）

1. 关于劳动能力鉴定的说法，正确的有（　　）。[2021年真题]
   A. 劳动能力鉴定可以由用人单位、工伤职工或其近亲属提出申请
   B. 劳动功能障碍分为10个伤残等级
   C. 生活自理障碍分为5个等级
   D. 劳动能力鉴定委员会建立医疗卫生专家库
   E. 劳动能力鉴定结论应当及时送达申请鉴定的单位和个人
   [答案] ABDE
   [解析] 生活自理障碍分为3个等级，C项错误。

2. 关于用人单位工伤保险责任的说法，正确的有（　　）。[2017年真题]
   A. 职工在两个用人单位同时就业的，由职工受到伤害时工作的单位承担工伤保险责任
   B. 用人单位应当将参加工伤保险的有关情况，在本单位内公示
   C. 职工被派遣出境工作的，其国内工伤保险关系依法终止
   D. 非全日制从业人员可以自愿参加工伤保险，使用其的用人单位无工伤保险责任
   E. 用人单位在转让前职工发生工伤的，由承继的单位承担工伤保险责任
   [答案] ABE
   [解析] 职工被派遣出境工作，依据前往国家或地区的法律应当参加当地工伤保险的，参加当地工伤保险，其国内工伤保险关系中止；不能参加当地工伤保险的，其国内工伤保险关系不中止，C项错误。D项中"使用其的用人单位无工伤保险责任"说法错误。

3. 下列对因工致残职工劳动关系的处理中，不符合法律规定的有（　　）。[2016年真题]
   A. 职工因工致残被鉴定为一级至六级伤残的，终止劳动关系，退出工作岗位
   B. 职工因工致残被鉴定为一级至四级伤残的，保留劳动关系，退出工作岗位
   C. 职工因工致残被鉴定为五级至六级伤残的，解除劳动关系，由单位支付经济补偿
   D. 职工因工致残被鉴定为七级至十级伤残的，劳动合同期满可以终止
   E. 职工因工致残被鉴定为五级至十级伤残的，用人单位可以随时提出解除劳动合同
   [答案] ACE
   [解析] 职工因工致残被鉴定为一级至四级伤残的，保留劳动关系，退出工作岗位，B项正确。职工因工致残被鉴定为五级至六级伤残的，保留劳动关系，由用人单位安排适当工作，难以安排工作的，由用人单位按月发放伤残津贴，C项错误。职工因工致残被鉴定为七级至十级伤残的，劳动、聘用合同期满终止；或者职工本人提出解除劳动、聘用合同的，由工伤保险基金支付一次性工伤医疗补助金，由用人单位支付一次性伤残就业补助金，D项正确。A、E两项对伤残等级划分错误。

4. 下列情形中，应当认定工伤的有（　　）。[2014年真题]
   A. 劳动者患职业病
   B. 劳动者在上班途中，受到非本人主要责任的交通事故伤害
   C. 劳动者在下班途中，受到暴力伤害
   D. 劳动者在工作时间和工作场所内，因工作原因受到事故伤害
   E. 劳动者在工作时间和工作场所内，因醉酒发生事故受到伤害
   [答案] ABD
   [解析] C、E两项中职工受到的伤害与工作无关。

三、案例分析题（每题2分。由单选和多选组成。错选，本题不得分；少选，所选的每个正确选项得0.5分）

2015年3月，王某到某建筑公司打工，双方签订了为期1年的劳动合同，合同约定，月工资3 000元，每天工作9小时，每周工作7天，不享受年休假，合同履行期间发生伤残，公司概不负责。2015年6月，王某在施工中因操作不当被砸伤，王某认为自己被砸伤属于工伤，要求公司予以赔偿，但公司却以王某违反规章制度为由，解除与王某的劳动合同。王某不服，向当地劳动争议仲裁委员会申请仲裁，要求认定被砸伤为工伤，并要求公司支付解除劳动合同经济补偿。[2016年真题]

1. 下列劳动合同的规定中，符合法律规定的是（　　）。
   A. 王某与某建筑公司签订的劳动合同为期1年
   B. 王某与某建筑公司签订的劳动合同约定每日工作9小时，每周工作7天
   C. 王某与某建筑公司签订的劳动合同约定合同履行期间发生伤残，公司概不负责
   D. 王某与某建筑公司签订的劳动合同约定不享受年休假
   [答案] A
   [解题思路] 本题考查劳动法律的相关规定。根据排除法，B、C、D三项错误。此题可根据常识进行判断得出答案。

2. 关于王某被砸伤是否为工伤的说法，符合法律规定的是（　　）。
   A. 王某在施工中因操作不当被砸伤，责任在王某本人，因此所受伤不应当为工伤
   B. 王某与公司已约定发生伤残公司概不负责，因此所受伤不应当为工伤
   C. 王某在施工过程中因操作不当被砸伤，王某本人有一定责任，但所受伤仍应当为工伤
   D. 王某在某建筑公司如果工作1年以上，所受伤才可以认定为工伤
   [答案] C
   [解析] 本题考查工伤认定。在工作时间和工作场所内，因工作原因受到事故伤害的应当认定为工伤；工伤保险的原则中的无过失责任原则是指劳动者在各种伤害事故中只要不是受害者本人故意行为所致，就应该按照规定标准对其进行伤害赔偿。

3. 关于工伤认定的说法，正确的是（　　）。
   A. 王某已申请劳动争议仲裁，劳动争议仲裁委员会应对王某所受伤做出工伤认定
   B. 劳动争议仲裁委员会无权对王某所受伤做出工伤认定
   C. 王某被砸伤后可以向社会保险行政部门申请工伤认定
   D. 王某认为自己被砸伤属于工伤，某建筑公司应当同意王某的看法
   [答案] BC
   [解析] 本题考查工伤认定申请。职工发生事故伤害或者按照职业病防治法规定被诊断、鉴定为职业病，所在单位应当自事故伤害发生之日或被诊断、鉴定为职业病之日起30日内，向统筹地

区社会保险行政部门提出工伤认定申请。A项错误，B、C两项正确。D项说法太绝对，错误。

4. 如果王某所受伤没有认定为工伤，甲公司依法支付王某解除劳动合同经济补偿金额为（　　）元。

　　A. 1 500　　　　　　　　　　B. 3 000

　　C. 6 000　　　　　　　　　　D. 12 000

[答案] A

[解析] 本题考查经济补偿。经济补偿按劳动者在本单位工作的年限，每满1年支付1个月工资标准向劳动者支付。6个月以上不满1年的，按1年计算；不满6个月的，向劳动者支付半个月工资的经济补偿。根据案例内容，2015年3月，王某到某建筑公司打工，2015年6月，王某在施工中因操作不当被砸伤，属于工作年限不满6个月的情况，向劳动者支付半个月工资的经济补偿，月工资3 000元，即支付经济补偿1 500元。

本章同步练习

一、单项选择题（每题1分，每题备选项中，只有1个最符合题意）

1. 职工被借调期间受到工伤事故伤害，由（　　）承担工伤保险责任。

　　A. 原用人单位　　　　　　　　B. 借调单位

　　C. 借调单位和原用人单位共同　　D. 职工

2. 职工因工死亡，其近亲属可从工伤保险基金领取丧葬补助金、供养亲属抚恤金和（　　）。

　　A. 一次性工伤医疗补助金

　　B. 一次性伤残经济补偿金

　　C. 一次性伤残补助金

　　D. 一次性工亡补助金

3. 用人单位应当及时为失业人员出具终止或者解除劳动关系的证明，并将失业人员的名单自终止或者解除劳动关系之日起（　　）日内告知社会保险经办机构。

　　A. 10　　　　　　　　　　　　B. 15

　　C. 18　　　　　　　　　　　　D. 20

4. 因订立或者履行企业年金方案发生争议的，可以（　　）。

　　A. 按集体合同争议处理

　　B. 按劳动合同争议处理

　　C. 提请诉讼

　　D. 提请仲裁

5. 企业年金由国家宏观指导、企业内部决策执行，费用由企业和职工个人缴纳，企业缴费在工资总额（　　）以内的部分，可从成本中列支。

　　A. 2%　　　　　　　　　　　　B. 3%

　　C. 4%　　　　　　　　　　　　D. 5%

6. 关于基本养老保险的说法，错误的是（　　）。

　　A. 职工缴纳的基本养老保险费计入职工个人账户

　　B. 用人单位按照本单位职工工资总额的一定比例缴纳基本养老保险费

　　C. 无雇工的个体工商户可以参加基本养老保险

　　D. 职工可以提前支取基本养老保险个人账户余额

二、多项选择题（每题2分，每题备选项中，有2个或2个以上符合题意，至少有1个错项。错选，本题不得分；少选，所选的每个选项得0.5分）

1. 下列社会保险险种中，企业职工个人需缴费的有（　　）。
   A. 养老保险　　　　　　　　B. 医疗保险
   C. 失业保险　　　　　　　　D. 工伤保险
   E. 生育保险

2. 用人单位未按规定提出工伤认定申请的，（　　）在事故伤害发生之日或被诊断、鉴定为职业病之日起1年内，可以直接向用人单位所在地统筹地区劳动保障行政部门提出工伤认定申请。
   A. 工伤职工　　　　　　　　B. 工伤职工的近亲属
   C. 直接领导　　　　　　　　D. 工会组织
   E. 劳动人事争议仲裁委员会

3. 从失业保险基金中领取失业保险金的条件包括（　　）。
   A. 失业前用人单位和本人已经缴纳失业保险费满一年
   B. 非因本人意愿中断就业
   C. 已经进行失业登记，并有求职要求的
   D. 应征服兵役的
   E. 移居境外的

4. 根据规定，可以享受生育津贴的情形包括（　　）。
   A. 女职工生育享受产假
   B. 享受计划生育手术休假
   C. 女职工生病享受休假
   D. 女职工结婚享受婚假
   E. 享受生育医疗费用

5. 职工跨统筹地区就业，其（　　），缴费年限累计计算。
   A. 基本医疗保险关系随本人转移
   B. 工伤保险关系随本人转移
   C. 基本养老保险关系随本人转移
   D. 生育保险关系随本人转移
   E. 失业保险关系随本人转移

三、案例分析题（每题2分。由单选和多选组成。错选，本题不得分；少选，所选的每个正确选项得0.5分）

王某于2010年8月20日应聘到甲公司工作，订立了为期5年的劳动合同，约定从事管理岗位工作和月工资为4 000元等事项。劳动合同还约定给予其社会保险补贴，不再为其缴纳社会保险费。2014年6月10日，王某以甲公司未依法缴纳社会保险费为由提出解除劳动合同，要求甲公司为其补缴社会保险费，并支付解除劳动合同经济补偿。双方协商不成，王某向当地劳动人事争议仲裁委员会申请仲裁。

1. 关于劳动合同约定由甲公司给予王某社会保险补贴、公司不再为其缴纳社会保险费的说法，正确的是（　　）。
   A. 甲公司与王某的约定符合社会保险法的规定
   B. 甲公司与王某的约定符合劳动合同法的规定
   C. 甲公司与王某的约定不具有法律效力，双方应依法补缴社会保险费

D. 甲公司与王某的决定虽不具有法律效力，但双方可以不补缴社会保险费

2. 关于王某解除劳动合同的说法，正确的是（　　）。
   A. 甲公司与王某订立的劳动合同期限未满，王某不得要求解除劳动合同
   B. 王某提出解除劳动合同的理由符合劳动合同法的规定
   C. 王某要求甲公司支付解除劳动合同经济补偿符合劳动合同法的规定
   D. 甲公司与王某的约定是双方真实意思表示，应当受到法律保护

3. 如果甲公司应当依法支付王某解除劳动合同经济补偿，且王某在解除劳动合同前的月工资始终是4 000元，甲公司应支付经济补偿（　　）元。
   A. 16 000　　　　　　　　B. 14 000
   C. 12 000　　　　　　　　D. 4 000

本章同步练习参考答案及解析

一、单项选择题

1. [答案] A
   [解析] 职工被借调期间受到工伤事故伤害，由原用人单位承担工伤保险责任。但原用人单位与借调单位可以约定补偿办法。

2. [答案] D
   [解析] 职工因工死亡，其近亲属可从工伤保险基金领取丧葬补助金、供养亲属抚恤金和一次性工亡补助金。

3. [答案] B
   [解析] 用人单位应当及时为失业人员出具终止或者解除劳动关系的证明，并将失业人员的名单自终止或者解除劳动关系之日起15日内告知社会保险经办机构。

4. [答案] A
   [解析] 本题考查企业年金合同争议的处理。因订立或者履行企业年金方案发生争议的，按国家有关集体合同争议处理规定执行。

5. [答案] C
   [解析] 企业缴费在工资总额4%以内的部分，可从成本中列支。

6. [答案] D
   [解析] 职工不可以提前支取基本养老保险个人账户余额，D项错误。

二、多项选择题

1. [答案] ABC
   [解析] 下列社会保险险种中，企业职工个人不缴费的是工伤保险和生育保险。

2. [答案] ABD

   [解析] 本题考查工伤认定申请。用人单位未按规定提出工伤认定申请的，工伤职工或其近亲属、工会组织在事故伤害发生之日或被诊断、鉴定为职业病之日起1年内，可以直接向用人单位所在地统筹地区社会保险行政部门提出工伤认定申请。

3. [答案] ABC
   [解析] 根据领取失业保险金的条件，A、B、C三项正确，D、E两项属于停止领取失业保险金的情形。

4. [答案] AB
   [解析] 本题考查生育津贴。可以享受生育津贴的情形包括：①女职工生育享受产假；②享受计划生育手术休假；③法律、法规规定的其他情形。A、B两项正确。

5. [答案] ACE
   [解析] 职工跨统筹地区就业，其基本医疗保险关系、基本养老保险关系、失业保险关系随本人转移，缴费年限累计计算。

三、案例分析题

1. [答案] C
   [解析] 劳动合同约定由甲公司给予王某社会保险补贴、公司不再为其缴纳社会保险费，不具有法律效力，双方应依法补缴社会保险费，C项正确。

2. [答案] BC
   [解析] 甲公司未依法缴纳社会保险费，根据劳动者解除劳动合同的情况，符合法律规定，B、C两项正确。

3. [答案] A

[解析] 经济补偿按劳动者在本单位工作的年限：每满1年支付1个月工资的标准向劳动者支付。6个月以上不满1年的，按1年计算；不满6个月的，向劳动者支付半个月工资的经济补偿。王某的工作年限自2010年8月20日至2014年6月10日，大概是3年10个月左右，按4年计算，则甲公司应支付经济补偿16 000元。

第十七章　劳动争议调解仲裁

本章考情分析

年份	单项选择题	多项选择题	案例分析题	合计
2021 年	2 题 2 分	1 题 2 分	—	4 分
2020 年	1 题 1 分	—	4 题 8 分	9 分
2019 年	1 题 1 分	1 题 2 分	4 题 8 分	11 分
2018 年	1 题 1 分	1 题 2 分	4 题 8 分	11 分
2017 年	2 题 2 分	1 题 2 分	—	4 分

本章考点概览

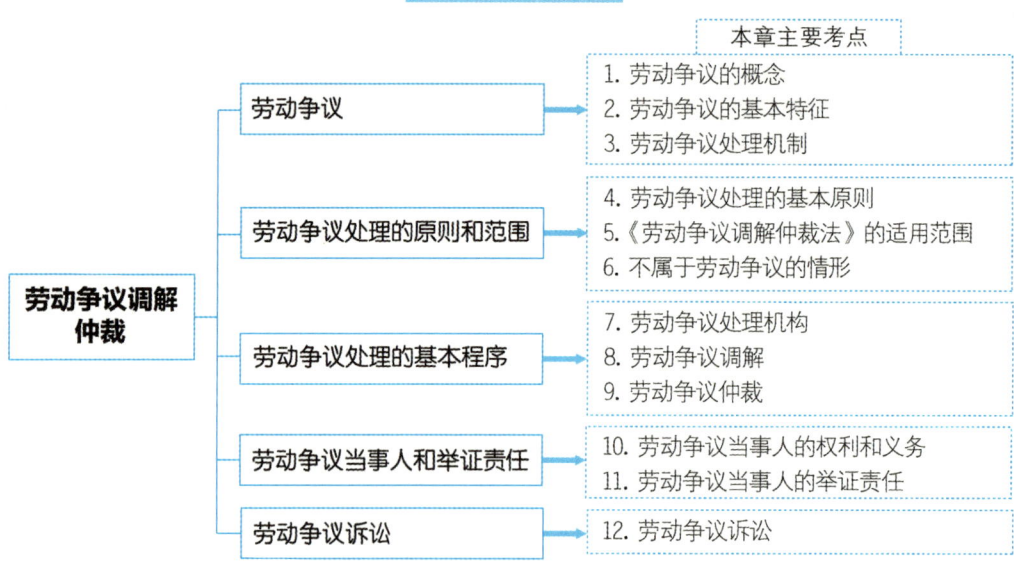

本章考点详解

【考点一】劳动争议的概念

劳动争议，又称劳动纠纷，是指劳动关系当事人之间因劳动权利和义务产生分歧而引起的争议。

一、属于劳动争议的范围

我国境内企业、个体经济组织、民办非企业单位等组织及国家机关、事业组织、社会团体和与之建立劳动关系的劳动者以及事业单位与本单位实行聘用制的工作人员，因劳动权利义务产生分歧而引起的争议属于劳动争议。

二、不属于劳动争议的范围

用人单位之间、劳动者之间、用人单位与没有与之建立劳动关系的劳动者、国家机关与公务员之间产生的争议不属于劳动争议。

【考点小贴士】注意劳动争议双方当事人的区分。

【考点二】劳动争议的基本特征

劳动争议的基本特征包括：①劳动争议的当事人是特定的；②劳动争议的主体之间必须存在劳动关系；③劳动争议的内容必须是与劳动权利义务有关。

【考点三】劳动争议处理机制

劳动争议处理的基本方法为：劳动争议双方当事人自行协商、申请调解、仲裁和提起诉讼。

用人单位违反国家规定，拖欠或者未足额支付劳动报酬，或者拖欠工伤医疗费、经济补偿或者赔偿金的，劳动者可以向劳动行政部门投诉，劳动行政部门应当依法处理。

【考点四】劳动争议处理的基本原则

劳动争议处理的基本原则包括合法原则、公正原则、及时原则、着重调解原则。

【考点五】《劳动争议调解仲裁法》的适用范围

（1）下列劳动争议，适用《劳动争议调解仲裁法》：
1) 因确认劳动关系发生的争议。
2) 因订立、履行、变更、解除和终止劳动合同发生的争议。
3) 因除名、辞退和辞职、离职发生的争议。
4) 因工作时间、休息休假、社会保险、福利、培训以及劳动保护发生的争议。
5) 因劳动报酬费、工伤医疗、经济补偿或者赔偿金等发生的争议。
6) 法律、法规规定的其他劳动争议。

（2）《职业病防治法》的规定。

职业病诊断、鉴定过程中，在确认劳动者职业史、职业病危害接触史时，当事人对劳动关系、工种、工作岗位或者在岗时间有争议的，可以向当地的劳动人事争议仲裁委员会申请仲裁；接到申请的劳动人事争议仲裁委员会应当受理，并在三十日内做出裁决。

（3）事业单位工作人员与所在单位发生人事争议，依照《劳动争议调解仲裁法》处理。

【考点六】不属于劳动争议的情形

（1）劳动者请求社会保险经办机构发放社会保险金的纠纷。
（2）劳动者与用人单位因住房制度改革产生的公有住房转让纠纷。
（3）劳动者对劳动能力鉴定委员会的伤残等级鉴定结论或对职业病诊断鉴定委员会的职业病诊断鉴定结论的异议纠纷。
（4）家庭或者个人与家政服务人员之间的纠纷。
（5）个体工匠与帮工、学徒之间的纠纷。
（6）农村承包经营户与受雇人之间的纠纷。

【考点小贴士】劳动争议的概念、劳动争议的基本特征和《劳动争议调解仲裁法》的适用范围，均为劳动争议范围的界定内容。关于劳动争议的判定是常考题型，便捷的解答思路是从劳动争议的概念和基本特征入手，应用排除法后再根据标注的关键词进行选择。

> **经典例题**
>
> [2017年真题·单选题] 下列争议中属于劳动争议的是（ ）。
> A. 小王与社会保险经办机构因发放养老金引起的争议
> B. 小张与用人单位因公有住房转让引起的争议
> C. 小李与其雇用的家政服务员因报酬标准引起的争议
> D. 小赵与用人单位因办理人事档案转移引起的争议
> [答案] D
> [解析] A、B、C三项均不属于劳动争议的情形。

【考点七】劳动争议处理机构

通过之前的学习可知，劳动争议处理的基本方法包括自行协商、申请调解、仲裁和提起诉讼。其中涉及的劳动争议处理机构分别为调解的机构（调解组织）、仲裁的机构（劳动人事争议仲裁委员会）和诉讼的机构（人民法院）。

一、调解组织

（一）企业劳动争议调解委员会

企业劳动争议调解委员会由职工代表和企业代表组成。

职工代表由工会成员担任或者由全体职工推举产生，企业代表由企业负责人指定。企业劳动争议调解委员会主任由工会成员或者双方推举的人员担任。

由于调解程序并**不是**处理劳动争议的**必经程序**，因此用人单位可以根据实际需要自主决定是否设立劳动争议调解委员会。

（二）其他调解组织

除企业劳动争议调解委员会外，调解劳动争议的其他调解组织包括基层人民调解组织和乡镇、街道设立的具有劳动争议调解职能的组织。

二、劳动人事争议仲裁委员会

劳动人事争议仲裁委员会是国家授权依法设立的，由劳动行政部门代表、工会代表和企业方面代表组成的处理劳动争议的仲裁机构。其体现了劳动关系中的劳动者、用人单位和政府的三方原则。

劳动人事争议仲裁委员会不按行政区划层层设立。仲裁委员会之间并不具有行政隶属关系。

三、人民法院

劳动争议案件由各级人民法院的民事审判庭按照《民事诉讼法》规定的普通诉讼程序进行审理。

【考点八】劳动争议调解

一、劳动争议调解的原则

劳动争议调解的原则包括自愿原则、民主说服原则。

二、调解员

调解员依法履行调解职责，需要占用生产或者工作时间的，企业应当予以支持，并按照正常出勤对待。

三、劳动争议的协商和调解

劳动争议的协商和调解如图17-1所示。

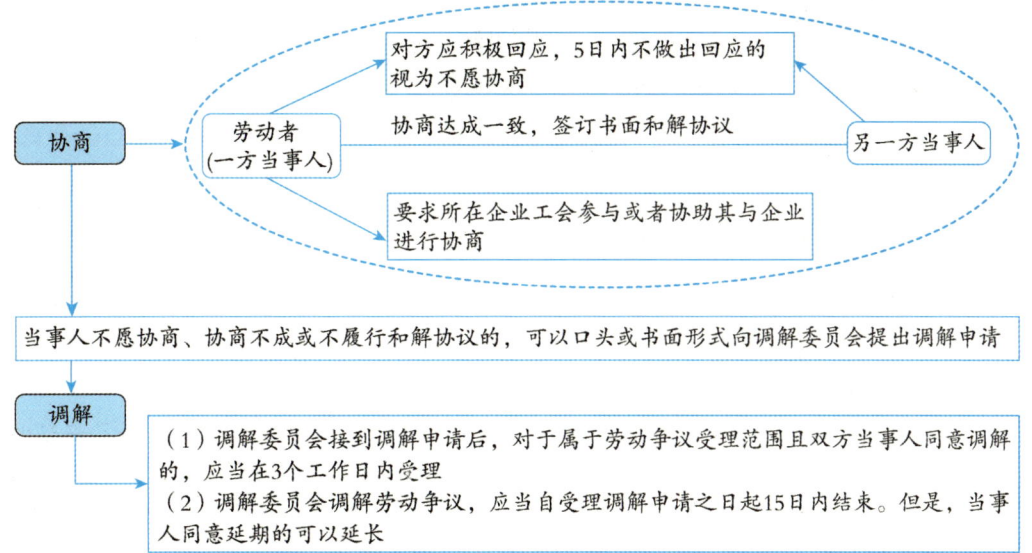

图 17-1 劳动争议的协商和调解

四、调解协议的法律效力

（1）因支付拖欠劳动报酬、工伤医疗费、经济补偿或者赔偿金事项达成调解协议，用人单位在协议约定期限内不履行的，劳动者可以持调解协议书依法向人民法院申请支付令，人民法院应当依法发出支付令。

（2）当事人在人民调解委员会主持下仅就给付义务达成的调解协议，双方认为有必要的，可以共同向人民调解委员会所在地的基层人民法院申请司法确认。

【考点小贴士】可简单理解为"报酬、费、金"和钱有关可"支付"，"给付"的调解协议可司法确认。

经典例题

[2012年真题·多选题] 李某与用人单位发生争议，在人民调解委员会主持下达成了调解协议。如用人单位不履行该调解协议，李某可就（　　）事项向人民法院申请支付令。

A. 支付经济赔偿金　　　　B. 支付拖欠劳动报酬
C. 承租单位宿舍　　　　　D. 支付工伤医疗费
E. 补偿书面劳动合同

[答案] ABD

[解题思路] 根据[考点小贴士]中"报酬、费、金"和钱有关可"支付"，A、B、D三项正确。

【考点九】劳动争议仲裁

劳动争议仲裁是法定的必经程序。

一、申请仲裁时效期间

劳动争议申请仲裁的时效期间为1年。仲裁时效期间从当事人知道或应当知道其权利被侵害之日计算。超过申请时效期间，劳动争议仲裁机构将不受理仲裁申请。

在争议申请仲裁的时效期间，有下列情形之一的，仲裁时效中断。从中断时起，仲裁时效期间重新计算：

（1）一方当事人通过协商、申请调解等方式向对方当事人主张权利。

（2）一方当事人通过有关部门投诉，向仲裁委员会申请仲裁，向人民法院起诉或者申请支付令等方式请求权利救济的。

(3) 对方当事人同意履行义务的。

【考点小贴士】可简记为"有其他解决途径或事情已解决，则仲裁时效中断"。

关于拖欠工资争议，劳动者申请仲裁时劳动关系仍然存续，用人单位以劳动者申请仲裁超过60日为由主张不再支付的，人民法院不予支持。但用人单位能够证明劳动者已经收到拒付工资的书面通知的除外。

二、仲裁时效中止

因不可抗力，或者有无民事行为能力或者限制民事行为能力劳动者的法定代理人未确定等其他正当理由，当事人不能在法定1年的仲裁时效期间申请仲裁的，仲裁时效中止。从中止时效的原因消除之日起，仲裁时效期间继续计算。

三、劳动报酬争议的仲裁时效

劳动关系存续期间因拖欠劳动报酬发生争议的，劳动者申请仲裁不受1年仲裁时效期间的限制；但是，劳动关系终止的，应当自劳动关系终止之日起1年内提出。

四、裁决

仲裁庭裁决劳动争议案件，应当自劳动人事争议仲裁委员会受理仲裁申请之日起45日内结束。

五、终局裁决

下列劳动争议，仲裁裁决一般为终局裁决：

(1) 追索劳动报酬、工伤医疗费、经济补偿或者赔偿金，不超过当地月最低工资标准12个月金额的争议。

(2) 因执行国家的劳动标准在工作时间、休息休假、社会保险等方面发生的争议。

但在下列两种情形下，以上仲裁裁决不是终局裁决：

1) 劳动者对以上仲裁裁决不服的，可以自收到仲裁裁决书之日起15日内向人民法院提起诉讼。

2) 用人单位有证据证明以上裁决有下列情形之一，可以自收到仲裁裁决书之日起30日内，向劳动人事争议仲裁委员会所在地的中级人民法院申请撤销裁决：①适用法律、法规确有错误的；②劳动人事争议仲裁委员会无管辖权的；③违反法定程序的；④裁决所根据的证据是伪造的；⑤对方当事人隐瞒足以影响公正裁决的证据的；⑥仲裁员在仲裁该案时有索贿受贿、徇私舞弊、枉法裁决行为的。仲裁裁决被人民法院裁定撤销，当事人可以自收到裁定书之日起15日内就该劳动争议事项向人民法院提起诉讼。

六、仲裁裁决的效力

劳动争议当事人对依法终局裁决以外的其他劳动争议案件的仲裁裁决不服的，可以自收到仲裁裁决书之日起15日内向人民法院提起诉讼；期满不起诉的，裁决书发生法律效力。

七、仲裁费用

劳动争议仲裁不收费。

八、仲裁管辖

(1) 实行地域管辖。

(2) 申请人可以选择向劳动合同履行地或者用人单位所在地的劳动人事争议仲裁委员会中的任何一个劳动人事争议仲裁委员会提起仲裁申请。

(3) 双方当事人分别向劳动合同履行地或者用人单位所在地的劳动人事争议仲裁委员会申请仲裁的，由劳动合同履行地的劳动人事争议仲裁委员会管辖。

（4）案件受理后，劳动合同履行地和用人单位所在地发生变化的，不改变争议仲裁的管辖。

（5）仲裁委员会发现已受理的案件不属于其管辖范围的，应移送至有管辖范围的仲裁委员会，并书面通知当事人。受移送的仲裁委员会应依法受理，若认为受移送的案件不属于本仲裁委员会管辖，或仲裁委员会之间管辖争议协商不成的，应当报请共同的上一级仲裁委员会主管部门指定管辖。但多个仲裁委员会都有管辖权的，由先受理的仲裁委员会管辖。

（6）当事人提出管辖异议，应在答辩期满前书面提出。当事人逾期提出的，不影响仲裁程序的进行，当事人因此对仲裁裁决不服的，可以依法向人民法院起诉或者申请撤销。

九、仲裁案卷

仲裁调解和以其他方式结案的案卷，保存期不少于 5 年；仲裁裁决结案的案卷，保存期不少于 10 年。

【考点小贴士】劳动争议仲裁内容较多，通过以上主要内容来帮助理解仲裁的细节。

经典例题

[2017年真题·多选题] 关于劳动争议仲裁时效的说法，正确的包括（   ）。
A. 因不可抗力当事人不能在法定时效期间申请仲裁的，仲裁时效中止
B. 劳动争议对方当事人在时效期间内同意履行义务的，仲裁时效中断
C. 申请劳动争议仲裁的时效期间为一年
D. 劳动关系存续期间，因拖欠劳动报酬发生争议的，应当在劳动关系终止前提出仲裁申请
E. 仲裁时效期间从当事人申请仲裁之日起计算
[答案] ABC
[解析] 劳动关系存续期间因拖欠劳动报酬发生争议的，劳动者申请仲裁不受1年仲裁时效期间的限制，D项错误。仲裁时效期间从当事人知道或应当知道其权利被侵害之日计算，E项错误。

【考点十】劳动争议当事人的权利和义务

一、劳动争议当事人（节选）

（1）劳务派遣单位或者用工单位与劳动者发生劳动争议的，劳务派遣单位和用工单位为共同当事人。劳动者因履行劳务派遣合同产生劳动争议而起诉，以派遣单位为被告；争议内容涉及接受单位的，以派遣单位和接受单位为共同被告。

（2）用人单位与其他单位合并的，合并前发生的劳动争议，由合并后的单位为当事人。

（3）用人单位分立为若干单位的，分立前发生的劳动争议，由分立后的实际用人单位为当事人。用人单位分立为若干单位后，对承担劳动权利义务的单位不明确的，分立后的单位均为当事人。

（4）发生争议的用人单位被吊销营业执照、责令关闭、撤销以及用人单位决定提前解散、歇业，不能承担相关责任的，依法将其出资人、开办单位或主管部门作为当事人。

（5）劳动者与个人承包经营者发生争议，依法向仲裁委员会申请仲裁的，应当将发包的组织和个人承包经营者作为当事人。

二、劳动争议当事人的权利（节选）

（1）有权选择劳动争议调解程序，也有权拒绝调解而直接向劳动人事争议仲裁委员会申请仲裁。

（2）劳动者书写仲裁申请确有困难的，可以口头申请，由劳动人事争议仲裁委员会记入笔录，并告知对方当事人。

（3）在调解仲裁和诉讼程序中，有权要求有关调解、仲裁和审判人员回避。

（4）劳动者对仲裁终局裁决不服的，可以自收到仲裁裁决书之日起15日内向人民法院提起诉讼。

三、劳动争议当事人的义务（节选）

申请仲裁应以书面形式，被申请人应自收到仲裁申请书副本 10 日内提交答辩书和有关证据。

【考点小贴士】劳动争议当事人及其权利义务内容较细，本书节选部分内容来帮助理解，复习中注意把握不同情况下劳动争议当事人的判定。

【考点十一】劳动争议当事人的举证责任

一、举证原则

在劳动争议仲裁或诉讼活动中，既实行"谁主张，谁举证"的举证责任原则，也实行"谁作决定，谁举证"的举证责任原则。

二、用人单位举证责任

（1）发生劳动争议，当事人对自己提出的主张，有责任提供证据。

（2）与争议事项有关的证据属于用人单位掌握管理的，用人单位应当提供；用人单位不提供的，应当承担不利后果。

（3）劳动者无法提供由用人单位掌握管理的与仲裁请求有关的证据，仲裁庭可以要求用人单位在指定期限内提供。用人单位不提供的，应当承担不利后果。

三、仲裁庭确定举证责任

（1）承担举证责任的当事人应当在仲裁委员会指定的期限内提供有关证据。当事人在指定期限内不提供的，应当承担不利后果。

（2）劳动争议当事人因客观原因不能自行收集的证据，劳动人事争议仲裁委员会认为有必要时可以依法予以收集。

四、诉讼中的用人单位举证责任

因用人单位做出的开除、除名、辞退、解除劳动合同、减少劳动报酬、计算劳动者工作年限等决定而发生的劳动争议，用人单位负举证责任。

【考点小贴士】关于举证责任，内容说法较为复杂，可简单理解"由于用人单位掌握管理的证据，劳动者无法提供，所以用人单位就应当提供，否则要承担不利后果"，但是需要注意，这并不意味着劳动者在任何时候都不需要提供证据。

经典例题

[2017 年真题·单选题] 关于举证责任的说法，正确的是（   ）。
A. 在劳动争议诉讼中，因计算劳动者工作年限发生的争议，由劳动者承担举证责任
B. 在劳动争议诉讼中，因用人单位解除劳动合同发生的争议，由用人单位承担举证责任
C. 在劳动争议仲裁中，劳动者不承担举证责任
D. 在劳动争议仲裁中，劳动者不能举证的，由用人单位承担不利后果
[答案] B
[解析] 根据[考点小贴士]，由于用人单位掌握管理的证据，劳动者无法提供，所以用人单位就应当提供，否则要承担不利后果。但是注意并不是意味着劳动者在任何时候都不需要提供证据，A、C、D 三项说法错误，B 项说法正确。

【考点十二】劳动争议诉讼

一、劳动争议诉讼的程序

人民法院的劳动争议案件管辖一般由劳动人事争议仲裁委员会所在地的人民法院受理，实行

两审终局制。

【考点小贴士】由于劳动争议诉讼是劳动争议当事人不服劳动人事争议仲裁委员会的裁决而向人民法院起诉，所以劳动争议诉讼是在仲裁之后，仲裁是法定必经阶段，因此当事人不可以直接向人民法院起诉。

二、劳动争议诉讼的费用

劳动争议案件每件交纳案件受理费10元。

三、劳动争议诉讼的司法解释规定

（一）直接起诉的事项

劳动者以用人单位工资欠条为证据直接向人民法院起诉，诉讼请求不涉及劳动关系其他争议的，视为拖欠劳动报酬争议，不必进行劳动仲裁程序。

【考点小贴士】可结合前面讲到的"调解协议的法律效力"中"不给报酬的按民事处理"的情形进行理解。

（二）劳动者与起有字号的个体工商户产生诉讼的处理

人民法院应当以营业执照上登记的字号为当事人，但应同时注明该字号业主的自然情况。

（三）特殊情形下的诉讼当事人

（1）用人单位招用尚未解除劳动合同的劳动者，原用人单位与劳动者发生的劳动争议，可以列新的用人单位为第三人。原用人单位以新的用人单位侵权为由向人民法院起诉的，可以列劳动者为第三人。原用人单位以新的用人单位和劳动者共同侵权为由向人民法院起诉的，新用人单位和劳动者列为共同被告。

（2）劳动者在用人单位与其他平等主体之间的承包经营期间，与发包方和承包方双方或者一方发生争议，依法向人民法院起诉的，应当将承包方和发包方作为当事人。

（3）劳动者与未办理营业执照、营业执照被吊销或者营业期限届满仍然继续经营的用人单位发生争议的，应当将用人单位或者其出资人列为当事人。

（4）未办理营业执照、营业执照被吊销或者营业期限届满仍继续经营的用人单位，以挂靠等方式借用他人营业执照经营的，应当将用人单位和营业执照出借方列为当事人。

【考点小贴士】前面学习的"劳动争议的当事人"界定需要根据不同情况进行，对此考点涉及的"诉讼当事人"也需要注意不同情况的对应细节。可通过标记的关键词进行区分，也可多读几遍来理解文字对应防止混淆。

（四）应予以受理的情形

（1）劳动者以用人单位未为其办理社会保险手续，且社会保险经办机构不能补办导致其无法享受社会保险待遇为由，要求用人单位赔偿损失而发生争议的，人民法院应予受理。

（2）因企业自主进行改制引发的争议，人民法院应予受理。

（3）劳动者依据《劳动合同法》第85条规定，向人民法院提起诉讼，要求用人单位支付加付赔偿金的，人民法院应予受理。

劳动人事争议仲裁委员会以无管辖权为由对劳动争议案件不予受理，当事人提起诉讼的，人民法院按照以下情况分别处理：①经审查认为该劳动人事争议仲裁委员会对案件确无管辖权的，应当告知当事人向有管辖权的劳动人事争议仲裁委员会申请仲裁。②经审查认为该劳动人事争议仲裁委员会有管辖权的，应当告知当事人申请仲裁，并将审查意见书面通知该劳动人事争议仲裁委员会，劳动人事争议仲裁委员会仍不受理，当事人就该劳动争议事项提起诉讼的，应予受理。

（五）审理依据

（1）用人单位与其招用的已经依法享受养老保险待遇或领取退休金的人员发生用工争议，向人民法院提起诉讼的，人民法院应当**按劳务关系处理**。

（2）企业停薪留职人员、未达到法定退休年龄的内退人员、下岗待岗人员以及企业经营性停产放长假人员，因与新的用人单位发生用工争议，依法向人民法院提起诉讼的，人民法院应当**按劳动关系处理**。

（3）劳动者主张加班费的，应当就加班事实的存在承担举证责任。但劳动者有证据证明用人单位掌握加班事实存在的证据，用人单位不提供的，由用人单位承担不利后果。

（4）劳动者与用人单位就解除或者终止劳动合同办理相关手续、支付工资报酬、加班费、经济补偿或者赔偿金等达成的协议，不违反法律、行政法规的强制性规定，且不存在欺诈、胁迫或者乘人之危情形的，应当认定有效。该协议存在重大误解或者显失公平情形，当事人请求撤销的，人民法院应予支持。

（5）劳动人事争议仲裁委员会做出的调解书已经发生法律效力，一方当事人反悔提起诉讼的，人民法院不予受理；已经受理的，裁定驳回起诉。

（六）执行的特殊情形

人民法院在不予执行的裁定书中，应当告知当事人在收到裁定书之次日起30日内，可以就该劳动争议事项向人民法院起诉。

【考点小贴士】本部分细节内容很多，建议多读熟悉内容。另外，本章涉及日期有关的内容非常之多，由于单纯有关日期的题分值有限，不必在记忆日期方面花费过多的时间，所以复习的重点还是在于考点的内容。

经典例题

[2015年真题改编·单选题] 关于劳动争议诉讼当事人的说法，正确的是（　　）。

A. 当事人双方均不服劳动人事争议仲裁委员会做出的同一裁决，向同一人民法院起诉，双方当事人为原告，劳动人事争议仲裁委员会为被告

B. 用人单位以挂靠方式借用他人营业执照经营，用人单位和营业执照出借方为当事人

C. 劳动者与起有字号的个体工商户产生的劳动争议诉讼，应当以业主为当事人

D. 用人单位招用尚未解除劳动合同的劳动者，原用人单位以新的用人单位侵权为由向人民法院起诉，新的用人单位和劳动者为共同被告

[答案] B

[解析] A项中"劳动人事争议仲裁委员会为被告"说法错误。人民法院应当以营业执照上登记的字号为当事人，但应同时注明该字号业主的自然情况，C项错误。用人单位招用尚未解除劳动合同的劳动者，原用人单位以新的用人单位侵权为由向人民法院起诉的，可以列劳动者为第三人，D项错误。

本章易错易混考点

【易错易混考点】劳动争议处理的一般程序（如表17-1所示）

表17-1　劳动争议处理的一般程序

程序	机构	内容
协商	无	一方当事人与另一方当事人协商解决
调解	企业劳动争议调解委员会等	发生劳动争议，当事人可以口头或书面形式向调解委员会提出调解申请

续表

程序	机构	内容
仲裁	劳动人事争议仲裁委员会	仲裁是必经阶段。申请劳动仲裁时效期间为1年
诉讼	人民法院	仲裁裁决不服时，只有符合法定条件的，才能向人民法院起诉，否则法院不予受理

历年经典真题回顾

一、**单项选择题**（每题1分，每题备选项中，只有1个最符合题意）

1. 当事人对劳动争议仲裁管辖的异议应当在（ ）前提出。[2020年真题]
   A. 案件开庭审理　B. 裁决作出　　C. 辩论终结　　D. 答辩期满
   [答案] D
   [解析] 当事人提出管辖异议，应当在答辩期满前书面提出。当事人逾期提出的，不影响仲裁程序的进行，当事人因此对仲裁裁决不服的，可依法向人民法院起诉或申请撤销。

2. 下列争议中，属于劳动争议的是（ ）。[2016年真题]
   A. 企业与其职工因办理社会保险登记发生的争议
   B. 企业与其职工因伤残等级鉴定发生的争议
   C. 企业与其职工因借款发生的争议
   D. 企业与其职工因休息休假发生的争议
   [答案] D
   [解析] 根据劳动争议的概念，劳动争议是指劳动关系当事人之间因劳动权利和义务产生分歧而引起的争议，休息休假体现了劳动权利和义务，D项正确。

3. 下列争议中，属于劳动争议的是（ ）。[2015年真题]
   A. 国家机关与公务员之间因工资支付产生的争议
   B. 企业与其职工因公房出租产生的争议
   C. 事业单位与其工作人员因工伤认定产生的争议
   D. 个体经济组织与其雇工因工作时间产生的争议
   [答案] D
   [解析] 国家机关与公务员之间产生的争议不属于劳动争议，A项错误。根据劳动争议的概念，劳动争议是指劳动关系当事人之间因劳动权利和义务产生分歧而引起的争议。B项中"公房出租"不符合概念。工伤认定的单位是社会保险行政部门，事业单位与其工作人员工伤认定产生的争议不属于劳动争议，选项C不符合题意。

4. 用人单位有证据证明，劳动人事争议仲裁委员会做出的终局裁决违反法定程序，可以自收到仲裁裁决书之日起（ ）日内，向劳动人事争议仲裁委员会所在地的中级人民法院申请撤销裁决。[2012年真题]
   A. 7　　　　　　B. 10　　　　　　C. 15　　　　　　D. 30
   [答案] D
   [解析] 根据终局裁决的规定，30日的说法符合题意。

二、**多项选择题**（每题2分，每题备选项中，有2个或2个以上符合题意，至少有1个错项。错选，本题不得分；少选，所选的每个选项得0.5分）

1. 关于劳动争议仲裁举证责任的说法，正确的有（ ）。[2015年真题]
   A. 劳动争议当事人因客观原因不能自行收集的证据，劳动人事争议仲裁委员会认为有必要时可以依法予以收集

B. 因工资发放而发生的劳动争议，用人单位负有举证责任
C. 在劳动争议仲裁活动中，劳动者没有责任提供证据
D. 与劳动争议事项有关的证据属于用人单位掌握管理的，如果用人单位不提供，应当承担不利后果
E. 承担举证责任的当事人应当在劳动人事争议仲裁委员会指定的期限内提供证据

[答案] ABDE

[解析] 根据仲裁举证责任，由于用人单位掌握管理的证据，劳动者无法提供，所以用人单位就应当提供，否则要承担不利后果，但是注意这并不意味着劳动者在任何时候都不需要提供证据，C项错误。

2. 下列情形中，属于劳动争议仲裁时效中断的有（　　）。[2014年真题]
   A. 当事人能够证明因不可抗力等客观原因无法申请仲裁
   B. 一方当事人向对方当事人主张权利
   C. 一方当事人向有关部门请求权利救济
   D. 对方当事人同意履行义务
   E. 限制民事行为能力劳动者的法定代理人尚未确定

[答案] BCD

[解析] A、E两项属于仲裁时效中止的情形。注意区分"中止"和"中断"的不同情形。

3. 王某因追索工资与所在公司发生争议，遂向某法律工作者咨询。该法律工作者的下列观点中，符合法律规定的有（　　）。[2013年真题]
   A. 王某应向其户籍所在地的劳动人事争议仲裁委员会提出仲裁请求
   B. 如王某对仲裁裁决不服，不可以向人民法院提起诉讼
   C. 如王某追索工资的金额未超过当地月最低工资标准12个月的金额，则对该争议的仲裁裁决为终局裁决
   D. 王某为解决争议既可以与公司协商，也可以向调解组织申请调解，还可以直接向劳动人事争议仲裁委员会申请仲裁
   E. 如王某向劳动人事争议仲裁委员会申请仲裁，应交纳仲裁费用

[答案] CD

[解析] 根据仲裁的相关规定，申请人可以选择向劳动合同履行地或者用人单位所在地的劳动人事争议仲裁委员会中的任何一个劳动人事争议仲裁委员会提起仲裁申请，A项错误。劳动者对仲裁终局裁决不服的，可以自收到仲裁裁决书之日起15日内向人民法院提起诉讼，B项错误。仲裁不收费，E项错误。

本章同步练习

一、单项选择题（每题1分，每题备选项中，只有1个最符合题意）

1. 因用人单位做出的开除、除名等决定而发生的劳动争议，（　　）负举证责任。
   A. 劳动人事争议仲裁委员会　　B. 劳动者
   C. 用人单位　　D. 劳动监察部门

2. 用人单位违反国家规定，拖欠或者未足额支付劳动报酬的，劳动者可以向（　　）投诉，该部门应当依法处理。
   A. 劳动行政部门　　B. 人民法院
   C. 劳动人事争议仲裁委员会　　D. 劳动监察部门

3. 劳动争议处理的一般程序不包括（　　）。
   A. 会议讨论　　　　　　　　　B. 协商
   C. 调解　　　　　　　　　　　D. 仲裁
4. 下列不属于劳动争议处理的基本原则的是（　　）。
   A. 合法的原则　　　　　　　　B. 公正的原则
   C. 及时的原则　　　　　　　　D. 透明的原则
5. 因支付拖欠劳动报酬等事项达成调解协议，用人单位在协议约定期限内不履行的，劳动者可以持调解协议书依法向（　　）申请支付令。
   A. 劳动行政部门　　　　　　　B. 劳动人事争议仲裁委员会
   C. 人民法院　　　　　　　　　D. 劳动监察部门
6. 《劳动争议调解仲裁法》规定，劳动争议申请仲裁的时效期间为（　　），仲裁时效期间从当事人知道或者应当知道其权利被侵害之日起计算。
   A. 6个月　　　B. 10个月　　　C. 1年　　　D. 2年

二、**多项选择题**（每题2分，每题备选项中，有2个或2个以上符合题意，至少有1个错项。错选，本题不得分；少选，所选的每个选项得0.5分）

1. 下列关于劳动争议基本特征的说法，正确的有（　　）。
   A. 劳动争议的当事人是特定的
   B. 劳动争议主体之间必须存在劳动关系
   C. 劳动争议的内容必须是与劳动权利义务有关
   D. 劳动争议的内容不一定与劳动权利义务有关
   E. 劳动争议只发生在中小型企业
2. 劳动争议处理机构包括（　　）。
   A. 调解组织　　　　　　　　　B. 劳动人事争议仲裁委员会
   C. 公安机关　　　　　　　　　D. 人民法院
   E. 工会
3. 在劳动争议诉讼活动中，因用人单位做出的开除、除名、辞退、解除劳动合同和（　　）等决定而发生的劳动争议，用人单位负举证责任。
   A. 减少劳动报酬　　　　　　　B. 住房公积金
   C. 公有住房转让　　　　　　　D. 计算劳动者工作年限
   E. 仲裁时效中止

本章同步练习参考答案及解析

一、**单项选择题**

1. [答案] C
   [解析] 因用人单位做出的开除、除名、辞退、解除劳动合同、减少劳动报酬、计算劳动者工作年限等决定而发生的劳动争议，用人单位负举证责任。
2. [答案] A
   [解析] 根据劳动争议处理机制，用人单位违反国家规定，拖欠或者未足额支付劳动报酬，或者拖欠工伤医疗费、经济补偿或者赔偿金的，劳动者可以向劳动行政部门投诉，劳动行政部门应当依法处理。
3. [答案] A
   [解析] 劳动争议处理的一般程序有协商、调解、仲裁和诉讼。
4. [答案] D
   [解析] 劳动争议处理的基本原则包括合法原则、公正原则、及时原则、着重调解原则。

5. ［答案］C
   ［解析］因支付拖欠劳动报酬、工伤医疗费、经济补偿或者赔偿金事项达成调解协议，用人单位在协议约定期限内不履行的，劳动者可以持调解协议书依法向人民法院申请支付令。

6. ［答案］C
   ［解析］《劳动争议调解仲裁法》规定，劳动争议申请仲裁的时效期间为1年，仲裁时效期间从当事人知道或者应当知道其权利被侵害之日起计算。

二、多项选择题

1. ［答案］ABC
   ［解析］劳动争议的基本特征有：①当事人是特定的；②争议主体之间必须存在劳动关系；③争议的内容必须是与劳动权利义务有关。E项说法太绝对，错误。

2. ［答案］ABD
   ［解析］劳动争议处理机构包括调解组织、劳动人事争议仲裁委员会、人民法院。

3. ［答案］AD
   ［解析］本题考查诉讼中的用人单位举证责任。因用人单位作出的开除、除名、辞退、解除劳动合同、减少劳动报酬、计算劳动者工作年限等决定而发生的劳动争议，用人单位负举证责任。

第十八章　法律责任与行政执法

本章考情分析

年份	单项选择题	多项选择题	案例分析题	合计
2021 年	1 题 1 分	—	—	1 分
2020 年	—	—	—	0 分
2019 年	1 题 1 分	1 题 2 分	—	3 分
2018 年	1 题 1 分	—	1 题 2 分	3 分
2017 年	2 题 2 分	1 题 2 分	—	4 分

本章考点概览

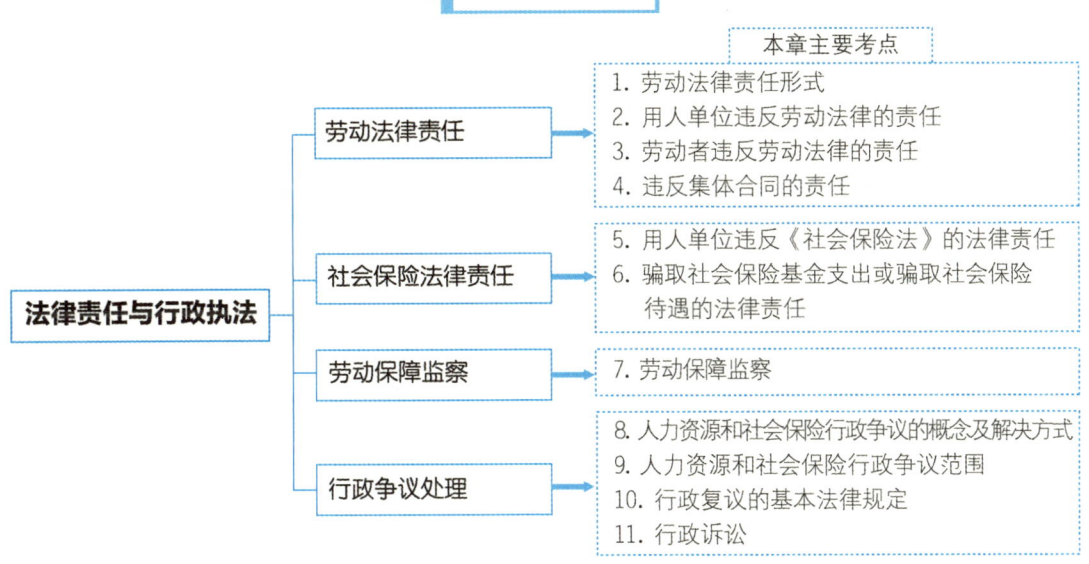

本章考点详解

【考点一】劳动法律责任形式

劳动法律责任形式如表 18-1 所示。

表 18-1　劳动法律责任形式

责任形式		具体内容
行政责任	行政处罚	是劳动行政部门、公安行政部门、工商行政管理部门等国家行政管理部门依法对有关单位以及责任人员、劳动者实施的行为制裁
		包括警告、责令改正、责令停止、查封、吊销执照、行政拘留等
	行政处分	是行政管理机关对其公务人员的惩戒或用人单位给予其职工的惩戒
		包括警告、记过、记大过、降级、撤职、留用察看、开除等
民事责任		(1) 违反劳动合同及有关劳动合同的法律规定所应承担的民事责任 (2) 损害劳动者或用人单位权利的民事责任
刑事责任		是最严厉的一种法律责任，具有强制性，只能由国家司法机关追究

【考点二】用人单位违反劳动法律的责任（节选）

(1) 侵害女职工及未成年工权益的法律责任。例如，未对未成年工定期进行健康检查的，由劳动保障行政部门责令改正，按照受侵害的劳动者**每人 1 000 元以上 5 000 元以下**的标准处以罚款。

(2) 未订立书面劳动合同的法律责任。**自用工之日起超过 1 个月不满 1 年**未与劳动者订立书面劳动合同的，应当向劳动者每月支付**2 倍**的工资。

(3) **未依法订立无固定期限劳动合同**的法律责任。自应当订立无固定期限劳动合同之日起向劳动者每月支付**2 倍**的工资。

(4) 用人单位违反《劳动合同法》规定与劳动者约定试用期的，由劳动行政部门责令改正。违法约定的试用期已经履行的，由用人单位以劳动者试用期满月工资为标准，按已经履行的超过法定试用期的期间向劳动者支付赔偿金。

(5) 用人单位违反《劳动合同法》规定解除或者终止劳动合同的，应当依照本法规定的经济补偿标准的**2 倍**向劳动者支付赔偿金。支付了赔偿金的，不再支付经济补偿。赔偿金的计算年限自用工之日起计算。

(6) 违法延长劳动者工作时间的法律责任。由劳动行政部门给予警告，责令限期改正，并可按照受侵害的劳动者**每人 100 元以上 500 元以下**的标准处以罚款。

(7) 用人单位有下列行为之一的，由劳动行政部门分别责令限期支付劳动者的工资报酬：①劳动者工资低于当地最低工资标准的差额或者解除劳动合同的经济补偿；逾期不支付的，责令用人单位按照应付金额 50％以上 1 倍以下的标准计算，向劳动者加付赔偿金。②克扣或者无故拖欠劳动者工资报酬的。③支付劳动者的工资低于当地最低工资标准的。④解除劳动合同未依法给予劳动者经济补偿的。

(8)《劳动保障监察条例》规定，用人单位违反《工会法》有下列情形之一的，由劳动行政部门责令改正：①阻挠劳动者依法参加和组织工会，或者阻挠上级工会帮助、指导劳动者筹建工会的；②无正当理由调动依法履行职责的工会工作人员的工作岗位，进行打击报复的；③劳动者因参加工会活动而被解除劳动合同的；④工会工作人员因依法履行职责被解除劳动合同的。

(9) 违反劳动安全规定的法律责任。用人单位强令劳动者违章冒险作业，发生重大伤亡事故，造成严重后果的，对责任人员依法追究刑事责任。

(10) 非法招用未满 16 周岁未成年人的法律责任。劳动行政部门责令改正，处以罚款；情节严重的，由工商行政管理部门吊销营业执照。

(11) 违反劳动监察规定的法律责任。由劳动行政部门责令改正，处**2 000 元以上 2 万元以下罚款**。

(12) 违反职业培训、职业介绍规定的法律责任。劳动行政部门责令改正，没收违法所得，处以1万元以上5万元以下罚款，情节严重的，可吊销许可证。

(13) 违法扣押证件的法律责任。以担保或其他名义向劳动者收取财务或劳动者依法解除或终止劳动合同而用人单位扣押劳动者档案或其他物品，由劳动行政部门责令限期退还劳动者本人，并处以每人500元以上2 000元以下的罚款；给劳动者造成损害的，应承担赔偿责任。

【考点三】劳动者违反劳动法律的责任

(1) 劳动者违反《劳动合同法》的规定解除劳动合同，或者违反劳动合同中约定的保密义务或竞业限制，给用人单位造成损失的，应当承担赔偿责任。

(2) 有下列情形之一，用人单位与劳动者解除约定服务期的劳动合同的，劳动者应当按照劳动合同的约定向用人单位支付违约金：

1) 劳动者严重违反用人单位的规章制度的。
2) 劳动者严重失职，营私舞弊，给用人单位造成重大损害的。
3) 劳动者同时与其他用人单位建立劳动关系，对完成本单位的工作任务造成严重影响，或者经用人单位提出，拒不改正的。
4) 劳动者以欺诈、胁迫的手段或者乘人之危，使用人单位在违背真实意思的情况下订立或者变更劳动合同的。
5) 劳动者被依法追究刑事责任的。

> **经典例题**
>
> [2017年真题·单选题] 关于劳动者应当承担的违反劳动法律责任的说法，正确的是（　　）。
> A. 劳动者违法解除劳动合同，无须承担法律责任
> B. 劳动者违反劳动合同中约定的保密义务，应当承担赔偿责任
> C. 劳动者解除约定有服务期的劳动合同，应当向用人单位支付赔偿金
> D. 劳动者违反劳动合同中有关竞业限制的约定，且给用人单位造成了损失，应当承担赔偿责任
>
> [答案] D
> [解析] 劳动者违法解除劳动合同，应当承担法律责任，A项错误。劳动者违反劳动合同中约定的保密业务，给用人单位造成损失的，应当承担赔偿责任，B项错误。用人单位与劳动者解除约定服务期的劳动合同的，劳动者应当按照劳动合同的约定向用人单位支付违约金，C项错误。

【考点四】违反集体合同的责任

一、集体合同的法律效力

(1) 企业处理劳动关系的劳动条件和各项劳动标准均不得违背集体合同中的规定。
(2) 企业与全体职工应当履行集体合同所规定的义务。

二、违反集体合同的责任

(1) 企业违反集体合同，应承担一定的法律责任。
(2) 工会的基层组织不履行集体合同的义务，应对上级工会和工会会员负道义上的和政治上的责任，由上级工会给予批评、教育或纪律处分。
(3) 职工不履行集体合同规定的义务，其行为违反了集体合同中的规定时，也应承担相应的违约责任。

【考点五】用人单位违反《社会保险法》的法律责任（节选）

（1）用人单位不办理社会保险登记的，社会保险行政部门责令其限期改正；逾期不改正的，对用人单位处应缴社会保险费数额 **1 倍以上 3 倍以下** 的罚款，对其直接负责的主管人员和其他直接责任人员处 **500 元以上 3 000 元以下** 的罚款。

（2）用人单位未按时足额缴纳社会保险费的，社会保险费征收机构责令其限期缴纳或者补足，并自欠缴之日起，按日加收 **万分之五** 的滞纳金；逾期仍不缴纳的，由有关行政部门处欠缴数额 **1 倍以上 3 倍以下** 的罚款。

（3）职工应缴纳的社会保险费由用人单位代扣代缴。用人单位未依法代扣代缴的，由社会保险费征收机构责令用人单位限期代缴，并自欠缴之日起向用人单位按日加收 **万分之五** 的滞纳金。**用人单位不得要求职工承担滞纳金**。

（4）用人单位拒不出具终止或者解除劳动关系证明的，依照《劳动合同法》的规定处理。用人单位在终止或者解除劳动合同时不向职工出具终止或者解除劳动关系证明，导致职工无法享受社会保险待遇的，用人单位应当依法承担赔偿责任。

（5）用人单位未按月将缴纳社会保险费的明细告知职工本人，由社会保险行政部门责令改正；逾期不改正的，按照《劳动保障监察条例》第三十条的规定处理。

（6）《工伤保险条例》规定，应当参加工伤保险而未参加工伤保险的用人单位职工发生工伤的，由该用人单位按照本条例规定的工伤保险待遇项目和标准支付费用。拒不协助社会保险行政部门对事故进行调查核实的，由社会保险行政部门责令改正，处 2 000 元以上 20 000 元以下的罚款。

（7）《社会保险费征缴暂行条例》规定，缴费单位违反有关财务、会计、统计的法律、行政法规和国家有关规定，伪造、变造、故意毁灭有关账册、材料，或者不设账册，致使社会保险缴费基数无法确定的，除依照有关法律、行政法规的规定给予行政处罚、纪律处分、刑事处罚外，依照规定征缴；迟延缴纳的，由有关行政部门依照规定决定加收滞纳金，并对直接负责的主管人员和其他直接责任人员处 5 000 元以上 20 000 元以下的罚款。

【考点六】骗取社会保险基金支出或骗取社会保险待遇的法律责任

（1）社会保险有关单位及其工作人员或者个人以欺诈、伪造证明材料或者其他手段骗取社会保险基金支出或者骗取社会保险待遇的，应当退回骗取金额，并处骗取金额 2 倍以上 5 倍以下的罚款。

（2）《工伤保险条例》规定，用人单位、工伤职工或者其近亲属骗取工伤保险待遇，医疗机构、辅助器具配置机构骗取工伤保险基金支出的，由社会保险行政部门责令退还，处骗取金额 2 倍以上 5 倍以下的罚款。情节严重，构成犯罪的，依法追究刑事责任。

【考点七】劳动保障监察

一、劳动保障监察的概念和属性

劳动监察，又称劳动保障监察，是劳动行政机关依法对于用人单位遵守劳动和社会保险法律法规的情况进行监督检查，发现和纠正违法行为，并对违法行为依法进行处理或行政处罚的行政执法行动。

劳动保障监察的属性包括法定性、行政性、专门性、强制性。

二、劳动保障监察的处罚方式

劳动保障监察的处罚方式包括：①责令用人单位改正；②警告；③罚款；④没收违法所得；⑤吊销许可证。

三、劳动保障监察的程序

如果违反劳动和社会保障法律、法规或者规章的行为在 2 年内未被劳动行政部门发现，也未被举报、投诉的，劳动行政部门不再查处。

上述的期限自违反劳动和社会保障法律、法规或者规章的行为发生之日起计算；如违反劳动保障法律、法规或者规章的行为有连续或者继续状态的，应自行为终了之日起计算。

【考点八】人力资源和社会保险行政争议的概念及解决方式

一、概念

人力资源和社会保险行政争议是指人力资源社会保障行政部门及社会保险经办机构与行政管理相对人之间，因实现劳动和社会保险权利、履行劳动和社会保险义务产生分歧而引起的争议。

二、解决行政争议的方式

解决行政争议的方式主要有待遇复查、行政复议和行政诉讼。

【考点九】人力资源和社会保险行政争议范围

一、人力资源行政争议范围

（1）对人力资源社会保障部门做出的警告、罚款、没收违法所得、依法予以关闭、吊销许可证等行政处罚决定不服的。

（2）对人力资源社会保障部门做出的行政处理决定不服的。

（3）对人力资源社会保障部门做出的行政许可、行政审批不服的。

（4）对人力资源社会保障部门做出的行政确认不服的。

（5）认为人力资源社会保障部门不履行法定职责的。

（6）认为人力资源社会保障部门违法收费或者违法要求履行义务的。

（7）认为人力资源社会保障部门做出的其他具体行政行为侵犯其合法权益的。

二、社会保险行政争议范围

（1）根据《社会保险法》规定，用人单位或个人认为社会保险费征收机构的行为侵害自己合法权益的，可以依法申请行政复议或提起行政诉讼。用人单位或个人对社会保险经办机构不依法办理社会保险登记、核定社会保险费、支付社会保险待遇、办理社会保险转移接续手续或者侵害其他社会保险权益的行为，可以依法申请行政复议或者提起行政诉讼。

（2）《工伤保险条例》规定，可以依法申请行政复议或提起行政诉讼的情况如下：①申请工伤认定的职工或其近亲属，该职工所在单位对工伤认定申请不予受理的决定不服的；②申请工伤认定的职工或其近亲属，该职工所在单位对工伤认定结论不服的；③用人单位对经办机构确定的单位缴费率不服的；④签订服务协议的医疗机构、辅助器具配置机构认为经办机构未履行有关协议或规定的；⑤工伤职工或其近亲属对经办机构核定的工伤保险待遇有异议的。

（3）用人单位对社会保险经办机构做出先行支付的追偿决定不服或对社会保险行政部门做出的划拨决定不服的，可以依法申请行政复议或提出行政诉讼。

三、不属于行政争议的范围

公民、法人或其他组织对下列事项，不能申请行政复议：

（1）人力资源社会保障部门做出的行政处分或其他人事处理决定。

（2）劳动者与用人单位之间发生的人力资源争议。

（3）劳动能力鉴定委员会的行为。

（4）劳动人事争议仲裁委员会的仲裁、调解等行为。

(5) 已就同一事项向其他有权受理的行政机关申请行政复议。

(6) 向人民法院提起行政诉讼，人民法院已经依法受理的。

【考点小贴士】注意可以进行行政复议的是人力资源行政争议和社会保险行政争议。主体不对或者涉及内容不对的不可申请行政复议。

【考点十】行政复议的基本法律规定

(1) 公民、法人或其他组织对人力资源社会保障行政部门做出的具体行政行为不服，应当在知道侵害其合法权益的具体行政行为之日起 60 日内，向上一级人力资源社会保障行政部门申请复议，也可以向同级人民政府申请复议；对社会保险经办机构做出的具体行政行为不服，可以向直接管理该经办机构的劳动行政部门申请复议，但不能向上一级人力资源社会保障行政部门申请复议。

(2) 申请人申请行政复议，可以采用书面方式申请，也可以采用口头方式申请。

(3) 人力资源社会保障复议机关在收到申请人的复议申请后，应在 5 个工作日内对申请书进行审查。

(4) 行政复议机关对受理的复议案件审查后，应在受理行政复议申请之日起 60 日内，或经行政复议机关负责人批准后延长 30 日内，依法分别做出决定维持、决定履行、决定撤销、决定变更、确认违法的复议决定。

【考点十一】行政诉讼

一、行政诉讼的概念

人力资源社会保障行政诉讼是指公民、法人或者其他组织认为人力资源社会保障行政部门及其工作人员的具体行政行为侵犯其合法权益，依照行政诉讼法和其他法律、法规向人民法院提起诉讼，人民法院在案件当事人的其他诉讼参与人参加下，审理和解决行政争议的一种诉讼活动。

二、提起行政诉讼的条件

行政诉讼的提起应具备下列条件：①起诉人合法；②有明确的被告；③有具体的诉讼请求和事实依据；④属于人民法院受案范围和受诉人民法院管辖。

三、行政诉讼的起诉期限

行政复议申请人不服人力资源和社会保障行政部门做出的复议决定的，可以在收到复议决定书之日起 15 日内 向人民法院提起诉讼。复议机关逾期不作决定的，申请人可以在复议期满之日起 15 日内 向人民法院提起诉讼。

四、行政诉讼的结果及法律效力

人力资源和社会保险行政诉讼结果是 行政判决。其法律效力是指人民法院依法做出的关于人力资源和社会保险行政争议的判决具有 国家意志 的性质，对该争议当事人及其他人有法律约束力。

本章易错易混考点

【易错易混考点】人力资源行政争议、社会保险行政争议、劳动争议的对比（如表 18-2 所示）

表 18-2　人力资源行政争议、社会保险行政争议、劳动争议的对比

争议	人力资源行政争议	社会保险行政争议	劳动争议
涉及主体	人力资源社会保障部门	社会保险费征收机构	劳动关系当事人

续表

争议	人力资源行政争议	社会保险行政争议	劳动争议
争议范围	对人力资源社会保障部门做出的警告、罚款、没收违法所得、依法予以关闭、吊销许可证等行政处罚决定，做出的行政许可、行政审批，做出的行政确认不服的；认为人力资源社会保障部门不履行法定职责的，违法收费或者违法要求履行义务的，做出的其他具体行政行为侵犯其合法权益的	社会保险经办机构不依法办理社会保险登记、核定社会保险费、支付社会保险待遇、办理社会保险转移接续手续等行为	劳动权利和义务

【提示】劳动争议属于第十六章的内容。

历年经典真题回顾

一、单项选择题（每题1分，每题备选项中，只有1个最符合题意）

1. 用人单位违法阻挠劳动者参加工会的，由（　　）责令改正。[2017年真题]

   A. 上级工会组织　　　　　　　　B. 工商行政管理部门

   C. 人民法院　　　　　　　　　　D. 劳动行政部门

   [答案] D

   [解析] 用人单位违法阻挠劳动者参加工会的，由劳动行政部门责令改正。

二、多项选择题（每题2分，每题备选项中，有2个或2个以上符合题意，至少有1个错项。错选，本题不得分；少选，所选的每个选项得0.5分）

1. 用人单位应当承担违反劳动法律责任的情形包括（　　）。[2017年真题]

   A. 用人单位扣押劳动者身份证

   B. 劳动者依法解除劳动合同后，用人单位扣押劳动者档案

   C. 劳动者因参加工会活动而被解除劳动合同

   D. 用人单位未对未成年工定期进行健康检查

   E. 用人单位与劳动者订立劳动合同时未约定试用期

   [答案] ABCD

   [解析] A、B两项应承担违法扣押证件的法律责任。C项属于违反《工会法》的法律责任。D项属于侵害女职工及未成年工权益的法律责任。

本章同步练习

一、单项选择题（每题1分，每题备选项中，只有1个最符合题意）

1. 劳动法律责任形式不包括（　　）。

   A. 民事责任　　　　　　　　　　B. 行政责任

   C. 法律责任　　　　　　　　　　D. 刑事责任

2. 用人单位未依法与劳动者订立无固定期限劳动合同的，应当自订立之日起向劳动者每月支付（　　）倍的工资。

   A. 1　　　　B. 2　　　　C. 3　　　　D. 1—3

3. 用人单位不办理社会保险登记，由社会保险行政部门责令限期改正；用人单位逾期不改正，除对用人单位处以罚款外，还对其直接负责的主管人员和其他直接责任人员处（　　）的罚款。

   A. 100元以上1 000元以下　　　　B. 500元以上3 000元以下

   C. 1 000元以上5 000元以下　　　D. 2 000元以上20 000元以下

4. 下列行为中，（　　）可以进行行政复议。

A. 人力资源社会保障部门做出的行政处分

B. 劳动能力鉴定委员会的行为

C. 用人单位或个人认为社会保险费征收机构的行为侵害自己合法权益

D. 向人民法院提起行政诉讼，人民法院已经依法受理的

5. 行政复议申请人不服人力资源和社会保障行政部门做出的复议决定的，可以在收到复议决定书之日起（　　）日内向人民法院提起诉讼。

A. 5   B. 10   C. 15   D. 30

二、多项选择题（每题2分，每题备选项中，有2个或2个以上符合题意，至少有1个错项。错选，本题不得分；少选，所选的每个选项得0.5分）

1. 劳动者（　　），给用人单位造成损失，应当承担赔偿责任。

A. 不同意订立无固定期限劳动合同

B. 虽提前30日通知用人单位解除劳动合同，但劳动合同尚有3年期限未履行

C. 违反《劳动合同法》的规定解除劳动合同

D. 违反劳动合同约定的保密义务

E. 违反劳动合同约定的竞业限制

本章同步练习参考答案及解析

一、单项选择题

1. [答案] C

[解析] 劳动法律责任包括行政责任、民事责任和刑事责任。

2. [答案] B

[解析] 本题考查用人单位违反劳动法律的责任。其中，未依法订立无固定期限劳动合同的，应当自订立无固定期限劳动合同之日起向劳动者每月支付2倍的工资。

3. [答案] B

[解析] 用人单位不办理社会保险登记的，社会保险行政部门责令其限期改正；逾期不改正的，对企业处应缴社会保险费数额1倍以上3倍以下的罚款，对其直接负责的主管人员和其他直接责任人员处500元以上3 000元以下的罚款。

4. [答案] C

[解析] C项属于社会保险行政争议范围，可以依法申请行政复议。

5. [答案] C

[解析] 行政复议申请人不服人力资源和社会保障行政部门做出的复议决定的，可以在收到复议决定书之日起15日内向人民法院提起诉讼。

二、多项选择题

1. [答案] CDE

[解析] 劳动者违反《劳动合同法》的规定解除劳动合同，或者违反劳动合同中约定的保密义务、竞业限制，给用人单位造成损失的，应当承担赔偿责任。

第十九章 人力资源开发政策

本章考情分析

年份	单项选择题	多项选择题	案例分析题	合计
2021 年	2 题 2 分	1 题 2 分	—	4 分
2020 年	4 题 4 分	4 题 8 分	—	12 分

[提示] 本章为 2020 年新增章节。

本章考点概览

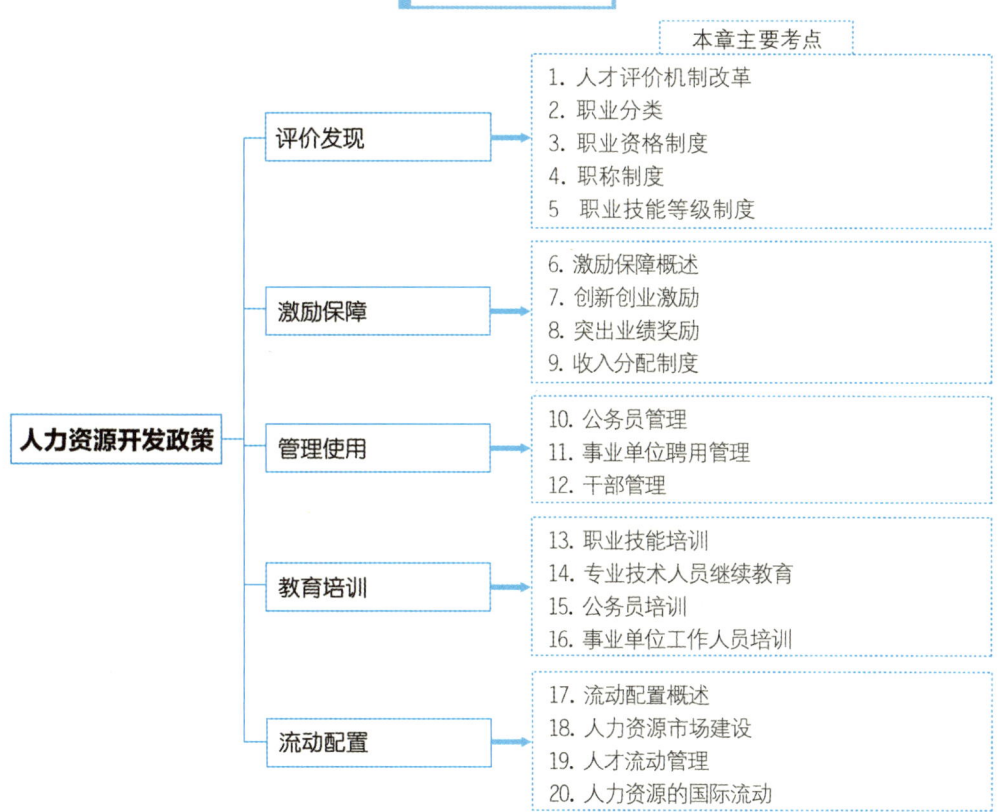

本章考点详解

【考点一】人才评价机制改革

一、人才评价机制概述

人才评价是人力资源开发管理与使用的<u>前提</u>。科学的人才评价发现机制，对于树立正确用人导向、激励引导人才职业发展、调动人才创新创业积极性、加快建设人才强国都具有重要作用。

二、我国人才评价机制存在的不足及改革方法

当前，分类评价不足、评价标准单一、评价手段趋同、评价社会化程度不高及用人主体自主权落实不够等都是我国人才评价发现中存在的主要问题。为了解决这些问题，创新人才评价机制，发挥人才评价指挥棒作用，我国进行了人才评价机制的改革，具体内容如表19-1所示。

表19-1 人才评价机制改革

方法	具体内容
分类健全人才评价标准	(1) 实行分类评价，以职业属性和岗位要求为基础，健全科学的人才分类评价体系 (2) 突出品德评价，坚持德才兼备，把品德作为人才评价的首要内容 (3) 科学设置评价标准，合理设置和使用论文等评价指标，解决评价标准"一刀切"问题，注重凭能力、业绩和贡献评价人才，克服唯学历、唯资历、唯论文等评价倾向
改进和创新人才评价方式	(1) 创新多元评价方式，建立以同行评价为基础的业内评价机制，注重引入市场评价和社会评价，发挥多元评价主体作用 (2) 科学设置人才评价周期，遵循不同类型人才成长发展规律，科学合理设置评价考核周期 (3) 畅通人才评价渠道，打破户籍、地域等限制 (4) 促进人才评价和项目评审、机构评估有机衔接
加快推进重点领域人才评价改革	(1) 加快推进改革科技人才评价机制 (2) 科学评价哲学社会科学和文化艺术人才 (3) 健全教育人才评价体系 (4) 改进医疗卫生人才评价机制 (5) 创新技术技能人才评价机制 (6) 完善面向企业、基层一线和青年人才的评价机制
健全完善人才评价管理服务制度	(1) 保障和落实用人单位自主权，合理界定和下放人才评价权限，推动具备条件的高校、科研院所等企事业单位自主开展评价工作 (2) 健全市场化、社会化的管理服务体系，进一步明确政府、市场、用人主体在人才评价中的职能定位，建立权责清晰、管理科学、协调高效的人才评价机制 (3) 优化公平公正的人才评价环境

【考点小贴士】人才评价机制改革内容较多，且容易混淆，建议通过"分类标准、改进方式、加快改革、健全制度"等关键词的方法记忆四大改革方法。

经典例题

[例题·单选题] 人力资源开发管理和使用的前提是（　　）。
A. 人才评价　　　　　　　　B. 人才使用
C. 人才管理　　　　　　　　D. 人才留用
[答案] A
[解析] 人才评价是人力资源开发管理和使用的前提。建立科学的人才评价发现机制，对于树立正确用人导向、激励引导人才职业发展、调动人才创新创业积极性、加快建设人才强国具有重要作用。

【考点二】职业分类

一、职业分类概述

职业是从业人员为了获取主要生活来源而从事的社会工作类别。职业分类是按照职业的工作性质、活动方式等异同，对社会职业及其类别进行系统的划分及归类。

二、职业分类的意义

职业分类是人力资源开发科学化、规范化的重要基础。《中华人民共和国职业分类大典》（以下简称《职业分类大典》）是职业分类的成果与载体，对我国人力资源市场建设、职业教育、职业培训、就业创业、国民经济信息统计、人口普查等起着指导规范和引领作用。

三、职业的分类结构

根据《劳动法》关于国家确定职业分类的规定，我国于1995年开始编制《职业分类大典》，分别于1999年和2015年颁布了第一版和第二版。在第二版《职业分类大典》中将职业分类结构定为8个大类、75个中类、434个小类、1 481个职业。具体内容如表19-2所示。

表19-2 职业分类

分类	主体	内容	依据
第一大类	党的机关、国家机关、群众团体和社会组织、企事业单位负责人	包括6个中类、15个小类、23个职业	参照我国管理体制与政治制度现状，对具有决策和管理权的社会职业依组织类型、职责范围的层次和业务相似性、工作的复杂程度和所承担的职责大小等进行划分和归类
第二大类	专业技术人员	包括11个中类、120个小类、451个职业	遵循职业分类一般原则和技术规范，着重考量职业的专业化、社会化及国际化水平
第三大类	办事人员和有关人员	包括3个中类、9个小类、25个职业	依据我国社会组织与公共管理中从业者的实际业态分类，强化公共管理、企事业管理等领域行政业务、行政事务属性
第四大类	社会生产服务和生活服务人员	包括15个中类、93个小类、278个职业	参照国民经济行业分类以及我国服务业发展现状，特别关注新兴服务业的社会职业发展，按照服务属性归类
第五大类	农、林、牧、渔业生产及辅助人员	包括6个中类、24个小类、52个职业	以农、牧、林、渔业生产环境、生产技术和产业结构的变化，现代农业生产领域中生产技术应用、生产分工及合作的现状为依据，参照国民经济行业分类进行
第六大类	生产制造及有关人员	包括32个中类、171个小类、650个职业	按照国民经济行业分类以及生产制造业发展业态，以工艺技术、工具设备、主要原材料、产品用途和服务与技能等级水平相似性进行
第七大类	军人	包括1个中类、1个小类、1个职业	—
第八大类	不便分类的其他从业人员	包括1个中类、1个小类、1个职业	—

【考点小贴士】八大类职业的主体及相对应的分类依据是比较容易混淆的内容，需要结合主体

特点,抓相同/似关键词进行分类,关联记忆。如,党和国家机关、各类团体和社会组织、企事业单位负责人和政治制度及管理体制有关;专业技术人员和技术规范、职业专业化等有关;办事人员及有关人员和公共管理有关;社会生产服务、生活服务人员和服务业有关;农、林、牧、渔业生产及辅助人员和产业结构有关;生产制造及有关人员和生产制作业有关。

四、新职业的发布

自2015年版《职业分类大典》颁布以来,按照中华人民共和国人力资源和社会保障部(以下简称人力资源社会保障部)等部门向社会公布的信息,近几年来在产业结构的升级下催生了不少高端专业技术类新职业,科技提升引发传统职业变迁,信息化的广泛应用也衍生了不少新职业。新职业的具体内容如表19-3所示。

表19-3 新职业

发布时间	新职业
2019年4月 (13个新职业信息)	人工智能工程技术人员、物联网工程技术人员、大数据工程技术人员、云计算工程技术人员、数字化管理师、建筑信息模型技术员、电子竞技运营师、电子竞技员、无人机驾驶员、农业经理人、物联网安装调试员、工业机器人系统操作员、工业机器人系统运维员
2020年2月 (16个新职业信息)	智能制造工程技术人员、工业互联网工程技术人员、虚拟现实工程技术人员、连锁经营管理师、供应链管理师、网约配送员、人工智能训练师、电气电子产品环保检测员、全媒体运营师、健康照护师、呼吸治疗师、出生缺陷防控咨询师、康复辅助技术咨询师、无人机装调检修工、铁路综合维修工和装配式建筑施工员

经典例题

[例题·单选题] 2015年颁布第二版《职业分类大典》后发布的两次新职业,第一次新职业发布了(   )个新职业信息,第二次新职业发布了(   )个新职业信息。
A. 10,15   B. 13,16   C. 13,17   D. 15,16
[答案] B
[解析] 2019年4月,人力资源社会保障部等部门向社会发布了人工智能工程技术人员、物联网工程技术人员、大数据工程技术人员、云计算工程技术人员、数字化管理师、建筑信息模型技术员、电子竞技运营师、电子竞技员、无人机驾驶员、农业经理人、物联网安装调试员、工业机器人系统操作员、工业机器人系统运维员等13个新职业信息。2020年2月,人力资源社会保障部等部门向社会发布了智能制造工程技术人员、工业互联网工程技术人员、虚拟现实工程技术人员、连锁经营管理师、供应链管理师、网约配送员、人工智能训练师、电气电子产品环保检测员、全媒体运营师、健康照护师、呼吸治疗师、出生缺陷防控咨询师、康复辅助技术咨询师、无人机装调检修工、铁路综合维修工和装配式建筑施工员等16个新职业信息。

【考点三】职业资格制度

一、职业资格概述

职业资格是对从事某一职业所必备的学识、技术和能力的基本要求。

职业资格主要包括准入类职业资格和水平评价类职业资格两类,具体内容如下:

(1)准入类职业资格指所涉及职业(工种)必须关系公共利益或国家安全、公共安全、人身健康、生命财产安全,且必须有法律法规或国务院决定作为依据。

(2)水平评价类职业资格指所涉及职业(工种)应具有较强的专业性和社会通用性,技术技能要求较高,行业管理和人才队伍建设确实需要。

【考点小贴士】职业资格的两个分类可以简记为"国家批准技术水平"。

二、国家职业资格证书

职业资格由人力资源社会保障部门通过学历认定、资格考试、专家评定、职业技能鉴定等方式进行评价，合格者会被授予国家职业资格证书（一种对申请人职业（工种）学识、技术、能力的认可，也是求职、任职、独立开业和单位录用的主要依据）。

三、国家职业资格目录

国家按照规定的条件和程序将职业资格纳入国家职业资格目录，实行清单式管理，目录之外一律不得认定和许可职业资格，目录之内除准入类职业资格外一律不得与就业创业挂钩；目录接受社会监督，保持相对稳定，实行动态调整。

职业资格设置、取消及纳入、退出目录，须由人力资源社会保障部会同国务院有关部门组织专家进行评估论证，新设职业资格应当遵守国务院关于新设行政许可的规定并广泛听取社会意见后，按程序报经国务院批准。

人力资源社会保障部门负责职业资格的监督管理，行业协会、学会等社会组织和企事业单位依据市场需要自行开展能力水平评价活动，不得变相开展资格资质许可和认定，证书不得使用"中华人民共和国""中国""中华""国家""全国""职业资格"或"人员资格"等字样和国徽标志。对资格资质持有人因不具备应有职业水平导致重大过失的，负责许可认定的单位也要承担相应责任。

经典例题

[例题·单选题]（　　）所涉职业（工种）必须关系公共利益或涉及国家安全、公共安全、人身健康、生命财产安全，且必须有法律法规或国务院决定作为依据。

A. 水平评价类职业资格　　　　B. 地方职业资格
C. 准入类职业资格　　　　　　D. 国家职业资格

[答案] C

[解析] 职业资格是对从事某一职业所必备的学识、技术和能力的基本要求。职业资格包括两类：①准入类职业资格。所涉职业（工种）必须关系公共利益或涉及国家安全、公共安全、人身健康、生命财产安全，且必须有法律法规或国务院决定作为依据。②水平评价类职业资格。所涉职业（工种）应具有较强的专业性和社会通用性，技术技能要求较高，行业管理和人才队伍建设确实需要。

【考点四】职称制度

一、职称概述

职称是专业技术人才学术技术水平和专业能力的主要标志。职称制度是专业技术人才评价和管理的基本制度。

二、职称评审标准

职称评审是按照评审标准和程序，对专业技术人才品德、能力、业绩的评议和认定。职称评审结果是专业技术人才聘用、考核、晋升等的重要依据。

国务院人力资源社会保障行政部门负责全国的职称评审统筹规划和综合管理工作。县级以上地方各级人力资源社会保障行政部门负责本地区职称评审综合管理和组织实施工作。行业主管部门在各自职责范围内负责本行业的职称评审管理和实施工作。

职称评审标准分为：

(1) 国家标准：由国务院人力资源社会保障行政部门会同行业主管部门制定。

(2) 地区标准：由各地区人力资源社会保障行政部门会同行业主管部门依据国家标准，结合本地区实际制定。

(3) 单位标准：由具有职称评审权的用人单位依据国家标准、地区标准，结合本单位实际制定。

【注意】地区标准、单位标准不得低于国家标准。

三、职称评审委员会

各地区、各部门以及用人单位等按照规定开展职称评审，应当申请组建职称评审委员会。

职称评审委员会主要职责有：负责评议、认定专业技术人才学术技术水平和专业能力。其对组建单位负责，受组建单位监督。

职称评审委员会组建要求：按照职称系列或者专业组建，不得跨系列组建综合性职称评审委员会。

职称评审委员会等级分为高级、中级、初级职称评审委员会。各级职称评审委员会的要求如表19-4所示。

表19-4 各级职称评审委员会的要求

级别	条件	人数	核准备案的具体办法
高级	(1) 拟评审的职称系列或者专业为职称评审委员会组建单位主体职称系列或者专业 (2) 拟评审的职称系列或者专业在行业内具有重要影响力，能够代表本领域的专业发展水平 (3) 具有一定数量的专业技术人才和符合条件的高级职称评审专家 (4) 具有开展高级职称评审的能力	(1) 评审委员会人员应当是单数，根据工作需要设主任委员和副主任委员 (2) 按照职称系列组建的高级职称评审委员会评审专家不少于25人 (3) 按照专业组建的高级职称评审委员会评审专家不少于11人 (4) 各地区组建的高级职称评审委员会的人数，经省级人力资源社会保障行政部门同意，可以适当调整。评审专家每届任期不得超过3年	(1) 国家对职称评审委员会实行核准备案管理制度。职称评审委员会备案有效期不得超过3年，有效期届满应当重新核准备案 (2) 国务院各部门、中央企业、全国性行业协会学会、人才交流服务机构等组建的高级职称评审委员会由国务院人力资源社会保障行政部门核准备案 (3) 各地区组建的高级职称评审委员会由省级人力资源社会保障行政部门核准备案 (4) 其他用人单位组建的高级职称评审委员会按照职称评审管理权限由省级以上人力资源社会保障行政部门核准备案
初、中级	申请组建中级、初级职称评审委员会的条件以及核准备案的具体办法，按照职称评审管理权限由国务院各部门、省级人力资源社会保障行政部门以及具有职称评审权的用人单位制定		

各地区、各部门和用人单位可以按照职称系列或者专业建立职称评审委员会专家库，在职称评审委员会专家库内随机抽取规定数量的评审专家组成职称评审委员会。职称评审委员会专家库须按相关规定进行核准备案，从专家库内抽取专家组成的职称评审委员会不再备案。

四、职称申报审核要求

(1) 申报职称评审的人员应当遵守宪法和法律，具备良好的职业道德，符合相应职称系列或者专业、相应级别职称评审规定的申报条件。

（2）申报人应当为本单位在职的专业技术人才，离退休人员不得申报参加职称评审。

（3）事业单位工作人员受到记过以上处分的，在受处分期间不得申报参加职称评审。

（4）申报人一般应当按照职称层级逐级申报职称评审。

（5）职称申报特殊情况：

1）取得重大基础研究和前沿技术突破、解决重大工程技术难题，在经济社会各项事业发展中做出重大贡献的专业技术人才，可以直接申报高级职称评审。

2）对引进的海外高层次人才和急需紧缺人才，可以合理放宽资历、年限等条件限制。

3）对长期在艰苦边远地区和基层一线工作的专业技术人才，侧重考察其实际工作业绩，适当放宽学历和任职年限要求。

（6）申报人应当在规定期限内提交申报材料，对其申报材料的真实性负责。凡是通过法定证照、书面告知承诺、政府部门内部核查或者部门间核查、网络核验等能够办理的，不得要求申报人额外提供证明材料。

（7）申报人所在工作单位应当对申报材料进行审核，并在单位内部进行公示，公示期不少于5个工作日，对经公示无异议的，按照职称评审管理权限逐级上报。

1）非公有制经济组织的专业技术人才申报职称评审，可以由所在工作单位或者人事代理机构等履行审核、公示、推荐等程序。

2）自由职业者申报职称评审，可以由人事代理机构等履行审核、公示、推荐等程序。

（8）职称评审委员会组建单位按照申报条件对申报材料进行审核。申报材料不符合规定条件的，职称评审委员会组建单位应当一次性告知申报人需要补正的全部内容。逾期未补正的，视为放弃申报。

五、组织职称评审的程序及要求

（1）职称评审委员会组建单位组织召开评审会议。评审会议由主任委员或者副主任委员主持，出席评审会议的专家人数应当不少于职称评审委员会人数的2/3。

1）评审会议应当做好会议记录，内容包括出席评委、评审对象、评议意见、投票结果等内容，会议记录归档管理。

2）评审会议实行封闭管理，评审专家名单一般不对外公布。评审专家和职称评审办事机构工作人员在评审工作保密期内不得对外泄露评审内容，不得私自接收评审材料，不得利用职务之便谋取不正当利益。

3）评审专家与评审工作有利害关系或者其他关系可能影响客观公正的，应当申请回避。职称评审办事机构发现上述情形的，应当通知评审专家回避。

4）不具备职称评审委员会组建条件的地区和单位，可以委托经核准备案的职称评审委员会代为评审。

（2）职称评审委员会经过评议，采取少数服从多数的原则，通过无记名投票表决，同意票数达到出席评审会议的评审专家总数2/3以上的即为评审通过。未出席评审会议的评审专家不得委托他人投票或者补充投票。

1）根据评审工作需要，职称评审委员会可以按照学科或者专业组成若干评议组，每个评议组评审专家不少于3人，负责对申报人提出书面评议意见。

2）不设评议组的，由职称评审委员会3名以上评审专家按照分工，提出评议意见。评议组或者分工负责评议的专家在评审会议上介绍评议情况，作为职称评审委员会评议表决的参考。

（3）评审会议结束时，由主任委员或者主持评审会议的副主任委员宣布投票结果，并对评结果签字确认，加盖职称评审委员会印章。

（4）职称评审委员会组建单位对评审结果进行公示，公示期不少于5个工作日。

1）公示期间，对通过举报投诉等方式发现的问题线索，由职称评审委员会组建单位调查核实。

2）经公示无异议的评审通过人员，按照规定由人力资源社会保障行政部门或者职称评审委员会组建单位确认。

3）具有职称评审权的用人单位，其经公示无异议的评审通过人员，按照规定由职称评审委员会核准部门备案。

4）申报人对涉及本人的评审结果不服的，可以按照有关规定申请复查、进行投诉。

5）专业技术人才跨区域、跨单位流动时，其职称按照职称评审管理权限重新评审或者确认，国家另有规定的除外。

【考点小贴士】组织职称评审的程序为：召开会议→评议→宣布结果（签字及加盖印章）→公示（备案/核实复查）。

经典例题

[例题·单选题] 关于职称评审委员会，说法不正确的是（　　）。

A. 职称评审委员会组成人员应当是单数
B. 按照职称系列组建的高级职称评审委员会评审专家不少于11人
C. 评审专家每届任期不得超过3年
D. 各地区、各部门和用人单位可以按照职称系列或者专业建立职称评审委员会专家库

[答案] B

[解析] 按照职称系列组建的高级职称评审委员会评审专家不少于25人，按照专业组建的高级职称评审委员会评审专家不少于11人。

【考点五】职业技能等级制度

一、职业技能等级概述

企业可根据需要，在相应的职业技能等级内划分层次，或设立特级技师、首席技师等；社会培训评价组织一般按五个技能等级开展评价。

二、职业技能标准

（一）职业技能标准的概念

职业技能标准是指在职业分类的基础上，根据职业活动内容对从业人员的理论知识和技能要求提出的综合性水平规定。它是开展职业教育培训和人才技能鉴定评价的基本依据。

（二）国家职业技能标准的相关规定

国家职业技能标准由人力资源社会保障部组织制定。行业企业评价规范由用人单位和培训评价组织参照《国家职业技能标准编制技术规程》开发，经人力资源社会保障部备案后实施。

2018年3月7日，人力资源社会保障部对《国家职业技能标准编制技术规程》（2012年版）进行了全面修订，主要修改内容为：

（1）强调工匠精神和敬业精神。将工匠精神和敬业精神内涵融入国家职业技能标准中，作为职业道德要求的重要内容。

（2）落实"考培分离""鉴培分离"。在职业技能鉴定申报条件中，对申请参加职业技能鉴定人员必须具备培训经历的条件予以删除，以斩断利益链条，避免强制培训之嫌。

（3）支持技能人才成长。将职业技能鉴定申报条件中"连续从事本职业工作年限"要求修改为"累计从事本职业或相关职业工作年限"，打破（职业）资历、工作年限等的制约，提高人才的社会流动性，促进人才特别是技能人才合理流动、有效配置，同时也契合以人为本精神，畅通劳动者职业生涯通道。

（4）突出安全生产。在职业技能标准中标注涉及安全生产或操作的关键技能要求，关键技能考核不合格的，则技能考核成绩为不合格。

（三）职业技能等级认定

职业技能等级认定的依据是国家职业技能标准和行业、企业评价规范。职业技能等级认定的职业（工种）为现行《职业分类大典》中技能类职业（工种），以及后续经人力资源社会保障部发布或备案的技能类职业（工种）。职业技能等级认定要坚持客观、公正、科学、规范的原则，认定结果要经得起市场检验、为社会广泛认可。

具体职业技能等级认定组织者和认定对象如表19-5所示。

表19-5 职业技能等级认定组织者和对象

组织者	对象
符合条件的用人单位	（1）本单位职工 （2）本单位以外人员
符合条件的社会培训评价组织	全体劳动者

（四）职业技能等级与职称的贯通

2018年11月25日，为拓宽人才发展空间，促进人才合理流动，提高技术技能人才待遇和地位，人力资源社会保障部出台《关于在工程技术领域实现高技能人才与工程技术人才职业发展贯通的意见（试行）》，具体内容如下。

支持工程技术领域高技能人才参评工程系列专业技术职称：

（1）明确参评范围：在工程技术领域生产一线岗位，从事技术技能工作，具有高超技艺和精湛技能，能够进行创造性劳动。

（2）严格评审条件：做出贡献的技能劳动者，符合国家规定的工程技术人才职称评价基本标准条件，遵守单位规章制度和生产操作规程，具有高级工以上职业资格或职业技能等级，在现工作岗位上近3年年度考核合格。

（3）突出高技能人才工作特点：坚持把职业道德放在评审的首位，要以职业能力和工作业绩评定为重点，改变唯身份、唯论文等倾向。

（4）向高技能领军人才倾斜：对做出突出贡献的高技能人才可破格申报专业技术职称评审。

> **经典例题**
>
> [例题·单选题] 职业技能等级是根据从业人员职业活动范围、工作责任和工作难度的不同而设立的级别，其等级共分为（　　）级。
> A. 三　　　　　　　　　　B. 七
> C. 五　　　　　　　　　　D. 六
> [答案] C
> [解析] 职业技能等级共分为五级，由低到高分别为五级/初级工、四级/中级工、三级/高级工、二级/技师、一级/高级技师。

【考点六】激励保障概述

激励保障是人才创新创业的根本动力,充分的激励保障能激发人才创新创业的积极性。要强化人才创新创业激励机制,加大对创新人才激励力度,加强创新成果知识产权保护,鼓励和支持人才创新创业。

【考点七】创新创业激励

一、科技成果转化激励

国家设立的研究开发机构、高等院校持有的科技成果转化激励的规定如表19-6所示。

表19-6 国家设立的研究开发机构、高等院校持有的科技成果转化激励的规定

项目	主要内容
下放科技成果处置权	(1) 对其持有的科技成果,可以自主决定转让、许可或者作价投资,除涉及国家秘密、国家安全外,不需审批或者备案 (2) 有权依法以持有的科技成果作价入股确认股权和出资比例,并通过发起人协议、投资协议或者公司章程等形式对科技成果的权属、作价、折股数量或者出资比例等事项明确约定,明晰产权 (3) 转化科技成果所获得的收入全部留归单位,纳入单位预算,不上缴国库,扣除对完成和转化职务科技成果做出重要贡献人员的奖励和报酬后,应当主要用于科学技术研发与成果转化等相关工作,并对技术转移机构的运行和发展给予保障
激励科技人员创新创业	制定转化科技成果收益分配制度时,要按照规定,充分听取本单位科技人员的意见,并在本单位公开相关制度。依法对职务科技成果完成人和为成果转化做出重要贡献的其他人员给予奖励时,按照以下规定执行: (1) 以技术转让或者许可方式转化职务科技成果的,应当从技术转让或者许可所取得的净收入中提取不低于50%的比例用于奖励职务科技成果完成人和为成果转化做出重要贡献的其他人员 (2) 以科技成果作价投资实施转化的,应当从作价投资取得的股份或者出资比例中提取不低于50%的比例用于奖励职务科技成果完成人和为成果转化做出重要贡献的其他人员 (3) 在研究开发和科技成果转化中做出主要贡献的人员,获得奖励的份额不低于奖励总额的50% (4) 对科技人员在科技成果转化工作中开展技术开发、技术咨询、技术服务等活动给予的奖励,可按照《中华人民共和国促进科技成果转化法》(以下简称《促进科技成果转化法》)执行。科研人员获得的职务科技成果转化现金奖励计入当年本单位绩效工资总量,但不受总量限制,不纳入总量基数
科技人员兼职和离岗创业	(1) 科技人员在履行岗位职责、完成本职工作的前提下,经征得单位同意,可以兼职从事科技成果转化活动,或者离岗创业,原则上离岗3年内保留人事关系 (2) 应建立制度规定或者与科技人员约定兼职、离岗从事科技成果转化活动期间和期满后的权利和义务。离岗创业期间,科技人员所承担的国家科技计划和基金项目原则上不得中止,确需中止的应当按照有关管理办法办理手续
担任领导职务的科技人员的科技成果转化奖励	担任领导职务的科技人员获得科技成果转化奖励,按照分类管理的原则执行: (1) 国务院部门、单位和各地方所属研究开发机构、高等院校等事业单位(不含内设机构)正职领导,以及上述事业单位所属具有独立法人资格单位的正职领导,是科技成果的主要完成人或者对科技成果转化做出重要贡献的,可以按照《促进科技成果转化法》的规定获得现金奖励,原则上不得获取股权激励。其他担任领导职务的科技人员,是科技成果的主要完成人或者对科技成果转化做出重要贡献的,可以按照《促进科技成果转化法》的规定获得现金、股份或者出资比例等奖励和报酬 (2) 对担任领导职务的科技人员的科技成果转化收益分配实行公开公示制度,不得利用职权侵占他人科技成果转化奖励

【考点小贴士】科技成果转化激励四项内容可简记为"下放创业兼职人员奖励"。

> **经典例题**
>
> [例题·单选题] 下列选项中，不属于科技成果转化激励的是（　　）。
> A. 下放科技成果处置权　　　　　B. 激励科技人员创新创业
> C. 科技人员兼职和离岗创业　　　D. 下放预算调剂权限
> [答案] D
> [解析] 科技成果转化激励的做法包括：①下放科技成果处置权；②激励科技人员创新创业；③科技人员兼职和离岗创业；④担任领导职务的科技人员的科技成果转化奖励。

二、科技项目资金管理

科技项目资金管理的措施如表 19-7 所示。

表 19-7　科技项目资金管理的措施

管理措施	主要内容
简化预算编制，下放预算调剂权限	下放预算调剂权限，在项目总预算不变的情况下，将直接费用中的材料费、测试化验加工费、燃料动力费、出版、文献、信息传播、知识产权事务费及其他支出预算调剂权下放给项目承担单位。简化预算编制科目，合并会议费、差旅费、国际合作与交流费科目，由科研人员结合科研活动实际需要编制预算并按规定统筹安排使用，其中不超过直接费用10%的，不需要提供预算测算依据
提高间接费用比重，加大绩效激励力度	中央财政科技计划（专项、基金等）中实行公开竞争方式的研发类项目，均要设立间接费用，核定比例可以提高到不超过直接费用扣除设备购置费的一定比例：500万元以下的部分为20%，500万元至1 000万元的部分为15%，1 000万元以上的部分为13%
明确劳务费开支范围，不设比例限制	参与项目研究的研究生、博士后、访问学者以及项目聘用的研究人员、科研辅助人员等，均可支付劳务费。项目聘用人员的劳务费开支标准，参照当地科学研究和技术服务业从业人员平均工资水平，根据其在项目研究中承担的工作任务情况确定，其社会保险补助纳入劳务费科目列支。劳务费预算不设比例限制，由项目承担单位和科研人员据实编制
改进结转结余资金留用处理方式	项目实施期间，年度剩余资金可结转下一年度继续使用。项目完成任务目标并通过验收后，结余资金按规定留归项目承担单位使用，在 2 年内由项目承担单位统筹安排用于科研活动的直接支出；2 年后未使用完的，按规定收回

三、科技管理权限下放

科技管理权限下放的相关规定如表 19-8 所示。

表 19-8　科技管理权限下放

权利	主要内容
科研项目经费管理使用自主权	（1）直接费用中除设备费外，其他科目费用调剂权全部下放给项目承担单位。项目承担单位应完善管理制度，及时为科研人员办理调剂手续 （2）对于接受企业或其他社会组织委托取得的项目经费，纳入单位财务统一管理，由项目承担单位按照委托方要求或合同约定管理使用 （3）高校和科研院所要简化科研仪器设备采购流程，对科研急需的设备和耗材，采用特事特办、随到随办的采购机制，可不进行招投标程序，缩短采购周期 （4）对于独家代理或生产的仪器设备，按程序确定采取单一来源采购等方式增强采购灵活性和便利性

续表

权利	主要内容
科研人员的技术路线决策权	科研人员具有自主选择和调整技术路线的权利，科研项目申报期间，以科研人员提出的技术路线为主进行论证，科研项目实施期间，科研人员可以在研究方向不变、不降低申报指标的前提下自主调整研究方案和技术路线，报项目管理专业机构备案。科研项目负责人可以根据项目需要，按规定自主组建科研团队，并结合项目实施进展情况进行相应调整
项目过程管理权	(1) 由项目管理专业机构严格依据任务书在项目实施期末进行一次性综合绩效评价，不再分别开展单独的财务验收和技术验收，项目承担单位自主选择具有资质的第三方中介机构进行结题财务审计，利用好单位内外部审计结果 (2) 国家科技管理信息系统按权限向项目承担单位、项目管理专业机构、行业主管部门等相关主体开放，凡是国家科技管理信息系统已有的材料或已要求提供过的材料，不得要求重复提供 (3) 项目管理专业机构和承担单位要简化报表及流程，加快建立健全学术助理和财务助理制度，允许通过购买财会等专业服务，把科研人员从报表、报销等具体事务中解脱出来

【考点八】突出业绩奖励

一、国家科学技术奖概述

国家科学技术奖是指授予在科学发现、技术发明和促进科学技术进步等方面做出创造性突出贡献的公民或者组织的奖项。

国家科学技术奖包含国家自然科学奖、国家最高科学技术奖、国家技术发明奖、中华人民共和国国际科学技术合作奖、国家科学技术进步奖，具体内容如表19-9所示。

表19-9 国家科学技术奖及其获奖条件

种类	定义	应当具备的条件
国家自然科学奖	指授予在基础研究和应用基础研究中阐明自然现象、特征和规律，提出重大科学发现的公民的奖项	(1) 前人尚未发现或者尚未阐明 (2) 具有重大科学价值 (3) 得到国内外自然科学界公认
国家最高科学技术奖	—	(1) 在当代科学技术前沿取得重大突破或者在科学技术发展中有卓越建树的科学技术工作者 (2) 在科学技术创新、科学技术成果转化和高技术产业化中，创造巨大经济效益、社会效益、生态环境效益或者对维护国家安全做出巨大贡献的
国家技术发明奖	指授予运用科学技术知识创造出产品、工艺、材料及其系统等重大技术发明的公民的奖项	(1) 前人尚未发明或者尚未公开 (2) 具有先进性和创造性 (3) 经实施，创造显著经济效益、社会效益、生态环境效益或者对维护国家安全做出显著贡献，且具有良好的应用前景
中华人民共和国国际科学技术合作奖	指授予对中国科学技术事业做出重要贡献的外国人或者外国组织的奖项	(1) 同中国的公民或者组织合作研究、开发，取得重大科学技术成果的 (2) 向中国的公民或者组织传授先进科学技术、培养人才，成效特别显著的 (3) 为促进中国与外国的国际科学技术交流与合作，做出重要贡献的

续表

种类	定义	应当具备的条件
国家科学技术进步奖	指授予完成和应用推广创新性科学技术成果，为推动科学技术进步和经济社会发展做出突出贡献的个人、组织	（1）技术创新性突出，技术经济指标先进 （2）经应用推广，创造显著经济效益、社会效益、生态环境效益或者对维护国家安全做出显著贡献 （3）在推动行业科学技术进步等方面有重大贡献

【考点小贴士】五大奖项可简记为"国家最高自然技术发明合作进步奖"。

经典例题

[例题·单选题] 国家科学技术奖奖项不包括（　　）。
A. 国家最高科学技术奖　　　　　　B. 国家技术发明奖
C. 国家科学技术进步奖　　　　　　D. 全国技术能手和中华技能大奖
[答案] D
[解析] 国家科学技术奖包含国家最高科学技术奖、国家自然科学奖、国家技术发明奖、国家科学技术进步奖和中华人民共和国国际科学技术合作奖。全国技术能手和中华技能大奖属于技能人才奖励。

二、技能人才奖励

（一）全国技术能手和中华技能大奖

设置全国技术能手和中华技能大奖是为了表彰和宣传各行各业优秀技术工人，促进广大劳动者提高技术技能。

全国技术能手和中华技能大奖评选的职业（工种）范围为高级（国家职业资格三级）以上等级的职业（工种）。

全国范围的评选表彰活动每两年开展一次，每次评选表彰人数由人力资源社会保障部门确定。全国技术能手和中华技能大奖的评选条件如表 19-10 所示。

表 19-10　全国技术能手和中华技能大奖评选条件

奖项	评选条件
全国技术能手	具有良好的职业道德和敬业精神，已获得省（行业）级技术能手称号，且具有高级以上职业资格或同等资格，技术技能水平在国内本职业（工种）中有较大影响，并具备下列条件之一的中华人民共和国公民： （1）在本职业（工种）中具备较高技艺，并在培养徒弟、传授技术技能方面做出突出贡献的 （2）在开展技术革新、技术改造活动中做出重要贡献，取得重大经济效益和社会效益的 （3）在本企业、同行业中具有领先的技术技能水平，并在某一生产工作领域总结出先进的操作技术方法，取得重大经济效益和社会效益的 （4）在开发、应用先进科学技术成果转化成现实生产力方面有突出贡献，并取得重大经济效益和社会效益的
中华技能大奖	已获得"全国技术能手"称号，在本职业（工种）中的技术技能水平在国际国内有重要影响，并具备下列条件之一的中华人民共和国公民： （1）在技术创新、攻克技术难关等方面做出突出贡献，并总结出独特的操作技术方法，产生重大经济效益和社会效益的 （2）在本职业（工种）中，具备某种绝招绝技，并在带徒传艺方面做出突出贡献，在国际国内产生重要影响的 （3）在推广应用先进技术等方面做出突出贡献的

(二)世界技能大赛获奖选手奖励

在世界技能大赛中获得金、银、铜、优胜奖牌的选手，按国家表彰奖励规定，给予相应精神和物质奖励。获得金牌的选手，颁发高级技师职业资格证书和发放奖金；获得银、铜、优胜奖牌的选手颁发技师职业资格证书和发放奖金。获奖选手由人力资源社会保障部授予"全国技术能手"称号。

获奖选手参加中华技能大奖评选、享受国务院政府特殊津贴人员选拔时，在同等条件下优先。集训选手由世界技能大赛中国组委会秘书处颁发荣誉证书，并晋升一级职业资格，颁发职业资格证书。

三、公务员奖励

(一)奖励的目的

公务员奖励是为了激励公务员忠于职守，廉洁勤政，提高工作效能，充分调动公务员工作的积极性。

(二)奖励的条件

公务员有下列情形之一的，应给予奖励：
(1) 忠于职守，积极工作，成绩显著的。
(2) 遵守纪律，廉洁奉公，作风正派，办事公道，模范作用突出的。
(3) 在工作中有发明创造或者提出合理化建议，取得显著经济效益或者社会效益的。
(4) 爱护公共财产，节约国家资财有突出成绩的。
(5) 为增进民族团结、维护社会稳定做出突出贡献的。
(6) 防止或者消除事故有功，使国家和人民群众利益免受或者减少损失的。
(7) 同违法违纪行为作斗争有功绩的。
(8) 在抢险、救灾等特定环境中奋不顾身，做出贡献的。
(9) 在对外交往中为国家争得荣誉和利益的。
(10) 有其他突出功绩的。

(三)奖励的种类和权限

(1) 功绩卓著的——授予"人民满意的公务员/公务员集体""模范公务员/公务员集体"等荣誉称号，由省级以上党委、政府或者中央公务员主管部门批准。
(2) 做出杰出贡献的——记一等功，由省级以上党委、政府或者中央机关批准。
(3) 做出重大贡献的——记二等功，由市(地)级以上党委、政府或者省级以上机关批准。
(4) 做出较大贡献的——记三等功，由县级以上党委、政府或者市(地)级以上机关批准。
(5) 表现突出的——给予嘉奖，由县级以上党委、政府或者市(地)级以上机关批准。

由市(地)级以上机关审批的奖励，事先应当将奖励实施方案报同级公务员主管部门审核。

四、事业单位工作人员奖励

(一)奖励的目的

事业单位工作人员奖励是为了激励广大事业单位工作人员担当作为、创新创业。

(二)奖励的条件

有下列情形之一的，应给予事业单位工作人员奖励：
(1) 在贯彻执行党的理论和路线方针政策，加强事业单位党建工作，履行公共服务的政治责任等方面，表现突出、成绩显著的。

（2）在执行党和国家重大战略部署、重要任务、承担重要专项工作、维护公共利益、防止或者消除重大事故、抢险救灾减灾等方面，表现突出、成绩显著的。

（3）在维护国家安全和社会稳定、增进民族团结、同违纪违法行为作斗争等方面，有突出事迹和功绩的。

（4）长期服务基层，在为人民服务、爱岗敬业、担当奉献等方面，表现突出、成绩显著的。

（5）工作中有发明创造、技术创新、成果转化等，经济效益或者社会效益显著的。

（6）热爱公共服务事业，在推进教育、科技、文化、医疗卫生、体育、农业等领域改革发展方面，表现突出、成绩显著的。

（7）在对外交流与合作、重大赛事和活动中为国家争得荣誉和利益，表现突出、成绩显著的。

（8）有其他突出成绩和贡献需要给予奖励的。

（三）奖励的种类

（1）表现突出、做出较大贡献，在本单位发挥模范带头作用的——给予嘉奖。

（2）取得突破性成就、做出重大贡献，在本地区、本行业、本领域产生较大影响的——记功。

（3）取得重大突破性成就、做出杰出贡献，在本地区、本行业、本领域产生重大影响的——记大功。

（4）功绩卓著的——授予称号。授予称号按照《国家功勋荣誉表彰条例》《中国共产党党内功勋荣誉表彰条例》等有关规定执行。

（四）奖励的权限

奖励的权限如表 19-11 所示。

表 19-11　奖励的权限

奖励	权限
给予党中央、国务院直属事业单位工作人员和集体的嘉奖、记功、记大功	由本单位按照干部人事管理权限规定执行
给予中央各部门所属事业单位工作人员和集体的嘉奖、记功、记大功	由本单位或者主管部门按照干部人事管理权限规定执行。其中，记大功奖励方案，应当事先征得中央事业单位人事综合管理部门同意，并在作出记大功奖励决定后1个月内备案
给予省（自治区、直辖市）级以下事业单位工作人员和集体奖励	(1) 嘉奖。省（自治区、直辖市）级、市（地、州、盟）级事业单位由本单位或者主管机关（部门）按照干部人事管理权限规定执行，县（市、区、旗）级以下事业单位报县（市、区、旗）级事业单位人事综合管理部门批准并按规定执行 (2) 记功。省（自治区、直辖市）级事业单位由本单位或者主管机关（部门）按照干部人事管理权限规定执行，市（地、州、盟）级以下事业单位报市（地、州、盟）级事业单位人事综合管理部门批准并按规定执行 (3) 记大功。报省（自治区、直辖市）级事业单位人事综合管理部门批准并按规定执行

【提示】由事业单位或者主管机关（部门）作出的奖励决定，应当在1个月内向同级事业单位人事综合管理部门备案

省（自治区、直辖市）级以上事业单位人事综合管理部门可以会同相关行业主管部门开展奖

励；市（地、州、盟）级以上事业单位人事综合管理部门可以跨层级对下级事业单位工作人员和集体做出嘉奖、记功奖励决定。

【考点九】收入分配制度

一、公务员工资制度

有关公务员工资制度的规定如表19-12所示。

表19-12 公务员工资制度规定

公务员工资制度	主要内容
公务员职级工资制	（1）基本工资结构。公务员基本工资包括职务工资（主要体现公务员的工作职责大小，一个职务对应一个工资标准）和级别工资（主要体现公务员的工作实绩和资历。公务员有27个级别，每一职务层次对应若干个级别，每一级别设若干个工资档次） （2）基本工资正常晋升办法。公务员晋升职务后，执行新任职务的职务工资标准，并按规定晋升级别和增加级别工资。公务员年度考核结果为称职及以上的，一般每5年可在所任职务对应的级别内晋升一个级别，一般每两年可在所任级别对应的工资标准内晋升一个工资档次。公务员的级别达到所任职务对应最高级别后，不再晋升级别，在最高级别工资标准内晋升级别工资档次 （3）实行级别与工资等待遇适当挂钩。厅局级副职及以下职务层次的公务员，任职时间和级别达到规定条件后，经考核合格，可以享受上一级职务层次非领导职务的工资等待遇
机关工人岗位技术等级（岗位）工资制	（1）机关工人基本工资结构。技术工人实行岗位技术等级工资制，基本工资包括岗位工资和技术等级（职务）工资两项 （2）基本工资正常晋升办法。机关工人年度考核结果为合格及以上的，一般每两年可在对应的岗位工资标准内晋升一个工资档次
津贴补贴制度	（1）地区附加津贴制度 （2）艰苦边远地区津贴制度 （3）岗位津贴制度（国家对岗位津贴实行统一管理）
工资水平正常增长机制	国家根据工资调查比较的结果，结合国民经济发展、财政状况、物价水平等情况，适时调整机关工作人员基本工资标准
实行年终一次性奖金	对年度考核称职（合格）及以上的工作人员，发放年终一次性奖金，奖金标准为本人当年12月份的基本工资

经典例题

[例题·多选题] 以下关于公务员工资制度的说法，正确的有（　　）。
A. 公务员基本工资包括职务工资和级别工资两项
B. 级别工资主要体现公务员的工作职责大小
C. 公务员晋升职务后，执行新任职务的职务工资标准
D. 公务员的级别为27个
E. 实行级别与工资等待遇适当挂钩
[答案] ACDE
[解析] 职务工资主要体现公务员的工作职责大小；级别工资主要体现公务员的工作实绩和资历。B项错误。

二、事业单位收入分配制度

事业单位实行岗位绩效工资制度，岗位绩效工资的构成如表19-13所示。

表 19-13　岗位绩效工资的构成

构成	具体内容
岗位工资	主要体现工作人员所聘岗位的职责和要求。事业单位岗位分为专业技术岗位、管理岗位和工勤技能岗位。专业技术岗位设置13个等级,管理岗位设置10个等级,工勤技能岗位分为技术工岗位和普通工岗位,技术工岗位设置5个等级,普通工岗位不分等级。不同等级的岗位对应不同的工资标准
薪级工资	主要体现工作人员的工作表现和资历。对专业技术人员和管理人员设置65个薪级,对工人设置40个薪级,每个薪级对应一个工资标准。对不同岗位规定不同的起点薪级
绩效工资	(1) 主要体现工作人员的实绩和贡献。国家对事业单位绩效工资分配进行总量调控和政策指导。事业单位在核定的绩效工资总量内,按照规范的程序和要求,自主分配 (2) 包括:①基础性绩效工资,主要体现地区经济发展水平、物价水平、岗位职责等因素,一般按月发放;②奖励性绩效工资,主要体现工作量和实际贡献等因素,采取灵活多样的分配方式和办法,根据绩效考核发放
津贴补贴	(1) 艰苦边远地区津贴,主要根据自然地理环境、社会发展等方面的差异,对在艰苦边远地区工作生活的工作人员给予适当补偿 (2) 特殊岗位津贴补贴,主要体现对事业单位苦、脏、累、险及其他特殊岗位工作人员的政策倾斜

经典例题

[例题·多选题] 事业单位实行岗位绩效工资制度,岗位绩效工资由(　　)组成。
A. 岗位工资　　　　　　　　　B. 薪级工资
C. 级别工资　　　　　　　　　D. 绩效工资
E. 津贴补贴
[答案] ABDE
[解析] 事业单位实行岗位绩效工资制度,岗位绩效工资由岗位工资、薪级工资、绩效工资和津贴补贴四部分组成,其中岗位工资和薪级工资为基本工资。

三、国有企业工资决定机制

国有企业工资决定机制的具体内容如表19-14所示。

表 19-14　国有企业工资决定机制

项目	主要内容
工资总额确定办法	按照国家工资收入分配宏观政策要求,根据企业发展战略和薪酬策略、年度生产经营目标和经济效益,综合考虑劳动生产率提高和人工成本投入产出率、职工工资水平市场对标等情况,结合政府职能部门发布的工资指导线,合理确定年度工资总额
工资与效益联动机制	企业经济效益增长的,当年工资总额增长幅度可在不超过经济效益增长幅度的范围内确定。其中,当年劳动生产率未提高、上年人工成本投入产出率低于行业平均水平或者上年职工平均工资明显高于全国城镇单位就业人员平均工资的,当年工资总额增长幅度应低于同期经济效益增长幅度;对主业不处于充分竞争行业和领域的企业,上年职工平均工资达到政府职能部门规定的调控水平及以上的,当年工资总额增长幅度应低于同期经济效益增长幅度,且职工平均工资增长幅度不得超过政府职能部门规定的工资增长调控目标

续表

项目	主要内容
工资效益联动指标	根据企业功能性质定位、行业特点，科学设置联动指标，合理确定考核目标，突出不同考核重点。劳动生产率指标一般以人均增加值、人均利润为主，根据企业实际情况，可选取人均营业收入、人均工作量等指标

【考点十】公务员管理

一、公务员录用

（一）公务员录用原则

（1）党管干部。

（2）公开、平等、竞争、择优。

（3）德才兼备、以德为先，五湖四海、任人唯贤。

（4）事业为上、公道正派、人岗相适、人事相宜。

（5）依法依规办事。

（二）公务员录用程序

公务员录用程序如图 19-1 所示。

图 19-1　公务员录用程序

（三）公务员录用计划

招录机关根据队伍建设需要和职位要求，提出招考的职位、名额和报考资格条件，拟订录用计划。

（四）公务员招考公告

招考公告中应当包含的信息有：①招录机关、招考职位、名额和报考资格条件；②报名方式方法、时间和地点；③报考需要提交的申请材料；④考试科目、时间和地点；⑤其他须知事项。

（五）报考公务员应具备的条件

（1）具有中华人民共和国国籍。

（2）年龄为十八周岁以上，三十五周岁以下。

（3）拥护中华人民共和国宪法，拥护中国共产党领导和社会主义制度。

（4）具有良好的政治素质和道德品行。

（5）具有正常履行职责的身体条件和心理素质。

（6）具有符合职位要求的工作能力。

（7）具有大学专科以上文化程度。

（8）省级以上公务员主管部门规定的拟任职位所要求的资格条件。

（9）法律、法规规定的其他条件。

二、公务员考核

公务员的考核分为平时考核、专项考核和定期考核等方式。定期考核以平时考核、专项考核为基础。

（1）定期考核。非领导职务公务员的定期考核采取年度考核的方式，考核结果有优秀、称职、基本称职和不称职四个等次，需要以书面形式通知公务员本人。

（2）平时考核。公务员平时考核的程序按照个人小结、审核评鉴、结果反馈的程序进行，考核结果分为好、较好、一般和较差四个等次。其中，好等次公务员人数要占参加平时考核人数的百分之四十以内，并且应向基层一线和艰苦岗位公务员倾斜。

三、公务员职务与职级的任免和升降

（1）职务、职级任免：公务员领导职务实行选任制、委任制和聘任制；公务员职级实行委任制和聘任制；领导成员职务按照国家规定实行任期制。

（2）职务、职级升降：公务员晋升领导职务，应按照动议、民主推荐、确定考察对象、组织考察、按照管理权限讨论决定、履行任职手续的程序进行。

四、公务员处分

（1）处分的种类包括警告、记过、记大过、降级、撤职、开除。

（2）受处分的期间：警告，6个月；记过，12个月；记大过，18个月；降级、撤职，24个月。

（3）处分的内容：行政机关公务员在受处分期间不得晋升职务和级别。其中，受记过、记大过、降级、撤职处分的，不得晋升工资档次；受撤职处分的，应当按照规定降低级别。

【考点小贴士】受处分的期间可以"6的倍数"进行记忆。

经典例题

[例题·多选题] 关于公务员管理录用原则，说法正确的有（　　）。
A. 党管干部　　　　　　　　B. 依法依规办事
C. 德才兼备、以德为先　　　　D. 人岗相适，人事相宜
E. 五湖四海、任人唯才

[答案] ABCD

[解析] 公务员录用坚持的原则包括：①党管干部；②公开、平等、竞争、择优；③德才兼备、以德为先，五湖四海、任人唯贤；④事业为上、公道正派，人岗相适、人事相宜；⑤依法依规办事。

【考点十一】事业单位聘用管理

一、事业单位岗位设置

（1）岗位类别：管理岗位、专业技术岗位、工勤技能岗位（如有需要，可设特设岗位）。

（2）岗位等级：根据岗位性质、职责任务和任职条件划分。

（3）岗位结构比例及等级确定：根据不同类型事业单位的职责任务、工作性质和人员结构特点划分。

（4）事业单位岗位设置程序：

1）制定岗位设置方案，填写岗位设置审核表。

2）按程序报主管部门审核、政府人事行政部门核准。

3）在核准的岗位总量、结构比例和最高等级限额内，制定岗位设置实施方案。

4）广泛听取职工对岗位设置实施方案的意见。

5）岗位设置实施方案由单位负责人员集体讨论通过。

6）组织实施。

二、事业单位公开招聘

事业单位的招聘程序为：①制订招聘计划；②发布招聘信息；③受理应聘人员的申请，对资格条件进行审查；④考试、考核；⑤身体检查；⑥根据考试、考核结果，确定拟聘人员；⑦公示

招聘结果；⑧签订聘用合同，办理聘用手续。

用人单位需要就岗位及条件、招聘时间、招聘人员数量、采用的招聘方式进行招聘计划的编制。

事业单位应该公开招聘范围、条件、程序和时间安排、招聘办法、报名方法。

事业单位招聘过程中主要考核专业知识、业务能力和工作技能。通过笔试、面试等多种方式进行考核。对于应聘工勤岗位的人员，可根据需要重点进行实际操作能力测试。

事业单位按照考试和考核结果择优确定拟聘人员，一般公示7至15日。

三、聘用合同管理

聘用合同管理的具体内容如表19-15所示。

表19-15 聘用合同管理

项目	具体内容
聘用合同的订立	(1) 事业单位与工作人员订立的聘用合同，期限一般不低于3年 (2) 初次就业的工作人员与事业单位订立的聘用合同期限3年以上的，试用期为12个月 (3) 事业单位工作人员在本单位连续工作满10年且距法定退休年龄不足10年，提出订立聘用至退休的合同的，事业单位应当与其订立聘用至退休的合同
聘用合同的解除	(1) 事业单位工作人员连续旷工超过15个工作日，或者1年内累计旷工超过30个工作日的，事业单位可以解除聘用合同 (2) 事业单位工作人员年度考核不合格且不同意调整工作岗位，或者连续两年年度考核不合格的，事业单位提前30日书面通知，可以解除聘用合同 (3) 事业单位工作人员提前30日书面通知事业单位，可以解除聘用合同。但是，双方对解除聘用合同另有约定的除外 (4) 事业单位工作人员受到开除处分的，解除聘用合同 (5) 自聘用合同依法解除、终止之日起，事业单位与被解除、终止聘用合同人员的人事关系终止

经典例题

[例题·单选题] 下列关于聘用合同管理的说法，错误的是（　　）。
A. 事业单位与工作人员订立的聘用合同，期限一般不低于2年
B. 初次就业的工作人员与事业单位订立的聘用合同期限3年以上的，试用期为12个月
C. 事业单位工作人员连续旷工超过15个工作日，事业单位可以解除聘用合同
D. 事业单位工作人员提前30日书面通知事业单位，可以解除聘用
[答案] A
[解析] 事业单位与工作人员订立的聘用合同，期限一般不低于3年。

四、工作人员处分

事业单位工作人员违法违纪，应当承担纪律责任的，依照规定给予处分，其具体内容如表19-16所示。

表19-16 工作人员处分

项目	具体内容
处分的种类	包括警告、记过、降低岗位等级或者撤职、开除。其中，撤职处分适用于行政机关任命的事业单位工作人员
受处分的期间	警告，6个月；记过，12个月；降低岗位等级或者撤职，24个月

续表

项目	具体内容
处分的内容	(1) 受到警告处分的，在受处分期间，不得聘用到高于现聘岗位等级的岗位；在对其作出处分决定的当年，年度考核不能确定为优秀等次 (2) 受到记过处分的，在受处分期间，不得聘用到高于现聘岗位等级的岗位，年度考核不得确定为合格及以上等次 (3) 受到降低岗位等级处分的，自处分决定生效之日起降低一个以上岗位等级聘用，按照事业单位收入分配有关规定确定其工资待遇；在受处分期间，不得聘用到高于受处分后所聘岗位等级的岗位，年度考核不得确定为基本合格及以上等次 (4) 行政机关任命的事业单位工作人员在受处分期间的任命、考核、工资待遇按照干部人事管理权限，参照以上几条规定执行 (5) 受到开除处分的，自处分决定生效之日起，终止其与事业单位的人事关系

【考点十二】干部管理

一、党政领导干部选拔任用

党政领导干部选拔任用的具体内容如表 19-17 所示。

表 19-17　党政领导干部选拔任用

分类	具体内容
选拔任用范围	(1) 中共中央、全国人大常委会、国务院、全国政协、中央纪律检查委员会工作部门领导成员，国家监察委员会、最高人民法院、最高人民检察院领导成员（不含正职）；县级以上地方各级党委、人大常委会、政府、政协、纪委监委、法院、检察院及其工作部门领导成员；在上述机关内设机构担任领导职务的人员 (2) 参照公务员法管理的群团机关和县级以上党委、政府直属事业单位的领导成员及其内设机构担任领导职务的人员 (3) 上述机关、单位选拔任用非中共党员领导干部
选拔任用原则	(1) 党管干部 (2) 德才兼备、以德为先、五湖四海、任人唯贤 (3) 事业为上、人岗相适、人事相宜 (4) 公道正派、注重实绩、群众公认 (5) 民主集中制 (6) 依法依规办事
选拔任用的基本条件	党政领导干部必须信念坚定、为民服务、勤政务实、敢于担当、清正廉洁
选拔任用的基本资格	(1) 提任县处级领导职务的，应当具有 5 年以上工龄和 2 年以上基层工作经历 (2) 提任县处级以上领导职务的，一般应当具有在下一级 2 个以上职位任职的经历 (3) 提任县处级以上领导职务，由副职提任正职的，应当在副职岗位工作 2 年以上；由下级正职提任上级副职的，应当在下级正职岗位工作 3 年以上 (4) 一般应当具有大学专科以上文化程度，其中厅局级以上领导干部一般应当具有大学本科以上文化程度 (5) 应当经过党校（行政学院）、干部学院或者组织（人事）部门认可的其他培训机构的培训，培训时间应当达到干部教育培训的有关规定要求。因特殊情况在提任前未达到培训要求的，应当在提任后 1 年内完成培训 (6) 具有正常履行职责的身体条件 (7) 符合有关法律规定的资格要求。提任党的领导职务的，还应当符合《中国共产党章程》等规定的党龄要求

二、党政领导干部在企业兼职（任职）

(1) 现职和不担任现职但未办理退（离）休手续的党政领导干部不得在企业兼职

（任职）。

（2）对辞去公职或者退（离）休的党政领导干部到企业兼职（任职）必须从严掌握、从严把关，确因工作需要到企业兼职（任职）的，应当按照干部管理权限规定严格审批。

（3）按规定经批准在企业兼职的党政领导干部，不得在企业领取薪酬、奖金、津贴等报酬，不得获取股权和其他额外利益；兼职不得超过1个；所兼任职务实行任期制的，任期届满拟连任必须重新审批或备案，连任不超过2届；兼职的任职年龄界限为70周岁。

（4）按规定经批准到企业任职的党政领导干部，应当及时将行政、工资等关系转入企业，不再保留公务员身份，不再保留党政机关的各种待遇。不得将行政、工资等关系转回党政机关办理退（离）休；在企业办理退（离）休手续后，也不得将行政、工资等关系转回党政机关。

（5）按规定经批准在企业兼职（任职）的党政领导干部，要严格遵纪守法，廉洁自律。党政领导干部在企业兼职期间的履职情况、是否取酬、职务消费和报销有关工作费用等，应每年年底以书面形式报所在单位党委（党组）。

三、退（离）休领导干部在社会团体兼职

（1）退（离）休领导干部在社会团体兼任职务（包括领导职务和名誉职务、常务理事、理事等），须按干部管理权限规定审批或备案后方可兼职。

（2）经批准兼任社会团体职务的，兼职期间要发挥好政治把关、经验指导、业务传授等方面的作用，促进社会团体健康有序发展。

（3）退（离）休领导干部兼职不得领取社会团体的薪酬、奖金、津贴等报酬和获取其他额外利益，也不得领取各种名目的补贴等，确属需要的工作经费，要从严控制，不得超过规定标准和实际支出。

（4）兼职期间的履职情况、是否取酬和报销有关工作费用等，干部本人应每年年底以书面形式报所在单位党委（党组）。

（5）中央管理的干部退（离）休后兼任社会团体职务，须由干部所在单位党委（党组）审批并报中央组织部备案同意后方可兼职。

四、领导干部出国（境）

因公出国（境）的领导干部，按规定在回国（境）后7天内，将所持因公出国（境）证件交由发证机关指定的部门统一保管或注销。

经典例题

[例题·单选题] 关于党政领导干部，下列说法错误的是（　　）。
A. 现职和不担任现职但未办理退（离）休手续的党政领导干部不得在企业兼职（任职）
B. 提任县处级以上领导职务的，应当具有5年以上工龄和2年以上基层工作经历
C. 因公出国（境）的领导干部，按规定在回国（境）后7天内，将所持因公出国（境）证件交由发证机关指定的部门统一保管或注销
D. 辞去公职或者退（离）休后3年内，不得到本人原任职务管辖的地区和业务范围内的企业兼职（任职），也不得从事与原任职务管辖业务相关的营利性活动
[答案] B
[解析] 提拔担任党政领导职务的，应当具备下列基本资格：①提任县处级领导职务的，应当具有5年以上工龄和2年以上基层工作经历。②提任县处级以上领导职务的，一般应当具有在下一级2个以上职位任职的经历（B项错误）。③提任县处级以上领导职务，由副职提任正职的，应当在副职岗位工作2年以上；由下级正职提任上级副职的，应当在下级正职岗位工作3年以上。

【考点十三】职业技能培训

职业技能教育是完善从劳动预备开始到劳动者实现就业创业,并贯穿学习和职业生涯全过程的终身职业技能培训政策。其概述如表 19-18 所示。

表 19-18　职业技能培训概述

项目	具体内容
面向群体	城乡全体劳动者
主要供给	政府补贴培训、企业自主培训、市场化培训
主要载体	公共实训机构、职业院校、职业培训机构和行业企业
主要形式	就业技能培训、岗位技能提升培训和创业创新培训
体系	构建资源充足、布局合理、结构优化、载体多元、方式科学的培训组织实施体系

职业技能培训的具体形式如表 19-19 所示。

表 19-19　职业技能培训的具体形式

具体形式	具体内容
就业技能培训	(1) 高校毕业生：开展技能就业行动，增强其适应产业发展、岗位需求和基层就业能力 (2) 城乡未继续升学的初、高中毕业生：开展劳动预备制培训 (3) 过剩产能职工：配合化解其安置工作，实施失业人员和转岗职工特别职业培训计划 (4) 农民工：深入实施职业技能提升计划——"春潮行动"，将农村转移就业人员和新生代农民工培养成为高素质技能劳动者 (5) 职业农民：实施新型培育工程和农村实用人才培训计划，全面建立职业农民制度 (6) 符合条件农村"低保"家庭、困难职工家庭和残疾人：开展技能脱贫攻坚行动，实施"雨露计划"、技能脱贫千校行动、残疾人职业技能提升计划 (7) 即将退役的军人：开展退役前技能储备培训和职业指导，开展就业技能培训 (8) 服刑人员、强制隔离戒毒人员：开展以顺利回归社会为目的的就业技能培训
企业职工岗位技能提升培训	(1) 明确企业培训主体地位，积极面向中小企业和社会承担培训任务，降低企业兴办职业培训机构成本，提高企业积极性 (2) 对接国民经济和社会发展中长期规划，适应高质量发展要求，采取岗前培训、学徒培训、在岗培训、脱产培训、业务研修、岗位练兵、技术比武、技能竞赛等方式，大幅提升职工技能水平 (3) 全面推行企业新型学徒制度，对企业新招用和转岗的技能岗位人员，通过校企合作方式，进行系统职业技能培训 (4) 发挥失业保险促进就业作用
高技能人才培训	(1) 深入实施国家高技能人才振兴计划，紧密结合战略性新兴产业、先进制造业、现代服务业等发展需求，开展技师、高级技师培训 (2) 对重点关键岗位的高技能人才，开展新知识、新技术、新工艺等方面培训以及技术研修攻关等方式 (3) 支持高技能领军人才更多参与国家科研项目
创业创新培训	(1) 以高等学校和职业院校毕业生、科技人员、留学回国人员、退役军人、农村转移就业和返乡下乡创业人员、失业人员和转岗职工等群体为重点，依托高等学校、职业院校、职业培训机构、创业培训（实训）中心、创业孵化基地、众创空间、网络平台等，开展创业意识教育、创新素质培养、创业项目指导、开业指导、企业经营管理等培训，提升创业创新能力 (2) 健全以政策支持、项目评定、孵化实训、科技金融、创业服务为主要内容的创业创新体系，将高等学校、职业院校学生在校期间开展的"试创业"实践活动纳入政策支持范围 (3) 发挥技能大师工作室、劳模和职工创新工作室作用，开展集智创新、技术攻关、技能研修、技艺传承等群众性技术创新活动，做好创新成果总结命名推广工作，加大对劳动者创业创新的扶持力度

> **经典例题**
>
> [例题·单选题] 职业技能培训的主要形式不包括（　　）。
> A. 就业技能培训
> B. 岗位技能提升培训
> C. 创业创新培训
> D. 职业资格培训
> [答案] D
> [解析] 职业技能培训以就业技能培训、岗位技能提升培训和创业创新培训为主要形式。

【考点十四】专业技术人员继续教育

一、专业技术人员继续教育的总体要求

专业技术人员继续教育的总体要求如表 19-20 所示。

表 19-20　专业技术人员继续教育的总体要求

要求	具体说明
教育对象	国家机关、企业、事业单位以及社会团体等组织的专业技术人员
基本原则	以经济社会发展和科技进步为导向，以能力建设为核心，突出针对性、实用性和前瞻性，坚持理论联系实际、按需施教、讲求实效、培养与使用相结合的原则
投入机制	实行政府、社会、用人单位和个人共同投入机制
管理体制	实行统筹规划、分级负责、分类指导的管理体制；人力资源社会保障部负责对全国继续教育工作管理和统筹，县级以上地方人力资源社会保障行政部门负责本地区专业技术人员继续教育工作进行综合管理和组织实施

二、继续教育内容和方式

（一）继续教育的内容

继续教育内容包括公需科目（应当普遍掌握的法律法规、理论政策、职业道德、技术信息等基本知识）和专业科目（从事专业工作应当掌握的新理论、新知识、新技术、新方法等专业知识）。

专业技术人员参加继续教育的时间，每年累计应<u>不少于90学时</u>。其中，专业科目一般不少于<u>总学时的2/3</u>。

（二）继续教育的方式

专业技术人员通过参加培训班、研修班或者进修班学习，相关的继续教育实践活动，远程教育，学术会议、学术讲座、学术访问等活动，计入本人当年继续教育学时。

继续教育方式和学时的具体认定办法，由省、自治区、直辖市人力资源社会保障行政部门制定。

三、专业技术人员和用人单位继续教育相关的权利和义务

专业技术人员和用人单位继续教育相关的权利和义务如表 19-21 所示。

表 19-21　专业技术人员和用人单位继续教育相关的权利和义务

专业技术人员权利和义务	用人单位权利和义务
(1) 积极参加继续教育，完善知识结构、增强创新能力、提高专业水平 (2) 参加本单位组织的继续教育活动，也可以利用业余时间或者经用人单位同意利用工作时间，参加本单位组织之外的继续教育活动 (3) 应当遵守有关学习纪律和管理制度，完成规定的继续教育学时 (4) 参加继续教育情况应当作为聘任专业技术职务或者申报评定上一级资格的重要条件	(1) 用人单位应当保障专业技术人员参加继续教育的权利 (2) 用人单位应当为技术人员参加继续教育活动提供保障 (3) 专业技术人员经用人单位同意，脱产或者半脱产参加继续教育活动的，用人单位应当按照国家有关规定或者与劳动者的约定，支付工资、福利等待遇 (4) 用人单位安排专业技术人员在工作时间之外参加继续教育活动的，双方应当约定费用分担方式和相关待遇 (5) 用人单位为本单位专业技术人员参加继续教育活动提供便利 (6) 专业技术人员承担全部或者大部分继续教育费用的，用人单位不得指定继续教育机构 (7) 用人单位应当建立本单位专业技术人员继续教育与使用、晋升相衔接的激励机制 (8) 用人单位应当建立继续教育登记管理制度，对专业技术人员参加继续教育的种类、内容、时间和考试考核结果等情况进行记录

【考点小贴士】专业技术人员的权利在一定程度上是用人单位的义务，在理解时可通过主体进行区分。

四、继续教育机构

(1) 依法成立的高等院校、科研院所、大型企业的培训机构等各类教育培训机构可以面向专业技术人员提供继续教育服务。

(2) 继续教育机构应当认真实施继续教育教学计划，向社会公开继续教育的范围、内容、收费项目及标准等情况，建立教学档案，根据考试考核结果如实出具专业技术人员参加继续教育的证明。

(3) 继续教育机构应当按照专兼结合的原则，聘请具有丰富实践经验、理论水平高的业务骨干和专家学者，建设继续教育师资队伍。

经典例题

[例题·多选题] 继续教育的方式包括（　　）。
A. 参加远程教育
B. 参加相关的继续教育实践活动
C. 参加学术会议、学术讲座、学术访问等活动
D. 参加学历教育
E. 参加培训班、研修班或者进修班学习
[答案]　ABCE
[解析]　继续教育的方式包括：①参加培训班、研修班或者进修班学习；②参加相关的继续教育实践活动；③参加远程教育；④参加学术会议、学术讲座、学术访问等活动；⑤符合规定的其他方式。继续教育方式和学时的具体认定办法，由省、自治区、直辖市人力资源社会保障行政部门制定。

五、政府管理服务部门

(一) 人力资源社会保障部

(1) 按照国家有关规定遴选培训质量高、社会效益好、在继续教育方面起引领和示范作用的

继续教育机构，建设国家级专业技术人员继续教育基地。

（2）建立继续教育统计制度，对继续教育人数、时间、经费等基本情况进行常规统计和随机统计，建立专业技术人员继续教育情况数据库。

（二）人力资源社会保障行政部门

人力资源社会保障行政部门应当依法对用人单位、继续教育机构执行规定的情况进行监督检查。

（三）人力资源社会保障行政部门会同有关行业主管部门和行业组织

（1）建立健全继续教育公共服务体系，搭建继续教育公共信息综合服务平台，发布继续教育公需科目指南和专业科目指南。

（2）根据专业技术人员不同岗位、类别和层次，加强课程和教材体系建设，推荐优秀课程和优秀教材，促进优质资源共享。

（3）直接举办继续教育活动的，应当突出公益性，不得收取费用。

（4）委托继续教育机构举办继续教育活动的，应当依法通过招标等方式选择，并与继续教育机构签订政府采购合同，明确双方权利和义务。

（四）县级以上地方人力资源社会保障行政部门和有关行业主管部门

县级以上地方人力资源社会保障行政部门和有关行业主管部可以结合实际，建设区域性、行业性专业技术人员继续教育基地。

（五）人力资源社会保障行政部门或者其委托的第三方评估机构

人力资源社会保障行政部门或者其委托的第三方评估机构可以对继续教育效果实施评估，评估结果作为政府有关项目支持的重要参考。

六、法律责任

（一）用人单位违反规定

用人单位违反规定的，由人力资源社会保障行政部门或者有关行业主管部门责令改正；给专业技术人员造成损害的，依法承担赔偿责任。

（二）专业技术人员违反规定

专业技术人员无正当理由不参加继续教育或者在学习期间违反学习纪律和管理制度的，用人单位可视情节给予批评教育、不予报销或者要求退还学习费用。

（三）继续教育机构违反规定

继续教育机构违反规定的，由人力资源社会保障行政部门或者有关行业主管部门责令改正，给予警告。

（四）人力资源社会保障行政部门、有关行业主管部门及其工作人员违反规定

人力资源社会保障行政部门、有关行业主管部门及其工作人员在继续教育管理工作中不认真履行职责或者徇私舞弊、滥用职权、玩忽职守的，由其上级主管部门或者监察机关责令改正，并按照管理权限对直接负责的主管人员和其他直接责任人员依法予以处理。

【考点十五】公务员培训

公务员培训情况、学习成绩作为公务员考核的内容和任职、晋升的依据之一。

中央公务员主管部门负责全国公务员培训的综合管理工作，地方各级公务员主管部门负责本辖区公务员培训的综合管理工作。

公务员培训的总体原则：①党管干部；②政治统领，服务大局；③以德为先，从严管理；④突出重点，注重实效；⑤分类分级，精准科学；⑥联系实际，改革创新。

一、培训对象

公务员培训的对象是<u>全体公务员</u>。

二、培训时长

（1）担任县处级以上领导职务的公务员，每5年应当参加党校、行政学院、干部学院，或经厅局级以上单位组织（人事）部门认可的其他培训机构累计3个月以上的培训。

（2）提拔担任领导职务的公务员，确因特殊情况在提任前未达到培训要求的，应当在提任后1年内完成培训。

（3）其他公务员参加脱产培训的时间一般每年累计不少于12天或90学时。培训经考核合格后，获得相应的培训结业证书。

公务员参加培训期间违反培训有关规定和纪律的，视情节轻重，给予批评教育、责令检查、诫勉、组织调整或者组织处理、处分。弄虚作假获取培训经历、学历或者学位的，按照有关规定严肃处理。

公务员按规定参加组织选派的脱产培训期间，其工资和各项福利待遇与在岗人员相同，一般不承担所在机关的日常工作、出国（境）考察等任务。公务员个人参加社会化培训，费用一律由本人承担。

三、培训内容

不同类型的公务员培训的重点不同，具体内容如表19-22所示。

表19-22　不同类型公务员的培训重点

公务员类型	培训重点
综合管理类公务员	强化公共管理和公共服务等培训
专业技术类公务员	强化专业知识和专业技能等培训
行政执法类公务员	强化法律法规和执法技能等培训
领导机关公务员	强化政策制定、调查研究等能力培训
基层公务员	强化社会治理、联系服务群众等能力培训

四、培训类型

公务员培训主要分为初任培训、任职培训、专门业务培训和在职培训等，具体内容如表19-23所示。

表19-23　公务员培训类型

类型	培训对象	重点	培训时长
初任培训 （由公务员主管部门统一组织，主要采取公务员主管部门统一举办初任培训班和公务员所在机关结合实际开展入职培训的形式进行）	新录用公务员	提高思想政治素质和依法依规办事等适应机关工作的能力	初任培训中应当组织新录用公务员公开进行宪法宣誓。初任培训应当在试用期内完成，时间一般<u>不少于12天</u>

续表

类型	培训对象	重点	培训时长
任职培训	晋升领导职务的公务员	重点提高胜任职务的政治能力和领导能力	应当在任职前或者任职后一年内进行。县处级副职以上的任职培训时间一般不少于30天，担任乡科级领导职务的任职培训时间一般不少于15天
专门业务培训（中央公务员主管部门对专业技术类、行政执法类公务员专门业务培训加强宏观指导）	根据公务员从事专项工作的需要进行的专业知识和技能培训	提高公务员的业务工作能力	专门业务培训的时间和要求由公务员所在机关根据需要确定
在职培训	全体公务员	及时学习领会党中央决策部署、提高政治素质和工作能力、更新知识，增强公务员素质能力培养的系统性、持续性、针对性、有效性	时间和要求由各级公务员主管部门和公务员所在机关根据需要确定

公务员培训不合格的具体情形包括：

（1）没有参加初任培训或者初任培训考核不合格的新录用公务员，不能任职定级。

（2）没有参加任职培训或者任职培训考核不合格的公务员，应当根据不同情况，按有关规定处理。

（3）专门业务培训考核不合格的公务员，不得从事专门业务工作。

（4）公务员因故未按规定参加培训或者未达到培训要求的，应当及时补训。无正当理由不参加培训的公务员，根据情节轻重，给予批评教育、责令检查、诫勉、组织调整或者组织处理、处分。

（5）培训考核不合格的，年度考核不得确定为优秀等次。

五、培训方式与方法

鼓励公务员本着工作需要、学用一致的原则参加有关学历学位教育和其他学习。其中，参加学历学位教育应当按照干部管理权限履行审批程序。

公务员培训综合运用讲授式、研讨式、案例式、模拟式、体验式等教学方法，实现教学相长。

经典例题

[例题·单选题] 下列关于公务员培训的说法，错误的是（　　）。

A. 公务员培训情况、学习成绩作为公务员考核的内容和任职、晋升的依据之一

B. 培训的对象是全体公务员

C. 担任县处级以上领导职务的公务员每5年应当参加党校、行政学院、干部学院，或经厅局级以上单位组织（人事）部门认可的其他培训机构累计2个月以上的培训

D. 公务员培训主要分为初任培训、任职培训、专门业务培训和在职培训等

[答案] C

[解析] 担任县处级以上领导职务的公务员每 5 年应当参加党校、行政学院、干部学院，或经厅局级以上单位组织（人事）部门认可的其他培训机构累计 3 个月以上的培训。提拔担任领导职务的公务员，确因特殊情况在提任前未达到培训要求的，应当在提任后 1 年内完成培训。

【考点十六】事业单位工作人员培训

事业单位工作人员培训分为岗前培训、在岗培训、转岗培训和专项培训。

事业单位工作人员有接受培训的权利和义务，一般每年度参加各类培训的时间累计不少于 90 学时或者 12 天。

事业单位工作人员培训类型的具体内容如表 19-24 所示。

表 19-24　事业单位工作人员培训类型

培训类型	培训对象	培训内容	培训机构及形式	培训时长
岗前培训	事业单位新聘用工作人员、新引进的高层次人才	(1) 公共科目，包括政治理论、法律法规、政策知识、行为规范、纪律要求等 (2) 专业科目，包括理论、知识、技术、技能等	(1) 公共科目，由事业单位人事综合管理部门编制计划，统一组织或者委托专门培训机构组织，或者授权主管部门、事业单位按规定组织，一般采取脱产培训方式进行 (2) 专业科目，由主管部门或者事业单位组织，一般采取脱产培训、网络培训、以师带徒等方式进行	一般在工作人员聘用之日起 6 个月内完成，最长不超过 12 个月，累计时间不少于 40 学时或者 5 天
在岗培训	正常在岗的事业单位工作人员	(1) 公共科目，参照岗前培训公共科目规定执行 (2) 专业科目，包括公共管理、财务、资产、人事、外事、安全、保密、信息化等	(1) 公共科目，由主管部门负责，统一组织或者委托专门培训机构组织，一般采取脱产培训、网络培训、在职自学等方式进行 (2) 专业科目，由主管部门负责，统一组织或者委托专门培训机构组织，或者授权事业单位按规定组织，一般采取脱产培训、网络培训、集体学习等方式进行	在一个聘期内至少参加一次不少于 20 学时或者 3 天的公共科目脱产培训
转岗培训	岗位类型发生变化或者岗位职责任务发生较大变化的事业单位工作人员	管理人员培训，注重提高管理能力、专业水平和职业素养；专业技术人员培训，注重提高专业技术水平和创新、创造、创业能力；工勤技能人员培训，注重提高职业技能水平和实际操作能力	转岗培训的方式由事业单位或者主管部门自主确定	转岗培训一般应当在岗位类型或者岗位职责任务发生变化前完成，根据工作需要，也可在发生变化后 3 个月内完成，累计时间不少于 40 学时或者 5 天
专项培训	参加重大项目、重大工程、重大行动等特定任务的事业单位工作人员	专项培训的内容和方式由任务组织方根据该工作任务的实际需要确定	可以采取团队集训等办法进行	培训时间可计入规定岗前培训累计时间中

【考点小贴士】着重掌握不同类型培训的对象及时长，培训内容和形式较为相似，可简单了解。

> **经典例题**
>
> [例题·单选题] 事业单位工作人员的岗前培训一般在聘用之日起（　　）个月内完成，最长不得超过（　　）个月。
> A. 6，12
> B. 3，6
> C. 12，24
> D. 6，18
> [答案] A
> [解析] 岗前培训一般在工作人员聘用之日起6个月内完成，最长不超过12个月。

【考点十七】流动配置概述

人力资源的流动与配置是发挥人才潜力的前提条件。

【考点十八】人力资源市场建设

一、人力资源服务机构

人力资源服务机构包括公共人力资源服务机构和经营性人力资源服务机构，其具体内容如表19-25所示。

表 19-25 人力资源服务机构的构成

构成	具体内容
公共人力资源服务机构（县级以上人民政府设立的公共就业和人才服务机构）	(1) 人力资源供求、市场工资指导价位、职业培训等信息发布 (2) 职业介绍、职业指导和创业开业指导 (3) 就业创业和人才政策法规咨询 (4) 对就业困难人员实施就业援助 (5) 办理就业登记、失业登记等事务 (6) 办理高等学校、中等职业学校、技工学校毕业生接收手续 (7) 流动人员人事档案管理 (8) 县级以上人民政府确定的其他服务 【提示】公共人力资源服务机构提供服务不得收费，经费纳入政府预算。人力资源社会保障行政部门应当依法加强公共人力资源服务经费管理
经营性人力资源服务机构（依法设立的从事人力资源服务经营活动的机构）	(1) 经营性人力资源服务机构从事职业中介活动的，应当依法向人力资源社会保障行政部门申请行政许可，取得人力资源服务许可证 (2) 应当自开业业务之日15日内向人力资源社会保障行政部门备案。人力资源社会保障行政部门应当自收到申请之日起20日内依法做出行政许可决定。符合条件的，颁发人力资源服务许可证；不符合条件的，作出不予批准的书面决定并说明理由 (3) 设立分支机构的，应当自工商登记办理完毕之日起15日内，书面报告分支机构所在地人力资源社会保障行政部门。变更名称、住所、法定代表人或者终止经营活动的，应当自工商变更登记或者注销登记办理完毕之日起15日内，书面报告人力资源社会保障行政部门

二、人力资源市场活动规范

人力资源市场活动规范的具体内容如表19-26所示。

表 19-26　人力资源市场活动规范

项目	具体内容
劳动者	劳动者求职应当如实提供本人基本信息以及与应聘岗位相关的知识、技能、工作经历等情况
用人单位	用人单位发布或向人力资源服务机构提供的单位基本情况、招聘人数、招聘条件、工作内容、工作地点、基本劳动报酬等招聘信息,应当真实、合法,不得含有民族、种族、性别、宗教信仰等歧视性内容
人力资源服务机构	(1) 人力资源服务机构接受用人单位委托招聘人员,应当要求用人单位提供招聘简章、营业执照或者有关部门批准设立的文件、经办人的身份证件、用人单位的委托证明,并对所提供材料的真实性、合法性进行审查 (2) 人力资源服务机构接受用人单位委托招聘人员或开展其他人力资源服务时,不得采取欺诈、暴力、胁迫或者其他不正当手段,不得以招聘为名牟取不正当利益,不得介绍用人单位或者劳动者从事违法活动 (3) 人力资源服务机构举办现场招聘会,应当制定组织实施办法、应急预案和安全保卫工作方案,核实参加招聘会的招聘单位及其招聘简章的真实性、合法性,提前将招聘会信息向社会公布,并对招聘中的各项活动进行管理。若举办大型现场招聘会,应当符合《大型群众性活动安全管理条例》等法律法规的规定 (4) 人力资源服务机构发布人力资源供求信息,应当建立健全信息发布审查和投诉处理机制,确保发布的信息真实、合法、有效。在业务活动中收集用人单位和劳动者信息的,不得泄露或者违法使用所知悉的劳动者信息和商业秘密 (5) 经营性人力资源服务机构接受用人单位委托提供人力资源服务外包的,不得改变用人单位与劳动者的劳动关系,不得与用人单位串通侵害劳动者的合法权益 (6) 经营性人力资源服务机构应当在服务场所明示下列事项,并接受人力资源社会保障行政部门和市场监督管理、价格等主管部门的监督检查:①营业执照;②服务项目;③收费标准;④监督机关和监督电话。从事职业中介活动的,还应当在服务场所明示人力资源服务许可证 (7) 人力资源服务机构应当建立服务台账,如实记录服务对象、服务过程、服务结果等信息。服务台账应当保存 2 年以上

【考点小贴士】本考点详细介绍了人力资源服务机构的活动规范,内容较多,学习时可简单理解为"真实合法的内容是对的,违法乱纪的内容都是不对的"。

三、监督管理

对人力资源社会保障行政部门依法进行的监督检查,被检查单位应当配合,如实提供相关资料和信息,不得隐瞒、拒绝、阻碍。

(一) 人力资源社会保障行政部门对经营性人力资源服务机构实施监督检查的具体要求

(1) 监督检查人员不得少于 2 人,应当出示执法证件,并对被检查单位的商业秘密予以保密。

(2) 监督检查的情况应当及时向社会公布。其中,行政处罚、监督检查结果可以通过国家企业信用信息公示系统或者其他系统向社会公示。

(3) 经营性人力资源服务机构应当在规定期限内,向人力资源社会保障行政部门提交经营情况年度报告。人力资源社会保障行政部门可以依法公示或者引导经营性人力资源服务机构依法公示年度报告的有关内容。

(二) 人力资源社会保障行政部门对经营性人力资源服务机构实施监督检查采取的措施

(1) 进入被检查单位进行检查。

(2) 询问有关人员,查阅服务台账等服务信息档案。

(3) 要求被检查单位提供与检查事项相关的文件资料,并做出解释和说明。

(4) 采取记录、录音、录像、照相或者复制等方式收集有关情况和资料。
(5) 法律、法规规定的其他措施。

(三) 人力资源社会保障行政部门加强监督管理的具体措施

(1) 人力资源社会保障行政部门应当加强与市场监督管理等部门的信息共享。

(2) 人力资源社会保障行政部门应当加强人力资源市场诚信建设，把用人单位、劳动者和经营性人力资源服务机构的信用数据和失信情况等纳入市场诚信建设体系，建立守信激励和失信惩戒机制，实施信用分类监管。

(3) 人力资源服务机构应当为中国共产党组织的活动提供必要条件。

(4) 人力资源社会保障行政部门应当畅通对用人单位和人力资源服务机构的举报投诉渠道，依法及时处理有关举报投诉。

四、法律责任

(一) 违规开设人力资源服务机构的，视情节轻重进行相应的处罚

(1) 未经许可擅自从事职业中介活动的人力资源服务机构，由人力资源社会保障行政部门予以关闭或者责令停止从事职业中介活动；有违法所得的，没收违法所得，并处 1 万元以上 5 万元以下的罚款。

(2) 未备案，设立分支机构、办理变更或者注销登记未书面报告的人力资源服务机构，由人力资源社会保障行政部门责令改正；拒不改正的，处 5 000 元以上 1 万元以下的罚款。

(3) 违反相关规定发布的招聘信息不真实、不合法，未依法开展人力资源服务业务的人力资源服务机构，由人力资源社会保障行政部门责令改正；有违法所得的，没收违法所得；拒不改正的，处 1 万元以上 5 万元以下的罚款；情节严重的，吊销人力资源服务许可证；给个人造成损害的，依法承担民事责任。

(4) 违反其他法律、行政法规的，由有关主管部门依法给予处罚。未按规定明示有关事项，未按规定建立健全内部制度或者保存服务台账，未按规定提交经营情况年度报告的人力资源服务机构，由人力资源社会保障行政部门责令改正；拒不改正的，处 5 000 元以上 1 万元以下的罚款。违反其他法律、行政法规的，由有关主管部门依法给予处罚。

【考点小贴士】视违法情节轻重进行相应处罚，处罚金额在 5 000 元至 5 万元。

(二) 公共人力资源服务机构违反规定的处罚

公共人力资源服务机构违反规定的，由上级主管机关责令改正；拒不改正的，对直接负责的主管人员和其他直接责任人员依法给予处分。

当有如下情形之一时，人力资源社会保障行政部门和有关主管部门及其工作人员对直接负责的领导人员和其他直接责任人员依法给予处分：

(1) 不依法做出行政许可决定。

(2) 在办理行政许可或者备案、实施监督检查中，索取或者收受他人财物，或者谋取其他利益。

(3) 不依法履行监督职责或者监督不力，造成严重后果。

(4) 其他滥用职权、玩忽职守、徇私舞弊的情形。

> **经典例题**
>
> [例题·单选题] 经营性人力资源服务机构从事职业中介活动的,应当依法向人力资源社会保障行政部门申请行政许可,取得人力资源服务许可证。相关公司应当自开展业务之日起( )日内向人力资源社会保障行政部门备案。
> A. 10　　　　　　　　　　　　　B. 15
> C. 30　　　　　　　　　　　　　D. 45
> [答案] B
> [解析] 开展人力资源供求信息的收集和发布、就业和创业指导、人力资源管理咨询、人力资源测评、人力资源培训、承接人力资源服务外包等人力资源服务业务的,应当自开展业务之日起15日内向人力资源社会保障行政部门备案。

【考点十九】人才流动管理

一、人才流动管理的作用

人才流动管理使市场在人力资源配置中更好地发挥了决定性作用,也使政府发挥了重要性作用,促进人才顺畅有序流动,最大限度保护和激发人才活力,提高人才资源配置效率,为推进新时代中国特色社会主义建设提供强有力的人才保证。

二、引导人才向艰苦边远地区和基层一线流动

(1) 聚焦实施乡村振兴战略和打赢脱贫攻坚战的基层人才需求,引导和支持各类人才向"三区三州"等人才薄弱地区和领域流动。

(2) 做好艰苦边远地区基层公务员考试录用、县乡事业单位公开招聘工作,提高各类补贴、津贴等工资收入水平。

(3) 允许国有企事业单位专业技术和管理人才按有关规定在艰苦边远地区兼职并取得合法报酬。

(4) 对艰苦边远地区和基层一线工作的农村专业人才,落实相关职称评审优惠政策。

(5) 推进东西部干部人才交流,采取双向挂职、两地培训、"团队式"支援等方式加大干部人才支持力度。

(6) 全面实施高校毕业生特岗教师、"三支一扶"、志愿服务西部和农技特岗等基层成长计划。

三、深化区域人才交流开发合作

(1) 建立协调衔接的区域人才流动政策体系和交流合作机制。

(2) 加快"一带一路"建设、京津冀协同发展、长三角、粤港澳大湾区等区域人才开发一体化进程,支持海南省打造对外人才开放高地。

(3) 创新区域人才交流开发合作载体,推进区域人才交流开发合作和与项目、资金、技术的有效结合。

(4) 构建区域人才交流开发合作信息网络平台。

四、维护国家重点领域人才流动秩序

(1) 建立国家重点领域人才信息库,完善动态管理工作机制。如涉及国家安全或掌握国家核心技术的人才,以及承担国家重点项目、重大工程的人才。

(2) 国家重点领域人才和在艰苦边远地区工作的人才流动,须经单位或主管部门同意。

(3) 健全国家重点领域人才激励和奖励制度。

(4) 加大重点领域人才调配工作力度,着力解决国家重点发展领域的特殊急需人才需求。

五、完善政府人才流动宏观调控机制

（1）建立和完善政府人才管理服务权力清单、责任清单，规范行政审批和收费事项。
（2）加强人才市场供求信息监测，建立健全统一、动态的人才市场监测机制。
（3）建设全国统一的人才资源大数据平台，建立完善个人信用记录形成机制。

【考点二十】人力资源的国际流动

一、外国人来华工作许可

在中华人民共和国境内依法设立的用人单位聘用外国人，必须申请和办理外国人来华工作许可，许可对象为聘用外国人的用人单位和外国人。具体内容如表19-27所示。

表 19-27　外国人来华工作许可

项目	具体内容
许可依据	（1）《中华人民共和国出境入境管理法》第四十一条规定，外国人在中国境内工作，应当按照规定取得工作许可和工作类居留证件。任何单位和个人不得聘用未取得工作许可和工作类居留证件的外国人 （2）《中华人民共和国外国人入境出境管理条例》第七条、第十六条规定，申请R字签证，应当符合中国政府有关主管部门确定的外国高层次人才和急需紧缺专门人才的引进条件和要求，并按照规定提交相应的证明材料。申请Z字签证，应当按照规定提交工作许可等证明材料。工作类居留证件，应当提交工作许可等证明材料；属于国家需要的外国高层次人才和急需紧缺专门人才的，应当按照规定提交有关证明材料
受理和决定机构	（1）受理机构。省级人民政府和新疆生产建设兵团外国人工作管理部门及其授权的地方人民政府外国人工作管理部门及委托的机构 （2）决定机构。省级人民政府和新疆生产建设兵团外国人工作管理部门及其授权的地方人民政府外国人工作管理部门
数量限制	外国高端人才（A类）无数量限制，外国专业人才（B类）根据市场需求限制，其他外国人员（C类）数量限制按国家有关规定执行
申请条件	（1）用人单位基本条件如下： 　1）依法设立，无严重违法失信记录；聘用外国人从事的岗位应是有特殊需要，国内暂缺适当人选，且不违反国家有关规定的岗位；支付所聘用外国人的工资、薪金不得低于当地最低工资标准 　2）法律法规规定应由行业主管部门前置审批的，需经过批准 （2）申请人基本条件如下： 　1）年满18周岁，身体健康，无犯罪记录，境内有确定的用人单位，具有从事其工作所必需的专业技能或相适应的知识水平 　2）所从事的工作符合我国经济社会发展需要，为国内急需紧缺的专业人员 　3）法律法规对外国人来华工作另有规定的，从其规定 （3）外国高端人才（A类） （4）外国专业人才（B类） （5）其他外国人员（C类）
批准条件	（1）具备如下条件的，予以批准：①属于外国人工作管理部门职权范围的；②符合上述来华工作外国人条件的；③申请材料真实、齐全、符合要求的 （2）具备如下情形之一的，不予批准：①申请材料不齐全的；②申请材料不符合要求的；③申请材料虚假的；④申请人不符合来华工作条件的；⑤不适宜发给外国人来华工作许可的其他情况

二、外国人永久居留服务管理

永久居留证是外国人在中国境内居留的身份证件,可以单独使用。

三、移民与出入境便利化

(1) 对外籍高层次人才、有重大突出贡献以及国家特别需要的外国人,经国家有关主管部门、省级人民政府或国家重点发展区域管理部门推荐,可向公安机关出入境管理部门申请在华永久居留。上述人员的外籍配偶和未成年子女可随同申请。

(2) 在中国境内工作的外国人,连续工作满 4 年、每年实际居住不少于 6 个月,工资性年收入不低于上一年度所在地区城镇在岗职工平均工资的 6 倍,年缴纳个人所得税不低于工资性年收入标准的 20%,可向公安机关出入境管理部门申请在华永久居留。其外籍配偶和未成年子女可随同申请。

(3) 在中国境内工作的外籍华人,具有博士研究生学历或在国家重点发展区域连续工作满 4 年、每年实际居住不少于 6 个月,可向公安机关出入境管理部门申请在华永久居留。其外籍配偶和未成年子女可随同申请。

(4) 国内重点高等院校、科研院所和知名企业邀请的外国专家学者,以及设区的市级以上人民政府人才主管部门、科技创新主管部门认定的外籍高层次管理和专业技术人才,可向公安机关口岸签证部门申办口岸签证入境。入境后凭借邀请单位的证明函件等材料,可向公安机关出入境管理部门申办有效期 5 年以内的多次签证或居留许可。

(5) 国内重点发展领域、行业引进的外籍人才和创新创业团队成员,可凭工作许可和单位函件等材料,向公安机关出入境管理部门申办有效期 5 年以内的居留许可。创新创业团队外籍成员,也可凭团队负责人担保函件办理有效期 5 年以内的居留许可。

(6) 有重大突出贡献以及国家特别需要的外国人,可推荐其带领的工作团队外籍成员和科研辅助人员,向公安机关出入境管理部门申办有效期 5 年以内的长期签证或居留许可。

(7) 中国境内企事业单位聘雇的外国人,已办妥工作许可、来不及出境办理工作签证的,可凭工作许可等材料向公安机关出入境管理部门申办工作类居留许可;对已连续两次办理 1 年以上工作类居留许可且无违法违规行为的,第三次申请工作类居留许可,可向公安机关出入境管理部门按规定申办有效期 5 年的工作类居留许可。

(8) 在国内重点高等院校、科研院所和知名企业工作的外籍高层次人才,经工作单位和兼职单位同意并向公安机关出入境管理部门备案,可兼职创新创业。

(9) 在国内重点高等院校获得本科以上学历的外国优秀留学生,毕业后在中国从事创新创业活动的,可凭高校毕业证书和创新创业等证明材料,向公安机关出入境管理部门申办有效期 2 至 5 年的居留许可。

(10) 在国际知名高校毕业的外国学生,毕业后 2 年内来中国创新创业的,可凭学历(学位)证明等材料,向公安机关出入境管理部门申办有效期 2 年以内的居留许可。

(11) 国内知名企业和事业单位邀请来中国实习的境外高校外国学生,凭借邀请单位函件和高校就读证明等材料,可向公安机关出入境管理部门申办有效期 1 年的签证进行实习活动。根据政府间协议来华实习的境外高校外国学生,可按规定申办工作类居留许可。

(12) 探索在外国人较集中地区建立移民事务服务中心(站点),为常住外国人提供政策咨询、居留旅行、法律援助、语言文化等工作学习生活便利服务。

> **经典例题**
>
> [例题·单选题] 下列关于人力资源国际流动的说法，错误的是（　　）。
> A. 外国人在中国境内工作，应当按照规定取得工作许可和工作类居留证件
> B. 外国高端人才（A类）无数量限制，外国专业人才（B类）根据市场需求限制，其他外国人员（C类）数量限制按国家有关规定执行
> C. 在中国境内工作的外籍华人，具有博士研究生学历或在国家重点发展区域连续工作满5年、每年实际居住不少于6个月，可向公安机关出入境管理部门申请在华永久居留
> D. 永久居留证是外国人在中国境内居留的身份证件，可以单独使用
> [答案] C
> [解析] 在中国境内工作的外籍华人，具有博士研究生学历或在国家重点发展区域连续工作满4年、每年实际居住不少于6个月，可向公安机关出入境管理部门申请在华永久居留，C项错误。

本章易错易混考点

【易错易混考点】公务员与事业单位人员的处分（如表19-28所示）

表19-28 公务员与事业单位人员的处分

项目	公务员	事业单位人员
处分的种类及受处分的期间	(1) 警告（6个月） (2) 记过（12个月） (3) 记大过（18个月） (4) 降级、撤职（24个月） (5) 开除	(1) 警告（6个月） (2) 记过（12个月） (3) 降级、撤职（24个月） (4) 开除
处分内容	(1) 受处分期间不得晋升职务及级别。受记过、记大过、降级、撤职处分的，不得晋升工资档次；受撤职处分的，应当按照规定降低级别 (2) 受开除处分的，自处分决定生效之日起，解除人事关系	(1) 受警告处分的，受处分期间不得晋升岗位等级，受处分当年年度考核不能确定为优秀等次 (2) 受记过处分的，受处分期间不得晋升岗位等级，年度考核不能确定为合格及以上等次 (3) 受降级处分的，受处分期间不得晋升岗位等级，年度考核不得确定为基本合格及以上等次 (4) 受处分期间的任命、考核、工资待遇按照干部人事管理权限，参照以上几条规定执行 (5) 受开除处分的，自处分决定生效之日起，终止其与事业单位的人事关系

[例题·单选题] 行政机关公务员在处分期间依然可以晋升工资档次的处分是（　　）。
A. 警告　　B. 记过　　C. 降级　　D. 撤职
[答案] A
[解析] 行政机关公务员在受处分期间不得晋升职务和级别，其中，受记过、记大过、降级、撤职处分的，不得晋升工资档次；受撤职处分的，应当按照规定降低级别。

历年经典真题回顾

一、单项选择题（每题1分，每题备选项中，只有1个最符合题意）

1. 国家规定，工程技术领域的技能人员参评工程技术系列专业技术职称，必须具有（　　）以上的职业资格。[2020年真题]
   A. 技师　　　　　　　　B. 初级工

C. 中级工　　　　　　　　　D. 高级工

[答案] D

[解析] 在工程技术领域生产一线岗位，从事技术技能工作，具有高超技艺和精湛技能，能够进行创造性劳动；作出贡献的技能劳动者，符合国家规定的工程技术人才职称评价基本标准条件，遵守单位规章制度和生产操作规程，具有高级工以上职业资格或职业技能等级，在现工作岗位上近3年年度考核合格；对作出突出贡献的高技能人才可破格申报专业技术职称评审。

二、多项选择题（每题2分，每题备选项中，有2个或2个以上符合题意，至少有1个错项。错选，本题不得分；少选，所选的每个选项得0.5分）

1. 关于拥有中国永久居留资格的外籍人员的权利义务的说法，正确的有（　　）。[2020年真题]

　　A. 在中国居留没有时间期限限制

　　B. 在中国境内工作的，有权依法参加社会保险

　　C. 在购房、子女入学等方面，享受中国公民同等的待遇

　　D. 在中国境内工作的，必须办理外国人来华工作许可证

　　E. 可以在中国境内申请驾照

[答案] ABCE

[解析] 永久居留的外国人在中国境内工作免办外国人工作许可，D项错误。

▶▶▶ 本章同步练习 ◀◀◀

一、单项选择题（每题1分，每题备选项中，只有1个最符合题意）

1. 建立以同行评价为基础的业内评价机制，注重引入市场评价和社会评价，发挥多元评价主体作用，属于（　　）。

　　A. 分类健全人才评价标准

　　B. 改进和创新人才评价方式

　　C. 加快推进重点领域人才评价改革

　　D. 健全完善人才评价管理服务制度

2. 依据我国公共管理与社会组织中从业者的实际业态分类，强化公共管理、企事业管理等领域行政业务、行政事务属性，属于职业分类结构中的（　　）。

　　A. 办事人员和有关人员

　　B. 专业技术人员

　　C. 社会生产服务和生活服务人员

　　D. 生产制造及有关人员

3. 第二版《职业分类大典》的职业分类结构分为（　　）个大类。

　　A. 6　　　　　　　　　　　B. 10

　　C. 8　　　　　　　　　　　D. 11

4. 2018年3月7日，人力资源社会保障部对《国家职业技能标准编制技术规程》进行了全面修订，主要修改内容不包括（　　）。

　　A. 突出生产效益　　　　　　B. 支持技能人才成长

　　C. 落实"考培分离""鉴培分离"　　D. 强调工匠精神和敬业精神

5. 人力资源服务机构应当建立服务台账，如实记录服务对象、服务过程、服务结果等信息，服务台账应当保存（　　）年以上。

　　A. 1　　　　　　　　　　　B. 2

C. 3   D. 5

6. 下列关于人力资源国际流动的说法，错误的是（   ）。
   A. 外国人在中国境内工作，应当按照规定取得工作许可和工作类居留证件
   B. 外国高端人才（A类）无数量限制，外国专业人才（B类）根据市场需求限制，其他外国人员（C类）数量限制按国家有关规定执行
   C. 在中国境内工作的外籍华人，具有博士研究生学历或在国家重点发展区域连续工作满4年、每年实际居住不少于5个月，可向公安机关出入境管理部门申请在华永久居留
   D. 永久居留证是外国人在中国境内居留的身份证件，可以单独使用

7. 下列关于行政机关公务员处分的说法，错误的是（   ）。
   A. 行政机关公务员处分的种类为警告、记过、记大过、降级、撤职、开除
   B. 行政机关公务员受处分的期间为警告6个月、记过12个月、记大过18个月、降级撤职22个月
   C. 行政机关公务员在受处分期间不得晋升职务和级别，其中，受记过、记大过、降级、撤职处分的，不得晋升工资档次；受撤职处分的，应当按照规定降低级别
   D. 解除降级、撤职处分的，不视为恢复原级别、原职务

8. 关于公务员考核的说法，错误的是（   ）。
   A. 公务员的考核中定期考核以平时考核、专项考核为基础
   B. 公务员定期考核结果分为好、较好、一般和较差4个等次
   C. 非领导职务公务员的定期考核采取年度考核的方式
   D. 定期考核的结果分为优秀、称职、基本称职和不称职4个等次

二、多项选择题（每题2分，每题备选项中，有2个或2个以上符合题意，至少有1个错项。错选，本题不得分；少选，所选的每个选项得0.5分）

1. 下列关于职业资格制度的表述，正确的有（   ）。
   A. 职业资格包括准入类职业资格和水平评价类职业资格两类
   B. 当前国家职业资格目录共计140项职业资格
   C. 行业协会负责职业资格的监督管理
   D. 对资格资质持有人因不具备应有职业水平导致重大过失的，负责许可认定的单位也要承担相应责任
   E. 国家职业资格证书是国家对申请人职业（工种）学识、技术、能力的认可，是求职、任职、独立开业和单位录用的主要依据

2. 公务员的考核方式分为（   ）。
   A. 平时考核   B. 个人考核
   C. 专项考核   D. 全面考核
   E. 定期考核

3. 下列关于行政机关公务员处分的说法，正确的有（   ）。
   A. 行政机关公务员处分的种类包括警告、记过、记大过、降级、撤职、开除
   B. 行政机关公务员受处分的期间为警告6个月、记过18个月
   C. 行政机关公务员在受处分期间不得晋升职务和级别，其中，受记过、记大过、降级、撤职处分的，不得晋升工资档次；受撤职处分的，应当按照规定降低级别
   D. 解除降级、撤职处分的，视为恢复原级别、原职务
   E. 行政机关公务员受开除处分的，自处分决定生效之日起，解除其与单位的人事关系，不得再担任公务员职务

4. 事业单位工作人员培训分为（　　）。
   A. 岗前培训　　　　　　　B. 在岗培训
   C. 转岗培训　　　　　　　D. 专项培训
   E. 定期培训

5. 公务员领导职务实行（　　）。
   A. 选任制　　　　　　　　B. 委任制
   C. 聘任制　　　　　　　　D. 连任制
   E. 任期制

6. 下列关于职称制度的表述，错误的有（　　）。
   A. 职称评审标准分为国家标准、地区标准和单位标准，其中国家标准不得低于地区标准、单位标准
   B. 职称评审委员会分为高级、中级、初级职称评审委员会
   C. 职称评审委员会备案有效期不得超过 2 年，有效期届满应当重新核准备案
   D. 按照职称系列组建的高级职称评审委员会评审专家不少于 25 人，按照专业组建的高级职称评审委员会评审专家不少于 11 人
   E. 评审专家每届任期不得超过 3 年

本章同步练习参考答案及解析

一、单项选择题

1. [答案] B
   [解析] 改革和创新人才评价方式的表现为创新多元评价方式，建立以同行评价为基础的业内评价机制，注重引入市场评价和社会评价，发挥多元评价主体作用。

2. [答案] A
   [解析] 办事人员和有关人员，依据我国公共管理与社会组织中从业者的实际业态分类，强化公共管理、企事业管理等领域行政业务、行政事务属性。

3. [答案] C
   [解析] 2015 年颁布的第二版《职业分类大典》的职业分类结构为 8 个大类、75 个中类、434 个小类、1 481 个职业。

4. [答案] A
   [解析] 2018 年 3 月 7 日，人力资源社会保障部对《国家职业技能标准编制技术规程》（2012 年版）进行了全面修订，主要修改内容为：①强调工匠精神和敬业精神；②落实"考培分离""鉴分离"；③支持技能人才成长；④突出安全生产。

5. [答案] B
   [解析] 人力资源服务机构应当建立服务台账，如实记录服务对象、服务过程、服务结果等信息，服务台账应当保存 2 年以上。

6. [答案] C
   [解析] 在中国境内工作的外籍华人，具有博士研究生学历或在国家重点发展区域连续工作满 4 年、每年实际居住不少于 6 个月，可向公安机关出入境管理部门申请在华永久居留，C 项错误。

7. [答案] B
   [解析] 行政机关公务员受处分的期间为警告 6 个月、记过 12 个月、记大过 18 个月、降级撤职 24 个月，B 项错误。

8. [答案] B
   [解析] 公务员平时考核结果分为好、较好、一般和较差 4 个等次，B 项错误。

二、多项选择题

1. [答案] ABDE
   [解析] 人力资源社会保障部门负责职业资格的监督管理，C 项主体表述错误。

2. [答案] ACE
   [解析] 公务员的考核方式分为平时考核、专项考核和定期考核等方式，定期考核以

平时考核、专项考核为基础。

3. [答案] ACE

    [解析] 行政机关公务员受处分的期间为：①警告，6个月；②记过，12个月；③记大过，18个月；④降级、撤职，24个月。B项错误。解除降级、撤职处分的，不视为恢复原级别、原职务，D项错误。

4. [答案] ABCD

    [解析] 事业单位工作人员培训分为岗前培训、在岗培训、转岗培训和专项培训，根据不同行业、不同类型、不同岗位特点，按照规定的方式进行。

5. [答案] ABC

    [解析] 公务员领导职务实行选任制、委任制和聘任制。公务员职级实行委任制和聘任制。D项为干扰项，E项属于领导成员职务。

6. [答案] AC

    [解析] 职称评审标准分为国家标准、地区标准和单位标准，其中地区标准、单位标准不得低于国家标准，A项错误；职称评审委员会备案有效期不得超过3年，有效期届满应当重新核准备案，C项错误。

第三篇
2022年模拟试卷及参考答案与解析

再接再厉,让我们一起模拟考场答题!

"纸上得来终觉浅,绝知此事要躬行",不忘初心,不遗余力,方达彼岸。

第三篇　2022年模拟试卷及参考答案与解析

2022年人力资源管理专业知识与实务（中级）模拟试卷

一、单项选择题（共60题，每题1分，每题的备选项中，只有1个最符合题意）

1. 内源性动机强的员工看重的是（　　）。
   A. 坚持的水平　　　　　　　　B. 工作带来的社会地位
   C. 工作带来的成就感　　　　　D. 努力的水平

2. 与马斯洛的需要层次理论不符的描述是（　　）。
   A. 高级需要主要靠内在条件满足
   B. 人在不同时期表现出来的各种需要的强烈程度不同
   C. 组织用于满足低层次需要的投入效益是递减的
   D. 脱离危险的工作环境是人类的高级需要

3. 根据公平理论，下列说法错误的是（　　）。
   A. 薪资水准、教育水平比较低的员工经常应用组织内自我比较
   B. 和组织内他人比较属于纵向比较
   C. 改变参照对象可以恢复公平
   D. 工作安全属于员工的产出

4. 以下关于强化理论观点说法，正确的是（　　）。
   A. 行为的结果是行为的唯一控制因素　B. 强化理论是地道的动机激励理论
   C. 强化理论考虑人的内在心态　　　　D. 强化理论是一种行为主义观点

5. 关于企业采用参与决策的原因，正确的是（　　）。
   A. 工作十分复杂　　　　　　　B. 要有充裕的时间
   C. 员工必须具有参与的能力　　D. 组织文化必须支持

6. 下列关于变革型领导说法，正确的是（　　）。
   A. 强调工作的标准和产出
   B. 有理想化的愿景
   C. 更多地依靠组织的奖励和惩罚来影响员工的绩效
   D. 更多地通过自己的领导风格来影响员工和团队的绩效

7. 根据路径—目标理论，努力建立舒适的工作环境，关心下属要求的领导方式称为（　　）。
   A. 指导式领导　　　　　　　　B. 支持型领导
   C. 参与式领导　　　　　　　　D. 成就取向式领导

8. 关于密歇根模式的说法，错误的是（　　）。
   A. 密歇根模式支持员工取向的领导作风
   B. 密歇根模式和俄亥俄模式在以生产工作为取向维度的结论上看法相悖
   C. 领导行为的两个维度：关心人、工作管理
   D. 领导行为的两个维度：员工取向、生产取向

9. 下列关于领导—成员交换理论的说法，正确的是（　　）。
   A. 授权式领导是指领导不仅表现出指导行为，而且富于支持行为
   B. 指导式领导是指领导提供较少的指导或支持，让下级自主决定
   C. 领导与下属的交换是一个互惠过程
   D. 工作成熟度指一个人的知识和技能水平

10. ( ) 是指组织完成企业目标所需的各项业务工作，及其比例、关系。
    A. 职能结构　　　　　　　　　B. 部门结构
    C. 层次结构　　　　　　　　　D. 职权结构

11. 组织文化结构中，( ) 是组织文化的外在表现。
    A. 物质层　　　　　　　　　　B. 中间层
    C. 制度层　　　　　　　　　　D. 精神层

12. 关于组织设计与组织文化说法，正确的是（ ）。
    A. 企业拥有合作的组织文化，就需要强调个人绩效的评估体系
    B. 强调整齐划一的文化中，奖金和荣誉有利于激发员工创造力
    C. 集权程度低，有利于培养平等、合作、参与的文化
    D. 管理层次多的组织结构，有利于上下级之间的沟通

13. 组织变革方法中，提高人的知识和技能属于（ ）方法。
    A. 以人员为中心的变革　　　　B. 以结构为中心的变革
    C. 以技术为中心的变革　　　　D. 以系统为中心的变革

14. 组织需要选择经营何种业务、如何进入行业或领域，这个属于（ ）。
    A. 组织战略　　　　　　　　　B. 竞争战略
    C. 业务战略　　　　　　　　　D. 职能战略

15. 根据战略规划与人力资源管理之间的联系，关于行政管理联系说法，不正确的是（ ）。
    A. 人力资源管理部门的作用只体现在执行方面
    B. 人力资源部门和企业的战略管理完全分离
    C. 战略规划的质量难以保证
    D. 人力资源部门未参与战略过程

16. 关于战略地图的说法，错误的是（ ）。
    A. 形象展示了为确保公司战略得以成功实现而必须完成的各种关键活动及其相互之间的驱动关系
    B. 将涉及的各种活动加以量化处理
    C. 指明了组织战略实现的路径和总体脉络
    D. 有助于组织中的各个部门以及全体员工理解组织的战略实现过程

17. 下列不属于人力资源规划的意义和作用的是（ ）。
    A. 有利于组织战略目标的实现
    B. 有利于组织整体人力资源管理系统的稳定性、一致性和有效性
    C. 有助于组织对人工成本的合理控制
    D. 有助于组织更好地进行劳动合同管理

18. 关于使用德尔菲法的说法，错误的是（ ）。
    A. 德尔菲法中的研究小组中的人彼此之间见面进行沟通
    B. 给专家提供充分的资料和信息
    C. 有一位研究主持者在专家之间充当传递、归纳和反馈信息的角色
    D. 专家的挑选要有代表性

19. 下列关于马尔科夫分析方法的方法表述，正确的是（ ）。
    A. 利用一种所谓转移矩阵的统计分析程序来进行人力资源需求预测
    B. 强调从组织内部选拔合适的候选人担任相关职位尤其是更高一级职位

C. 有利于激励员工士气，降低招聘成本

D. 基于多种职位以及人员流动状况进行的方法

20. 关于人员甄选的说法，错误的是（　　）。

    A. 甄选决策本身总是蕴藏着一定的风险

    B. 甄选要注重求职者之间的比较，找到最优秀的人

    C. 甄选工作应关注求职者和空缺职位需要达到的客观标准之间的比较

    D. 甄选失误企业需要负担很多成本

21. 关于信度系数的说法，错误的是（　　）。

    A. 信度的高低是用来信度系数表述的

    B. 信度系数介于0—1之间

    C. 1表示信度最高

    D. 一般情况下，信度系数不低于0.60的测试工具被视为信度较好

22. 关于公文筐测试的说法，错误的是（　　）。

    A. 无法观察被测试者的人际交往能力和团队工作能力

    B. 公文筐测试是评价中心技术中最常用和最核心的技术之一

    C. 不容易得到测试者的理解和接受

    D. 编制成本较高

23. 关于绩效考核和绩效管理的说法，错误的是（　　）。

    A. 有效的绩效考核是对绩效管理的有力支撑

    B. 绩效管理是绩效考核中的一个环节

    C. 绩效管理侧重于信息的沟通和绩效的提高

    D. 绩效考核侧重于绩效识别、判断和评估

24. 下列关于强制分布法说法，正确的是（　　）。

    A. 有效避免考核结果可能出现的趋中趋势

    B. 当员工人数增加时，评估的工作量将会成倍地增加

    C. 实施成本很高

    D. 操作流程复杂

25. 平衡计分卡法的优点包括（　　）。

    A. 防止使用目的单一　　　　　　　B. 高层管理者积极参与

    C. 消除了财务指标一统天下的局面　D. 实施成本低

26. 关于团队绩效考核的说法，正确的是（　　）。

    A. 团队绩效考核指标可采用组织结构图方法确定

    B. 知识型团队绩效考核以行为为导向

    C. 团队绩效考核指标可采用绩效金字塔方法确定

    D. 团队绩效考核关键在于做好标准化工作

27. 人工成本结构指标反映了（　　）。

    A. 企业员工平均收入的高低　　　B. 企业人工成本的构成情况及其合理性

    C. 企业的劳动生产率　　　　　　D. 一定时期内企业人工成本的变动幅度

28. 关于培训与开发组织体系的说法，错误的是（　　）。

    A. 在设立培训与开发机构时，需要考虑组织规模和人力资源管理在组织中的地位和作用

    B. 培训与开发机构隶属于人力资源部的优点是有利于形成协调统一的培训开发计划

C. 培训与开发机构隶属于人力资源部的优点是不易受其他工作干扰，保证培训与开发的力度和连续性

D. 企业大学是独立的培训与开发机构的一种扩展模式

29. 关于劳动关系类型的说法，错误的是（　　）。
   A. 德国是利益协调型劳动关系的代表
   B. 英国是利益冲突型劳动关系的代表
   C. 日本是利益一体型劳动关系的代表
   D. 新加坡是利益协调型劳动关系的代表

30. 关于劳动关系运行的程序规则，说法错误的是（　　）。
   A. 程序法制化是程序规则建立的基本要求
   B. 劳动者集体与雇主之间关系处理的规则是集体劳动关系处理规则
   C. 劳动者个人与雇主之间关系处理的规则是个别劳动关系处理规则
   D. 劳动争议处理规则是劳动关系系统运行中的基本规则，是其他规则的基础

31. 依法设立的调解劳动争议的机构或者其他机构，依照法律、法规和有关政策，对发生劳动争议的双方当事人运用说服教育、劝导协商的方式，促使其在互谅互让的基础上解决争议的一种活动是（　　）。
   A. 员工申诉　　　　　　　　B. 劳动争议调解
   C. 劳动争议诉讼　　　　　　D. 劳动争议仲裁

32. 2015年颁布第二版《职业分类大典》后进行了两次新职业的发布，第一次新职业发布了（　　）个新职业信息，第二次新职业发布了（　　）个新职业信息。
   A. 10，15　　　　　　　　　B. 13，16
   C. 13，17　　　　　　　　　D. 15，16

33. 关于职称评审委员会的说法，不正确的是（　　）。
   A. 职称评审委员会组成人员应当是单数
   B. 按照职称系列组建的高级职称评审委员会评审专家不少于11人
   C. 评审专家每届任期不得超过3年
   D. 各地区、各部门和用人单位可以按照职称系列或者专业建立职称评审委员会专家库

34. 2018年3月7日，人力资源社会保障部对《国家职业技能标准编制技术规程》进行了全面修订，主要修改内容不包括（　　）。
   A. 突出生产效益　　　　　　B. 支持技能人才成长
   C. 落实"考培分离""鉴培分离"　D. 强调工匠精神和敬业精神

35. 关于内部劳动力市场的说法，正确的是（　　）。
   A. 是独立于外部劳动力市场的一种自我封闭型劳动力市场
   B. 在薪酬水平、福利等方面必须与外部劳动力市场保持适度一致
   C. 工作条件较差
   D. 工资福利水平高

36. 关于效率工资的说法，不正确的是（　　）。
   A. 效率工资是企业自愿提供的高于市场水平的工资
   B. 高工资有利于降低员工的离职率，同时强化他们的实际生产率
   C. 当结构性内部劳动力市场存在的情况下，效率工资才最有可能出现
   D. 效率工资是工会通过与企业进行集体谈判确定的工资

37. 某地区共有人口60万，其中16岁以上的人口总数为40万人，就业人口为15万人，失业人口为5万人。则该地区的劳动力参与率为（　　）。
   A. 50%　　　　B. 60%　　　　C. 70%　　　　D. 80%

38. 工资率的提高，促使劳动者减少劳动力供给时间。这种效应称为（　　）。
   A. 收入效应　　　　　　B. 替代效应
   C. 规模效应　　　　　　D. 产出效应

39. 关于劳动力市场政策说法，错误的是（　　）。
   A. 扩张性财政政策可以提高就业水平
   B. 增加转移支付属于财政政策施行手段
   C. 紧缩性货币政策易导致通货膨胀
   D. 调整税率属于财政政策施行手段

40. 下列不属于较高工资有助于提高员工生产率的原因的是（　　）。
   A. 高工资能够吸引较好的员工　　　B. 员工十分关注自己是否受到公平的对待
   C. 高工资代表企业规模较大　　　　D. 大都与员工对企业认同感有很大的关系

41. 关于工资差别的说法，错误的是（　　）。
   A. 本质原因在于劳动者的素质和技能不能完全相同和劳动条件的差别无法消除
   B. 传统的高工资产业一般也具有较高的工会化程度
   C. 处于衰退期的产业部门，工资就很难增长
   D. 垄断性工资差别属于补偿性工资差别

42. 不属于个人歧视来源的是（　　）。
   A. 某种类型的员工可能希望刻意避开那些他们自己不喜欢的属于某些特定人口群体的同事
   B. 客户歧视
   C. 雇主歧视
   D. 劳动力市场处于非竞争状态下产生的歧视

43. 某地区总人口数为80万人，其中失业人口5万人，非劳动人口10万人，则该地区的失业率为（　　）。
   A. 6%　　　　B. 7.1%　　　　C. 8.2%　　　　D. 9.7%

44. 下列关于在职培训说法错误的是（　　）。
   A. 大多数受过特殊培训的员工的流动倾向会受到削弱
   B. 接受正规学校教育数量越多的人，越有可能接受更多的在职培训
   C. 员工年龄越大，他们进行在职培训投资的意愿也就越来越低
   D. 大多数受过一般培训的员工可能都比较愿意在本企业中工作较长的时间

45. 关于劳动力流动的说法，正确的是（　　）。
   A. 工农业之间的收入差异是吸引农村劳动力向工业部门流动的原因之一
   B. 在劳动力市场宽松时，劳动力流动更为频繁
   C. 自愿性职业流动基本上属于向下流动
   D. 从农业流入到工业部门的劳动者大多数首先进入白领阶层

46. 关于社会保险的说法，正确的是（　　）。
   A. 在中国境内从业的外国人不可以参加社会保险
   B. 职工基本工伤保险不属于社会保险
   C. 灵活就业人员不可以参加职工基本医疗保险

D. 非全日制用工从业人员应当在用人单位参加社会保险

47. 用人单位的义务不包括（　　）。

A. 支付劳动报酬

B. 执行劳动定额标准

C. 保护劳动者的生命安全和身体健康

D. 遵守用人单位的规章制度

48. 下列情形属于用人单位有下列行为的，劳动者可以随时解除劳动合同的是（　　）。

A. 用人单位借用营业执照的

B. 未及时足额支付劳动报酬的

C. 劳动者违反法律法规的规定

D. 企业依照企业破产法规定进行重整的

49. 下列不属于用人单位不得按照《劳动合同法》第四十、四十一条规定解除劳动合同情形的是（　　）。

A. 劳动合同期满

B. 女职工在孕期的

C. 在本单位连续工作满十五年，且距法定退休年龄不足五年的

D. 劳动者非因工负伤，在规定的医疗期内

50. 关于经济补偿的说法，不正确的是（　　）。

A. 用人单位依照《劳动合同法》实施裁减人员而解除劳动合同的需要支付经济补偿

B. 用人单位依法终止工伤职工的劳动合同的，只需依法支付经补偿

C. 经济补偿的月工资需要计算津贴和补贴

D. 员工在本单位工作年限 6 个月以上不满 1 年的，按 1 年计算支付经济补偿

51. 用人单位在制定、修改或者决定有关劳动方面的直接涉及劳动者切身利益的规章制度或者重大事项时，应该（　　）。

A. 提请职工代表大会或者全体职工讨论，形成方案和意见后再与用人单位平等协商确定

B. 用人单位应单方面确认即可

C. 向用人单位提出协商予以修改完善

D. 可以向劳动人事争议仲裁委员会申请仲裁

52. 下列（　　）不属于劳动争议的基本特征。

A. 争议主体之间不必存在劳动关系

B. 争议的内容必须与劳动权利义务有关

C. 争议主体之间必须存在劳动关系

D. 当事人是特定的

53. 劳动争议处理的基本原则不包括（　　）。

A. 合法　　　　　　　　B. 真实

C. 公正　　　　　　　　D. 着重调解

54. 关于劳动争议仲裁举证责任的说法，正确的是（　　）。

A. 承担举证责任的当事人应当在劳动人事争议仲裁委员会指定的期限内提供证据

B. 因计算工作年限而发生的劳动争议，劳动者负有举证责任

C. 在劳动争议仲裁活动中，用人单位没有责任提供证据

D. 在劳动争议事项有关的证据属于用人单位掌握管理的，如果用人单位不提供，不必承担不利后果

55. 职工在同一用人单位连续工作期间多次发生工伤的，符合《工伤保险条例》的规定领取相关待遇时，按照其在同一用人单位工伤的最高伤残级别，计发一次性工伤医疗补助金和（   ）。
   A. 一次性伤残就业补助金
   B. 一次性工亡补助金
   C. 一次性伤残补助金
   D. 一次性伤残经济补偿金

56. 自劳动能力鉴定结论做出之日起（   ），工伤职工或其近亲属、所在单位或经办机构认为伤残情况发生变化的，可以申请劳动能力复查鉴定。
   A. 1 年后   B. 2 年后
   C. 半年后   D. 3 年后

57. 职工被认定为工伤后，下列不属于可以向社会保险经办机构书面申请先行支付工伤保险待遇的情形的是（   ）。
   A. 用人单位被依法吊销营业执照或者撤销登记、备案的
   B. 用人单位拒绝支付全部或者部分费用的
   C. 依法经诉讼后仍不能获得工伤保险待遇，法院出具中止执行文书的
   D. 职工生活困难的

58. （   ）期限自办理失业登记之日起计算。
   A. 解除劳动合同
   B. 申请失业保险金
   C. 失业保险金领取
   D. 用人单位出具解除劳动关系的证明

59. 下列情形中，不应当被认定为工伤的是（   ）。
   A. 职工因工外出期间，由于工作原因受到伤害的
   B. 职工下班后在工作场所从事收尾性工作受到事故伤害的
   C. 故意犯罪的
   D. 职工患职业病的

60. 关于用人单位违反劳动法律责任的说法，错误的是（   ）。
   A. 自用工之日起超过 1 个月不满 1 年未与劳动者订立书面劳动合同的，应当向劳动者每月支付 3 倍的工资
   B. 未依法订立无固定期限劳动合同的，应当自订立无固定期限劳动合同之日起向劳动者每月支付 2 倍的工资
   C. 违法延长劳动者工作时间的，由劳动行政部门给予警告，责令限期改正，并可按照受侵害的劳动者每人 100 元以上 500 元以下的标准处以罚款
   D. 违反劳动安全规定的，用人单位强令劳动者违章冒险作业，发生重大伤亡事故，造成严重后果的，对责任人员依法追究刑事责任

二、多项选择题（每题 2 分，每题备选项中，有 2 个或 2 个以上符合题意，至少有 1 个错项。错选，本题不得分；少选，所选的每个选项得 0.5 分）

61. 成就需要高的人的特点不包括（   ）。
    A. 责任感较强
    B. 喜欢对人"发号施令"
    C. 容易被人影响

D. 经常选择做有适度风险的工作

E. 希望得到更高的职位

62. 按照经济理性决策模型,决策者的特征不包括(   )。

   A. 从目标意义上分析,决策完全理性

   B. 决策者遵循的是满意原则,在选择时不必知道所有的可能方案

   C. 决策者可以知道所有的备用方案

   D. 决策者可以采用经验启发式方法原则或一些习惯来进行决策

   E. 决策者在选择备选方案时,试图寻找令人满意的结果

63. 关于职能制组织的说法,正确的有(   )。

   A. 组织的稳定性较高

   B. 双重领导容易导致管理混乱

   C. 比较强调规章和程序规范

   D. 有利于把联合化和专业化结合起来

   E. 适合简单、静态的环境

64. 下列关于人才管理的说法,正确的有(   )。

   A. 员工需要持续不断地学习与工作系统有关的知识

   B. 加强人力资源能力建设

   C. 建立多元化的员工价值主张

   D. 需要构建灵活多样的人才获取途径

   E. 组织不会立即对那些未能达到预期效果的想法进行惩罚

65. 针对劳动力过剩的情况,调整速度快且对员工伤害程度高的人力资源供求平衡方法有(   )。

   A. 裁员   B. 降薪

   C. 降级   D. 重新培训

   E. 职位分享

66. 认知能力测试的内容中,关于推理能力的说法,正确的有(   )。

   A. 推理能力考察重点是能否找到信息之间的逻辑关系并据此解决问题

   B. 推理能力考察对数字的敏感程度以及灵活运用数量分析技巧

   C. 推理能力的考察可以采用类似语文试题的形式

   D. 推理能力是指一个人在面对各种问题时找到解决问题的方法的能力

   E. 推理能力测试题通常是以数字、图形、文字等方式呈现

67. 对于海外公司的绩效考核,适宜采取的方法有(   )。

   A. 绩效考核不仅要关注业绩,而且要突出战略方向,强调长远发展

   B. 采取矩阵形式的组织结构更为容易操作

   C. 采取基于员工特征的绩效考核方法

   D. 绩效考核结果只应用于员工薪酬调整和晋升

   E. 更加注重管理者和员工的沟通

68. 关于股票期权的说法,正确的有(   )。

   A. 成长性较好、股价呈强势上涨的上市公司较为合适采用股票期权的股权激励方式

   B. 让经营者分享企业的预期收益

   C. 实质上是企业奖金的延期支付

   D. 股票期权是一种权利而不是义务

E. 需要依托规范而有生气的股票市场

69. 职业生涯管理方法中，属于组织层次的方法有（　　）。
   A. 提供职业生涯信息
   B. 退休前讨论会
   C. 提供职业生涯手册
   D. 实施培训与发展项目
   E. 职业生涯指导与咨询

70. 劳动者个人权利的主要内容涉及（　　）。
   A. 劳动就业权
   B. 社会保障权
   C. 工资报酬权
   D. 团结权
   E. 休息休假权

71. 公务员管理录用的原则包括（　　）。
   A. 党管干部
   B. 依法依规办事
   C. 德才兼备、以德为先
   D. 事业为上、公道正派
   E. 五湖四海、任人唯才

72. 继续教育的方式包括（　　）。
   A. 参加相关的继续教育实践活动
   B. 参加远程教育
   C. 参加学术会议、学术讲座、学术访问等活动
   D. 参加学历教育
   E. 参加培训班、研修班或者进修班学习

73. 劳动力市场特征包括（　　）。
   A. 劳动力的出售者只参与劳动力的交易过程
   B. 劳动力市场交易条件的复杂性
   C. 劳动力的出售者在劳动力市场上的地位不利性
   D. 劳动力市场交易对象的难以衡量性
   E. 劳动力市场上的多样性

74. 关于结构性失业的说法，错误的有（　　）。
   A. 原因可能是产品结构调整过程中，因衰落部门的失业者与扩展部门的工作要求不相吻合
   B. 原因可能是现有的职位空缺同失业者在地理位置上失调
   C. 形成的基本原因是总量需求不足
   D. 它的存在并不影响充分就业的实现
   E. 其中最主要的是摩擦性失业

75. 若其他条件相同，则（　　），进行人力资本投资的合理性越强。
   A. 人力资本投资后获得收益的时间越短
   B. 人力资本投资的成本越低
   C. 人力资本投资前后的收入差别越大
   D. 人力资本投资的机会成本越高
   E. 人力资本投资的总量越大

76. 下列纠纷中，属于劳动争议情形的包括（　　）。
   A. 因确认劳动关系发生的争议

B. 因工作时间发生的争议

C. 劳动者请求社会保险经办机构发放社会保险金的争议

D. 劳动者对职业病诊断鉴定委员会的职业病诊断鉴定结论的争议

E. 家庭或者个人与家政服务人员之间的纠纷

77. 关于非全日制用工的说法，正确的有（　　）。

A. 劳动报酬结算支付周期最长不得超过 15 日

B. 非全日制用工必须订立书面劳动合同

C. 以小时计酬为主，在同一用人单位每日工作时间不超过 4 小时，每周工作时间累计不超过 24 小时

D. 只有用人单位可以随时通知对方终止用工

E. 非全日制用工终止时，用人单位需向劳动者支付经济补偿

78. 下列关于家庭生产理论的说法，错误的有（　　）。

A. 家庭生产理论认为劳动力供给决策的主体是家庭

B. 家庭生产理论认为劳动力供给决策的主体是单个的劳动者

C. 家庭生产理论认为家庭内部分工决策适用比较优势原理

D. 家庭生产理论认为一个家庭成员必须将大部分时间用于市场工作

E. 家庭生产理论是一种经济周期的劳动力供给理论

79. 关于劳动争议诉讼，下列说法不正确的有（　　）。

A. 劳动者以用人单位工资欠条为证据直接向人民法院起诉，诉讼请求不涉及劳动关系其他争议的，应按照普通民事纠纷受理

B. 劳动者在用人单位与其他平等主体之间的承包经营期间，与发包方和承包方双方或者一方发生争议，依法向人民法院起诉的，应当将发包方作为当事人

C. 用人单位与其招用的已经依法享受养老保险待遇或领取退休金的人员发生用工争议，向人民法院提起诉讼的，人民法院应当按劳动关系处理

D. 劳动人事争议仲裁委员会做出的调解书已经发生法律效力，一方当事人反悔提起诉讼的，人民法院应予受理

E. 企业停薪留职人员、未达到法定退休年龄的内退人员、下岗待岗人员以及企业经营性停产放长假人员，因与新的用人单位发生用工争议，依法向人民法院提起诉讼的，人民法院应当按劳动关系处理

80. 采用创新战略的企业，适宜的薪酬管理方法有（　　）。

A. 与竞争对手相比，保持较低的薪酬水平

B. 基本薪酬以劳动力市场通行水平为准且略高于市场水平

C. 注重对产品创新、技术创新和新的生产方法给予足够的报酬或奖励

D. 长期施行奖金或股票选择权等计划

E. 短期内提供相对低的基本薪酬

三、案例分析题（每题 2 分。由单选和多选组成。错选，本题不得分；少选，所选的每个正确选项得 0.5 分）

（一）

李凯在公司工作两年，业绩逐年增长，他和领导申请涨工资，结果一直没有得到批准，李凯对单位越来越不满，工作状态越来越差。近期公司希望通过降低成本实现利润最大化，准备实行目标管理和参与管理，公司越来越重视员工的资历和经验，李凯似乎看到了一丝希望。

根据以上资料，回答下列问题：

81. 针对李凯和领导申请涨工资的情况，根据期望理论，个体对所获报酬的偏好强度说的是（　　）。
    A. 期望　　　B. 效价　　　C. 动机　　　D. 工具

82. 根据双因素理论，员工不满的原因是（　　）。
    A. 激励因素缺乏　　　　　B. 保健因素缺乏
    C. 激励因素充足　　　　　D. 保健因素充足

83. 按照美国学者桑南菲尔德的组织文化分类观点，近期该公司的组织文化类型是（　　）。
    A. 学院型　　　　　　　　B. 俱乐部型
    C. 棒球队型　　　　　　　D. 堡垒型

84. 关于该公司近期所采用战略的说法，正确的是（　　）。
    A. 绩效管理重点在于员工对行为规范和基本工作流程的遵守
    B. 招募富有创新精神、敢于承担风险的员工
    C. 奖励节约成本的员工
    D. 客户满意度是最为关注的绩效指标

85. 关于目标管理的说法，正确的是（　　）。
    A. 目标管理强调应通过群体共同参与的方式
    B. 制定的目标无须客观衡量
    C. 目标理论要素包括目标具体化、参与决策、限期完成、绩效反馈
    D. 目标管理必须采用自下而上的过程

（二）

制造行业的某公司处于高速扩张期，为应对当前互联网环境和高科技的要求，该公司准备进行高新技术的革新，将过往的经验和优势用于市场争夺。公司目前人员队伍中，大多数都是愿意做事务性简单工作的员工，高端技术人才很少，愿意接受技术培训的人也很少。针对这种人员状况，领导很是头疼，责令人力资源部迅速找出应对方案，力求抓住当前的竞争时机。人力资源部内部也在确认绩效管理的相关政策和薪酬的相关规范，希望可以为企业的发展提供支持。关于经营者的年薪制是否需要重新进行相关的调整，目前还在商议中。

86. 关于人力资源需求大于供给时的组织对策，可以采用的是（　　）。
    A. 员工加班　　　　　　　B. 裁员
    C. 聘用已退休人员　　　　D. 外包

87. 该公司的人力资源部可以进行的组织对策包括（　　）。
    A. 提前退休
    B. 从组织外部招聘高素质的新员工
    C. 让现有不能胜任未来工作的员工离开组织
    D. 劳务派遣

88. 关于绩效改进的说法，正确的是（　　）。
    A. 标杆超越法是绩效改进方法
    B. 卓越绩效指标法使用统计工具分析影响流程的要素从而改进流程
    C. ISO 质量管理体系明确了管理层在质量管理中的职责
    D. 可以从学习或能力维度对绩效改进效果进行评价

89. 关于年薪制的说法，正确的是（　　）。
    A. 年薪制是一种高稳定、低风险的薪酬制度

B. 年薪制的二元结构模式为：年薪＝基本年薪＋风险收入
C. 风险收入与业绩没有直接联系
D. 设置上比较灵活

90. 该公司在刚刚进入一个全新的领域时，如果选择跟随者战略，则适宜采用的绩效考核方法是（　　）。
    A. 关键事件法　　　　　　　　B. 以行为为导向的考核方法
    C. 标杆超越法　　　　　　　　D. 行为锚定法

（三）

现在很多企业抱怨经济不景气，想找到合适的员工本来就不易，让优秀的员工心甘情愿地一直留在本公司工作更难。有的领导者觉得是现在社会太浮躁了，人们把注意力都集中在眼前的利益，不肯为长远的利益而牺牲当下的好处。在实际管理中，很多企业会对技术人员付出很多培训成本，这些培训的内容是本企业急需而且其他单位并不能够用的上的领先技术。即使这样，还是每年会有一部分员工辞职，这给单位无形中增加了成本。

91. 在其它条件不变的情况下，关于劳动力需求的影响因素说法正确的是（　　）。
    A. 工资率下降的规模效应导致劳动力需求下降
    B. 工资率上涨的替代效应导致劳动力需求上升
    C. 产品需求上升导致劳动力需求上升
    D. 产品需求下降导致劳动力需求下降

92. 劳动力供求曲线移动会表现为（　　）。
    A. 当劳动力供给曲线移动幅度更大时，均衡工资率下降
    B. 人口增加会引起劳动力供给曲线整体右移
    C. 需求不变，供给增加，均衡工资率和均衡就业量均下降
    D. 供给不变，需求增加，均衡工资率和均衡就业量均上升

93. 对于该公司接受培训的技术人员，会出现的情况是（　　）。
    A. 自己负担培训成本
    B. 该公司的技术人员可能都比较愿意在本企业中工作较长的时间
    C. 流动倾向就会受到削弱
    D. 更愿意流动

94. 关于有一部分员工辞职，进行劳动力流动的说法，正确的是（　　）。
    A. 劳动力流动的地区之间存在经济发展水平不均衡的情况，这属于动态差异
    B. 辞职的员工进行跨地区劳动力流动会受到迁移距离和迁移成本的影响
    C. 地区间人均收入差别会影响劳动者做出跨地区劳动力流动的决定
    D. 跨地区劳动力流动可能会出现回归迁移

95. 关于在职培训与企业行为和员工行为的说法，错误的是（　　）。
    A. 劳动者可以将通过一般培训获得的技能带到其他企业中
    B. 一般在职培训和特殊在职培训可以带来员工生产率的提高
    C. 劳动者无法将通过特殊培训获得的技能带到其他企业中
    D. 在职培训中包含的一般培训内容有助于抑制员工的离职倾向

（四）

某公司的很多岗位都开始使用劳务派遣制。小张从一毕业就来到了这个单位，已经在这个单位工作了7年，这几年中工作表现一直很优秀，由于长期加班积劳成疾，上个月被诊断为胰腺炎，所以向单位申请医疗期12个月，人力资源部未给予答复。小张听说上个月发生工伤的员工至今都

未收到合理的补偿办法。小张特别为自己的医疗费用发愁。

96. 该公司很多岗位都开始使用劳务派遣制，符合规定的做法是（　　）。
    A. 同取得经营劳务派遣业务行政许可的劳务派遣单位合作
    B. 劳务派遣公司与该公司应当订立劳务派遣协议
    C. 该公司控制劳务派遣用工数量不得超过其用工总量的15%
    D. 在主营业务岗位使用派遣劳动者

97. 小张的医疗期为（　　）。
    A. 1个月   B. 3个月
    C. 6个月   D. 9个月

98. 下列医疗费用中，不纳入基本医疗保险基金支付范围的是（　　）。
    A. 住院的医疗费用
    B. 抢救的医疗费用
    C. 治疗工伤的医疗费用
    D. 在境外就医的费用

99. 停止享受工伤保险待遇的情形包括（　　）。
    A. 拒不接受劳动能力鉴定的
    B. 因工外出下落不明的
    C. 患职业病的
    D. 拒绝接受治疗的

100. 关于基本养老保险说法正确的是（　　）。
    A. 职工不缴费
    B. 达到法定退休年龄即可享受养老保险待遇
    C. 基本养老保险采用社会统筹和个人账户相结合的模式
    D. 用人单位按照规定缴纳基本养老保险费，计入基本养老保险统筹基金

2022年人力资源管理专业知识与实务（中级）模拟试卷参考答案与解析

一、单项选择题

1. [答案] C
   [解析] A、D两项是动机的要素，B项是外源性动机。

2. [答案] D
   [解析] D项属于低级需要。

3. [答案] B
   [解析] 和组织内他人比较属于横向比较，B项错误。

4. [答案] D
   [解析] 强化理论认为行为的结果对行为本身有强化作用，它是行为的主要的驱动因素，却不是行为的唯一控制因素，A项错误。强化理论不考虑人的内在心态，不是地道的动机激励理论，B、C两项错误。

5. [答案] A
   [解析] B、C、D三项属于推行参与管理的实施条件。

6. [答案] D
   [解析] A、C两项属于交易型领导的行为特征，B项属于魅力型领导的行为特征。

7. [答案] B
   [解析] 根据路径—目标理论：指导式领导——让员工明确别人对他的期望、成功绩效的标准和工作程序；支持型领导——努力建立舒适的工作环境，亲切友善，关心下属的要求；参与式领导——主动征求并采纳下属的意见；成就取向式领导——设定挑战性目标，鼓励下属实现自己的最佳水平。

8. [答案] C
   [解析] 俄亥俄模式提出领导行为的两个维度：关心人、工作管理，C项错误。

9. [答案] C
   [解析] A、B、D三项属于领导者生命周期理论的内容，不符合题意。

10. [答案] A
    [解析] 组织结构中，职能结构是指完成企业目标所需的各项业务工作，及其比例、关系；层次结构（纵向结构）是指各管理层次的构成；部门结构（横向结构）是指各管理部门的构成；职权结构是指各管理层次、部门在权利和责任方面的分工和相互关系。

11. [答案] A
    [解析] 组织文化结构中，物质层（表层）包括企业的名称、产品外观包装等，折射出企业的情况。物质层是组织文化的外在表现，是制度层和精神层的物质基础。A项正确。

12. [答案] C
    [解析] 企业拥有合作的组织文化，强调个人绩效的评估体系不合适，A项错误。强调整齐划一的文化中，很难靠奖金和荣誉来激发员工创造力，B项错误。管理层次较少，组织结构趋于扁平的组织，有利于上下级之间的沟通，D项错误。

13. [答案] A
    [解析] 变革方法中，以人员为中心的变革（最根本和最重要的变革）方法包括提高人的知识和技能，改变人的态度、行为及群体行为等，A项正确。

14. [答案] A

[解析] 组织战略，又称企业战略、公司战略、企业发展战略，解决的是到哪里竞争的问题，即选择经营何种业务、如何进入行业或领域，A 项正确。

15. [答案] A

[解析] A 项表述的是单向联系。

16. [答案] B

[解析] B 项表述的是人力资源计分卡。

17. [答案] D

[解析] 人力资源规划的意义和作用包括：①人力资源规划有利于组织战略目标的实现；②良好的人力资源规划有利于组织整体人力资源管理系统的稳定性、一致性和有效性，有利于组织的健康和可持续发展；③良好的人力资源规划还有助于组织对人工成本的合理控制。

18. [答案] A

[解析] 研究小组中的人彼此之间并不见面，也不进行沟通，A 项错误。

19. [答案] D

[解析] 马尔科夫分析方法是人员供给预测的方法，A 项错误。人员替换分析法强调从组织内部选拔合适的候选人担任相关职位尤其是更高一级职位，有利于激励员工士气，降低招聘成本，B、C 两项的主语为马尔科夫分析法，错误。

20. [答案] B

[解析] 人员甄选应该重点关注求职者和空缺职位需要达到的客观标准之间的比较，B 项错误。

21. [答案] D

[解析] 信度的高低是用来信度系数表述的，信度系数介于 0—1 之间。0 表示信度最低，1 表示信度最高。一般情况下，信度系数不低于 0.70 的测试工具被视为信度较好，D 项错误。

22. [答案] C

[解析] 公文筐测试表面效度较高，容易得到测试者的理解和接受，C 项错误。

23. [答案] B

[解析] 绩效考核是绩效管理的重要组成部分，B 项错误。

24. [答案] A

[解析] B 项表述的是配对比较法的内容。C、D 两项表述的是行为锚定法的内容。

25. [答案] C

[解析] 平衡计分卡法的优点包括：①消除了财务指标一统天下的局面，将客户角度、内部流程角度、学习与发展角度的目标纳入评估体系，为企业的长远发展打下基础；②从企业的战略层次考虑问题，发展了战略管理系统；③实现了评估系统与控制系统的结合；④平衡计分卡法迫使管理者将所有的重要绩效指标放在一起综合考虑，提高了企业发展的协调性。平衡计分卡法的缺点是实施成本很高。A、B 两项属于注意事项。

26. [答案] C

[解析] 建立团队层面的绩效考核指标的方法包括利用绩效金字塔、利用工作流程图等，A 项错误，C 项正确。知识型团队绩效绩效考核以结果为导向，B 项错误。跨部门团队绩效考核的关键在于做好标准化工作，而非所有的团队绩效考核的关键，D 项错误。

27. [答案] B

[解析] 企业人工成本分析指标中，人工成本结构指标反映了人工成本投入构成的情况与合理

性，B 项正确。

28. [答案] C

[解析] 培训与开发机构作为独立部门的优点是不易受其他工作干扰，保证培训与开发的力度和连续性，C 项错误。可根据 B、C 两项相互矛盾的说法进行排除得出答案。

29. [答案] D

[解析] 劳动关系的基本类型有三种：①利益冲突型，英国的劳动关系可以归于这种类型；②利益协调型，以德国的劳动关系为典型代表；③利益一体型，主要是指亚洲一些国家的劳动关系，如日本、新加坡的劳动关系。

30. [答案] D

[解析] 劳动争议处理规则实际上是劳动关系系统运行中的救济规则，是对于个别劳动关系处理规则和集体劳动关系处理规则的补充。

31. [答案] B

[解析] 劳动争议调解是指依法设立的调解劳动争议的机构或者其他机构，依照法律、法规和有关政策，对发生劳动争议的双方当事人运用说服教育、劝导协商的方式，促使其在互谅互让的基础上解决争议的一种活动。

32. [答案] B

[解析] 2019 年 4 月，人力资源社会保障部等部门向社会发布了人工智能工程技术人员、物联网工程技术人员、大数据工程技术人员、云计算工程技术人员、数字化管理师、建筑信息模型技术员、电子竞技运营师、电子竞技员、无人机驾驶员、农业经理人、物联网安装调试员、工业机器人系统操作员、工业机器人系统运维员等 13 个新职业信息。2020 年 3 月，人力资源社会保障部等部门向社会发布了智能制造工程技术人员、工业互联网工程技术人员、虚拟现实工程技术人员、连锁经营管理师、供应链管理师、网约配送员、人工智能训练师、电气电子产品环保检测员、全媒体运营师、健康照护师、呼吸治疗师、出生缺陷防控咨询师、康复辅助技术咨询师、无人机装调检修工、铁路综合维修工和装配式建筑施工员等 16 个新职业信息。

33. [答案] B

[解析] 按照职称系列组建的高级职称评审委员会评审专家不少于 25 人，按照专业组建的高级职称评审委员会评审专家不少于 11 人。

34. [答案] A

[解析] 2018 年 3 月 7 日，人力资源社会保障部对《国家职业技能标准编制技术规程》（2012 年版）进行了全面修订，主要修改内容为：①强调工匠精神和敬业精神；②落实"考培分离""鉴培分离"；③支持技能人才成长；④突出安全生产。

35. [答案] B

[解析] 内部劳动力市场通常是指在大型组织内部存在的，由一系列规则和程序来指导企业内部的雇佣关系调整形成的一种有序的管理体系。内部劳动力市场不能脱离外部劳动力市场而独立存在，它不能是完全自我封闭的，在薪酬水平、福利等方面必须与外部劳动力市场保持适度一致，A 项错误。C 项表述的是次等劳动力市场。D 项表述的是优等劳动力市场。

36. [答案] D

[解析] 效率工资是高于市场均衡水平的工资，D 项错误。

37. [答案] A

[解析] 劳动力参与率主要是指就业人口与失业人口之和在 16 岁以上人口中所占的比例，或

者实际劳动人口与潜在劳动力人口的比例。则该地区的劳动力参与率=(15+5)/40×100%=50%。

38. [答案] A

    [解析] 由于工资率上升而带来的个人劳动力供给时间减少，称为工资率上升的收入效应，A项正确。

39. [答案] C

    [解析] 紧缩性货币政策可以治理通货膨胀，C项错误。

40. [答案] C

    [解析] 较高的工资有助于提高员工生产率是因为较高的工资能够吸引较好的员工，高工资扩大了企业的求职者人才库。这大都与员工对企业的认同感有很大的关系。员工十分关注自己是否受到公平的对待。注意审题，C项和题干无关，错误。

41. [答案] D

    [解析] 垄断性工资差别属于非补偿性工资差别，D项错误。

42. [答案] D

    [解析] 个人歧视是指雇主、客户和员工当中至少有一方是对员工存在偏见。D项不属于个人歧视的来源。

43. [答案] B

    [解析] 失业率=失业人数/(总人口－非劳动力人口)×100%=5/(80－10)×100%=7.1%。

44. [答案] D

    [解析] 企业通过各种人力资源管理实践来降低受过特殊培训的这些员工的流动率或辞职率。大多数受过特殊培训的员工可能都比较愿意在本企业中工作较长的时间，这样他们的流动倾向就会受到削弱，D项错误。

45. [答案] A

    [解析] 劳动力市场处于宽松状态（供大于求）时，已经就业的劳动者的流动动机显然会受到削弱，B项错误。自愿性流动基本上属于向上流动，C项错误。从农业流入到工业部门的劳动者大多数首先进入所谓蓝领阶层，D项错误。

46. [答案] D

    [解析] 在中国境内就业的外国人也应当参照规定参加我国的社会保险，A项错误。职工基本工伤保险属于社会保险，B项错误。基本养老保险和基本医疗保险覆盖了我国城乡全体居民，C项错误。

47. [答案] D

    [解析] D项属于劳动者的义务。

48. [答案] B

    [解析] 根据"劳动者随时解除"可得出用人单位做错事，B项正确。

49. [答案] A

    [解析] 劳动者有下列情形之一的，用人单位不得依照《劳动合同法》第四十条、第四十一条规定解除劳动合同：①从事接触职业病危害作业的劳动者未进行离岗前职业健康检查，或者疑似职业病病人在诊断或者医学观察期间的；②在本单位患职业病或者因工负伤并被确认丧失或者部分丧失劳动能力的；③患病或者非因工负伤，在规定的医疗期内的；④女职工在孕期、产期、哺乳期的；⑤在本单位连续工作满15年，且距法定退休年龄不足五年的；⑥法

律、行政法规规定的其他情形。

50. [答案] B

    [解析] 用人单位依法终止工伤职工的劳动合同的，除依法支付经补偿外，还应当依照国家有关工伤保险的规定支付一次性伤残就业补助金，由工伤保险基金支付一次性工伤医疗补助金，B项错误。

51. [答案] A

    [解析] 用人单位在制定、修改或者决定有关劳动方面的直接涉及劳动者切身利益的规章制度或者重大事项时，应当经职工代表大会或者全体职工讨论，提出方案和意见，与工会或者职工代表平等协商确定。在规章制度和重大事项决定实施过程中，工会或者职工认为不适当的，有权向用人单位提出，通过协商予以修改完善。

52. [答案] A

    [解析] 劳动争议的基本特征包括：①当事人是特定的；②争议主体之间必须存在劳动关系；③争议的内容必须是与劳动权利义务有关。A项错误。

53. [答案] B

    [解析] 劳动争议处理的基本原则包括合法原则、公正原则、及时原则、着重调解原则。

54. [答案] A

    [解析] 因用人单位做出的开除、除名、辞退、解除劳动合同、减少劳动报酬、计算劳动者工作年限等决定而发生的劳动争议，用人单位负举证责任，B项错误。发生劳动争议，当事人对自己提出的主张，有责任提供证据，C项太绝对，错误。与争议事项有关的证据属于用人单位掌握管理的，用人单位应当提供，用人单位不提供的，应当承担不利后果，仲裁庭可以要求用人单位在指定期限内提供，A项正确、D项错误。

55. [答案] A

    [解析] 职工在同一用人单位连续工作期间多次发生工伤的，符合《工伤保险条例》的规定领取相关待遇时，按照其在同一用人单位工伤的最高伤残级别，计发一次性伤残就业补助金和一次性工伤医疗补助金。

56. [答案] A

    [解析] 自劳动能力鉴定结论做出之日起1年后，工伤职工或其近亲属、所在单位或经办机构认为伤残情况发生变化的，可以申请劳动能力复查鉴定。

57. [答案] D

    [解析] D项属于职工个人情况，不属于申请先行支付工伤保险待遇的情形。

58. [答案] C

    [解析] 失业保险金领取期限自办理失业登记之日起计算。注意B项中的"申请"说法错误。

59. [答案] C

    [解析] 不得认定为工伤或者视同工伤的情形包括故意犯罪的、醉酒或吸毒的、自残或自杀的。

60. [答案] A

    [解析] 自用工之日起超过1个月不满1年未与劳动者订立书面劳动合同的，应当向劳动者每月支付2倍的工资，A项错误。

二、多项选择题

61. [答案] BCE

    [解析] 成就需要高的人的特点：①选择适度风险；②有较强的责任感；③喜欢能够得到及时

的反馈。B、E两项属于权力需要高的人的特点，C项属于亲和需要高的人的特点。

62. [答案] BDE

   [解析] B、D、E三项表述的是有限理性模型中决策者的特征。

63. [答案] AE

   [解析] B项表述的是矩阵组织形式。C项表述的是行政层级式组织形式。D项表述的是事业部制。

64. [答案] BCD

   [解析] A、E两项表述的是学习型组织的内容，不符合题意。

65. [答案] ABC

   [解析] A、B、C三项属于调整速度快且对员工伤害程度高的方法。D项属于调整速度慢且对员工伤害程度低的方法。E项属于调整速度快且对员工伤害程度中等的方法。

66. [答案] ADE

   [解析] B项表述的是数量能力考察的重点，C项表述的是语言理解能力考察的形式。

67. [答案] AE

   [解析] 跨部门团队绩效考核适用矩阵形式的组织结构，B项错误。国际人力资源的绩效考核倾向于结果而不是员工特征，C项错误。海外公司的绩效考核的目的除为员工薪酬调整和晋升提供依据，加入了新的因素，D项错误。

68. [答案] ABDE

   [解析] C项表述的是股票增值权，股票增值权实质上是企业奖金的延期支付。

69. [答案] AD

   [解析] B、C、E三项属于个人层次的职业生涯管理的方法。

70. [答案] ABCE

   [解析] 按照我国《劳动法》的规定，劳动者个人的权利主要包括劳动就业权、工资报酬权、休息休假权、社会保障权、职业安全卫生权、职业培训权、劳动争议提请处理权等。

71. [答案] ABCD

   [解析] 公务员录用坚持的原则包括：①党管干部；②公开、平等、竞争、择优；③德才兼备、以德为先，五湖四海、任人唯贤；④事业为上、公道正派，人岗相适、人事相宜；⑤依法依规办事。

72. [答案] ABCE

   [解析] 继续教育的方式包括：①参加培训班、研修班或者进修班学习；②参加相关的继续教育实践活动；③参加远程教育；④参加学术会议、学术讲座、学术访问等活动；⑤符合规定的其他方式。继续教育方式和学时的具体认定办法由省、自治区、直辖市人力资源社会保障行政部门制定。

73. [答案] BCDE

   [解析] 劳动力市场的特征之一是交易的延续性。这一特征表明劳动力及其载体劳动者之间所具有的不可分性导致了劳动力的出售者在交易完成之后，还会继续参与劳动力购买者的生产过程，A项错误。

74. [答案] CE

   [解析] C项表述的是周期性失业形成的基本原因。结构性失业最主要的是技术性失业，E项错误。

75. [答案] BC

[解析] 在其他条件相同情况下，投资后的收入增量流越长，则上大学的净现值越可能为正，从而上大学的可能性更大，A项错误。在其他条件相同情况下，上大学的成本越低，则上大学的人相对就会越多，B项正确。在其他条件相同情况下，大学毕业生与高中毕业生之间的工资性报酬差距越大，则愿意投资于大学教育的人相对会越多，C项正确。D、E两项说法错误。

76. [答案] AB

[解析] 劳动争议是劳动关系当事人之间因劳动权利和义务产生分歧而引起的争议。C、D、E三项不符合定义。

77. [答案] AC

[解析] 非全日制用工劳动报酬结算支付周期最长不得超过15日，A项正确。双方当事人可以订立口头协议，B项错误。非全日制用工劳动者在同一用人单位一般平均每日工作时间不超过4小时，每周工作时间累计不超过24小时，C项正确。双方当事人任何一方都可以随时通知对方终止用工，D项错误。终止用工，用人单位不向劳动者支付经济补偿，E项错误。

78. [答案] BDE

[解析] 家庭生产理论以家庭为单位来分析劳动力供给问题，A项正确、B项错误。家庭内部分工决策，采用比较优势的原理，C项正确。家庭时间分配包括市场工作时间和家庭生产时间，D项说法过于绝对，错误。经济周期的劳动力供给理论涉及附加的劳动者效应和灰心丧气的劳动者效应，家庭生产理论不属于经济周期的劳动力供给理论，E项错误。

79. [答案] BCD

[解析] 劳动者在用人单位与其他平等主体之间的承包经营期间，与发包方和承包方双方或者一方发生争议，依法向人民法院起诉的，应当将承包方和发包方作为当事人，B项错误。用人单位与其招用的已经依法享受养老保险待遇或领取退休金的人员发生用工争议，向人民法院提起诉讼的，人民法院应当按劳务关系处理，C项错误。劳动人事争议仲裁委员会做出的调解书已经发生法律效力，一方当事人反悔提起诉讼的，人民法院不予受理，D项错误。

80. [答案] BC

[解析] A项属于采用成本领先战略的企业适宜的薪酬管理办法。D、E两项属于采用成长战略的企业适宜的薪酬管理办法。

三、案例分析题

(一)

81. [答案] B

[解析] 本题考查的是期望理论。根据效价的定义，效价是指一个人需要多少报酬，即个体对所获报酬的偏好强度，是对个体得到报酬的愿望的数量表示。B项正确。

82. [答案] B

[解析] 本题考查的是双因素理论。保健因素即组织政策、监督方式、人际关系、工作环境和工资等因素。保健因素缺乏会导致员工不满，B项正确。

83. [答案] B

[解析] 根据案例内容，公司越来越重视员工的资历和经验，组织文化的类型中，俱乐部型的特点之一为资历是关键因素，年龄和经验至关重要，B项正确。

84. [答案] AC

[解析] 根据案例内容，近期公司希望通过降低成本实现利润最大化，可得出近期公司采用的是成本领先战略，A、C两项符合题意。B项属于采用创新战略的企业的战略性人力资源管理

关注的内容，D项属于采用客户中心战略的企业的战略性人力管理关注的内容。

85. [答案] AC

[解析] 本题考查的是目标管理内容。目标管理四要素包括目标具体化；参与决策、限期完成、绩效反馈，A、C两项正确。目标管理强调通过群体共同参与制定具体的、可行的而且能够客观衡量的目标，B项错误。目标管理的实施可以自上而下设定目标，也可以自下而上进行，D项错误。

(二)

86. [答案] ACD

[解析] 根据案例内容，该公司最近正处于高速扩张期，所以适合的是人力资源需求大于供给时的组织对策。B项表述的是人力资源需求小于供给时的组织对策。

87. [答案] BC

[解析] 根据案例内容，目前人员队伍中，大多数都是愿意做事务性简单工作的员工，高端技术人才很少，愿意接受技术培训的人也很少。即该公司目前人员的结构出现不匹配状况，B、C两项正确。A、D两项不符合题意。

88. [答案] ACD

[解析] 本题考查的是绩效改进。卓越绩效指标法是通过描述卓越企业的管理信念和行为，改进组织的整体效率和能力。六西格玛管理使用统计工具分析影响流程的要素，改进流程，控制错误和废品增加，B项错误。

89. [答案] BD

[解析] 本题考查的是年薪制。年薪制是以企业会计年度为时间单位，根据经营者的业绩好坏而计发薪酬的一种高风险的薪酬制度，A项错误。基本年薪与业绩没有直接联系，C项错误。

90. [答案] C

[解析] 采用跟随者战略的企业适宜采用的绩效考核方法是标杆超越法。C项正确。

(三)

91. [答案] CD

[解析] 本题考查的是劳动力需求的影响因素。工资率下降的规模效应导致劳动力需求上升，A项错误。工资率上涨的替代效应导致劳动力需求下降，B项错误。

92. [答案] ABD

[解析] 本题考查的是劳动力需求曲线移动和劳动力供给曲线移动对均衡位置的影响。可以画图进行作答。当劳动力供给增加、需求不变时，可知均衡工资率下降，均衡就业量上升，C项错误。

93. [答案] BC

[解析] 通过案例可知，该公司的技术人员接受的培训是其他单位并不能套用的上的领先技术的培训，即特殊培训。企业通过各种人力资源管理实践来降低受过特殊培训的这些员工的流动率或辞职率。大多数接受过特殊培训的员工可能都比较愿意在本企业中工作较长的时间，这样他们的流动倾向就会受到削弱。B、C两项正确。

94. [答案] BCD

[解析] 本题考查的是劳动力的跨地区流动。劳动力跨地区流动的主要原因有地区之间经济发展的不平衡（静态差异）和地区之间发展速度的动态差异，A项错误。劳动力的跨地区流动主要考虑因素有地区间人均收入差别、工作机会多少、迁移距离、迁移成本、劳动力迁出地区和迁入地区的关系密切程度，B、C、D三项正确。

95. [答案] D

[解析] 本题考查的是在职培训。特殊培训是指培训所产生的技能只对提供培训的企业有用，而对其他企业则没有用处的情况。大多数接受过特殊培训的员工可能愿意在本企业中工作较长的时间，这样，他们的流动倾向就会受到削弱。D项错误。

(四)

96. [答案] AB

[解析] 本题考查的是劳务派遣。用工单位应当严格控制劳务派遣用工数量，使用被派遣劳动者数量不得超过其用工总量10%，C项错误。劳务派遣用工是补充形式，只能在临时性、辅助性或者替代性的工作岗位上实施，D项错误。

97. [答案] C

[解析] 根据医疗期的计算方式，需要找出小张的工作年限相关情况。根据案例，小张从一毕业就来到了这个单位，已经在这个单位工作了7年，即对应的情形是实际工作年限10年以下，在本单位工作年限5年以上，医疗期为6个月。

98. [答案] CD

[解析] 本题考查的是基本医疗保险基金的支付。下列医疗费用中，不纳入基本医疗保险基金支付范围的包括：①应当从工伤保险基金中支付的；②应当由第三人负担的医疗费用；③应当由公共卫生负担的；④在境外就医的费用。C、D两项符合题意。

99. [答案] AD

[解析] 本题考查的是工伤保险待遇。停止享受工伤保险待遇的情形包括：①丧失享受待遇条件的；②拒不接受劳动能力鉴定的；③拒绝接受治疗的。A、D两项正确。因工外出发生事故或下落不明的，从事故发生当月起3个月内照发工资，从第4个月起停发工资，由工伤保险基金向其供养亲属按月支付供养亲属抚恤金。生活有困难的，可预支一次性伤亡补助金的50%，B项错误。患职业病的属于认定工伤的情形，不符合题意。

100. [答案] CD

[解析] 本题考查的是基本养老保险。用人单位应当按照国家规定的本单位职工工资总额的比例缴纳基本养老保险费，计入基本养老保险统筹基金。职工按照国家规定的本人工资的一定比例缴纳基本养老保险费，计入个人账户，A项错误。享受养老保险的待遇应满足：达到法定退休年龄+累计缴纳基本养老保险费满15年，B项错误。

亲爱的读者：

　　如果您对本书有任何 **感受、建议、纠错**，都可以告诉我们。

　我们会精益求精，为您提供更好的产品和服务。

　祝您顺利通过考试！

扫码参与有奖调查

环球网校经济师考试研究院